BECK'SCHE SONDERAUSGABEN

HERMANN BENGTSON

KAISER AUGUSTUS

Sein Leben und seine Zeit

VERLAG C.H.BECK MÜNCHEN

Mit 13 Abbildungen auf Tafeln

CIP-Kurztitelaufnahme der Deutschen Bibliothek

Bengtson, Hermann:
Kaiser Augustus: sein Leben u. seine Zeit /
Hermann Bengtson. – München: Beck, 1981.
(Beck'sche Sonderausgaben)
ISBN 3 406 08253 X

ISBN 3 406 08253 X

© C. H. Beck'sche Verlagsbuchhandlung (Oscar Beck) München 1981
Satz und Druck: C. H. Beck'sche Buchdruckerei, Nördlingen
Printed in Germany

Inhaltsverzeichnis

Vorwort

Eine neue ausführliche Biographie des Kaisers Augustus ist seit vielen Jahren ein Desiderat. Die letzte hat Victor Gardthausen geschrieben, sie liegt nun schon mehr als 80 Jahre zurück. In der Zwischenzeit sind zahlreiche Einzelstudien über das Prinzipat des Augustus erschienen. Von diesen sei hier nur die großangelegte Untersuchung des Marburger Professors Anton von Premerstein ,,Vom Werden und Wesen des Prinzipats" erwähnt, die Hans Volkmann im Jahre 1937 aus dem Nachlaß herausgegeben hat. Aber die Persönlichkeit des Augustus ist immer noch rätselhaft, insbesondere ist seine Wandlung vom rachsüchtigen Triumvirn zum idealen Landesvater ein Problem, das jeden Historiker beschäftigen wird.

Nahezu 76 Jahre ist Augustus alt geworden, eine lange Lebenszeit, zumal im Altertum, in dem die durchschnittliche Lebenserwartung sehr viel geringer war als in unseren Tagen. Und wenn man die Leistung des Augustus in aller Kürze beschreiben will, so kann man sagen, daß er nach Beendigung der Bürgerkriege den Staat auf neue Grundlagen gestellt hat. Er hat die Folgen der Bürgerkriege überwunden und in den Römern ein neues Staatsgefühl begründet. Mehr als zweieinhalb Jahrhunderte haben sich diese Grundlagen als tragfähig erwiesen, erst der Zusammenbruch des römischen Reiches in der Mitte des dritten Jahrhunderts n. Chr. hat neue Verhältnisse geschaffen, und Constantin I. hat einen neuen Staat errichtet, der durch die Verbindung römischer und christlicher Elemente sein Gepräge erhalten hat.

Der Verfasser hat sich bemüht, von den Quellen auszugehen. Darüberhinaus ist der Versuch gemacht worden, die geistige Umwelt des Augustus zu beschreiben und das augusteische Zeitalter wieder zum Leben zu erwecken. An dem Neuaufbau des Staates waren viele beteiligt, nicht zuletzt die Freunde des Augustus, Männer wie Marcus Agrippa und Maecenas. Auch ihnen gebührt ein Platz in der Lebensbeschreibung des ersten Princeps, ebenso wie den Dichtern Vergil, Horaz, Ovid und den anderen, die durch ihre Werke dem Zeitalter einen unvergleichlichen Glanz verliehen haben. Er ist auch in unserer Zeit noch nicht erloschen.

Das Manuskript ist in den Jahren 1979 und 1980 niedergeschrieben worden. Ich habe mich bemüht, die Quellen zum Reden zu bringen, natürlich ist auch die moderne Forschung berücksichtigt worden, soweit sie sich als nützlich erwiesen hat.

Zu danken habe ich dem Verlag C.H. Beck, der das Buch in seine Sonderausgaben aufgenommen hat, und im Verlag besonders Frau Dr. Ursula Pietsch für manche Anregung. Das Register hat wiederum meine Schülerin Eva Bräuer bearbeitet.

Wer in diesem Buch historische Karten vermißt, der sei auf den von mir bearbeiteten 1. Teil des Großen Historischen Weltatlas des Bayerischen Schulbuchverlages hingewiesen, von dem inzwischen die sechste Auflage (1978) erschienen ist.

München, im Frühjahr 1981   Hermann Bengtson

Erstes Kapitel

Die Jugend

Schon im Altertum wußte man von den Vorfahren und von der Jugend des Augustus nur sehr wenig. Augustus selbst hat sich hierzu nicht geäußert, vielleicht stand aber einiges in seiner Selbstbiographie, die bis zum Cantabrischen Krieg (25 v. Chr.) herabführt. Von dieser Schrift sind jedoch nur wenige Fragmente auf unsere Zeit gekommen, und auch diese sind nicht sehr eindrucksvoll. Und die anderen Schriften? Schlägt man die Biographie des Augustus aus der Feder des Syrers Nikolaos von Damaskos auf, eines Zeitgenossen und Freundes des Kaisers, so ist man gleichfalls enttäuscht, denn sie bringt über die Jugend des Augustus bitterwenig. Daraus läßt sich nur schließen, daß sich der Biograph kein nennenswertes Material beschaffen konnte. Etwas besser steht es mit *Sueton,* der in hadrianischer Zeit Lebensbeschreibungen der römischen Kaiser von Caesar bis Domitian zusammengestellt hat. Dabei hat er sich, was immerhin Anerkennung verdient, die Archive zunutze gemacht, soweit sie ihm zur Verfügung standen. Aber nicht alles, was bei Sueton zu lesen steht, ist die lautere Wahrheit. Er mußte sich mit dem begnügen, was er, der Nachgeborene, finden konnte.

Der beklagenswerte Zustand der Überlieferung entbindet den Historiker nicht davon, den Versuch zu unternehmen, die wenigen überlieferten Einzelheiten kritisch zu prüfen, um mit ihrer Hilfe eine wenn auch sicherlich lückenhafte Skizze zu entwerfen. Die Kritik hat mit den Angaben Suetons über das Geschlecht *(gens)* der Octavier zu beginnen. Sie stammten nicht aus der Hauptstadt Rom, sondern aus dem kleinen unbedeutenden Ort Velitrae in den Albanerbergen. Noch zu Suetons Zeit waren dort ein paar Zeugnisse der Octavier zu sehen, ein *vicus Octavius* sowie ein Altar, der einem Octavier gewidmet war. Natürlich hat Sueton ganz recht, wenn er meint, daß hierdurch die Verbindung der Octavier mit Velitrae bewiesen wird. Was aber der gleiche Biograph über die *gens Octavia* zu berichten weiß, ist alles andere als glaubwürdig: Schon der König Tarquinius Priscus habe die Octavier unter die *gentes maiores* aufgenommen, die Octavier hätten Sitz und Stimme im Senat gehabt, und zwar schon seit der Königszeit. Es mag sein, daß die Octavier – oder auch erst Augustus – versucht haben, die Bedeutung ihrer Familie dadurch zu erhöhen, daß sie ihre Anfänge in die Frühzeit zurückprojizierten. Seit Tarquinius Priscus sei die *gens* patrizisch gewesen, danach sei sie plebejisch geworden, erst Caesar habe sie endgültig in die Zahl der patrizischen Geschlechter aufgenommen.

Allerdings hat es in der Geschichte der römischen Großfamilien ähnliche Entwicklungen gegeben, in diesem Fall muß die Frage jedoch offen bleiben. Natürlich mußte dem Augustus daran gelegen sein, einer Familie anzugehören, die ihren Ursprung auf die Königszeit zurückführte. Aber in der Geschichte der römischen Republik hört man von den Octaviern nicht viel. Es mag sein, daß die Familie, wie Augustus behauptet, ritterlichen Ursprungs gewesen ist. Von anderer Seite hörte man es anders: In seinen Flugschriften gegen Octavian hat Antonius die Behauptung aufgestellt, der Urgroßvater des Octavian sei ein Freigelassener gewesen, er habe das Gewerbe eines Seilers – früher nannte man diese Leute Reepschläger – ausgeübt, und zwar in dem kleinen unteritalischen Nest Thurii, der Großvater sei ein Geldwechsler gewesen. Was an diesen Behauptungen wahr ist, vermag niemand zu sagen, sicher ist nur die Tatsache, daß Octavian in seinen jungen Jahren den Spitznamen Thurinus geführt hat. Damit wollte man ihn als einen ‚Provinzknaben' bezeichnen – ähnliche Spitznamen gibt es auch in unserer Zeit. Im übrigen scheint Sueton mit dem Ertrag seiner Nachforschungen über die Familie des Augustus alles andere als zufrieden gewesen zu sein, denn er sagt, er habe über die Ahnen des Augustus väterlicherseits nicht mehr finden können. Ist es überhaupt sinnvoll, auf diesen widersprüchlichen Angaben der Überlieferung eine Darstellung der Jugend des Augustus aufzubauen?

Mit den Vorfahren des Augustus war kein Staat zu machen – aber es gab immerhin einen Lichtblick, und das war der Vater C. Octavius. Zwar hat auch ihn die Lästerzunge nicht verschont – man behauptete, auch er sei Geldverleiher und Landvermesser dazu gewesen –, aber er habe in Rom die Ämterlaufbahn eingeschlagen; dies bedeutet, daß er immerhin ein römischer Ritter gewesen ist. Im Jahre 61 v. Chr. war er Prätor und hat sich als solcher sogar militärische Verdienste erwerben können. Es ist ihm nämlich gelungen, die Reste der Sklaven, die einst unter Spartacus gestanden hatten, und eine Schar von Catilinariern bei Thurii niederzuwerfen, womit beide Bewegungen ihr Ende gefunden hatten. Allerdings hört man nichts davon, daß der Senat ihn belobigt und ausgezeichnet hätte. So groß die Angst in Rom vor den Sklaven und auch vor Catilina

gewesen war – die Gefahren waren längst vorüber, und was sich jetzt
noch im Lande herumtrieb, waren Gruppen von Desperados, die genau
wußten, welches Schicksal auf sie wartete, wenn sie in die Hände der
militärischen Suchkommandos fielen. Immerhin ist aber die Aktion des
C. Octavius insofern nicht ohne Interesse, weil man ihr entnehmen kann,
daß es mit der Sicherheit im Lande immer noch nicht zum besten bestellt
war. Als Proprätor verwaltete Octavius die Provinz Macedonia. Sie war
nicht ganz unwichtig, denn der Statthalter verfügte über Truppen, die für
die Grenzverteidigung eingesetzt wurden. Wie es heißt, soll Octavius in
Makedonien beachtliche Erfolge errungen haben. Man erzählte von einer
großen Schlacht, in der Octavius die Besser und Thraker zu Paaren getrieben hatte. Es waren dies Völker, die durch ihre Einfälle die Nordgrenze Makedoniens ständig beunruhigten. Octavius soll sie in die Zahl der
römischen Bundesgenossen aufgenommen haben. Dies hat Cicero seinem
Bruder Quintus, der zur selben Zeit die Provinz Asia (das westliche
Kleinasien) verwaltete, als ein leuchtendes Beispiel vor Augen gestellt[1].
Das Heer hat Octavius sogar zum Imperator ausgerufen[2], er war damit in
die Zahl der prominenten römischen Feldherrn aufgerückt. Aber er hatte
nur noch kurze Zeit zu leben. Kaum hatte er Makedonien verlassen,
machte der Tod seinem Leben ein Ende. Octavius starb in Nola in Campanien, wahrscheinlich im Frühjahr 59 v. Chr. Sein Sohn Augustus starb
übrigens im Jahre 14 n. Chr. in dem gleichen Haus und im gleichen Bett
wie sein Vater. Um das Consulat hatte sich Octavius nicht mehr bewerben können, hierfür wäre persönliche Anwesenheit in Rom erforderlich
gewesen. Er hinterließ drei Kinder: Octavia Maior, die ihm seine erste
Frau Ancharia geschenkt hatte, Octavia Minor und Octavius, den späteren Augustus. Diese beiden stammten aus der Ehe mit Atia, seiner zweiten Frau. Atia aber war die Tochter des M. Atius Balbus und der Iulia,
der Schwester des großen Iulius Caesar. Atius Balbus, der Großvater des
Augustus mütterlicherseits, ist übrigens die Zielscheibe des Spotts des
Triumvirn Marcus Antonius gewesen: Er sei afrikanischen Ursprungs
gewesen und habe zwei nicht gerade angesehene Gewerbe ausgeübt: er
sei der Besitzer eines Salbenladens (wir würden sagen: einer Drogerie)
und der Inhaber einer Mühle gewesen, ob zur gleichen Zeit oder nachein-
ander, ist nicht bekannt. Dies aber hatte Cassius von Parma, dem Freund
des Antonius, Anlaß zu einem nicht sehr vornehmen Witz über die Herkunft des Augustus gegeben; wer sich dafür interessiert, der mag ihn bei
Sueton (Leb. d. Aug. 4,2) nachlesen. Diese Behauptungen bedürfen übrigens keiner ausführlichen Widerlegung, sie sind typische Verleumdungen

aus dem politischen Tageskampf, der in den Jahren vor Actium (31
v. Chr.) die Szene beherrschte.

Als Geburtstag des Augustus wird der 23. September 63 v. Chr. ange-
geben, im Consulat des M. Tullius Cicero und des C. Antonius. Die
Geburt fiel angeblich kurz vor Sonnenaufgang. In dem Haus auf dem
Palatinshügel in Rom, das den Namen „die Ochsenköpfe" führte, erblickte Augustus das Licht der Welt. Er war noch nicht vier Jahre alt, als
er sich durch den jähen Tod seines Vaters beraubt sah, denn dieser starb
im Consulat des Iulius Caesar und des Marcus Bibulus (59 v. Chr.). Die
Mutter schloß eine zweite Ehe, und zwar mit L. Marcius Philippus. Auch
zu ihm hatte der junge Octavius ein sehr gutes Verhältnis. Im übrigen
wuchs er in einem wohlhabenden Hause auf, er brauchte nichts zu entbehren und erhielt die übliche Erziehung eines jungen Römers von Stand.
Über seine Jugendzeit berichten die Quellen nur wenig, und als seine
Mutter Atia sich nach dem Tode des Octavius, des Vaters, wieder verhei-
ratete, da wurde der Sohn der Obhut der Großmutter Iulia übergeben, sie
war die Schwester Caesars. Als diese im Jahre 50 verstarb, da war der
junge Octavius in seinen Studien immerhin schon so weit fortgeschritten,
daß er ihr vor versammeltem Volk die Leichenrede *(laudatio funebris)*
halten konnte. Man wird wohl annehmen müssen, daß der Rhetorikleh-
rer dem Octavius die Rede korrigiert hatte, denn ein Junge von 12 oder
13 Jahren wird kaum imstande sein, etwas Originelles zu produzieren,
das die Zuhörer aufhorchen läßt. Nichts, rein gar nichts im Leben des
jungen Octavius deutet auch nur an, welcher Aufstieg ihm wenige Jahre
später beschieden sein würde. In dieser Hinsicht teilt er das Schicksal so
vieler bedeutender Männer, deren Begabung sich erst im weiteren Verlauf
des Lebens zeigen sollte. Auch mit seinem Großoheim Caesar war es
nicht anders gewesen.

Octavius hatte das vierzehnte Jahr noch nicht vollendet, als politische
Wolken ihre Schatten auf sein Leben warfen: Mit seinem Übergang über
den Rubico hatte Caesar in der Nacht vom 10. auf den 11. Januar 49
v. Chr. den Bürgerkrieg gegen Pompeius begonnen. Die Nachrichten
hiervon waren kaum nach Rom gelangt, da flüchtete die Familie aus der
Hauptstadt nach dem kleinen Velitrae, man fürchtete die Rache des Pompeius, aber die Besorgnis war unbegründet, zudem wurde Rom schon am
18. Januar von den Pompeianern fluchtartig geräumt, Pompeius selbst
hatte die Hauptstadt bereits am Tage zuvor verlassen. In Rom wird man
mit großer Spannung auf Nachrichten von Caesar gewartet haben, doch
dieser befand sich an der Spitze seines Heeres auf dem Vormarsch an der

Ostküste Italiens entlang nach dem Süden, um womöglich Brundisium (Brindisi) vor Pompeius zu erreichen. Dies erwies sich jedoch als unmöglich, weil Caesar durch den Widerstand des Cn. Domitius in Corfinium mehrere Tage lang (vom 15. bis zum 21. Februar) aufgehalten wurde.

Mit Caesar ist die Familie der Octavier erst nach seiner Ankunft in Rom am Ende des Monats März 49 zusammengetroffen. Caesar war nicht gerade gut aufgelegt, denn die Dinge in Rom hatten sich nicht so entwickelt, wie er es gewünscht hatte. Die Senatssitzung am 1. April 49 war schlecht besucht. Um sich des Staatsschatzes im Tempel des Saturnus zu bemächtigen – er war von den Pompeianern vergessen worden –, sah sich Caesar veranlaßt, gegen den Volkstribunen L. Metellus Gewalt anzuwenden. Dies aber erregte viel böses Blut, vor allem bei der Plebs, die über das Vorgehen Caesars gegen den sakrosankten Volkstribunen entrüstet war. Doch diese Querelen kümmerten Caesar vorerst wenig, denn er stand vor der Abreise auf den spanischen Kriegsschauplatz. Hier waren die Anhänger des Pompeius seine Gegner, in vierzig Tagen war der Feldzug beendet. Auf der Rückreise nach Italien konnte Caesar überdies noch die Kapitulation Massilias (Marseille) entgegennehmen. Dies war übrigens das Ende einer 550-jährigen Geschichte der freien Griechenstadt in Südgallien. In Rom war Caesar inzwischen zum Diktator ernannt worden, den Feldzug gegen seinen Rivalen Pompeius konnte er jetzt nicht mehr länger aufschieben. Es folgten die Kämpfe in Albanien, die dem Pompeius größere Erfolge brachten als Caesar, und dann die Schlacht bei Pharsalus (8. August 48 v. Chr.), in der Caesar einen vollständigen Sieg über Pompeius errungen hat.

Vor dem Hintergrund der welthistorischen Ereignisse muß der Aufstieg des jungen Octavius gesehen werden. Mit fünfzehn Jahren legte er die Männertoga *(toga virilis)* an. Man hatte den Termin um ein Jahr vorverlegt, denn im allgemeinen wurde mit diesem Akt bis zum 16. Lebensjahr gewartet. Und außerdem übertrug man dem jungen Mann ein Priesteramt, das durch den Tod des bisherigen Inhabers in der Schlacht bei Pharsalus frei geworden war. Die Stelle wurde durch Volkswahl wiederbesetzt. Wenn Octavius gewählt wurde, so wird dies wohl auf einen unmißverständlichen Wink Caesars zurückzuführen sein. Welche Eigenschaften qualifizierten Octavius, der überhaupt noch nicht in die Ämterlaufbahn eingetreten war, zur Übernahme des Priesteramts? Es ist schade, daß wir nicht wissen, um welches Priesteramt es sich gehandelt hat – aber ein gewisses Interesse an sakralen Dingen dürfte bei Octavius vorhanden gewesen sein, sonst hätte ihm Caesar das Amt kaum übertragen.

Octavius hätte nun wie die anderen jungen Männer in seinem Alter den Militärdienst ableisten müssen, aber davon ist nicht die Rede. Dies mochte mit seinem labilen Gesundheitszustand zusammenhängen. Es hätte wohl auch wenig Sinn gehabt, ihn mit den Strapazen des Militärdienstes und der entbehrungsreichen Feldzüge zu konfrontieren, selbst wenn er mit diesen Dingen nur im Stabe eines Legionskommandeurs Bekanntschaft gemacht hätte – der Militär- und Kriegsdienst war nicht sein Feld, und auf diesem Gebiet hat er in der Tat nichts Bedeutendes geleistet. Im Jahre 46 feierte Caesar einen Triumph über seine Gegner in Africa. Auch Octavius war mit dabei, die militärischen Auszeichnungen, die ihm der Großoheim verliehen hatte, mögen ihm seltsam zu Gesicht gestanden haben – aber hier kam es nicht auf die Leistung, sondern auf die Ehre an, denn Octavius war der nächste männliche Verwandte des großen Diktators.

Überhaupt steht Octavius von nun an ganz im Bannkreis Caesars, der den jungen Mann in mancher Hinsicht ausgezeichnet hat. So ließ er ihn die Griechischen Spiele leiten – es handelt sich bei ihnen um vorwiegend athletische Wettkämpfe –, und als Octavius noch nicht ganz siebzehn Jahre war, fungierte er auf Caesars Wunsch als Stadtpräfekt *(praefectus urbi)*, doch dies war kein schweres Amt, denn die ganze Stadt war leer, das Volk war zum Mons Albanus gepilgert, um hier das Latinerfest zu feiern. Wenn dagegen andere Quellen behaupten, Octavius sei zum *magister equitum* des Diktators designiert worden, so kann dies nicht richtig sein[3], denn für diese Würde wäre Octavius zu jung und zu unerfahren gewesen.

Wenig Glück war dem Octavius mit seiner Reise nach Spanien beschieden. Er erlitt Schiffbruch und gelangte erst in das Hauptquartier Caesars, als die Schlacht bei Munda (17. März 45 v. Chr.) bereits geschlagen war. Octavius hatte vom spanischen Kriegsschauplatz wenig gesehen, doch wollte ihn Caesar offenbar in seiner engeren Umgebung zur Verfügung haben. Nach Rom zurückgekehrt, hatte der junge Mann Schwierigkeiten mit einem Menschen, der sich Marius nannte und in die Familie der Iulier eindringen wollte. Octavius aber gab ihm zu verstehen, daß die Entscheidung hierüber Caesar überlassen werden müsse, denn dieser sei das Haupt der Familie. Der falsche Marius, der sich als Neffe des großen Kimbernsiegers bezeichnete, wurde dann aus Italien ausgewiesen. Später hat ihn Antonius verhaften und im Gefängnis umbringen lassen. Es kann kaum ein Zweifel darüber bestehen, daß es sich hier um einen gewöhnlichen Betrüger gehandelt hat.[4]

Am 13. September 45 machte Caesar sein Testament, Octavius sollte sein Haupterbe sein. Er wurde sogar von Caesar adoptiert, und zwar auf der untersten Wachstafel des Codex. Zweifellos ist die Adoption der größte Glücksgriff des Diktators gewesen. Er selbst besaß keine Kinder, die für die Nachfolge in Betracht gekommen wären; Kaisarion, Kleopatras Sohn, kam hierfür nicht in Frage, und die Bezeichnung des M. Iunius Brutus als Caesars Sohn ist eine Legende. Von dem Inhalt des Testaments wußten selbst die nächsten Freunde Caesars nichts. Um so größer war später die Überraschung, als das Schriftstück eröffnet wurde.

Ohne Zweifel hatte Caesar Wohlgefallen an seinem Großneffen gefunden, er hatte Gelegenheit gehabt, ihn aus der Nähe zu beobachten, und dies wird wohl den Ausschlag zugunsten der Adoption gegeben haben. Hat nun Octavius etwas von der testamentarischen Adoption gewußt? Darüber ist nichts bekannt, in der Öffentlichkeit ahnte niemand etwas davon, sonst hätten sich nicht Männer wie Brutus und Antonius Hoffnungen darauf gemacht, Caesar zu beerben. Sie sind bitter enttäuscht worden.

Wenn Octavius etwas Rechtes gelernt hatte, so verdankte er dies seinen Lehrern. Der bedeutendste von ihnen war der Grieche Areios von Alexandrien, ein Philosoph, den man als einen Eklektiker bezeichnen wird, obwohl der stoische Einschlag unverkennbar ist. Octavian muß ihn ganz besonders geschätzt haben, denn nach der Einnahme Alexandriens im Jahre 30 v. Chr. ließ er verkünden, er habe die Stadt vor allem aus Liebe zu seinem Lehrer geschont. Und wenn sich in der Weltanschauung des Kaisers bestimmte stoische Elemente finden, so stammen sie wahrscheinlich von diesem Mann, der ihm unvergeßlich geblieben ist. In Rom hörte er außerdem einen Rhetor namens M. Epidius. Die Überlieferung schildert ihn als einen ausgesprochen bösartigen Menschen. Er war aber ein brillanter Redelehrer, zu dessen Schülern übrigens auch M. Antonius zu zählen ist. Charakter und Intelligenz gingen bei Epidius offenbar auseinander, sein formales Talent ist ganz unbestreitbar. Epidius hat *Commentarii* geschrieben, in denen es von Wunderdingen nur so wimmelte. Er wollte offenbar dem Publikum eine interessante Lektüre bieten.

Der dritte unter den Lehrern ist Apollodor von Pergamon. Dieser Mann war zweifellos eine hervorragende Persönlichkeit. Caesar selbst hatte ihn für Octavius ausgesucht. In Rom hatte er einen großen Zulauf von Schülern und Hörern, er galt als Vertreter der attizistischen Richtung, der auch Caesar zuneigte. Diese beherrschte in jenen Tagen weithin das Feld, vor allem auch dank des Einsatzes von Cicero. Zwischen Apol-

lodor, dem Lehrer, und Octavius, dem Schüler, entspann sich eine enge
Freundschaft, und als sich Octavius auf die Reise nach Apollonia in
Illyrien begab, da war auch Apollodor in seinem Gefolge. Man hatte ihm
diesen Mann offenbar als Ratgeber beigegeben.

Für einen gebildeten Römer war die Kenntnis der griechischen Sprache
eine Selbstverständlichkeit. Auch Octavius hatte Griechisch gelernt, aber
er fühlte sich in der fremden Sprache nicht zu Hause. Wenn er sich
griechischer Ausdrücke bedienen mußte, hat er sich diese in der Regel aus
dem Lateinischen durch Freunde oder Dolmetscher übersetzen lassen.
Dies wird damit zusammenhängen, daß er schon in jugendlichem Alter in
den Strom der großen Politik geworfen wurde, für Sprachstudien fehlte
es ihm an Zeit.

An dem Partherkrieg Caesars sollte Octavius im Stabe des Oberkommandierenden teilnehmen. Der Plan war vollständig ausgearbeitet, zur
Ausführung sollte er jedoch nicht mehr kommen, denn an den Iden des
März 44 v. Chr. (15. März) fiel Caesar in Rom unter den Dolchen der
Attentäter. Die Kunde von Caesars Ermordung gelangte etwa zehn Tage
später übers Meer nach Apollonia, zum Entsetzen aller, nicht nur des
Octavius. Zum Glück konnte er sich des Rates seiner Freunde bedienen,
die mit ihm in Apollonia weilten. Es waren dies M. Agrippa und Q. Salvidienus Rufus. Ihr Schicksal hat einen ganz entgegengesetzten Verlauf
genommen. Agrippa wurde der treuste Freund und Helfer des Kaisers,
während Salvidienus umgebracht wurde, weil er sich mit Antonius eingelassen hatte. Doch damit haben wir dem Verlauf der Dinge vorgegriffen
und wenden uns wieder nach Apollonia.

Bei der Nachricht von Caesars Tod herrschte hier große Verwirrung,
auch Octavius wußte nicht, was er tun sollte. Angeblich soll er sogar
daran gedacht haben, sich unter den Schutz der makedonischen Legionen
zu stellen. Doch überzeugte er sich bald davon, daß seine Anwesenheit in
Rom notwendig sei. Er machte sich auf die Reise über die Adria nach
Italien. Vorsichtshalber ging er in dem kleinen Ort Lupiae – nicht in
Brindisi – an Land, und von hier eilte er im Reisewagen nach Neapel und
durch Campanien nach Rom. Längst war er nicht mehr allein, seine
Gefolgschaft hatte sich durch den Zulauf ehemaliger Caesarianer vergrößert. Auch war es ihm gelungen, sich in den Besitz der Kriegskasse
Caesars zu setzen. Mehr als sechs Wochen waren seit dem Tod Caesars
vergangen, als Octavius in den ersten Tagen des Mai (das ganz genaue
Datum läßt sich nicht ermitteln) seinen Fuß auf den Boden der Hauptstadt setzte. Obwohl ihn sein überaus vorsichtiger Stiefvater Marcius

Philippus gewarnt hatte, nahm er die Erbschaft Caesars an und gab vor
dem Stadtprätor eine entsprechende Erklärung ab. Der amtierende *praetor urbanus* war der Caesarmörder M. Iunius Brutus, dieser aber war
nicht in Rom anwesend, an seiner Stelle fungierte C. Antonius, der Bruder des Consuls M. Antonius. Für Octavius ergab sich die Schwierigkeit,
daß das Testament riesige Legate an das Volk von Rom vorsah – woher
sollte Octavius das Geld nehmen, um dieser Pflicht gerecht zu werden?
Antonius hatte nämlich inzwischen längst gehandelt. Er hatte sich in den
Besitz der Staatskasse gesetzt, ein ganz ungesetzlicher Akt, doch hatte ihn
Antonius mit dem Staatsinteresse und dem Notstand begründet.

Im übrigen hat Octavian im Jahre 44 geradezu horrende Summen an
die städtische Bevölkerung und an die Soldaten ausgezahlt. Um diese
Gelder aufzubringen, stand ihm nicht nur der Inhalt der Kriegskasse
Caesars zur Verfügung, er hat im Juni des Jahres auch die Güter seines
Adoptivvaters, die Besitzungen seines Vaters Octavius und seiner Mutter
Atia, ja sogar die Liegenschaften seines Stiefvaters Marcius Philippus und
seiner Vettern Pedius und Pinarius mit deren Zustimmung veräußert, um
Bargeld in die Hand zu bekommen (App. B. C. III 23, 88–89). Auf diese
Weise konnten angeblich nicht weniger als 50 Millionen Sesterzien (= 50
Milliarden Sesterze) beschafft werden. Diese Summe erscheint aber so
hoch, daß doch wohl Zweifel an ihrer Richtigkeit berechtigt sind.

Folgt man Alföldi, so wäre Cornelius Balbus der Mann gewesen, der
für diese Transaktionen wie überhaupt für die Finanzgeschäfte Octavians
verantwortlich gewesen wäre, wie er auch schon unter dem Diktator
Caesar, hier zusammen mit C. Oppius, die Finanzen geregelt habe. Der
Vermutung Alföldis wird man einen gewissen Grad von Wahrscheinlichkeit nicht absprechen können, wenn sie sich auch wegen des Mangels an
Quellen nicht zur Gewißheit erheben läßt. Alföldi geht aber noch weiter.
Hier sollen einige Sätze wiedergegeben werden, die in Alföldis Buch
,,Octavians Aufstieg zur Macht'' (Bonn 1976) S. 44, zu finden sind:
,,Nicht Octavian, der aus seinem Erziehungsgang plötzlich herausgerissen worden war, hat den *familiarissimus Caesaris* Balbus und seinen Partner Oppius in seine Dienste eingespannt, sondern im Gegenteil haben die
zwei Hauptvertrauten Caesars nach dessen Erben gegriffen und haben,
wie Caesar es wünschte, seinen Adoptivsohn in kurzer Zeit durch
abenteuerlich gewagte, illegale Methoden, geheime Intrigen, durch ein
Hasardspiel mit enormen finanziellen Mitteln auf die gleiche Stufe mit
den damals herrschenden politischen Größen erhoben. Wir können dafür
bestimmte Spuren in unserem Quellenbestand aufweisen. Daß der Anteil

der beiden Männer am revolutionären Durchbruch des jungen Thron-
aspiranten so versteckt und unauffällig geblieben ist, überrascht nicht
nach ihrer langen Karriere ohne Amt und Würden, die sie stets im Schatten bleiben ließ." Doch bleibt die Vermutung Alföldis nicht mehr als eine
Hypothese; so wie die Dinge liegen, wird sich hier nur schwer ein Beweis
erbringen lassen.

Mit der Annahme der Erbschaft Caesars war für Octavius auch die
Übernahme des Caesar-Namens verbunden. Er nannte sich von nun an
C. Iulius C. f. Caesar: Gaius Iulius, Sohn des Gaius, Caesar. Offiziell hat
er diesen Namen jedoch erst führen können, nachdem die Kuriatkomi-
tien *(comitia curiata)* die Adoption gebilligt hatten. Wann dies geschehen
ist, läßt sich nicht mit Bestimmtheit sagen, vielleicht im Herbst des Jahres
44 v. Chr. Von der für Octavius außerordentlich wichtigen Namensände-
rung hat die Öffentlichkeit zunächst kaum Notiz genommen, man nannte den Caesarerben nicht ,,Caesar den Sohn", wie er es gern gesehen
hätte, sondern Octavianus, mit einem Namen, den er nie gern gehört hat,
weil er an seine Herkunft aus der nicht sehr bedeutenden Familie der
Octavier erinnerte. Wir aber nennen ihn fortan Caesar oder den jungen
Caesar, da eine Verwechslung mit seinem Adoptivvater, dem Diktator
Caesar, im folgenden ausgeschlossen ist.

Mit der Annahme von Caesars Erbe und Namen hatte der junge Mann
vor aller Welt dokumentiert, daß er sich als der legale Nachfolger seines
Großoheims betrachtete, mit allen Rechten und Pflichten versteht sich,
auch mit der Rache an den Caesarmördern. Natürlich hat er davon zunächst in der Öffentlichkeit nichts verlauten lassen, aber seine engsten
Freunde werden gewußt haben, welche Pflichten auf den jungen Caesar
zukommen würden. Ganz entscheidend aber fallen für seine Anfänge die
irrationalen Elemente ins Gewicht, über die wir noch das Notwendige
sagen werden (u. S. 22). Die Masse sah in ihm den künftigen Herrscher
und Nachfolger des großen Iulius Caesar.

Natürlich kam das Auftreten des jungen Mannes in Rom so manchem
ungelegen, am meisten dem Marcus Antonius, denn dieser betrachtete
sich als der wahre Nachfolger des toten Diktators. Die Eröffnung des
Testaments war für ihn eine große Enttäuschung gewesen – dies übrigens
ein Zeichen dafür, daß der Diktator ihn nicht in seine Nachfolgepläne
eingeweiht hatte. Kein Wunder, wenn Antonius dem unbequemen Rivalen die kalte Schulter zeigte! Der größte Fehler des Antonius aber bestand
darin, daß er seinen Konkurrenten gar nicht für voll nahm. Aber waren
denn von einem jungen Mann von achtzehn oder bald neunzehn Jahren

irgendwelche Entscheidungen von politischer Tragweite zu erwarten? Angesichts dieser Einstellung des Antonius wird sich niemand wundern, wenn verschiedene Treffen zwischen ihm und dem jungen Caesar ergebnislos geblieben sind.

Antonius als amtierender Consul glaubte kraft seiner Machtmittel mit jedem Rivalen, woher er auch kommen mochte, fertig zu werden. Dies aber erwies sich als eine große Fehlrechnung, denn er hatte nicht die Klugheit des jungen Mannes in Betracht gezogen. Dieser hielt in der Zeit vom 20. bis zum 30. Juli 44 v. Chr. die *ludi Victoriae Caesaris* ab, die „Spiele zu Ehren von Caesars Sieg". Die Idee dieser Spiele ging übrigens auf Caesar den Diktator selbst zurück. Er hatte sie zu Ehren der Stammesmutter des iulischen Geschlechts, der Göttin Venus, im Jahre 46 gestiftet, außerdem hatte er verfügt, daß sie alljährlich gefeiert werden sollten. Und sein Erbe, der junge Caesar, hatte schon bald nach seinem Eintreffen in Rom mit Hilfe seiner Freunde begonnen, die Spiele vorzubereiten. Sie kosteten teueres Geld und hätten kaum stattfinden können, wenn ihm nicht seine Freunde finanziell unter die Arme gegriffen hätten. Vielleicht war es Balbus, der sich um die Finanzierung bemüht hat (s. o. S. 17). In einem wesentlichen Punkt drang der junge Caesar jedoch nicht durch. Antonius wußte es nämlich zu verhindern, daß der goldene Sessel Caesars mit dem Diadem aufgestellt wurde, obwohl der Senat dies zu Lebzeiten des Diktators beschlossen hatte. Die Stimmung des Volks von Rom aber war ganz für den jungen Caesarerben. Er wurde beim Betreten des Theaters von einer großen Menschenmenge jubelnd begrüßt. Und als während der Spiele ein Komet am Himmel erschien – man nannte den Kometen das *sidus Iulium*, den „Stern des iulischen Geschlechts" –, da glaubten viele, dies sei ein untrügliches Zeichen dafür, daß der ermordete Diktator unter die Götter aufgenommen worden sei. Und sein Erbe wird den Kometen als ein glücksbringendes Zeichen betrachtet haben. Im allgemeinen war jedoch auch im Altertum die Meinung weit verbreitet, daß Kometen mit ihrem langen Schweif Krieg ankündigten, und in diesem Fall hatte die Volksmeinung nicht einmal unrecht, denn in der Tat ist bald darauf der Krieg, den wir den Mutinensischen Krieg nennen, ausgebrochen. Die Gegner waren Antonius und Decimus Brutus, der Statthalter von Gallia Cisalpina; der Krieg begann gegen Ende des Jahres 44, d. h. nur wenige Monate nach dem Erscheinen des Kometen. Im übrigen kommt für die Himmelserscheinung der berühmte Halleysche Komet (den der Verfasser dieses Buches im Jahre 1910 selbst am Himmel gesehen hat) nicht in Frage. Man hat diesen

Kometen zwar auch im Altertum schon mehrfach beobachtet, wie z. B. im Jahre 187 v. Chr., aber im Jahre 44 v. Chr. muß es sich um einen anderen Kometen gehandelt haben[5]. Wer wird es dem jungen Caesar verdenken, wenn er das Himmelszeichen auf seine eigene Person bezog? Bald nach Beendigung der Spiele sah man auf dem Forum Iulium vor dem Tempel der Venus Genetrix eine eherne Statue des Diktators, sie trug auf dem Haupt einen goldenen Stern, das Zeichen der Göttlichkeit des toten Caesar.

Wenige Tage später, entweder noch im Juli oder zu Beginn des folgenden Monats, kam es zu einer Versöhnung zwischen dem jungen Caesar und Antonius. Den Ausgleich hatten die Veteranen des toten Diktators zustande gebracht. Sie fürchteten wegen der Zwietracht in den Reihen der Caesarianer um ihren Besitz, konnte doch niemand vorhersehen, wie eine kriegerische Auseinandersetzung zwischen dem Caesarerben und dem Consul Antonius ausgehen würde. Vor allem aber wären die Veteranen gezwungen gewesen, sich für einen der beiden Gegner zu entscheiden, und dies war es vor allem, was sie vermeiden wollten.

Wie aber sollte es weitergehen? Der junge Caesar wollte sich beim Volk beliebt machen und bewarb sich um die Stelle eines Volkstribunen. Es war dies jene, die durch den gewaltsamen Tod des C. Helvius Cinna freigeworden war. Nach der Auffassung des Antonius aber war seine Bewerbung ungesetzlich, denn Caesar war ja kein Plebejer, sondern ein Patrizier, und als solcher kam er für das Amt eines Volkstribunen nicht in Frage. Natürlich hat der junge Mann dies genau gewußt, aber er scheint damit gerechnet zu haben, daß dieser Verstoß gegen das Gewohnheitsrecht der Römer federleicht wiege, sein Adoptivvater hatte sich seinerzeit noch ganz andere Verstöße gegen das Herkommen zuschulden kommen lassen, kein Hahn hatte danach gekräht. Dennoch endete der Versuch des jungen Mannes mit einem Fehlschlag. Antonius ließ die Wahlen aufschieben, sodaß sein Rivale nicht zum Zug kam. Wiederum hatten sich im Volk von Rom große Sympathien für den jungen Caesar gezeigt. Bei Appian liest man es jedoch etwas anders: ihm zufolge habe sich in Wirklichkeit Flaminius um die freigewordene Stelle des Volkstribunen bemüht, das Volk aber habe den jungen Caesar dazu gedrängt, sich zu bewerben. Wie dem nun auch sein mag – Antonius hatte die Angelegenheit entschärft, indem er sie auf die lange Bank geschoben hatte.

Aber der Höhepunkt des Machtkampfes der beiden Konkurrenten stand noch bevor. Es geht um die Ereignisse vom 5. bzw. 6. Oktober 44. Damals hat Antonius einige Männer seiner Leibwache festnehmen lassen (man muß wissen, daß sie vorher im Heere Caesars, des Diktators, gedient hatten); er behauptete, sie hätten sich von dem jungen Caesar dingen lassen, ihn zu ermorden. Ein Teil der antiken Quellen, unter ihnen Nikolaos von Damaskos und Velleius Paterculus, hält das geplante Attentat für eine Erfindung des Antonius. Dies ist die augusteische Tradition. Andere dagegen behaupten das Gegenteil oder lassen die Sache überhaupt in der Schwebe⁶. Und dieser Standpunkt ist wohl der richtige. Der Historiker wird hier wie so oft die Frage nach dem *Cui bono* stellen; es kann aber kaum ein Zweifel darüber möglich sein, daß Antonius einen Vorteil davon hatte, wenn er den Attentatsplan seinem Rivalen in die Schuhe schob. Wie so oft handelte er hier nach dem Grundsatz: *Audacter calumniare, semper aliquid haeret:* ,,Verleumde den anderen so frech, wie du kannst – es bleibt immer etwas hängen!". Doch hatte sich Antonius in der Wahl seiner Mittel zweifellos vergriffen. Wenn Cicero sagt, der bessere Teil der Römer habe nicht an den Anschlag geglaubt, so kann dies allerdings nicht maßgebend sein. Auch Victor Gardthausen befindet sich auf dem Holzweg, wenn er meint (Bd. I S. 55), das Attentat sei auf eine unbesonnene Reaktion des jungen Caesar zurückzuführen, der Grund sei der Widerstand des Antonius gewesen. Der angebliche Anschlag auf das Leben des Consuls ist und bleibt eine mysteriöse Angelegenheit, und man kann schwerlich hoffen, daß der Fall jemals geklärt werden wird, da sich die Quellen nicht einig sind.

Man schrieb den Oktober des Jahres 44, als beide Rivalen mit großen Werbungen unter den Veteranen Caesars begannen. Antonius reiste nach Brundisium, seinen Konkurrenten zog es nach Campanien, um die Soldaten in den von Caesar gegründeten Kolonien für sich zu gewinnen. Mit diesen Maßnahmen hatte das Wettrüsten der beiden Rivalen begonnen⁷. Alles kam nun darauf an, wer sich in den Besitz der stärkeren Bataillone setzen konnte. Und hier sprach fast alles für Antonius, nur wenig für den jungen Caesar.

Und was hat Cicero von dem jungen Mann gehalten? Wir besitzen einen Brief des großen Redners an seinen Freund Atticus vom 11. Juni 44⁸. In ihm steht folgendes: ,,Bei Octavian muß man, wie ich mich überzeugt habe, Talent und Geist anerkennen, auch schien er für die Zukunft gegen unsere Heroen [gemeint sind die Caesarmörder Brutus und Cassius] so gesinnt zu sein, wie wir es wünschen. Aber was darf man ihm bei seiner Jugend, seinem Namen, dem Antritt der Erbschaft und den Einflüsterungen zutrauen? Das ist die große Frage. Sein Stiefvater, den ich in Astura gesehen habe, meinte: Nichts". Das Fehlurteil des Marcius Phi-

lippus über den jungen Caesar ist bemerkenswert, die Ereignisse haben
das Urteil widerlegt.

Octavian war der Erbe Caesars, mit diesem und mit seinem Adoptivsohn verbanden sich die Hoffnungen und Erwartungen ungezählter
Menschen in Rom, in Italien und im ganzen römischen Reich. Der Diktator Caesar hatte es verstanden, sich in seinem Heer und in der Bürgerschaft Italiens eine breite Gefolgschaft zu schaffen. All diese Menschen
brachten ihm eine gottgleiche Verehrung entgegen, sie wurde durch
astrologische Aspekte, durch Prophezeiungen und Wundererzählungen
noch gesteigert. Mit seinem Tod an den Iden des März 44 war diese
Verehrung keineswegs erloschen, sie zog sogar noch weitere Kreise, wie
die Vorgänge beim Leichenbegängnis Caesars zeigen. Die Trauer der
Menge entlud sich in gewaltigen Tumulten, wie sie Rom vorher noch nie
gesehen hatte. Es war ganz natürlich, daß sich die Hoffnungen messia-
nischer Art nunmehr auf den Erben Caesars richteten, auch zu ihm hatten
die Massen ein ganz grenzenloses Vertrauen. Viele Dinge schwingen dabei mit: Vor allem war es der Glaube der Menge an einen großen Helden
und Führer, wie man ihn in Caesar besessen hatte. Diese Stimmung findet
sich in den Dichtungen der augusteischen Zeit; es sei an die 4. Ekloge
Vergils (aus dem Jahre 40 v. Chr.) erinnert. In dem Gedicht schwingt die
Idee des Goldenen Zeitalters mit, und der Mann, der dieses Saeculum
heraufführen sollte, war niemand anders als der junge Caesar. Es ist gar
kein Zweifel: Vom Anfang seiner politischen Laufbahn an haben Hoffnungen und Erwartungen dieser Art den jungen Caesar getragen, und
ohne den Glauben der Massen an seinen Stern wäre sein Aufstieg gar
nicht denkbar gewesen. Als Erbe des toten Diktators war er allen Konkurrenten, auch dem Antonius, überlegen, er hat es verstanden, die Stimmung der Massen für seine Pläne aufzugreifen, er hatte sie als einen
wichtigen Faktor der Politik erkannt. Irrationale Elemente spielen dabei
eine große Rolle, wie so oft in politisch bewegten Zeiten, wir haben es
selbst erlebt[9].

Zweites Kapitel

Vom Mutinensischen Krieg bis zur Schlacht bei Philippi

(44 bis 42 v. Chr.)

Als Antonius mit der Belagerung des Decimus Brutus in Mutina (Modena) in Oberitalien begann, – man befand sich im Dezember 44 v. Chr. – da war der Bürgerkrieg, den der Diktator Caesar vorausgesagt hatte, Wirklichkeit geworden. Es ging um den Besitz der Provinz Gallia Cisalpina, die sich Antonius durch das Volk hatte übertragen lassen, und dies, obwohl der Senat sie dem Decimus Brutus zugesprochen hatte. Der Mutinensische Krieg war der Anfang vom Ende des römischen Freistaats. Wenn der Senat auch glaubte, die Zügel in der Hand zu halten, so sollte es sich doch bald erweisen, daß das Schicksal des Staates von den großen Militärführern abhing, von denen Antonius, Lepidus und der junge Caesar die bedeutendsten waren. Zwar stand der letzte auf der Seite des Senats, vor allem durch den Einfluß Ciceros, aber seinem Herkommen nach gehörte er zu den Caesarianern. Seine Haltung hat Antonius hart getadelt, von seinem Standpunkt aus mit Recht. Es gibt einen offenen Brief des Antonius, in welchem er seinen Rivalen darauf hinweist, daß das Bündnis Caesars mit den Pompeianern zu nichts Gutem führen könne. Aber vorerst war die Rivalität zwischen den beiden Männern so stark, daß man sich nicht zu wundern braucht, wenn sich der junge Caesar auf der Gegenseite befand, zumal es prominente Senatsmitglieder an schmeichelhaften Äußerungen über den nunmehr Neunzehnjährigen nicht fehlen ließen. Der Erbe des toten Diktators war für die Republikaner ein wertvoller Bundesgenosse, er stellte mit seinen Truppen eine Macht dar, die niemand in Italien ignorieren konnte. Am 7. Januar 43 erreichte den jungen Caesar auf der Straße bei Spoleto die Nachricht, der Senat habe ihm ein proprätorisches Imperium übertragen, er solle im Senat mit den Consuln stimmen. Außerdem solle er sich zehn Jahre vor Erreichung des üblichen Alters um die Staatsämter bewerben dürfen, d. h., man hatte die Lex Villia Annalis (180 v. Chr.) für den jungen Mann außer Kraft gesetzt.

Der 7. Januar 43 ist für die Laufbahn des jungen Caesar insofern von Bedeutung, als er sich von diesem Tag bis an sein Lebensende im Jahre 14 n. Chr. der Feldherrenauspizien bedient hat. Es ist daher nicht ganz abwegig, wenn eine späte Quelle, Aurelius Victor aus dem 4. Jahrhundert n. Chr., von diesem Tag an seine Herrschaft rechnet (epit. 1, 30).

Bei den Kämpfen um Mutina hat der junge Caesar zum ersten Mal im Feld gestanden. Es ging um die Herrschaft in Oberitalien. Wer sich im Besitz dieser Provinz befand, der konnte dem Senat seinen Willen diktieren, denn im übrigen Italien standen keine regulären Truppen. Antonius hatte genau gewußt, warum er sich gerade um diese Provinz bemüht hatte. Er hatte sie für Makedonien eingetauscht. Die Kräfteverteilung ist sehr aufschlußreich. Als Antonius den Boden von Gallia Cisalpina betrat, hatte er insgesamt vier Legionen zu seiner Verfügung (drei davon stammten aus Makedonien), dazu kam noch seine Leibkohorte und eine Anzahl von neu ausgehobenen Rekruten. Sein Gegner Decimus Brutus war ihm zwar zahlenmäßig einigermaßen gewachsen, aber von seinen vier Legionen waren zwei ehemalige Caesarianer, ihre Haltung war unsicher. Und der junge Caesar? Er hatte zwei Legionen unter seinen Fahnen, sie waren von Antonius zu ihm übergegangen, die *legio Martia* und die *legio IV*. Dazu kamen dann noch die Evokaten der VII. und VIII. Legion, Veteranen, die wieder in den Dienst eingetreten waren, endlich noch eine Rekrutenlegion, mit der jedoch im Felde wenig anzufangen war.

Die Übersicht läßt erkennen, daß Caesar mit seinen Truppen gewissermaßen das Zünglein an der Waage bildete. Doch ist nicht zu übersehen, daß niemand genau wußte, wie sich die beiden von Antonius zu Caesar übergegangenen Legionen für ihren neuen Befehlshaber schlagen würden. Waren sie zuverlässig, wenn sie zum Kampf gegen ihren ehemaligen Dienstherrn Antonius antreten mußten?

Der Senat hatte den Oberbefehl auf dem Kriegsschauplatz in Norditalien in die Hände des neuen Consuls A. Hirtius gelegt; dieser unterstellte sich die Legionen Caesars, von seinem Standpunkt aus eine richtige Maßnahme, da sonst die Befehlsgebung bei den Republikanern zersplittert gewesen wäre. Im Sinne des jungen Caesarerbens aber war dies keineswegs, er mußte sich jedoch dem Senatsbeschluß, wenn auch zähneknirschend, fügen. Was nützten ihm seine Legionen, wenn er ihre Führung einem andern anvertrauen mußte?

Zu Beginn des Krieges verlief alles nach Wunsch des Antonius. Er brachte dem Gegner bei Forum Gallorum (Castel Franco) eine schwere Niederlage bei, in die vor allem die von dem anderen Consul Pansa herangeführten Rekrutenlegionen verwickelt wurden. Auch die prätorische Kohorte des jungen Caesar hatte schwere Verluste zu beklagen, er selbst war im Feldlager vor Mutina geblieben. In einer zweiten Phase der Schlacht bei Forum Gallorum errang Hirtius einen vollständigen Sieg über Antonius, dieser büßte die Hälfte seines Heeres ein, aber auch die *cohors praetoria* des jungen Caesar ging zugrunde (15. April 43).

Zur gleichen Zeit hatte man auch vor dem belagerten Mutina die Klingen gekreuzt. Einen Angriff des L. Antonius, des Bruders des Marcus, hatte der junge Caesar abweisen können, seine Soldaten riefen ihn daraufhin zum Imperator aus. Dies war die erste selbständige Waffentat des jungen Mannes. Sie wird dadurch nicht entwertet, daß die Propaganda des Antonius behauptet, der junge Caesar habe sich im Gegenteil zur Flucht gewandt, man habe ihn zwei Tage lang überhaupt nicht mehr zu Gesicht bekommen. In der darauffolgenden Schlacht vor den Mauern der Stadt Mutina erlitt Hirtius, der in das Lager des Antonius eingedrungen war, den Soldatentod. Caesar hatte sich in den Besitz des Leichnams des Hirtius und des Lagers des Antonius setzen können, war aber von diesem wieder herausgedrängt worden. All diese Ereignisse haben sich am 21. April 43 angesichts der Mauern der Stadt Mutina abgespielt. Das Ergebnis war eine weitere Niederlage des Antonius, an dem Erfolg der Republikaner hatte der junge Caesar einen wesentlichen Anteil. Ob es jedoch der Wahrheit entspricht, daß er dem Adlerträger seiner Legion, nachdem dieser verwundet worden war, das Feldzeichen abgenommen und es lange getragen habe, ist sehr zweifelhaft. Die Nachricht stammt vielleicht aus der Selbstbiographie des Augustus, sie ist suspekt[1]. Wir sind nicht in der Lage, zu entscheiden, ob die Waffentaten des jungen Caesar historisch sind oder nicht. Hier scheinen propagandistische Elemente bei Sueton und erst recht bei dem Rhetor Florus (aus dem 2. Jahrh. n. Chr.) mit im Spiel zu sein. Aber die Belagerung Mutinas durch Antonius war gesprengt, schon am 22. April 43 hatte der junge Caesar ein Gespräch mit Decimus Brutus, der nun endlich die eingeschlossene Stadt verlassen konnte. Doch gelangte man in der Unterredung zu keinem brauchbaren Resultat, obwohl eine Übereinstimmung wichtig gewesen wäre, denn Antonius hatte sein Lager geräumt und sich auf den Abmarsch gemacht. Alles wäre jetzt bei den Republikanern darauf angekommen, Antonius in großer Eile zu verfolgen, um sein Heer oder die Reste davon vollends zur Auflösung zu bringen. Im übrigen weist die Unterredung zwischen dem jungen Caesar und Decimus Brutus, wie sie bei Appian (III 73, 298–301) erzählt wird, zahlreiche Elemente auf, die nur als Propaganda Caesars aufgefaßt werden können[2]. Und sein Gespräch mit dem zu Tode verwundeten Pansa ist überhaupt unhistorisch.

An der Verfolgung des Antonius hat sich Caesar nicht beteiligt. Antonius konnte an der Küste der Seealpen entlang nach Südgallien entkommen und sich dort am 29. Mai 43 mit Lepidus vereinigen. Octavian (wie er allgemein genannt wurde) verspürte keine Lust, seine Truppen für die Interessen des Senats aufs Spiel zu setzen.

Ihm schien es wichtiger, seine Streitmacht in Oberitalien intakt zu halten, um sie bei gegebener Gelegenheit in die Waagschale zu werfen. Und dieser Zeitpunkt sollte bald kommen. Als er an den Senat das Ansinnen stellte, ihn zum Consul zu wählen, schob dieser den Wunsch des jungen Caesar auf die lange Bank, vor allem, weil Cicero es so gewollt hatte. Der Erbe des Diktators aber ließ sich dies nicht bieten, er setzte seine Legionen in Bewegung. Der Senat geriet dadurch in eine peinliche Lage, er hatte nur wenige Truppen in der Hand, mit denen er dem Octavian entgegentreten konnte. Immer noch wiegte sich Cicero in politischen Illusionen. Er hatte zwar in einem Brief den ominösen Satz geschrieben: Man möge den jungen Mann loben, ausstatten und sodann aus dem Weg räumen (*laudandum adulescentem, ornandum, tollendum:* Epp. XI 20, 1) – aber damit war nicht das Geringste gewonnen, hier ging es um die Macht, und diese stand auf Seiten des jungen Caesar, während Cicero jeglichen Maßstab für das Mögliche verloren hatte. Als Octavian seine Truppen gegen Rom marschieren ließ, herrschte dort eine ganz unbeschreibliche Verwirrung; wieder klammerten sich Cicero und seine Freunde an die letzte Hoffnung, aber die Hilfe von außen blieb aus, zwei Legionen, die man aus Africa herübergebracht hatte, liefen einfach auseinander, weil sie keine ordentlichen Direktiven erhielten. Das Heer des jungen Caesar war inzwischen auf acht Legionen angewachsen, allerdings befanden sich unter ihnen vier Rekrutenlegionen, die für ernstere Kampfhandlungen nicht in Betracht kamen. Aber immerhin! Und um den Senat unter Druck zu setzen, reichte die Streitmacht Octavians vollständig aus. Der Senat hatte zunächst versucht, einen Keil zwischen Caesar und seine Soldaten zu treiben, aber dies erwies sich als eine verfehlte Spekulation, denn die Soldaten wußten nur zu gut, daß sie ohne ihren Heerführer ein Spielball der verschiedensten Interessen sein würden. Der Senat hatte nämlich den Soldaten versprochen, ihnen, Mann für Mann, ein Donativ von 5000 Drachmen (= 20000 Sesterzen) zu geben. Woher man jedoch diese Mittel nehmen wollte, das bleibt angesichts der prekären Finanzlage des römischen Staates ein Rätsel. (Vielleicht war daran gedacht, das Geld durch eine Sondersteuer, wie sie in Notzeiten des öfteren ausgeschrieben wurde, aufzubringen.) Und nun machte Caesar kurzen Prozeß: er besetzte das Gebiet jenseits des Quirinals in Rom und hielt unter dem Beifall des Volks seinen Einzug in die Hauptstadt. Was hier noch an Truppen vorhanden war – angeblich noch drei Legionen –, schloß sich ihm an, der führende Magistrat der römischen Republik, der *praetor urbanus* M. Caecilius Cornutus, gab sich aus Verzweiflung selbst den Tod. Er wollte das Ende des Freistaats nicht überleben. Übrigens waren Consulwahlen seit dem Tode des Hirtius und Pansa in den verflossenen vier Monaten nicht zustande gekommen.

Beim Einmarsch Octavians in Rom war es nicht ganz ohne Gewalttätigkeiten abgegangen. So hatten die Soldaten einen römischen Ritter erschlagen, weil sie glaubten, daß er sie ausspähen wollte, dazu hatten sie auf dem Landbesitz von Gegnern des jungen Caesar manches Unheil angerichtet, dies im übrigen ein Zeichen dafür, daß es schon jetzt nicht leicht war, die übermütig gewordenen Soldaten im Zaum zu halten. Auch Cicero ließ wieder von sich hören. Er bat den jungen Caesar um eine Audienz und entschuldigte sich bei ihm, daß er erst jetzt den Weg zu ihm gefunden habe. Außerdem verfehlte er nicht, darauf hinzuweisen, daß er es gewesen sei, der im Senat Octavian zum Consul vorgeschlagen habe. Und was sagte Octavian dazu? Er meinte, es sei erfreulich, daß sich Cicero als der letzte seiner Freunde bei ihm sehen lasse. Das war eine sehr diplomatische Erklärung, sie konnte für Cicero alles oder auch nichts bedeuten.

Damit war die Herrschaft in Rom auf eine Militärregierung übergegangen. Man schrieb den 19. August 43 v. Chr. Der Freistaat (*res publica libera*) war tot, seit der Ermordung des Diktators Caesar waren genau ein Jahr, fünf Monate und vier Tage vergangen. Für das rasche Ende der römischen Republik waren vor allem die Unbeweglichkeit der Senatsführung und das Übergewicht der großen Militärführer verantwortlich. Der junge Caesar fühlte sich verpflichtet, den Tod seines Adoptivvaters zu rächen. Er hatte nun Gelegenheit dazu. Octavian hatte seinen Verwandten M. Pedius zum Kollegen im Consulat genommen. Pedius war ein älterer Mann, der es in seiner Ämterlaufbahn immerhin bereits zum Prätor gebracht hatte (im Jahre 48). Pedius war wohl ein Neffe des toten Diktators, manche halten ihn für einen Sohn der älteren Schwester des Iulius Caesar[3]. Pedius hat das Gesetz eingebracht, wonach die Caesarmörder vor Gericht gestellt werden sollten (*lex Pedia*). Für jeden, der zu den Caesarmördern gerechnet wurde, bestellte man einen Ankläger.

So hat Marcus Agrippa als Ankläger des C. Cassius fungiert. Doch sind auch manche Männer verfolgt worden, die nicht zu den Caesarmördern gehört hatten, man nahm es nicht so genau.

Gelegentlich bekommt man den Eindruck, daß es die Verfolger vor allem auf das Vermögen der Angeklagten abgesehen hatten. Pedius hat außerdem die *hostis*-Erklärung des Antonius und Lepidus annullieren lassen. Octavian aber wußte genau, was er tat, denn nun stand dem Zusammenschluß der Caesarianer nichts mehr im Wege. Man fragt sich: Hätte der junge Caesar auch anders handeln können? Die Antwort kann nur negativ ausfallen. Er mußte vor allem auf Antonius und Lepidus Rücksicht nehmen, denn beide verfügten über Streitkräfte, die den seinen an Zahl und Kampfkraft beträchtlich überlegen waren. Es wäre verfehlt gewesen, sich mit ihnen in einen Kampf auf Leben und Tod einzulassen, dessen Ausgang nicht zweifelhaft gewesen wäre. Mit der Übernahme des Consulats hatte Octavian einen taktischen Vorsprung errungen, der bei künftigen Verhandlungen mit seinen Konkurrenten zu Buch schlagen mußte.

Die Beschlüsse von Bononia (Bologna). Antonius und Lepidus hatten ihre Streitmacht aus Südgallien in Oberitalien einrücken lassen. Sie hatten die Truppen – insgesamt 17 Legionen – in den Raum von Mutina dirigiert, sechs waren in Südgallien zurückgeblieben. Auch das Heer Octavians war inzwischen auf 17 Legionen angewachsen; wir wissen aber nicht, ob er seine gesamte Truppenmacht nach Oberitalien abrücken ließ. Genug, die drei Machthaber trafen sich auf einer kleinen Flußinsel des Rhenus (oder des Lavinius) in der Nähe von Bononia, um hier Beschlüsse über die künftigen Aktionen zu fassen. Aber keiner traute dem andern, und es war ein Wunder, daß man sich überhaupt zu Gesprächen zusammensetzte. Zwei Tage und zwei Nächte dauerten die Verhandlungen, erst dann konnte man die Beschlüsse dem Heer und der Öffentlichkeit bekanntgeben. Die wichtigsten Bestimmungen waren die folgenden: Der junge Caesar sollte sein eben erst übernommenes Consulat wieder abgeben, das Amt wurde dem Ventidius Bassus, einem Freund und Parteigänger des Antonius, für den Rest des Jahres (man befand sich in den ersten Tagen des November 43) übertragen. Für die drei großen Heerführer wurde ein neues Amt geschaffen. Sie nannten sich von nun an *tresviri rei publicae constituendae*, ,,Dreimänner zur Wiederherstellung des Staates". Der Titel war nicht schlecht gewählt, denn es war inzwischen jedermann zum Bewußtsein gekommen, daß der Staat eine Reform an Haupt und Gliedern nötig hatte. Die Triumvirn, wie wir sie fortan nennen werden, sollten allen Magistraten, auch den Consuln, vorgesetzt sein (wenn Appian hier das Gegenteil berichtet, so hat er unrecht). In Wirklichkeit war es eine Diktatur, nur daß sie nicht von *einem*, sondern von drei Männern ausgeübt wurde.

Dann begann man, die Provinzen, über die man verfügte, neu zu verteilen. Antonius, der sich überhaupt als die treibende Kraft im Triumvirat darstellt, erhielt das nördliche und mittlere Gallien, der Süden dagegen, die Gallia Narbonensis, wurde dem Lepidus überlassen. Außerdem wurden diesem noch die beiden spanischen Provinzen, Hispania Citerior und Ulterior, zugesprochen. Für Octavian blieben die Provinzen Africa, Sicilia und Sardinia übrig, um die er nicht zu beneiden war, denn diese Provinzen wurden durch Sex. Pompeius, den Seekönig, stark gefährdet. Italien, das Land der römischen Bürger, wurde neutralisiert; alle Machthaber brauchten die italischen Rekruten, ohne sie konnten die Heere der Triumvirn nicht ergänzt werden.

Über diese Dinge hat man bei der Zusammenkunft von Bononia ganz offen gesprochen, nicht dagegen über die *Proskriptionen*. Diese wurden vielmehr geheim gehalten, auch vor den Soldaten, denn wären sie vorzeitig bekannt geworden, so hätten sich manche Proskribierte rechtzeitig in Sicherheit bringen können. Der führende Mann war wiederum Antonius. Wie bei Seneca zu lesen steht, soll er die Liste der Proskribierten beim Mahl diktiert haben. Aber auch Lepidus und der junge Caesar ließen die Gelegenheit nicht vorübergehen, mit ihren persönlichen Gegnern ein für allemal abzurechnen. Jeder, der auf die Liste der Proskribierten kam, war geächtet, er galt als vogelfrei. Wer ihn ergriff, sollte ihn ohne weiteres töten, er bekam dafür eine Belohnung. Noch einmal schienen die schrecklichen Zeiten Sullas zurückzukehren, der Unterschied bestand nur darin, daß unter Sulla die Feinde eines einzigen Mannes, jetzt aber die Feinde von drei Männern dem Verderben überantwortet wurden. Dies ist wohl das dunkelste Kapitel aus der Geschichte des Triumvirats. Die Menschlichkeit und das Erbarmen wurden mit Füßen getreten, brutale Rücksichtslosigkeit war das Zeichen der neuen Herrschaft. Und warum haben die Triumvirn zu diesem verabscheuenswürdigen Mittel gegriffen? Es gab in Rom und in Italien zahlreiche offene und heimliche Gegner, nicht nur im Senat, sondern auch unter der Oberschicht der römischen Ritter, und vor allem der Senat hatte sich durch seine *hostis*-Erklärung des Antonius und Lepidus im April bzw. im Mai 43 in einer Weise exponiert, die die unerbittliche Feindschaft der beiden Militärführer hervorgerufen hatte. Die Triumvirn schlugen nun zurück, und zwar mit unvorstellbarer Grausamkeit. In der Gesellschaftsgeschichte Roms bilden die Proskriptionen einen tiefen Einschnitt. Die Triumvirn versäumten es nicht, ihre Maßnahmen durch ein Gesetz zu sanktionieren, die *lex Titia*, die am 27. November 43 erlassen worden ist. Wie schon Mommsen gesehen hat, hatten sich die Triumvirn dadurch für die Proskriptionen eine gesetzliche Grundlage geschaffen; die Maßnahmen waren rechtlich unanfechtbar, mag man auch das Gesetz und seine Folgen moralisch verurteilen.

Bereits unmittelbar nach dem Beschluß der Machthaber hatte man in Rom siebzehn (nach anderer Überlieferung zwölf) der vornehmsten Männer unter den Proskribierten umbringen lassen. Der Consul Pedius, der von keiner Seite informiert worden war, starb an den Aufregungen der Mordnacht; man wird den Ehrenmann zu den Opfern der Proskriptionen rechnen dürfen.

An den Morden in Rom und in Italien waren Octavian und Lepidus mitschuldig. Wenn antike Historiker wie Velleius Paterculus und Cassius Dio zum mindesten den jungen Caesar zu entlasten versuchen, so muß dies zurückgewiesen werden. Immerhin ist es möglich, daß Octavian wenigstens Cicero zu retten versucht hat, doch ist er damit gegenüber Antonius nicht durchgedrungen. Dieser hegte nämlich einen ganz unstillbaren Haß gegen den ‚Vater des Vaterlandes‘, der ihn in seinen ‚Philippischen Reden‘ bis aufs Blut gereizt hatte. Cicero mußte fallen. Er starb am 7. Dezember 43 eines gewaltsamen Todes. Vielleicht hätte er sich retten können, wenn er nicht so unentschlossen gewesen wäre[4]. Der einzige, der in der äußersten Not den Proskribierten zur Seite stand, war der Seekönig Sex. Pompeius. Er sandte sogar Beauftragte nach Rom, sie sollten den Geächteten seine Hilfe anbieten. Nicht wenige sind seiner Aufforderung gefolgt, aber es war nicht leicht, sich mit Sex. Pompeius zu arrangieren, denn er war ein Mann mit ausgesprochen autokratischen Neigungen. Er forderte unbedingte Unterwerfung, andere Meinungen als seine eigene ließ er nicht zu.

Auf den jungen Caesar fällt bei den Proskriptionen kein gutes Licht. Man behauptete, er habe es zugelassen, daß C. Toranius, sein ehemaliger Vormund, auf die Liste der Proskribierten gesetzt wurde. Der gerade Zwanzigjährige zeigt sich hier als ein rücksichtsloser Machtmensch; die Gelegenheit, seine persönlichen Feinde zu vernichten, hat er erbarmungslos wahrgenommen. Kein Zweifel, diese Dinge werfen einen tiefen Schatten auf den Charakter Octavians! Seine Handlungsweise unterscheidet sich um kein Haar von dem Verhalten seiner Genossen im Triumvirat, alle drei haben sich über die primitivsten Regeln des menschlichen Zusammenlebens hinweggesetzt.

Octavian wird die Dinge anders gesehen haben. Er hat das volle Gewicht seiner Macht eingesetzt, um reinen Tisch zu schaffen. Politisch mag diese Haltung vertretbar sein, doch offenbart der junge Caesar eine geradezu unheimliche Kälte des Gemüts, von irgendwelchen liebenswerten menschlichen Eigenschaften findet sich bei ihm nicht die Spur. Um die Verbindung mit Antonius, dem führenden Mann im Triumvirat, enger zu knüpfen, verlobte er sich mit Claudia, der Stieftochter des Antonius. Claudia muß noch sehr jung gewesen sein – vielleicht war sie erst elf oder zwölf Jahre alt –, es war dies eine Kinderverlobung, wie sie in der Geschichte der späteren römischen Republik nicht selten gewesen ist. Wie Sueton berichtet, ist darauf die Eheschließung gefolgt (s. u. S. 115). Die familiäre Verbindung Octavians mit Antonius war ganz im Sinn der Soldaten, sie haben das Ereignis mit Freudenkundgebungen begrüßt, denn sie waren der Meinung, daß ein bewaffneter Konflikt zwischen den beiden Machthabern nun nicht mehr möglich sei.

Über Rom und Italien lag im Dezember des Jahres 43 die dunkle Wolke der Proskriptionen. Wer als Gegner der Triumvirn bekannt war und etwas zu verlieren hatte, mußte um sein Leben zittern, die Denunzianten hatten es vor allem auf Vermögen und Besitz abgesehen, für die Ergreifung der Geächteten wurden Prämien gezahlt. Die erbeuteten und erpreßten Gelder sollten dazu dienen, die leeren Kassen der Triumvirn zu füllen. Man stand mitten in den Vorbereitungen eines neuen Krieges. Dieser sollte gegen Brutus und Cassius geführt werden, die sich im Osten des Imperiums eine Machtbasis aufgebaut hatten. Ließ man sie gewähren, so mußte man mit einer Invasion der Republikaner von Osten her in Italien rechnen. Das Gebot der Stunde bestand darin, ihnen zuvorzukommen und sie zu Boden zu werfen. Der *spiritus rector* des Feldzugs war wieder Marcus Antonius, Octavian hat sich ihm untergeordnet. Was die Truppenstärke betrifft, so ergibt sich von vornherein eine geradezu hoffnungslose Unterlegenheit des Brutus und Cassius. Die Triumvirn hatten im Westen des Imperium Romanum nicht weniger als 43 Legionen unter ihren Fahnen, die Caesarmörder verfügten nur knapp über die Hälfte dieser Zahl, über 20 Legionen. Wie eine kriegerische Auseinandersetzung ausgehen würde, war schon von Anfang an nicht zweifelhaft. Dazu kamen noch schwere strategische Fehler auf seiten des Brutus und Cassius. Anstatt sich von Kleinasien aus sofort nach Griechenland zu wenden, ließen sie sich mit der Belagerung von Rhodos und der Eroberung lykischer Städte längere Zeit aufhalten. Damit verging die erste Hälfte des Jahres 42, erst im Hochsommer überschritten sie mit ihrer Heeresmacht den Hellespont.

Es war eine beachtliche Streitmacht von 19 Legionen, aber inzwischen hatten die Gegner, die Triumvirn, gehandelt. Ihre Vorhut unter dem Befehl des Norbanus Flaccus und des Decidius Saxa war in Illyrien an Land gegangen; die Caesarmörder hatten es versäumt, ihnen zur rechten Zeit mit überlegenen Streitkräften entgegenzutreten, ein strategischer Fehler, der nicht wieder gutzumachen war.

Das Heer der Triumvirn rückte auf der Via Egnatia nach dem Osten vor, ohne zunächst vom Gegner behindert zu werden. Mit den Vorhuten gelangte man in die Gegend westlich von Doriskos bis nahe an den Hebrosfluß (Maritza). Man mußte sich aber wieder zurückziehen, weil man von einem Vorstoß der republikanischen Flotte vom Süden her bedrängt wurde. Das Heer der Triumvirn konzentrierte sich nun nach rückwärts, im Raum von Amphipolis stellten die Legionen die Bewegung ein, während die Gegner ihre Truppen in der Gegend von Philippi zusammenzogen. Durch die von Philippi nach Neapolis führende Straße hatten die Caesarmörder Verbindung mit der Flotte, die den Nachschub herbeischaffte. Es ist einzig und allein das Verdienst des Antonius, wenn die Legionen der Triumvirn in zwei Schlachten bei Philippi (Anfang Oktober und am 23. Oktober 42) die Oberhand behielten. Der junge Caesar war gesundheitlich nicht auf der Höhe; wie so oft in seinem Leben machte ihm Krankheit zu schaffen. Zunächst hatte er sogar in Dyrrhachium (Durazzo) zurückbleiben müssen, war aber dann doch noch rechtzeitig zur Schlacht bei seinen Soldaten eingetroffen. In der ersten Schlacht hatte zwar Antonius einen Erfolg errungen, aber Brutus hatte dem Octavian eine Niederlage beigebracht, sogar das Lager des jungen Caesar war verloren gegangen. Octavian war gerade noch entkommen, andernfalls wären Tod oder Gefangenschaft sein Los gewesen. Die zweite Schlacht bei Philippi am 23. Oktober war die entscheidende, sie endete mit einem vollen Triumph des Antonius, der damals auf der Höhe seines strategischen Könnens stand. Auf die taktischen Vorgänge, so interessant sie auch sein mögen, soll hier nicht eingegangen werden[5]. In den antiken Quellen fällt alles Licht auf Antonius, und dies mit Recht, denn für die Anlage und Durchführung der Schlacht war Antonius allein verantwortlich, Octavian hat hier nur eine sekundäre Rolle gespielt. Bereits nach der ersten Schlacht hatte sich der Caesarmörder C. Cassius den Tod gegeben, nach der zweiten Schlacht folgte ihm Brutus. Seine Legionen weigerten sich, weiter zu kämpfen, so daß er seinem Leben durch einen Freund, Straton von Epirus, ein Ende machen ließ.

Und wie stand es mit dem jungen Caesar? Die Quellen berichten, er habe gegenüber den gefangenen Republikanern wenig Edelmut gezeigt, für sie habe er nichts als Hohn und Grausamkeit übriggehabt[6], und in der Tat sind die in den Quellen berichteten Einzelheiten für Octavian wenig schmeichelhaft. So soll er einem Mann, der ihn fußfällig um ein ehrliches Begräbnis bat, geantwortet haben: „Das mögen die Geier besorgen." Auch habe er zwei Gefangene, Vater und Sohn, um ihr Leben würfeln lassen. Mag sein, daß hier eine dem Octavian ungünstige Überlieferung zugrunde liegt (vgl. Suet. Leb. d. Aug. 13). Auf jeden Fall kontrastiert seine Handlungsweise mit dem Verhalten des Antonius, der gegenüber den Besiegten seine gewohnte Noblesse walten ließ. Alles in allem werfen die Vorgänge nach der Schlacht bei Philippi kein günstiges Licht auf den Caesarerben. Er hat seiner Natur freien Lauf gelassen, und es waren keine guten Eigenschaften, die hier zum Vorschein gekommen sind.

Und wie sollte es weitergehen? Antonius und Octavian einigten sich in der Weise, daß Antonius im Osten verbleiben, während Octavian nach Italien zurückkehren sollte, um hier nach dem Rechten zu sehen. Denn in Italien waren in Verbindung mit den entlassenen Veteranen ernste Schwierigkeiten zu erwarten, alles war in Bewegung, und insbesondere die Bürger jener Städte, die den Soldaten zugeteilt wurden, befanden sich in heller Aufregung.

Auch das Imperium Romanum hat man neu aufgeteilt. Zusätzlich zu seinen früheren Provinzen (s. o. S. 29) erhielt der junge Caesar noch ganz Spanien zugewiesen, Antonius dagegen wurde Gallien zugeteilt, jedoch ohne Gallia Cisalpina. Dieses Land wurde zu Italien geschlagen. Von nun an reichte das römische Bürgerland von der Straße von Messina bis an den Fuß der Alpen. Dies aber war eine Maßnahme der Triumvirn, die für die Romanisierung ganz Italiens von hoher Bedeutung werden sollte. Aber da war noch Lepidus. Man wies ihm als Ersatz für die spanischen Provinzen und für Südgallien die Provinz Africa zu. Er war damit an den Rand des Imperiums abgedrängt, die beiden anderen Triumvirn regierten die Welt, ohne sich noch viel um Lepidus zu kümmern.

Während sich Antonius in Griechenland und Kleinasien in ununterbrochenen Festen von den Griechen feiern ließ, hatte Octavian eine schwierige Aufgabe zu bewältigen. In Italien und Rom herrschte Hungersnot, nach wie vor blockierte Sex. Pompeius mit seiner allgegenwärtigen Flotte die Küsten Italiens, er ließ sich als der Meergott Neptun mit dem Dreizack verehren, überall, selbst in Rom, verfügte er über große Sympathien. Dazu kam noch, daß Fulvia, die Gattin des Antonius, in Italien das Wort führte. Sie hatte zahlreiche Anhänger um sich versammelt, und der Volkstribun L. Antonius, ihr Schwager, war geradezu Wachs in ihren Händen. Wie sollte der junge Caesar mit diesen Schwierigkeiten fertig werden?

Drittes Kapitel

Von Perusia bis Actium

(41–31 v. Chr.)

Perusia, heute Perugia, war der Schauplatz eines der blutigsten Ereignisse in der Geschichte der späten römischen Republik. Hier kämpfte der eingeschlossene L. Antonius, der Bruder des Triumvirn, gegen die vielfach überlegene Belagerungsarmee des jungen Caesar, der schließlich die Kapitulation der Stadt erzwingen konnte. An und für sich war die strategische Bedeutung der Stadt Perusia in Umbrien nicht sehr hoch, es war auch wohl mehr eine Zwangslage als eine freie Entscheidung, die L. Antonius dazu geführt hatte, die Stadt zu besetzen, in der Hoffnung, von außen her befreit zu werden. Wer Perugia heute besucht, wird seine Lage auf einem hohen Felsen (nahezu 500 Meter über dem Meeresspiegel) mit einem weiten Blick in das umbrische Land höchst eindrucksvoll finden. Noch heute stehen die mächtigen Stadttore, die bereits auf die etruskische Zeit (3. Jahrhundert v. Chr.) zurückgehen. Heute hat sich die Stadt allerdings längst auch in der Ebene ausgedehnt, im Altertum beschränkte sie sich auf den hohen Felsen, der durch seine abschüssigen Steilhänge leicht zu verteidigen war. Von der Höhe schweift der Blick weit ins umbrische Land, man erkennt am Horizont die Berge des Apennin, und ganz in der Ferne wird sogar noch Assisium sichtbar.

Es war im Herbst 41, als sich der junge Caesar anschickte, mit der Belagerung Perusias zu beginnen. Seit der Schlacht bei Philippi im Oktober 42 war ungefähr ein Jahr vergangen, ein schweres Jahr für Octavian und seine Freunde. Er hatte sich um die Versorgung der Veteranen mit Land in Italien kümmern müssen, eine ungeheuer schwierige Aufgabe, vor allem deswegen, weil in Italien längst nicht mehr genügend Landgüter zur Verfügung standen. Woher diese nehmen? Man bestimmte achtzehn reiche und blühende Städte Italiens für die Veteranen, zwei davon, Rhegion und Vibo Valentia, wurden schließlich wieder von der Liste gestrichen, weil man sie als Stützpunkte für den Seekrieg gegen Sex. Pompeius brauchte. Die Städte verloren ihren Landbesitz, der in das Eigentum der Veteranen überging. Die Folge war eine tiefgreifende soziale Umwälzung in Italien, die enteigneten Bürger zogen mit ihren Familien vielfach nach Rom und vermehrten dort das stadtrömische Proletariat. Überall im Lande gab es Zank und Streitigkeiten, ja es fehlte nicht an bürgerkriegsähnlichen Auseinandersetzungen zwischen Soldaten und ehemaligen Landbesitzern. Vergil verlor sein Landgut in der Nähe von Mantua, auch Properz hatte sich über Verluste zu beklagen. War es denn überhaupt notwendig, auf diese Weise die Veteranen zu befriedigen, von denen doch nur ein Teil Lust und Liebe zum Ackerbau mitbrachte? Da aber das Bargeld knapp war, blieb nur die Anweisung von Landgütern übrig. In ganz Italien kehrte die Aktion das Oberste zu unterst, und die Versorgung der Hauptstadt, aber auch der anderen Stadtgemeinden mit agrarischen Produkten geriet ins Stocken, zumal die Zufuhr zur See nach wie vor durch die Blockade des Sex. Pompeius behindert wurde. Vielleicht hätte es nahe gelegen, den Veteranen Wechsel auf die Zukunft auszustellen – aber dies war deswegen nicht möglich, weil man ihnen ausdrücklich eine unverzügliche Versorgung versprochen hatte.

Die antiken Quellen, insbesondere Appian in dem 5. Buch seiner ,,Bürgerkriege``, sind voll von spektakulären Gewalttätigkeiten der Soldaten. Nahezu auf jeder Seite des Werkes kann man von den Heimsuchungen lesen, denen sich die Bürger und Bauern ausgesetzt sahen. Ähnliche Zustände hatte Italien noch nie erlebt, selbst in der schlimmsten Zeit Sullas nicht. Man muß bedenken, daß zu den Städten, deren Landbesitz in die Hände der Veteranen überging, blühende Gemeinden wie Capua, Venusia, Benevent, Nuceria, Ariminum gehörten. Das Elend war überall groß, und ein Retter war nicht in Sicht. Mit Recht hat Victor Gardthausen[1] gesagt, daß das, was sich in Italien abgespielt hat, ein nahezu vollständiger Besitzwechsel gewesen sei. Am empfindlichsten waren natürlich diejenigen betroffen, die ihr Kapital fast ausschließlich in Landbesitz angelegt hatten. Es ist unendlich oft vorgekommen, daß sie über Nacht an den Bettelstab gerieten. Zur Entschuldigung des jungen Caesar muß immerhin gesagt werden, daß er sich über die ganze Tragweite der Entscheidung kaum im klaren gewesen ist. Und Antonius? Dieser weilte in Kleinasien, hier ist er im Jahre 41 mit Kleopatra, der Königin von Ägypten, in Tarsos zusammengetroffen. Von da an waren die beiden ganz unzertrennlich.

Octavian hatte in Italien in Fulvia, der Frau des Antonius, und in L. Antonius, dem Bruder des Triumvirn, harte Widersacher. Der letztgenannte bekleidete im Jahre 41 das Consulat. Er behauptete, daß sein

Bruder Marcus Antonius mit den Ereignissen in Italien nicht das geringste zu tun habe – eine ganz offenkundige Lüge, die aber ihre Wirkung nicht verfehlte. Es konnte nicht ausbleiben, daß die beiden Rivalen, der junge Caesar und Lucius Antonius, aneinandergerieten. Der Streit wuchs sich zu einem italischen Bürgerkrieg aus, der hauptsächlich Mittelitalien in Mitleidenschaft zog. Als L. Antonius, von Salvidienus Rufus und Marcus Agrippa in die Enge getrieben, keinen Ausweg mehr wußte, warf er sich in die feste Stadt Perusia, um hier die Ankunft eines Entsatzheeres abzuwarten.

In der Tat operierten die Heere des Ventidius Bassus und des Asinius Pollio nicht weit von Perusia, dazu kam noch die Streitmacht des Munatius Plancus, weitere Truppen wurden aus Gallien erwartet – aber dies alles half dem eingeschlossenen L. Antonius nichts, denn niemand von den genannten Heerführern war bereit, einen Entsatzversuch zu unternehmen. Sie standen eben nur mit halbem Herzen auf der Seite des L. Antonius. So kam es denn, wie es kommen mußte. Trotz heldenhafter Verteidigung und trotz eines mit großer Tapferkeit geführten Ausfallversuchs in der letzten Nacht des Jahres 41 blieb dem L. Antonius am Ende nur die Kapitulation auf Gnade und Ungnade übrig. Octavian schenkte ihm in großmütiger Weise Verzeihung, auch seine Unterführer wurden pardoniert, nicht aber die dreihundert vornehmsten Bürger der Stadt Perusia. Die Quellen berichten, sie seien an den Altären, die man zu Ehren des vergöttlichten Iulius Caesar in der Stadt errichtet hatte, einfach hingeschlachtet worden. Man hat dies eine der nutzlosesten Grausamkeiten genannt, die das Andenken des Octavian befleckt haben[2]. Der kritische Historiker muß sich hier fragen, ob die Überlieferung glaubwürdig ist; denn bekanntlich gibt es eine ungünstige Tradition über Augustus, die beispielsweise in der Sueton-Vita ihren Niederschlag gefunden hat. Und in der Tat scheint hier eine Übertreibung vorzuliegen, sie wird dadurch nicht glaubwürdiger, daß sie in Übereinstimmung von allen maßgebenden Quellen berichtet wird[3]. Zweifellos wird man die Sache nicht mit voller Sicherheit entscheiden können, aber ein derartiger Massenmord, wie er in Perusia geschehen sein soll, übersteigt auf jeden Fall die Vorstellung zivilisierter Menschen. Und ob man eine Roheit wie diese dem Octavian zutrauen kann, ist zweifelhaft. Und was hätte denn der junge Caesar mit diesem Massenmord gewonnen? Hatten die Bürger von Perusia das Schicksal verdient, an den Altären des vergöttlichten Diktators hingeschlachtet zu werden? Wenn diese Tat wirklich historisch ist, so hätte Octavian den Rachegedanken in einer Weise übertrieben, die alle

Grundsätze der Menschlichkeit verleugnete. L. Antonius ging mit Erlaubnis Octavians nach Spanien, um dort die Verwaltung und die Truppenkontingente zu übernehmen. Er ist bald gestorben. Fulvia floh mit den Kindern des Marcus Antonius nach Puteoli und von dort nach Brundisium. Sie verließ, zusammen mit Munatius Plancus, Italien. Nicht viel später, im Jahre 40, ist sie in Sikyon gestorben. Für Marcus Antonius, der sich längst in den Banden der Kleopatra befand, kam ihr Tod sehr gelegen. Fulvia war, alles in allem, eine bedeutende Frau, eine ganz ungewöhnliche Erscheinung in der römischen Gesellschaft, und man braucht sich nicht zu wundern, wenn die Zeitgenossen an ihrem Verhalten Anstoß genommen haben. Noch heute wartet Fulvia auf ein gerechtes Urteil der Geschichte, das ihr bisher von keiner Seite zuteil geworden ist.

Im ganzen hatte der Ausgang des Perusinischen Krieges die Überlegenheit des jungen Caesar in Italien stabilisiert. War es vorher eine neutralisierte Zone gewesen, so hörten die Bewohner jetzt einzig und allein auf die Befehle Octavians. Von einem nennenswerten Widerstand gegen den Caesarerben war nicht mehr die Rede. Und dann war da noch ein geradezu unerhörter Glückszufall für ihn eingetreten. Auf dem Landweg nach Spanien verstarb der Statthalter Galliens, Fufius Calenus, ein treuer Gefolgsmann des Marcus Antonius. Sein Sohn gleichen Namens übergab die gallischen Provinzen, zusammen mit insgesamt 11 Legionen, dem jungen Caesar. Antonius hatte damit seine Hochburg im Westen verloren, hier herrschte nun sein Rivale ganz uneingeschränkt. Es war dies eine historische Wende, die niemand vorausgesehen hatte. Und wieder war Octavian der Begünstigte gewesen.

Alle Zeichen sprachen dafür, daß es bald zu einem Krieg zwischen dem jungen Caesar und Antonius, dem Herrscher des Ostens, kommen würde. Der letztere war im Jahre 40 auf italischem Boden gelandet, nachdem er sich die Flotte des Cn. Domitius Ahenobarbus unterstellt hatte. Aber die Soldaten der beiden großen Militärführer waren einem Krieg gegeneinander durchaus abgeneigt, und dieser Stimmung konnten sich die beiden Machthaber auf die Dauer nicht verschließen. Durch Vermittlung treuer Freunde, von Männern wie Cocceius Nerva, Asinius Pollio und C. Maecenas, gelangte man zu einem Übereinkommen, das durch die Verbindung Octavias, der Schwester des jungen Caesar, mit Antonius besiegelt wurde. Jedermann wußte zwar, daß der ungekrönte König des Ostens eng mit Kleopatra liiert war, aber diese Verbindung entbehrte der Legitimität, sie konnte in Rom außer Betracht bleiben. Über Octavia, die gerade Witwe geworden war (sie war mit dem Älteren Marcellus verheiratet gewesen) berichten die antiken Quellen nur Gutes. Sie muß eine bemerkenswerte Frau gewesen sein. Ihr Münzporträt ist eine wertvolle Ergänzung der historischen Quellen, die sie einhellig nicht nur als eine aparte Erscheinung, sondern auch als eine Frau von Herz und Verstand beschreiben. Mit der Hochzeit hatte man es sehr eilig, sie ist noch vor dem Ablauf des Trauerjahres gefeiert worden, wahrscheinlich noch im Jahre 40. Ein paar Monate zuvor hatte sich der junge Caesar mit Scribonia, einer Tante des Sex. Pompeius, vermählt. Von ihr wurde Nachwuchs erwartet, und die 4. Ekloge Vergils gibt der Sehnsucht der Menschheit nach der Geburt des Kindes und nach dem Goldenen Zeitalter einen verklärten Ausdruck. Das Gedicht ist unendlich oft von Philologen und Historikern behandelt worden, ohne daß man zu einem bündigen Ergebnis gekommen wäre. Es mag sein, daß Vergil von einem irdischen Kind gesprochen hat, und wenn dies so ist, so wird es sich wohl um den von Scribonia erwarteten Sohn Octavians handeln.[4]

Der Vertrag von Brundisium (40 v. Chr.) bezeichnet einen bemerkenswerten Einschnitt in der Geschichte des Triumvirats. Wie einen Privatbesitz teilten Antonius und Octavian das Imperium Romanum untereinander auf, Octavian erhielt den Westen, Antonius den Osten. Dies aber bedeutet, daß mehr oder weniger der *status quo* beibehalten wurde, und dies, obwohl Antonius auf seine Besitzungen in Gallien verzichten mußte. Zwischen den Gebieten der beiden Machthaber wurde eine Demarkationslinie gezogen, sie verlief von Norden nach Süden über den Ort Scodra (Skutari) in Illyrien. Und was geschah mit Lepidus? Octavian hatte ihn nach Africa gesandt, er sollte die Provinz von T. Sextius übernehmen. Dieser hatte seinerzeit Q. Cornificius überwunden, und zwar schon im Jahre 42. Cornificius hatte sich dadurch bei den Triumvirn unbeliebt gemacht, daß er sich, ähnlich wie Sex. Pompeius, um die Proskribierten gekümmert hatte. Für die beiden anderen Triumvirn war Lepidus zu einer Schachfigur geworden, die man möglichst an den Rand des Imperiums schob, um von dieser Seite her nicht gestört zu werden.

Das Jahr 40 war für die Bewohner Roms ein turbulentes Jahr. Die Blockade Italiens durch den Seekönig Sex. Pompeius machte sich bemerkbar, trotzdem war der Sohn des Pompeius Magnus in Rom nicht unbeliebt. Auf dem Meer galt er als unbesiegbar, seinen Gegnern gegenüber zeigte er sich von einer unüberbietbaren Arroganz.

Octavian geriet in Rom in einen Auflauf von aufgebrachten Menschen, er wurde mit dem Tode bedroht und wäre verloren gewesen, wenn nicht Soldaten des Antonius ihn aus seiner prekären Lage befreit hätten. Im übrigen war die Tradition des römischen Freistaats den Triumvirn völlig gleichgültig. Was sie anordneten, war Gesetz, und niemand wagte es, ihnen in ihre Verfügungen hineinzureden. Daß am letzten Tag des Jahres 40 noch ein Nachfolger für einen verstorbenen Aedilen bestellt wurde, war keine Pedanterie, sondern offener Hohn, denn der neue Magistrat hatte nur noch wenige Stunden seiner Amtsführung vor sich. Das Jahr 40 wurde beendet mit einem großen Dankfest für den Sieg über die Caesarmörder. Vorher hatte man keine Zeit und Lust gehabt, das Fest zu feiern. Es waren römische Bürger in großer Zahl gewesen, die bei Philippi im Oktober 42 ihr Leben hingegeben hatten, aber darum kümmerte sich niemand mehr. Der Sieg war allerdings eine ganz hervorragende Waffentat, er sollte nun der römischen Öffentlichkeit vor Augen geführt werden. Wer sich gegen die Triumvirn stellte, hatte sein Leben verwirkt. So hat Octavian seinen ehemaligen Parteigänger Q. Salvidienus Rufus durch den Senat zum Tode verurteilen lassen. Sein Sturz war durch eine Indiskretion des Antonius herbeigeführt worden. Angeblich ging es um die gallischen Provinzen, die Salvidienus dem Antonius wieder in die Hände hatte spielen wollen. Aber Antonius hatte offensichtlich kein Interesse mehr an Provinzen, die in der Machtsphäre seines Rivalen, des jungen Caesar, lagen.

Es wurde allmählich hohe Zeit, daß die Triumvirn zu einer Vereinbarung mit dem Seekönig Sex. Pompeius gelangten. Eingefädelt hatte die Begegnung der junge Caesar, und zwar dadurch, daß er im Jahre 40 die Tante des Pompeius, Scribonia, geheiratet hatte. Sie war eine nicht mehr ganz junge Frau, die bereits zwei gescheiterte Ehen hinter sich hatte. Sie war die Mutter mehrerer Kinder. Dem Octavian schenkte sie im Jahre 39 eine Tochter, Iulia, die eine wichtige Rolle in der Familienpolitik des Augustus spielen sollte. Sie ist das einzige Kind des Augustus geblieben.

In demselben Jahr, 39 v. Chr., trafen sich der junge Caesar, Antonius und Sex. Pompeius in der Nähe von Neapel, in Puteoli. Als Vermittler hatte sich L. Scribonius Libo, der Schwiegervater des Pompeius und Schwager Octavians, zur Verfügung gestellt. Der Seekönig hatte eine so feste Position, daß man ihm beträchtliche Zugeständnisse machen mußte. So wurde er ohne weiteres als Herr von Sizilien, Sardinien und Korsika anerkannt, dazu stellte man ihm noch Achaia (die Halbinsel Peloponnesos) in Aussicht (er hat sie jedoch niemals erhalten). Die Proskribierten in seinem Gefolge erhielten jetzt endlich, im Jahre 39, Verzeihung. Sie durften nach Hause zurückkehren, nur die Caesarmörder waren von der Amnestie ausgeschlossen. Es wurde den Proskribierten zugesichert, daß sie den vierten Teil ihres Vermögens zurückerstattet erhalten sollten. Womöglich noch wichtiger war die Konzession des Pompeius: er erklärte sich bereit, alle Stützpunkte auf italischem Boden zu räumen. Nach der Einigung setzte man einen förmlichen Vertrag auf, ein Exemplar wurde bei den Vestalinnen in Rom deponiert. Waren Antonius und Octavian der Meinung, daß hiermit das Problem gelöst sei? Dies scheint nicht der Fall gewesen zu sein, denn sie verzichteten auf einen feierlichen Einzug in die Hauptstadt; sie kamen in der Nacht an, angeblich, um allen Kundgebungen der Bürger aus dem Wege zu gehen.

Wieder hatte sich im Leben Octavians eine Veränderung vollzogen. Er hatte sich von seiner Gattin Scribonia getrennt und Beziehungen zu Livia, der Frau des hochadligen Tib. Claudius Nero, aufgenommen (wohl noch im Jahr 39). Claudius Nero hatte sich unter den Proskribierten befunden, war aber auf Grund der Amnestie nach Rom zurückgekehrt. Im Jahre 38 feierte man wieder eine Hochzeit, der junge Caesar und die gerade eben geschiedene Livia schlossen den Bund fürs Leben. In der Tat ist diese Ehe erst mit dem Tod des Augustus, 51 Jahre später, aufgelöst worden. Bei der Hochzeitsfeier machte der ehemalige Gatte der Livia, Tib. Claudius Nero, insofern eine eigenartige Figur, als er den Übergang seiner Frau und seines Sohnes Tiberius ins Haus der Iulier dadurch erleichterte, daß er Octavian zum Vormund bestellte. Alle Welt war überrascht, denn niemand konnte verstehen, warum nun gerade der adelsstolze Claudius Nero dem jungen Caesar in dieser Weise entgegenkam. Übrigens hatte Caesar kaum Gelegenheit, dem Claudius Nero den Dank abzustatten, denn dieser hat das Jahr 38 nicht überlebt. Octavian aber hatte nicht nur eine neue Gattin, sondern auch zwei Söhne gewonnen, Tiberius (geb. 42) und Drusus, der drei Monate nach der Hochzeit geboren wurde.

Drusus war bereits im Hause Octavians zur Welt gekommen. Dieser hatte dem Claudius Nero die Frau weggenommen, als sie von ihm schwanger war. Für die römische Gesellschaft war dies ein Skandal erster Ordnung, aber Caesar kümmerte sich nicht darum, denn seine Gefühle für Livia beruhten auf einer echten Zuneigung, er hat seine Frau sein Leben lang in hohen Ehren gehalten, und in so manchen Fällen, in denen Octavian keinen Rat mehr wußte, hat sie ihm hilfreich zur Seite gestanden. Ebenso wie Octavia Minor, die Schwester des jungen Caesar und Gattin des Antonius, war auch Livia eine bemerkenswerte Persönlichkeit, sie hat das Leben ihres Gatten maßgebend mitgeprägt. Unter den Triumvirn setzte sich der Verfall der republikanischen Staatseinrichtungen weiter fort. So gab es im Jahre 38 vier Consuln, zwei davon waren Suffektconsuln, die hier zum ersten Mal ernannt worden sind. Wenn es wirklich wahr ist, so soll das gleiche Jahr nicht weniger als 67 Prätoren gesehen haben. Außerdem wurden für jeden Consul zwei Quästoren als Hilfsmagistrate bestellt. Wie man diese verfassungsrechtlichen Anomalien zu deuten hat, ist nicht leicht zu sagen. Wahrscheinlich sind sie auf reine Willkür der Machthaber, in diesem Fall des jungen Caesar, zurückzuführen. Hatte er denn gar keine Ehrfurcht vor der ‚gewachsenen‘ Verfassung des römischen Freistaats? Oder war dies der Anfang zu einer grundlegenden Umgestaltung des Staates? Beide Motive sind aber nicht gerade wahrscheinlich, denn von einem überlegten Plan des jungen Caesar kann man hier schwerlich sprechen. Es war eine unruhige Zeit, und die Tendenz zur Monarchie ist bereits erkennbar, doch waren es noch *zwei* Machthaber, die über das Schicksal des Staates verfügten (von Lepidus, dem dritten im Bunde, braucht man hier nicht zu sprechen). Niemand hätte den jungen Caesar hindern können, wenn er sich im Jahre 38 zum Alleinherrscher über den Westen des Imperiums aufgeschwungen hätte, denn Antonius befand sich wieder im Osten, in Griechenland; in Athen ließ er sich mit seiner Frau Octavia von den begeisterten Hellenen feiern, an Kleopatra dachte er damals nicht. Und Octavian? Er herrschte in Rom ganz unumschränkt, und wenn man hört, daß er unter die Zahl der Quästoren sogar einen Knaben aufgenommen haben soll, so spricht auch dies dafür, daß er sich um die Verfassung des Staates nicht gekümmert hat. Immer mehr zeigte das Triumvirat die Züge einer Autokratie. Diese ging weit über das hinaus, was seinerzeit der Diktator Caesar den Römern zugemutet hatte.

Ihn hatte seinerzeit die Rache der Nobiles ereilt, Octavian dagegen fühlte sich inmitten seiner Soldaten vollkommen sicher, und solange er auf sie zählen konnte, war ihm alles andere gleichgültig.

Niemand konnte daran vorbeisehen, daß sich der politische Himmel im Jahre 37 mit dunklen Wolken überzog. Wie lange würde es noch dauern, bis die beiden großen Machthaber, Octavian und Antonius, die Klingen miteinander kreuzten? Aber der Zeitpunkt war noch nicht gekommen, denn Octavian rüstete inzwischen gegen den Seekönig Sex. Pompeius. Man brauchte einen Kriegshafen, und um ihn zu schaffen, verband man den Lukrinersee und den Avernersee miteinander, ein Werk, das auf die Initiative des Marcus Agrippa zurückzuführen ist. Octavian hob Flottenmannschaften aus, nicht weniger als 20000 Sklaven erhielten die Freiheit, sie wurden als Ruderer dringend gebraucht. Und

der Orient widerhallte von den Rüstungen des Antonius für den Partherkrieg. Wohin man auch blickte – überall gab es Aushebungen und Truppenbewegungen, der Generalstab des ungekrönten Königs des Orients
hatte alle Hände voll zu tun. Es mußten Marschtabellen angefertigt, Vorräte und Magazine bereitgestellt werden. Zu den römischen Legionen
kamen noch die Hilfstruppen, vor allem das Kontingent der Armenier,
auf deren Mitwirkung im Kampf gegen die Parther nicht verzichtet werden konnte.

Noch einmal trafen sich die Herren der Welt, Antonius und Octavian,
auf dem Boden Italiens, und zwar in Tarent. Erst nach einigem Zögern
hatte sich Antonius zu der Reise in den Westen entschließen können, die
Vermittlung der Octavia führte jedoch die beiden Triumvirn noch einmal
zusammen. Sie war mit Antonius von Athen nach Italien gereist und
mußte feststellen, daß man ihren Gatten nicht in den Hafen von Brundisium einlaufen lassen wollte. Auf der anderen Seite waren Agrippa und
Maecenas die treibenden Kräfte für eine Versöhnung. Das Ergebnis war
ein Pakt der beiden Machthaber folgenden Inhalts: Caesar sollte dem
Schwager 20000 Mann für den Partherkrieg zur Verfügung stellen, Anto-
nius aber verpflichtete sich seinerseits, dem Octavian 120 Kriegsschiffe,
alle mit Bronzeschnäbeln für den Rammstoß ausgerüstet, zu liefern. Die
Schiffe waren natürlich für den Seekrieg gegen Sex. Pompeius bestimmt.
Octavia aber erhielt von beiden Seiten Geschenke für ihre Vermittlung,
Antonius schenkte ihr 20 Schnellruderer, Octavian dagegen eintausend
Legionäre. Sie aber stellte die Schiffe dem Bruder, die Soldaten dem
Gatten zur Verfügung. Um Rechtsfragen haben sich die Triumvirn nicht
gekümmert. Immerhin hielten sie es aber für zweckmäßig, das Triumvi-
rat, das am Ende des Jahres 38 abgelaufen war, in aller Form um fünf
Jahre zu verlängern. Ob die Volksversammlung dies durch ein förmliches
Gesetz bestätigt hat, läßt sich nicht mit Sicherheit sagen. Lepidus wurde
von den Entscheidungen der beiden nur in Kenntnis gesetzt, er zählte
nicht mehr mit.

Im Jahre 36 sind zwei bedeutende Ereignisse in der Geschichte Roms
zu verzeichnen: In diesem Jahr besiegte Octavian den Sex. Pompeius und
entledigte sich des Lepidus als Genossen im Triumvirat. Während Antonius im Partherkrieg einen schweren Rückschlag erlitt und ein volles
Drittel seines Heeres einbüßte, einen Verlust, den er nie mehr ersetzen
konnte, hatte Octavian einen vollen Erfolg über den Seekönig zu verzeichnen. Im Mittelpunkt der Aktionen stand die Insel Sizilien, sie war
die Hochburg des Pompeius. Die einleitenden Operationen waren aller-

dings für Octavian wenig glücklich verlaufen, bei Tauromenion hatte er die Überlegenheit des Gegners anerkennen müssen. Denn gerade im nordöstlichen Sizilien hatte sich Pompeius eine starke Bastion aufgebaut, deren Rückgrat die wichtige Stadt Messana (Messina) an der Meerenge bildete. Auf diese Stadt zog sich Pompeius zurück, als er, von Agrippa gezwungen, die Stadt Tyndaris aufgeben mußte.

Die entscheidende Seeschlacht fand in den letzten Tagen des August 36 bei Naulochos (in der Gegend des heutigen Bagni, westlich von Messina) statt, Sieger blieb Agrippa. Er hatte auf seinen Schiffen die Enterbrücken *(corvi)* zum Einsatz gebracht, gegen die Pompeius kein Mittel wußte. Die Darstellung der Schlacht bei Naulochos und ihrer Vorgeschichte bei Appian (B. C. V 118,488 ff.) läßt erkennen, daß hier der Bericht eines Augenzeugen vorliegt. Interessant sind die Vereinbarungen, die man vor der Schlacht getroffen hatte: Pompeius hatte nämlich vorgeschlagen, auf jeder Seite sollten dreihundert Schiffe an der Schlacht teilnehmen, die Ausrüstung wurde freigestellt. Hierbei spielten die Ballisten (Wurfgeschütze) eine bedeutende Rolle. Bemerkenswert sei der Gebrauch der griechischen Sprache bei den Kämpfern auf beiden Seiten gewesen (App.B.C.V 120,497), dies aber habe die Verwirrung in der Befehlsgebung beträchtlich gesteigert. Im übrigen habe man alle denkbaren Kampfmittel eingesetzt, mit der einzigen Ausnahme des Feuers, das im Nahkampf ungeeignet gewesen sei. Die beiden Heere hätten vom Land aus dem Kampf der Flotten zugesehen. Die Verluste des Sex. Pompeius waren sehr schwer, angeblich sollen nur 17 Schiffe entkommen, alle übrigen zugrunde gegangen oder in die Hand des Agrippa gefallen sein. Dieser hat sich hier zum ersten Mal als ein Seestratege hohen Ranges erwiesen.

Octavian hatte bei dem sizilischen Feldzug manche Schwierigkeiten zu überwinden gehabt. Zwar hatte sich der Kriegsplan als zweckmäßig erwiesen; man hatte nämlich einen dreifachen Angriff auf die Insel vorgesehen, aber von den drei zum Angriff auf Sizilien vorgesehenen Flottenabteilungen – sie standen unter dem Befehl des Lepidus, des Statilius Taurus und des Agrippa – hatte allein die Kampfgruppe des Lepidus Erfolge zu verzeichnen, denn er war auch auf der Insel gut vorwärts gekommen, wenn er sich auch nicht gerade mit Begeisterung für das Unternehmen zur Verfügung gestellt hatte. Octavian dagegen hatte bei dem Feldzug manches Ungemach zu erdulden. Aus der Umgebung von Naxos angesichts des Berges Ätna hatte er bei Nacht und Nebel fliehen müssen. Nachdem er sein Schiff eingebüßt hatte, verlor er jede Hoffnung und soll seinen Freund Proculeius ersucht haben, seinem Leben ein Ende zu machen. Aber er konnte noch einmal den Feinden entkommen, da man überraschenderweise ein anderes Boot gefunden hatte. Auf italischem Boden gelandet, wäre er um ein Haar auf dem Weg von Locri nach Rhegium in Gefangenschaft geraten, weil er Schiffe des Pompeius für seine eigenen gehalten hatte. Außerdem hatte ein Sklave des Aemilius Paullus versucht, sich an ihm zu rächen, weil Octavian den Vater seines Dienstherrn gleichen Namens proskribiert hatte (Suet. Aug. 16,3). Auch im Hinblick auf die Schlacht bei Naulochos ist nichts Ruhmvolles von Octavian zu berichten. Antonius hat ihm später vorgeworfen, er habe nicht einmal den Anblick einer Schlachtreihe von Kriegsschiffen ertragen können, er habe vielmehr auf dem Rücken liegend den Himmel angestarrt und sich nicht eher erhoben, bis Agrippa den Feind bezwungen hatte. Dies mag böswillige Verleumdung sein, aber so viel ist sicher: Mit Ruhm hat sich der junge Caesar in der Seeschlacht bei Naulochos nicht bedeckt, Kriegführung war nicht seine starke Seite.

Pompeius ist mit wenigen Schiffen in den Osten entkommen. Er ist nach vielen Irrfahrten und Kämpfen auf dem Boden des westlichen Kleinasiens in Gefangenschaft geraten. Schon im Jahre 35 starb er unter dem Beil des Henkers in Milet. Ob Antonius den Befehl zur Hinrichtung gegeben hat, ist von jeher umstritten.[5]

Und was sollte jetzt mit Lepidus geschehen? Man brauchte ihn nicht mehr, und daß das Triumvirat ohne ihn existieren konnte, das hatten die Ereignisse seit Philippi nur zu deutlich gezeigt. Allerdings hatte sich Lepidus auf dem sizilischen Feldzug durchaus bewährt; seine Streitmacht von 22 Legionen nebst einer zahlreichen Reiterei hatte es ihm ermöglicht, sich in den Besitz von fast ganz Westsizilien zu setzen. Aber dabei unterlief ihm ein schwerer Mißgriff: er hatte die Stadt Messina seinen Soldaten zur Plünderung freigegeben – es sollte lange dauern, bis sich die Stadt von diesem Schlag erholen konnte. Als ein vertrauliches Gespräch zwischen Octavian und Lepidus die Gräben zwischen beiden noch weiter aufgerissen hatte, entschloß sich der junge Caesar, aufs Ganze zu gehen. Er ließ durch seine Emissäre die Soldaten des Lepidus bearbeiten, und als er sich selbst im Lager zeigte, da zögerte Lepidus nicht länger, ihn als eine unerwünschte Person zu behandeln. Mit knapper Not konnte sich Octavian wieder aus dem Lager ins Freie retten. Aber der Schein trog, die Angebote Octavians hatten längst einen Umschwung unter den Soldaten des Lepidus hervorgerufen. Und wirklich gingen diese bereits am nächsten Tag in hellen Scharen zu Octavian über. Lepidus selbst blieb nichts anderes übrig, als seinen Gegner um Gnade zu bitten. Hatte er eine verlorene Sache vertreten? Oder war der junge Caesar ihm als Persönlichkeit und Politiker überlegen? Für die Männer des Lepidus bedeutete der Übergang auf die Seite Octavians einen neuen Anfang, sie konnten nun hoffen, von Octavian in entsprechender Weise belohnt zu werden. Und unter den auf seine Seite übergetretenen Soldaten werden sich nicht wenige befunden haben, die einst unter den Fahnen der Diktators Caesars gedient hatten.

Was aber sollte man mit dem gestürzten Triumvirn Lepidus anfangen? Octavian sandte ihn nach Circei. Hier hat Lepidus noch 24 Jahre lang gelebt, immer noch im Besitz der Würde des Pontifex Maximus, die ihm der junge Caesar nicht zu nehmen wagte. Doch hatte er auf alle anderen Ämter und Würden verzichten müssen. Das Triumvirat war durch das Ausscheiden des dritten Mannes zur Herrschaft von zwei Männern geworden, sie führten jedoch den Triumvir-Namen weiter, obwohl dieser seinen Sinn verloren hatte.

Das politische Ende des Lepidus kam nicht so ganz überraschend, denn er war auch schon vorher eine Schachfigur gewesen, die man nach Belieben hin- und hergeschoben hatte. Lepidus hatte einst, im Jahre 43, dem Antonius einen großen Dienst erwiesen, indem er diesen mit seinem geschlagenen Heer in der Gallia Narbonensis aufgenommen hatte – aber diese Dinge waren längst vergessen. Antonius rührte keine Hand für ihn, es wäre ihm dies auch gar nicht möglich gewesen, denn er befand sich etwa zur gleichen Zeit auf dem Feldzug gegen die Parther, der sein Unglück werden sollte, wie der Rußlandfeldzug 1812 für Napoleon.

Auch dem Octavian standen noch Schwierigkeiten bevor. Unter seinen Soldaten gab es eine regelrechte Meuterei. Ob diese durch Entlassungen motiviert worden ist, weiß man nicht, es ist aber sehr wahrscheinlich. Denn Octavian hat, wohl aus finanziellen Gründen, nach Abschluß der Operationen auf Sizilien Tausende entlassen, und unter ihnen befand sich auch die berühmte *legio X* des Diktators Caesar. Ist es wirklich wahr, wenn man hört, der junge Caesar habe viele Anhänger des Pompeius und zahlreiche Freunde des Lepidus hinrichten lassen? Oder liegt hier wieder eine Nachricht aus einer für Octavian ungünstigen Quelle vor? Man wird dies nicht mit Sicherheit entscheiden können. Nach seiner Rückkehr in die Hauptstadt zeigte sich der junge Caesar außerordentlich gemäßigt. Von Ehrenbeschlüssen wollte er nichts wissen, und für seinen Sieg über Sex. Pompeius begnügte er sich mit einer *ovatio*, der geringeren Form des Triumphes. Und von dem Volksbeschluß, der ihm das Oberpontifikat des Lepidus übertrug, machte er keinen Gebrauch. Wenn er verkünden ließ, daß die Bürgerkriege nun ihr Ende erreicht hätten, so schenkten ihm viele keinen Glauben, zu offenkundig war die Rivalität zwischen Octavian und Antonius geworden. Wegen seiner enormen Verluste im Partherkrieg war Antonius mehr denn je auf die Rekruten aus Italien angewiesen, aber Octavian ließ Werbungen nicht zu. Mochte Antonius sehen, wie er seine Legionen ergänzte! In Rom feierte man zwar den Sieg über die Parther, aber die Eingeweihten sprachen hinter vorgehaltener Hand von der schweren Niederlage des Antonius. Auch der junge Caesar war natürlich über die wahren Vorgänge durchaus im Bilde, ihm konnte es nur recht sein, wenn sich Antonius, immer noch im Bunde mit der ägyptischen Königin Kleopatra, zugrunde richtete.

Auch das Jahr 36 hatte wieder eine verfassungsrechtliche Anomalie in Rom gesehen. Angeblich waren in diesem Jahr keine Bewerber für das Amt der Aedilen vorhanden, was bisher nie vorgekommen war. Man behalf sich damit, daß man ihre Aufgaben den Prätoren und Volkstribunen überwies. Vielleicht hatte es unter den potentiellen Bewerbern an der Bereitschaft gefehlt, das sehr kostspielige Amt zu übernehmen. Die großen Vermögen waren durch den Aderlaß der Proskriptionen und durch die Erhebung von Sondersteuern zusammengeschmolzen, und die Neureichen verfügten nicht über die notwendige Qualifikation, die hierfür Voraussetzung war.

Im Jahre 35 v. Chr. begannen die *illyrischen Feldzüge* Octavians. Waren sie notwendig? Dies scheint nicht der Fall gewesen zu sein; denn von einer Bedrohung der Nordgrenze Italiens durch illyrische Völker wissen die Quellen nichts. Octavians Absicht bestand offenbar darin, jenseits der italischen Grenzen ein Vorfeld zu schaffen und die Grenzverteidigung auszubauen. Große Beute war hier nicht zu holen, zudem erwiesen sich die Kämpfe mit den illyrischen Völkern als außerordentlich schwierig und verlustreich. Es waren tapfere Männer, sie kämpften um ihre Heimat und hatten nicht das geringste Interesse daran, unter römische Herrschaft zu gelangen, die sie, ebenso wie die Germanen, als eine Knechtschaft ansahen. Der erste Vorstoß der Römer hatte Metulum zum Ziel und darüberhinaus Siscia (Sissek). Metulum war der Hauptort der Japuden, seine Lage ist bis zum heutigen Tag umstritten.[6] Siscia, eine wichtige Festung an der Save, erhielt eine starke römische Besatzung, aber die Stadt war zunächst nur ein vorgeschobener Stützpunkt mitten in Feindesland. Der junge Caesar hat sich bei den Kämpfen um Metulum stark eingesetzt, dabei soll er mit einer Brücke in die Tiefe gestürzt sein, wobei er an Füßen und Armen Verletzungen davontrug. Als die Einwohner

Metulums keine Rettung mehr wußten, zündeten sie den Ort an, um ihn nicht unzerstört den Römern zu überlassen.

Erst das Jahr 34 sah ein neues größeres Unternehmen der Römer. Es galt der Stadt Promona, wahrscheinlich nordöstlich des heutigen Sebenico (Šibenik) in Dalmatien gelegen. Erst nach einer längeren systematischen Belagerung konnten sich die Römer in den Besitz des Ortes setzen. Und im folgenden Jahr, 33 v. Chr., trug Octavian bei der Belagerung des befestigten Ortes Setovia[7] wieder eine Verwundung davon, ein Stein hatte ihn am Knie getroffen. Von rangierten Feldschlachten ist nicht die Rede, es war vielmehr ein auf beiden Seiten mit großer Erbitterung geführter Kleinkrieg, in dem die Dalmater den Römern schwer zu schaffen machten. Noch in demselben Jahr konnte Octavian die Unterwerfung der Dalmater entgegennehmen, man begann sogar damit, das Gebiet als eine römische Provinz zu organisieren. Mittelpunkte der Romanisierung bildeten die Orte Iader (Zara) und Salonae, jedoch erstreckte sich die römische Herrschaft uneingeschränkt nur über das Küstengebiet, im Binnenland blieb alles mehr oder weniger beim alten, wenn sich die illyrischen Stämme auch im allgemeinen ruhig verhielten, da sie die römischen Waffen zu spüren bekommen hatten.

Zum Vorland Italiens gehörte auch die Stadt Emona (Laibach), von den Römern südlich der Karawanken gegründet. Man braucht sich nicht zu wundern, wenn die illyrischen Feldzüge Octavians zu einer Neuorientierung im mittleren Donauraum geführt haben. Octavian hat Beziehungen zu dem König der Geten namens Kotiso aufgenommen, er soll ihm sogar seine Tochter Iulia, die damals noch ein kleines Kind war, zur Frau angeboten haben. Auf diese Weise pflegte man Verbindungen zwischen den Dynastien zu knüpfen, und auch Antonius hat im Orient ähnlich gehandelt. Doch ist es bei den Heiratsprojekten des Antonius nicht anders gewesen als bei den Plänen Octavians, sie sind nicht verwirklicht worden, weil sich die politische Lage bald grundlegend veränderte.

Wer will es dem Octavian verargen, wenn er seine Erfolge in Illyrien in der römischen Öffentlichkeit herausgestellt hat? Er glaubte sich sogar berechtigt, seinem Rivalen im Orient vorwerfen zu können, er habe seinen Rachefeldzug gegen die Parther zu einer Zeit unternommen, als er selbst sich mit halbwilden Völkern herumgeschlagen habe. Dies war im Jahre 33. Damals waren in Vorderasien große Truppenbewegungen im Gange, Antonius hatte die Masse seiner Legionen nach Ionien in westlicher Richtung in Marsch gesetzt, die Flotte wurde laufend vergrößert, wobei die Hilfsleistungen Kleopatras entscheidend ins Gewicht fielen.

1. Augustus von Primaporta

2. Büste des Augustus
3. Bogen von Aosta

Als der Flugschriftenkrieg zwischen Antonius und Octavian seinen Höhepunkt erreicht hatte, im Jahre 32, kamen die ersten Überläufer aus dem Orient, unter ihnen Munatius Plancus, ein ehemaliger Freund des Antonius, und dessen Neffe M. Titius. Das Jahr 32 hatte mit einem Eklat im römischen Senat begonnen. Octavian hatte die beiden Consuln, Cn. Domitius Ahenobarbus und C. Sosius, zwei Freunde des Antonius, gezwungen, die Hauptstadt zu verlassen. Sie begaben sich ins Hauptquartier des Antonius nach Ephesos in Kleinasien. Zusammen mit ihnen verließen nicht weniger als 300 Senatoren die Hauptstadt und bekannten sich zur Gefolgschaft des Antonius, der ihnen jedoch in Rom weder Schutz noch Hilfe bieten konnte. Der Senat war damit gespalten, doch war der größere Teil der Senatoren, insgesamt 700, dem jungen Caesar treu geblieben.

Was aber tat Antonius? Er zog nun endgültig einen Strich unter die Vergangenheit und übersandte seiner Gattin Octavia den Scheidebrief. Er forderte sie auf, sein Haus in Rom zu verlassen. Octavia, an dem Zerwürfnis der beiden Machthaber schuldlos, war das Opfer der Politik geworden, ihre Liebe zu Antonius war auch jetzt noch nicht erloschen. Sie hatte immer wieder versucht, zwischen dem Bruder und dem Gatten zu vermitteln, was ihr keiner von beiden gedankt hat. Das Verhalten des Antonius kann man nur als eine grobe Rücksichtslosigkeit bezeichnen, er war in völlige Abhängigkeit von Kleopatra geraten. Auf ihre Unterstützung konnte er nicht mehr verzichten, wenn er sich nicht selbst aufgeben wollte.

Und dazu kam noch das Testament des Antonius. Er hatte es bei den Vestalinnen in Rom hinterlegt, Munatius Plancus und M. Titius wußten davon und verrieten es dem jungen Caesar. Zweifellos begingen sie damit einen groben Treubruch gegen ihren früheren Freund und Patronus. Als echte Überläufer wollten sie offenbar zeigen, was sie wert waren. Octavian aber griff zur Gewalt. Gegen jedes göttliche und menschliche Recht erzwang er von den Vestalinnen die Herausgabe des Testaments. In der Urkunde war, wie sich herausstellte, von bedeutenden Vermächtnissen des Antonius an die Kinder der Kleopatra die Rede. Dazu fand sich die Bestimmung, daß Antonius an der Seite der ägyptischen Königin in Alexandrien bestattet werden wollte. Die Veröffentlichung des Testaments schlug in Rom wie eine Bombe ein, obwohl der Inhalt, von der Sache her betrachtet, wenig revolutionierende Neuigkeiten brachte, denn von der engen Verbindung des Antonius mit Kleopatra hatte jedermann in Rom gewußt. Vor vielen Jahren hat Rostovtzeff das Testament für eine Fäl-

schung erklärt. Davon kann jedoch keine Rede sein. Denn das Testament
entspricht vollkommen der Mentalität des Antonius. Deswegen ist es
auch so gut wie ausgeschlossen, daß Octavian sich hier einer groben
Fälschung bedient hätte, die doch bald als solche entlarvt worden wäre.
So aber konnte der junge Caesar an Kleopatra den Krieg erklären, und
zwar in den üblichen Formen des uralten Fetialrechts. Dabei schleuderte
er eine Lanze in Feindesland; als solches war ein Stück Land in der Nähe
des Bellonatempels am Capitol erklärt worden. Dem Antonius gegenüber
vollzog sich die Auseinandersetzung in der Form einer privaten Fehde
(inimicitiae), an der natürlich die Gefolgschaft der beiden Machthaber
teilnahm. Dies aber bedeutete nicht mehr und nicht weniger, als daß die
gesamte Bevölkerung des Imperium Romanum aufgerufen wurde, sich
für den einen oder anderen der beiden Triumvirn zu entscheiden. So
leistete die gesamte Bevölkerung des Westens dem Octavian den Treueid.
Es war dies ein Gefolgschaftseid, kein Fahneneid, wie die frühere Forschung angenommen hatte.[8]

Antonius hat dies mit einem Treueid der Bevölkerung des Ostens beantwortet. Die römische Welt war nun gespalten, die große Auseinandersetzung der beiden Triumvirn und ihrer sich vom Euphrat bis zum Atlan-
tik erstreckenden Gefolgschaft stand unmittelbar bevor. Für den jungen
Caesar kam alles darauf an, in dieser Lage die richtigen Entschlüsse zu
treffen, um den Herrscher des Ostens zu Boden zu werfen. Antonius
aber befand sich insofern in einer schwierigen Lage, als er durch die
gegnerische Propaganda als Verräter an der Sache der Römer gebrand-
markt wurde. Ganz besonders wurde ihm die enge Verbindung mit der
Königin Kleopatra verdacht. Denn jedermann in Rom war der Ansicht,
daß ein eventueller Sieg des Antonius zugleich ein Sieg der Kleopatra sein
würde, und die Frage, ob das Römertum oder der hellenistische Osten
die Welt regieren würde, drängte zur Entscheidung. Der Krieg zwischen
den beiden Machthabern ist durch die Schlacht bei Actium am 2. September 31 v. Chr. entschieden worden. Die Vorgänge selbst brauchen hier
nur in großen Zügen wiedergegeben zu werden. Eine ausführliche Darstellung, im wesentlichen auf den Forschungen von Johannes Kromayer
beruhend, steht in meinem Buch ,,Marcus Antonius, Triumvir und Herrscher des Orients" (München 1977), S. 230 ff., zu lesen. Actium ist ein
kleiner Ort an der Südspitze zur Einfahrt in den Golf von Preveza.
Wenige Kilometer südlich davon hatte Antonius das Hauptlager angelegt, es war durch zwei Mauern mit dem Hafen von Actium verbunden.
Octavian war von Norden her mit seinen Truppen in den Raum von

Mikalitzi gelangt, südlich von diesem Ort hatte er das Lager errichten lassen. Seine Schiffe ankerten in der Gomaros-Bai. Sie waren außerordentlich beweglich und machten sich daran, den Nachschub des Antonius zu stören, indem sie Frachter und Transportschiffe aufbrachten, so daß Antonius bald mit Versorgungsschwierigkeiten zu kämpfen hatte. Der eigentliche Führer auf seiten Octavians war Agrippa, der sich auch hier wieder als ein überlegener Seestratege erwiesen hat. Seine Stimme war es gewesen, die im Kriegsrat Octavians den Ausschlag gegeben hatte. Octavian wäre es lieber gewesen, wenn man die Flotte des Antonius hätte entkommen lassen, aber gerade in diesem Punkt war Agrippa anderer Meinung; er war überzeugt davon, daß man dann den Krieg an einer anderen Stelle würde neu beginnen müssen. Agrippa ist es auch gewesen, der Octavian bestimmte, dem Antonius eine offene Feldschlacht zu Lande zu verweigern, denn der Ausgang wäre ganz unsicher gewesen, und eine Niederlage des Octavian hätte alles bisher Erreichte wieder in Frage gestellt. In dieser Lage blieb dem Antonius nur eine Seeschlacht übrig, wenn er nicht in dem von Krankheiten und Lebensmittelmangel heimgesuchten Lager zugrunde gehen wollte. Zur See war jedoch sein Gegner eindeutig, ja sogar mehrfach überlegen. Den 170 intakten Schiffen des Antonius konnte Octavian nicht weniger als 400 Kriegsschiffe entgegenstellen. Die Zahl seiner Kombattanten betrug 40000 Mann, während Antonius nur 22000 Mann auf die Flotte bringen konnte. Und wieder fiel die Abhängigkeit des Antonius von der ägyptischen Königin schwer ins Gewicht. Sie wollte ihre Schiffe nach Ägypten überführen, und dies hatte zur Folge, daß Antonius die Masse seines Landheeres in Griechenland zurücklassen mußte. Für den Kampf zur See hatte Agrippa den schwerfälligen Kolossen des Antonius eine Vielzahl sehr wendiger Schiffseinheiten gegenübergestellt, doch hielten sie sich zunächst zurück. Als aber die Schlachtreihe des Antonius mit dem Vorrücken begonnen und das tiefe Wasser vor der Bucht von Actium erreicht hatte, da eröffnete Agrippa die eigentliche Seeschlacht. Es erhob sich ein steifer NW-Wind, der dem Antonius gerade ins Gesicht blies. Und nun sah Kleopatra den Augenblick gekommen, mit ihren Schiffen durchzubrechen. Ihre Schnellsegler fuhren, vom Feind nicht behindert, durch die Lücken der Gegner hindurch, mit seinem Admiralsschiff folgte ihr Antonius. Sie nahmen, als sie die hohe See gewonnen hatten, Kurs nach Süden und fuhren mit vollen Segeln der Peloponnesos entgegen.

Es besteht kein Zweifel daran, daß der eigentliche Sieger in der Seeschlacht bei Actium Agrippa gewesen ist. Er war nicht nur für den Plan, sondern auch für die Ausführung verantwortlich, Octavian hatte sich seiner Einsicht gebeugt. Da das Landheer des Antonius nach einer Woche auf die Seite Octavians überging, weil dieser den Soldaten die gleiche Versorgung wie seinen eigenen versprochen hatte, war der Krieg in Griechenland zu Ende. Es war eine weltgeschichtliche Entscheidung gefallen, deren Tragweite allerdings erst später, nach der Eroberung Ägyptens durch den jungen Caesar, ins volle Licht getreten ist.

Alles hätte dafür gesprochen, daß sich Octavian nun sofort gegen Ägypten gewandt hätte. Aber da trat ein Hindernis ein, das beseitigt werden mußte. In Italien hatte es Unruhen unter den Veteranen gegeben, die Frage der Landanweisungen war immer noch nicht gelöst. Octavian begab sich unverzüglich zur See nach Italien. Mit den Veteranen konnte eine Einigung erzielt werden, indem man ihnen weitere Ländereien übereignete, zum Teil auch außerhalb Italiens wie im Raum von Dyrrhachium (Durazzo) und Philippi.

Der Aufenthalt in Italien hatte nur kurze Zeit, angeblich nur einen Monat, gedauert. Octavian kehrte in den Orient zurück, seine Seefahrt führte ihn über Rhodos, wo er mit Herodes, dem König von Judäa, zusammentraf. Herodes war ein enger Freund des Antonius gewesen, er hatte jetzt nichts Eiligeres zu tun, als seine Hilfe dem jungen Caesar anzubieten. In der Tat hat er ihn bei seinem Zug nach Ägypten nach Kräften unterstützt. Hier ergab sich ganz überraschend die Grenzfeste Pelusion, so daß der Weg ins Innere des Landes frei wurde. Vor den Mauern der Stadt Alexandria blieb Antonius in einem Reitergefecht noch einmal Sieger, aber die Masse seiner Soldaten hatte längst alle Hoffnung verloren und wechselte auf die Seite des jungen Caesar über. Und nun ging alles sehr schnell. Als Antonius die, wie sich später herausstellte, irrtümliche Nachricht vom Tode der Königin Kleopatra erhielt, nahm er sich selbst das Leben.

Octavian betrat am 1. August 30 v. Chr. Alexandrien. Von diesem Tag begann später in Ägypten eine neue Zeitrechnung, es wurden die „Jahre der Herrschaft Caesars" gezählt.

Kleopatra hatte eine Zusammenkunft mit dem jungen Caesar, die Unterredung blieb aber ergebnislos. Die Königin wußte, was ihr in der Gefangenschaft bevorstand. Sie starb am 12. August 30 v. Chr., wahrscheinlich an den Folgen eines Bisses der Uräusschlange, der ihr nach dem Glauben der Ägypter die Unsterblichkeit verlieh. Octavian hielt eine Rede vor der Bürgerschaft von Alexandrien; er versprach, die Stadt zu schonen, vor allem wegen seines Lehrers Areios. Von den Monumenten besichtigte er das Grabmal Alexanders d. Gr., die Gräber der Ptolemäer hat er angeblich nicht sehen wollen. Ihm gehe es darum, einen König zu sehen, keine Toten, soll er gesagt haben. Antyllos, der älteste Sohn des Antonius, wurde erbarmungslos umgebracht, das gleiche Schicksal erlitt Kaisarion, der Sohn des Diktators Caesar und der Kleopatra. Dagegen wurden die Kinder des Antonius und der Kleopatra verschont. Es waren dies Ptolemaios Philadelphos, Kleopatra Selene und Alexander Helios, die letzten beiden waren Zwillinge. Man hat sie später im Triumphzug in Rom mitaufgeführt. Kleopatra Selene wurde die Gattin des Königs Juba II. von Mauretanien, von den anderen hört man nichts mehr, sie werden wohl in jugendlichem Alter verstorben sein.

Bei seiner Rückkehr aus dem Orient bereitete die Bevölkerung Italiens dem jungen Caesar einen begeisterten Empfang. Man erweiterte seine tribunizische Gewalt, und zwar eine römische Meile über das Pomerium der Stadt Rom hinaus. Außerdem verlieh man ihm ein allgemeines Begnadigungsrecht in Kriminalsachen. Sein Name sollte von nun an in alle Gebete miteingeschlossen sein.

Die Jahre 29 und 28 v. Chr. sind eine Zwischenzeit, der junge Caesar war *de facto* Alleinherrscher im Imperium Romanum. Niemand konnte es mit ihm an Macht und Ansehen *(auctoritas)* aufnehmen. Ernst Kornemann hat seinerzeit geglaubt, die beiden Jahre 29 und 28 v. Chr. als die „Romulus-Epoche" Octavians charakterisieren zu sollen, aber diese Kennzeichnung ist nicht zutreffend, denn Octavian hat nicht im entferntesten daran gedacht, sich zum König *(rex)* der Römer aufzuschwingen. Er hatte immer noch alle Hände voll zu tun mit der Landversorgung der Veteranen. Dabei leisteten ihm die Schätze der Kleopatra wertvolle Dienste. Übrigens ist der junge Caesar erst im Sommer 29 in Rom eingetroffen, vorher hatte er vier Tage Aufenthalt in der kleinen Stadt Atella genommen, wahrscheinlich, um für die Vorbereitung des Triumphes in Rom Zeit zu gewinnen. Am 13. August 29 war es dann so weit: An diesem Tag feierte Octavian einen Triumph über die Völker Dalmatiens und Pannoniens, dazu über einige gallische Stämme, die sich empört hatten. Am 14. August folgte der Triumph aus Anlaß des Sieges bei Actium. Im Triumphzuge gingen mehrere Herrscher des Orients, unter ihnen Alexander von Emesa und der Fürst der Galater Adiorix, beide Männer waren geschworene Feinde der Römer. Auf Befehl des jungen Caesar wurden sie nach dem Triumphzug erbarmungslos umgebracht (erdrosselt), angeblich deswegen, weil sie viele Römer auf dem Gewissen hatten. Und der Höhepunkt der Feiern war der Triumph über Ägypten am 15. August, doch mußte man auf Kleopatra verzichten, die den Tod in Alexandrien einem Leben von Octavians Gnaden vorgezogen hatte. Aber es gab trotzdem viel zu sehen, und vor allem die kostbaren Schätze Ägyptens erregten bei der Bevölkerung hohe Bewunderung. Octavian fuhr im Triumphwagen in goldbestickter Toga, in seiner Rechten der Lorbeerzweig, während ihm ein Diener den goldenen Kranz über dem Haupt hielt. Vier Pferde zogen den Triumphwagen, die beiden Beipferde wurden von Marcellus und Tiberius geritten, dem Neffen und dem Stiefsohn des jungen Caesar. Zu Füßen des Juppitertempels auf dem Capitol hielt der Zug, Octavian stieg die Stufen zum Tempel empor und legte zu Füßen des Juppiter die Siegespalme nieder. Und am 18. August 29 weihte Octavian den Tempel des Divus Julius. Wieder fanden große Festlichkeiten statt, insbesondere Gladiatorenspiele, dazu Aufführungen von Tragödien, auch das trojanische Reiterspiel *(ludus Troiae)* wurde zur Erinnerung an den toten Diktator vorgeführt.

Es wurde nun Zeit, den Schlußstrich unter die Kriege zu ziehen. Der Senat faßte den Beschluß, man möge den Janustempel schließen. Dies aber war seit dem Ende des ersten Punischen Krieges nicht mehr vorgekommen. Damit begann nach volkstümlicher Auffassung ein neues Zeitalter, dessen Kennzeichen nicht der Krieg, sondern der Friede sein sollte. Dies aber machte einen tiefen Eindruck auf die Zeitgenossen. Man kümmerte sich auch nicht darum, daß an der Rheingrenze und auf der iberischen Halbinsel immer noch Kriege geführt werden mußten, denn der Friede des Reiches wurde hierdurch nicht wesentlich gestört. Der Kult der Göttin des Friedens, der *Pax*, wurde zu einem neuen Element der römischen Religion, überall baute man der Göttin Altäre und Tempel. Den Höhepunkt erreichte die Friedensstimmung jedoch erst mit der Errichtung der *Ara Pacis Augustae* im Jahre 13 v. Chr., worüber an anderer Stelle noch einiges zu sagen ist (S. 106f.).

Viertes Kapitel

Der Princeps

Mit den drei Triumphen des Jahres 29 hatte der junge Caesar gewissermaßen einen Schlußstrich unter die kriegerische Vergangenheit gezogen. Octavian, 33 Jahre alt, war der Herr der Welt; an keiner Stelle des Reichs, abgesehen von lokalen Unruhen, gab es noch nennenswerten Widerstand. Noch immer führte der junge Caesar den Titel eines ,,Triumvirn zur Wiederherstellung des Staates" *(triumvir rei publicae constituendae)* – doch diese Bezeichnung hatte ihren Sinn verloren, denn Lepidus war abgesetzt, Antonius befand sich im Reich der Schatten. Es wurde Zeit, sich zu überlegen, wie nun alles weitergehen sollte. Hätte es einen Sinn gehabt, die Republik *(res publica libera)* wiederherzustellen? Wäre es überhaupt denkbar gewesen, daß der junge Caesar die Allgewalt, die er in seinen Händen vereinigte, an Senat und Volk zurückgab? Und falls dies nicht zweckmäßig schien, sollte er dann den Weg zur Diktatur beschreiten? Hier stand warnend das Bild seines Adoptivvaters Iulius Caesar vor ihm, die Iden des März durften sich nicht wiederholen. Es blieb nichts anderes übrig, als nach neuen Wegen zu suchen. Die Herrschaft des letzten der Triumvirn mußte fest gegründet werden, jedoch in einer Form, die keinen Anstoß erregte, denn Octavian bedurfte für seine Regierung der Zustimmung des römischen Volks. Die Bürgerkriege waren vorüber, die Friedenszeit hatte begonnen. Dem Frieden nach außen mußte jetzt die Befriedung im Inneren folgen, es mußte versucht werden, auch die Parteigänger des Antonius zu versöhnen, ebenso die Anhänger des Brutus und Cassius, die ihr Leben für die Erhaltung der Republik eingesetzt hatten. Aber wo lag die Lösung? Hätte es einen Sinn gehabt, wenn sich der junge Caesar ins Privatleben zurückgezogen hätte? Dies wäre sicherlich weder in seinem eigenen Interesse, noch in dem des Staates gewesen, hätte man doch befürchten müssen, daß statt des Friedens wieder eine Periode der Bürgerkriege gefolgt wäre. Und davor hatte jedermann Angst, denn es waren genug und übergenug Opfer gebracht worden. Hekatomben römischer Bürger waren in den Schlachten bei Philippi und Actium geopfert worden, eine weitere Dezimierung wäre

einer Selbstzerfleischung des römischen Volkes gleichgekommen. Am
1. Januar 31 hatte Octavian wieder einmal das Consulat übernommen,
zunächst mit Marcus Antonius, an dessen Stelle aber bald M. Valerius
Messalla Corvinus als Suffektconsul getreten war. Im Jahre 31 war Octavian Consul zum 3. Mal, nachdem er Suffektconsul im Jahr 43, *consul
ordinarius* im Jahre 33 gewesen war. Auch in den Jahren von 30 bis 23
bekleidete er Jahr für Jahr das Consulat. Dies aber war ein neuer Aspekt,
wenn es auch an Vorbildern in der Vergangenheit nicht fehlte. So war der
große Iulius Caesar nicht weniger als fünfmal Consul gewesen. Mit hoher
Wahrscheinlichkeit hat die Machtstellung Octavians im Jahre 30 eine
Legalisierung durch die Zustimmung der Gesamtbürgerschaft erfahren.
In den *Res gestae* c. 34 steht zu lesen: *per consensum universorum potitus*
(oder: *potens*) *rerum omnium*: ,,Mit Zustimmung der Gesamtheit war ich
im Besitz der Allgewalt". Die Zustimmung aber war kein Plebiszit
(E. Kornemann), sie war ein mehr oder weniger formloser Akt. Aber der
Consensus war außerordentlich wichtig, denn er verlieh dem Octavian
praktisch die Stellung eines absoluten Herrschers. Niemand im Reich
konnte sich einer ähnlichen Zustimmung durch die Gesamtbürgerschaft
rühmen. Durch den Consensus hatte man ihm den Dank für seine Taten
abgestattet, von denen die Beendigung der Bürgerkriege die wichtigste
gewesen ist.

Dazu kam noch, daß der junge Caesar seit dem Jahre 42 (nicht erst seit
38) den Imperatortitel als Vornamen (*praenomen*) geführt hat. Er nannte
sich *Imperator Caesar divi filius*. Nach den Triumphen des Jahres 29
hatte dies der Senat offiziell anerkannt. Es ist schwerlich ein Zufall, wenn
auf den Münzen der Jahre 29, 28 und 27 immer die Namensform *Imperator Caesar* erscheint. Außerdem hatte ihm der Senat das Recht verliehen,
für Erfolge seiner Unterführer imperatorische Akklamationen entgegen-
zunehmen. Zum ersten Mal hat er dies nach dem Erfolg des M. Licinius
Crassus, des Enkels des Triumvirn des Jahres 60 v. Chr., an der unteren
Donau getan (29 v. Chr.).

Das gleiche Jahr 29 sah die Ernennung des jungen Caesar zum *Princeps
senatus*. Dies war eine hohe republikanische Ehrenstellung, die früher im
allgemeinen einem schon älteren Consular vorbehalten geblieben war.
Auch eine Zählung der römischen Bürgerschaft hat Octavian kraft seiner
censorischen Vollmacht abgehalten. Es ergab sich die Zahl von 4063000
Bürgern (*Res gest.* 2,2). Der Wiederbelebung der römischen Religiosität
diente die Restaurierung zahlreicher Tempel in Rom. So wurde der Tempel des palatinischen Apollo geweiht, an dem schon seit dem Jahre 36

gebaut worden war. Apollo war der Schutzpatron Octavians, er war aber auch der Patron der Musen, mit seinem Tempel war eine Bibliothek verbunden. Zu ihrem Vorstand wurde C. Iulius Hyginus, ein angesehener Gelehrter, ernannt. Merkwürdig ist die Tatsache, daß der junge Caesar im Jahre 28 mit der Errichtung seines Grabmals begonnen hat. Es war dies ein großartiger Rundbau, gekrönt von einer Riesenstatue des Octavian. Ernst Kornemann hat geglaubt, daß das Grabmal als Inschrift das sogenannte ,,Urmonument" getragen habe, d. h. die Kapitel 1–4 und 34 der *Res gestae*. Dies hängt zusammen mit der Schichtenanalyse des berühmten *Monumentum Ancyranum*, um die sich Kornemann zweifellos Verdienste erworben hat. Doch hat sich die Hypothese Kornemanns nicht bewährt, mag sie auch für die Erklärung der großen Inschrift von Bedeutung gewesen sein. Wenn sich der junge Caesar entschlossen hat, zu einem so frühen Zeitpunkt sein Grabmal zu errichten, so ist dieser Vorgang nicht ganz ohne Parallele; es sei hier an den Erzbischof Albrecht von Mainz (1490–1545) erinnert.

Man wird die Jahre zwischen Actium und der Annahme des Augustus-Titels durch den jungen Caesar am besten als eine Art von Schwebezustand bezeichnen. Zweifellos war Octavian im Besitz der Allgewalt, aber dies hatte keinen sichtbaren titulären Ausdruck gefunden. Jedermann wußte, was er dem Mann an der Spitze des Staates zu verdanken hatte, und an eine Wiederherstellung des Freistaats *(res publica libera)* war nach allem, was seit Caesars Tod geschehen war, im Ernst nicht mehr zu denken. Doch ließ sich der labile Zustand nicht auf die Dauer aufrechterhalten, er bedurfte der Legalisierung, und in diesem Sinne wird man auch Äußerungen der Propaganda betrachten müssen, in denen Octavian als der Retter des Vaterlandes gepriesen wird. Er stand an der Spitze einer riesenhaften Gefolgschaft, nirgendwo gab es einen auch nur annähernd ebenbürtigen Rivalen, nachdem Antonius vom Schauplatz der Geschichte abgetreten war. Irgendwelcher Widerstand von seiten republikanischer Persönlichkeiten war nicht vorhanden, und die Bürger waren froh, wenn ihnen Octavian die Sorge um das Wohl des Staates aus der Hand nahm. Dieser aber führte die Regierung autoritär, auf Grund der erhöhten *auctoritas*, die sich als ein grundlegendes Element der Staatsführung erwiesen hat, und dies um so mehr, als sich der Begriff *auctoritas* einer präzisen staatsrechtlichen Deutung entzog.

Die Ereignisse des Jahres 27 haben die Antwort auf die drängenden Fragen gegeben. Dieses Jahr ist für die Entwicklung der neuen Staatsform, des Prinzipats, von ganz grundlegender Bedeutung geworden. Es

hatte sich als zweckmäßig erwiesen, nunmehr den Schwebezustand zu
beenden und die Karten offen auf den Tisch zu legen, eine noch längere
Ungewißheit wäre nur schädlich gewesen. Dem Octavian muß wiederum
bescheinigt werden, daß er auch in dieser Lage eine geschickte Regie
geführt hat, denn die entscheidenden Ereignisse des Jahres 27 sind
schwerlich ohne sein Vorwissen und ohne seine Billigung geschehen, sie
waren zu wichtig, als daß man sie dem Zufall hätte überlassen können.

Am 1. Januar 27 trat Octavian zum 7. Mal das Consulat an, sein Kolle-
ge war Marcus Agrippa; nichts deutete an diesem Tag darauf hin, daß
demnächst eine bedeutende Veränderung stattfinden würde. Sie kam bereits nach wenigen Tagen, am 13. Januar. An diesem Tag nämlich legte
der junge Caesar in aller Form die außerordentliche Gewalt nieder, die er
seit der Lex Titia vom November des Jahres 43 innegehabt hatte. In den
Res gestae c. 34 liest man es so: *Ex mea potestate rem publicam in arbi-
trium senatus populique Romani transtuli:* ,,Aus meiner Amtsgewalt habe
ich den Staat in die Verfügung von Senat und Volk übertragen". Diese
Worte aber bedeuten nicht mehr und nicht weniger, als daß Octavian alle
Provinzen, alle in ihnen stehenden Truppen, dazu die Finanzen dem
Senat und Volk zu ihrer Verfügung zurückgibt. Darüber hinaus erklärt
er, daß er sich ins Privatleben zurückziehen wolle, für einen 35-jährigen
ein bemerkenswerter Entschluß. Es kann nun aber nicht der geringste
Zweifel darüber bestehen, daß Octavian diesen Entschluß *nicht* ernst
gemeint hat. Es kam ihm daher sehr gelegen, wenn die Senatoren ihn
kniefällig bestürmten, sich dem Staat zu erhalten, man befürchtete die
Rückkehr der Bürgerkriege. Im übrigen wurde die Niederlegung der
außerordentlichen Gewalt nicht nur im Senat, sondern auch in ganz Rom
als ein ungewöhnliches Ereignis empfunden, und dies, obwohl der junge
Caesar weder auf das Consulat noch auf die ihm verliehene Unverletzlichkeit *(sacrosanctitas)* des Volkstribunen verzichtet hatte. So ganz ohne
persönlichen Schutz war Caesar auch jetzt noch nicht, und die Niederlegung der außerordentlichen Triumviralgewalt wäre eigentlich schon einige Jahre früher, spätestens mit dem Tod des Antonius, fällig gewesen.
Aber damals hatte man andere Sorgen.

Der Senat beschloß, dem jungen Caesar den Namen Augustus zu verleihen, den Antrag hatte ein Freund Octavians, Munatius Plancus, gestellt, und zwar am 16. Januar 27 v. Chr. Der Ehrenname Augustus erinnerte an das *augurium augustum* der Stadtgründung durch Romulus[1].
Man wird den Augustus-Namen auffassen als ,,den durch Götterzeichen
Auserkorenen", nicht als ,,Mehrer des Reiches", wie die Worte *semper*

Augustus in der Kaisertitulatur des Heiligen Römischen Reiches deutscher Nation gedeutet worden sind.

Und welche Vollmachten hat man Augustus am 13. Januar 27 übertragen? An erster Stelle steht hier ein auf zehn Jahre befristetes *imperium proconsulare* (kein *imperium consulare*, wie J. Kromayer u. a. gemeint haben). Außerdem wurden ihm die Provinzen Gallien, Spanien und Syrien unterstellt. Sie waren wichtig im Hinblick auf künftige militärische Unternehmungen, vor allem gegen die Parther und die Britannier. Das *imperium proconsulare* verlieh ihm die oberste Befehlsgewalt über alle Truppen im Reich. Damit wurde zwar an dem bestehenden Zustand nichts Wesentliches geändert, aber er wurde nun legalisiert und gesetzmäßig fundiert. Das *imperium proconsulare* war nicht nur für Augustus, sondern auch für seine Nachfolger die eigentliche Grundlage ihrer Herrschaft. Vorbild hierfür waren die großen Imperien des Pompeius Magnus, die dieser auf Grund der Lex Gabinia und der Lex Manilia erhalten hatte. Aber es wäre nicht richtig, Pompeius als den Vorgänger des Augustus zu betrachten, wie dies seinerzeit Eduard Meyer in seinem Werk „Caesars Monarchie und das Principat des Pompeius" zu erweisen versucht hat; hier hat der bekannte Historiker mit Recht keinen Glauben gefunden.

Die andere Säule des Prinzipats war die Tribunengewalt, wenn auch nicht die ganze, so doch gewisse Rechte, die damit in Verbindung standen. Es war dies vor allem die *sacrosanctitas*, die Unverletzlichkeit, dazu das Helferecht *(ius auxilii ferendi)* – beide Vollmachten waren sehr wichtig, da Augustus durch sie aus der Menge der anderen Magistrate herausgehoben wurde.

Mit Recht hat man gesagt, Augustus habe zwar den Grundsatz der Kollegialität beachtet; durch seine erhöhte Auctoritas habe er jedoch ein bedeutendes Übergewicht gegenüber seinen jeweiligen Amtskollegen gewonnen. Augustus war der mächtigste Mann im Reich, aus dem Parteiführer, dem *dux partium*, war der *princeps* geworden. Auch in den Senatsprovinzen vermochte er ohne weiteres seinen Willen durchzusetzen. Überhaupt hatte Augustus den Senat endgültig überspielt, von einer Zweiherrschaft („Dyarchie' nach Mommsen) kann nicht die Rede sein.

Die nächste Stufe hat Augustus im Juni des Jahres 23 erreicht. In dieses Jahr fällt eine schwere Krankheit des Princeps, er legte das Jahr um Jahr von ihm bekleidete Consulat nieder, empfing aber dafür die Tribunengewalt, und zwar in ihrem ganzen Umfang. Sie galt nunmehr nicht nur in Rom, sondern im gesamten Reich. Außerdem wurde sie zur Datierung der Herrscherjahre verwandt. Dies aber ist ohne Zweifel ein monarchisches Element, als Vorbild wäre auf die Datierung hellenistischer Könige, insbesondere der Ptolemäer, nach den Jahren ihres Königtums hinzuweisen. Von seinem *imperium proconsulare* wollte sich Augustus nicht trennen, im Gegenteil, dieses wurde sogar noch räumlich und funktionell erweitert, es sollte von nun an auch nach dem Überschreiten des Pomeriums von Rom in Geltung bleiben, außerdem sollte das *imperium proconsulare* den Imperien der Statthalter in den Provinzen übergeordnet sein. Man wird dies als ein *imperium proconsulare maius* bezeichnen. Und um das Maß vollzumachen, wurde dem Augustus noch ein *imperium consulare* auf Lebenszeit verliehen, allerdings erst im Jahre 19. Mit der Übernahme der *cura legum et morum*, der ,,Sorge für die Gesetze und Sitten‘‘, im gleichen Jahr, dazu mit der Übernahme des Oberpontifikats im Jahre 12, nach dem Tode des Lepidus, auf Grund eines Volksbeschlusses von ganz Italien, hatte Augustus den Gipfel seiner Würden und Bürden erreicht. Im Jahre 2 v. Chr. hat er schließlich noch den Ehrentitel *pater patriae*, ,,Vater des Vaterlandes‘‘, verliehen erhalten. Neue Vollmachten brachte ihm dieser Titel nicht, er war vielmehr ein Ausdruck der patriarchalischen Herrscherauffassung, in ihm findet das Verpflichtungsverhältnis zwischen Princeps und Untertanen ihren sinnfälligen Ausdruck.

Im ganzen wird niemand verkennen, daß die Entwicklung zur Monarchie in den Jahren von 27 bis 2 v. Chr. wesentliche Fortschritte gemacht hat. Mögen auch die Institutionen der römischen Republik, und unter ihnen der Senat als wichtigstes Organ, erhalten geblieben sein, so konnte es doch niemandem verborgen bleiben, daß die Zeit, in welcher das Weltregiment beim Senat gelegen hatte, unwiederbringlich vorüber war. Die große Politik wurde im Kabinett des Princeps gemacht. In seinem Consilium, dem die bedeutendsten Männer seiner engeren Umgebung angehörten, wurden alle wichtigen Fragen entschieden, die Abstimmung im Senat war vielfach nur noch eine Formsache. Auch im Senat hatte Augustus mit seinen Tribunenrechten eine durchschlagende Waffe in der Hand, denn ohne seine Zustimmung konnte nichts von Bedeutung verhandelt werden, und die Senatoren pflegten in der Regel vor der Erörterung wichtiger Probleme die Meinung des Princeps hierüber zu erforschen. Und die Herausbildung der Sondergerichtsbarkeit des Princeps war eine neue Seite der Rechtsprechung. Sie erhöhte zweifellos das Ansehen des ersten Mannes im Staat, seine Verfügungen (*constitutiones*) ergänzten die Senats- und Volksbeschlüsse, ja sie haben diese an Bedeutung sehr bald überholt. Die Regelung der wichtigen Reichsangelegenheiten fiel eindeutig in die Verfügung des Princeps; gegen seine *mandata* und *rescripta* gab es keine Berufung, sie waren eine neue Quelle des öffentlichen und privaten Rechts. Hierin zeigt sich ein neuer Aspekt der allumfassenden *auctoritas* des Princeps, sie machte ihn zum überragenden Herrscher im ganzen Reich. Und was die große Politik, insbesondere die Außenpolitik betraf, so konnte auf diesem Feld ohne den Willen und die Zustimmung des Princeps nichts von irgendwelcher Bedeutung geschehen. Einen Teil der Vollmachten enthält die berühmte *lex de imperio Vespasiani* vom Ende des Jahres 69. Sie verleiht dem ersten flavischen Kaiser jene Rechte, die bereits die Vorgänger, unter ihnen auch Augustus, besessen haben. Nimmt man noch hinzu, daß Augustus, endgültig seit dem Jahr 23 v. Chr., der Oberbefehlshaber sämtlicher Landtruppen und Flottenkontingente im Reich gewesen ist, so vermag auch dies einen Begriff von seiner überragenden Stellung zu geben.

Und was haben die römischen Bürger und die Reichsangehörigen hierzu gesagt? Zweifellos gab es eine gewisse Schicht, die über die Wendung zur Monarchie nicht glücklich gewesen ist. Es waren dies vorwiegend Angehörige der alten vornehmen Adelsfamilien, deren Vorfahren in früherer Zeit Rom und das Reich regiert hatten. Diese Männer fühlten sich beiseitegeschoben, soweit sie nicht ihren Frieden mit Augustus gemacht hatten und in seine Dienste getreten waren, wie beispielsweise Valerius Messalla Corvinus und viele andere. Gelegentlich hört man sogar von Verschwörungen gegen das Leben des Augustus. Keine einzige von ihnen ist ans Ziel gelangt, die gefährlichste war wohl die des Iullus Antonius, vor allem wegen seiner Beziehungen zu Iulia, der Erbtochter des Augustus. Hierüber wird an anderer Stelle ausführlich berichtet werden (s. S. 129f.)

Zwei Dinge sind es, die der langen Regierungszeit des Augustus ihren Stempel aufgedrückt haben: die Wiederherstellung des alten Römertums, wie man dies in der Zeit des Augustus verstanden hat, und der Kult des Friedens, der seinen Ausdruck nicht nur in dem Monument der *Ara pacis Augustae*, sondern auch in zahlreichen anderen Weihungen gefunden hat. Der Rückgriff auf die Sitten der Vorfahren *(mos maiorum)* ist ganz zweifellos einer Idee des Augustus selbst entsprungen, denn er war im Grunde seines Herzens ein konservativer Mann, sein Blick war nach rückwärts gewandt. In einer Anwandlung, die nicht frei war von Romantik und Nostalgie, hat er versucht, seinen Zeitgenossen klarzumachen, daß das einfache Leben der Vorfahren das Ideal der Gegenwart werden müßte –

obwohl doch die Zeiten der römischen Republik alles andere als glücklich gewesen waren. Aber Augustus dachte nicht an das letzte Jahrhundert der Republik, in dem sich der allgemeine Verfall der Sitten bemerkbar gemacht hatte, er hatte vielmehr das alte Römertum im Auge, wie es sich in der Geschichte der frühen Republik widerspiegelt. Männer von altem Schrot und Korn wie Cincinnatus und Appius Claudius waren die Vorbilder, nach ihrem Beispiel sollten sich die römischen Bürger richten. Augustus hatte dabei übersehen, daß sich nicht nur die Sitten, sondern auch die Zeiten grundlegend geändert hatten. Es war nicht möglich, das Rad der Geschichte um Jahrhunderte zurückzudrehen; man braucht sich deswegen nicht zu wundern, wenn die Erneuerung des römischen Wesens letzten Endes nicht bis in die Tiefe durchgedrungen ist. Über die Generation des Augustus waren die Stürme der Bürgerkriege hinweggebraust, viele Tausende hatten ihr Leben verloren, und gerade die Proskriptionen der Triumvirn hatten die einstmals führenden Familien empfindlich dezimiert, Augustus selbst hatte hierzu beigetragen. Um so notwendiger war es, einen neuen Anfang zu machen. Die Mentalität der Menschen mußte sich ändern, die altrömischen Eigenschaften der Pietas, Clementia, Misericordia mußten wieder zu Ehren gebracht werden, nicht nur im staatlichen, sondern vor allem auch im privaten Leben. Und insbesondere die Iustitia mußte wieder zur Grundlage des Lebens werden, und hierfür hatte vor allem der Princeps selbst zu sorgen. Man muß zugeben, daß sich Augustus um die Verwirklichung der neuen Ideale nach Kräften bemüht hat, gerade auch auf dem Weg über die Gesetzgebung. Wenn der Erfolg nicht immer den Bemühungen entsprochen hat, so ist dies darauf zurückzuführen, daß die Struktur der römischen Gesellschaft eine gewisse Labilität aufwies, die man durch Gesetze schwerlich ändern konnte. Dies gilt beispielsweise für die Ehegesetze des Augustus, die sich im ganzen als unwirksam erwiesen haben. Auch das Leben des Augustus konnte nicht in allem als Vorbild dienen. Aber das Wichtigste war doch die Tatsache, daß Augustus es gewagt hat, einen neuen Anfang zu machen und neue Ziele zu setzen. Weite Kreise des Römertums haben sich die Ideen des Augustus zu eigen gemacht, und im ganzen kann man doch wohl von einer Neugründung des römischen Staates und der römischen Gesellschaft sprechen, wie sie das Römertum vorher noch nie erlebt hatte. Nicht durch Zufall gibt es eine große Zahl von Weihungen, in denen Augustus als der Schöpfer des Friedens hoch gepriesen wird. Die Weihungen finden sich in allen Teilen der römischen Welt, im Westen ebenso wie im Osten. Zum Teil sind es offizielle Dokumente, zum Teil sind es spontane Äußerungen der Freude und Dankbarkeit gegenüber dem Friedensfürsten, den Horaz als Mercurius, den Sohn der Maia, auf Erden gepriesen hat (*carmen* I, 2 vom Jahr 28). Und in einer Inschrift aus Kleinasien wird Augustus als das „Glück des Menschengeschlechts" gepriesen.[2]

Dürfen wir annehmen, daß es dem ersten Princeps gelungen ist, den Römern einen neuen Geist einzuhauchen? Und hat sich die Einstellung der Römer zum Staat geändert? Daß sich alle Welt dem Augustus verpflichtet fühlte, zeigt die Begrüßung des Princeps durch Seeleute aus Alexandrien, die ihm in den letzten Tagen seines langen Lebens im Hafen von Puteoli zugerufen haben: „Durch dich leben wir, durch dich fahren wir zur See, durch dich genießen wir Frieden und Wohlstand".[3] Dies mag eine spontane Äußerung fremder Menschen aus Ägypten gewesen sein, aber sie gibt eine Stimmung wieder, die in der Bevölkerung des Reiches weit verbreitet gewesen ist. Sie zeigt, daß man nicht nur mit seiner Regierung zufrieden war, sondern daß man auch wußte, wem man den Wohlstand zu verdanken hatte.

Das Kennzeichen der späten Republik war das Streben nach Geld und Besitz gewesen, es war nicht nur in den führenden Ständen der Senatoren und Ritter verbreitet, es beherrschte weithin auch die Gedanken des Bürgertums. Es hatte dieser sinnentleerten Welt an Idealen gefehlt, und zwar nicht nur auf dem Gebiet der Politik, sondern auch im privaten Leben. Gegen diese Entwicklung hat Augustus seine Bestrebungen gerichtet, er hat versucht, das Denken und Trachen der Menschen auf ideale Ziele zu richten.

Jede Zeit hat ihre Dichter. Im 19. Jahrhundert haben Geibel, Freiligrath und andere die Einigung Deutschlands unter der Führung Preußens besungen – Freiligrath war vorher ein Dichter der Revolution gewesen –, und unter Augustus waren es Horaz, Vergil, Properz und andere, welche die Ideen der Zeit aufgegriffen und in ihren Gedichten verherrlicht haben. Vor allem die Römeroden des Horaz spielen hier eine wichtige Rolle. Es sind dies die ersten sechs Gedichte des 3. Odenbuchs. Geschrieben in den Jahren nach Actium, sind sie Zeugnisse des politischen Denkens des Dichters, der einst unter den Fahnen des Brutus auf den Feldern bei Philippi gekämpft hatte. Aber diese Dinge lagen nun schon weit zurück, die Welt hatte sich verändert und die Menschen in ihr. Unter dem Patronat des Maecenas hatte Horaz längst seinen Frieden mit der neuen Ordnung gemacht. Er wußte nun, worum es ging, seine Gedanken hat er ganz unverschlüsselt in den Oden zum Ausdruck gebracht.

In einer Berliner Akademierede des Jahres 1889 hat Theodor Mommsen die Römeroden zum Gegenstand seiner Darstellung gemacht[4]. Seine
Ausführungen sind noch heute lesenswert, mögen auch die Untersuchungen neuerer Forscher wie die des klassischen Philologen Richard Heinze[5]
zu anderen Ergebnissen gekommen sein. Mommsen sah in den sechs
Gedichten die Verkörperung der Nationaltugenden der Römer, neuere
Forscher wie Willy Theiler[6] haben sogar geglaubt, die Gedichte seien
nichts anderes als Beispiele für die stoischen Kardinaltugenden, doch
diese Ansicht überzeugt nicht. Man wird die Gedichte vielmehr so neh-
men müssen, wie sie gemeint sind. Die Grundstimmung zeigt das erste
Gedicht des dritten Buches. Es bringt die Mahnung des Dichters, sich mit
wenigem zu begnügen und sich nicht um Reichtum zu kümmern. Mit
Recht hat Mommsen gesagt, diese Lebensauffassung, gemischt aus dem
Behagen an dem eigenen Kleinleben und dem Verzicht an der großen
Gesamttätigkeit der Nation, gehe durch den ganzen Poeten hindurch,
man kann sogar sagen, durch die ganze damalige Welt (S. 171). Eine
Grundstimmung wie diese ist wenig geeignet, die Flügel zu großen Taten
zu schaffen, denn der Aufruf zur Genügsamkeit hat noch nie etwas Bedeutendes hervorgerufen. Aber schon das 2. Gedicht sagt geradeheraus,
was der Dichter von den Römern erwartet: Tapferkeit von den Soldaten,
Rechtschaffenheit von den kaiserlichen Beamten. Augustus hat, wie bekannt, das Heer beträchtlich vermindert und praktisch ein Berufsheer mit
zwanzigjähriger Dienstzeit geschaffen. Die Jugend, sagt Horaz, möge
sich mit knappem Auskommen begnügen. Sie sollen dem Feind, den
Parthern, die Spitze bieten, ihre Freude und ihr Stolz aber müsse es sein,
den Tod fürs Vaterland zu erleiden. Hier steht das berühmte *Dulce et
decorum est pro patria mori:* ,,Süß und ehrenvoll ist der Tod fürs Vaterland.'' Dieser Satz ist oft zitiert, aber auch oft mißverstanden worden.[7]
Man muß ihn aber so nehmen, wie ihn Horaz gemeint hat: Alle Welt
erwartete von Augustus einen Krieg gegen die Parther, man wollte die
Schmach der römischen Niederlagen unter Crassus im Jahre 53 und unter
Antonius im Jahre 36 wieder tilgen. Und ohne die Hingabe und den
Todesmut der Soldaten – das wußte Horaz aus eigener Erfahrung nur zu
genau – war kein Feldzug und keine Schlacht zu gewinnen. Daß Augustus zu einem friedlichen Ausgleich mit den Parthern gelangen würde –
wer konnte dies damals wissen?

Bemerkenswert ist auch das Lob der Beamten. Redlichkeit und Ehrlichkeit sind die Grundtugenden, großen Lohn können sie nicht erwarten, der in Treue verrichtete Dienst muß dem Beamten genug sein. Eine

ganz ähnliche Auffassung findet sich übrigens in einer griechischen Urkunde aus dem Ägypten der Ptolemäer[8] – hätte Mommsen diesen Papyrus schon gekannt, so hätte er ihn sicher an dieser Stelle zitiert.

Das dritte Gedicht der Römeroden gedenkt des Krieges gegen die ägyptische Königin Kleopatra, die in Verbindung mit ihrem berüchtigten Gast *(famosus hospes),* mit dem niemand anders als Antonius gemeint ist, Rom unter ihr Joch zwingen wollte. Und an die Stelle Roms sollte Troja als Hauptstadt der Welt treten. Und wenn es nicht dazu gekommen ist, daß Rom in dem Weltenkampf unterlegen ist, so ist dies das Verdienst des Augustus, der die Römer in die siegreiche Schlacht bei Actium geführt hat, ohne Rücksicht darauf, was alles hätte geschehen können: Wenn der Erdkreis in Stücke fällt, so mögen die Trümmer auf einen furchtlosen Mann herabstürzen! „*Si fractus inlabatur orbis, impavidum ferient ruinae.*" Mit einer Apotheose des Augustus endet das Gedicht: ihm möge dereinst im Kreis der Götter der Nektar kredenzt werden!

Das vierte Gedicht ist ein ganz persönliches Bekenntnis des Dichters. Er weiß sich im Schutz der Musen geborgen, sie haben ihre Hände über ihn gebreitet. Die Musen aber sind mit dem Herrscher Augustus verbunden, dieser hört ihnen gern zu, wenn ihm seine Staatsgeschäfte freie Stunden bescheren.

Von aktueller Bedeutung ist das fünfte Gedicht. Es ist mit Sicherheit nach den Ereignissen des Januar 27 verfaßt, anderseits aber auch vor dem Verzicht auf den Britannienfeldzug im Jahre 26. Denn Horaz gibt der Hoffnung Ausdruck, Augustus werde die Britannier und die Parther unterwerfen: *adiectis Britannis imperio gravibusque Parthis.* In der Tat, hier handelte es sich nach der Auffassung vieler Römer um eine alte Ehrenschuld, die Augustus nicht ignorieren konnte. Aber der Princeps hatte vorerst dem Orient den Rücken gekehrt, und die zehntausend römischen Gefangenen aus der Schlacht bei Carrhae (53 v. Chr.) konnten zunächst mit der Rückkehr in die Heimat nicht rechnen, sie hatten sich überdies längst mit parthischen Frauen vermählt. Auf die Gefangenen könne man verzichten, sie seien keine Römer mehr. Wie Horaz so werden auch andere Römer gedacht haben – aber einen vollen Verzicht wird man aus seinen Worten nicht herauslesen können. Doch Horaz wußte nur zu gut, was ein Partherkrieg bedeutete, und wenn Augustus die parthische Frage wenige Jahre später (20 v. Chr.) dadurch gelöst hat, daß er sich mit der Rückgabe der verlorengegangenen Feldzeichen und der Repatriierung der Gefangenen begnügte, so war diese friedliche Lösung einem neuen Krieg zweifellos bei weitem vorzuziehen.

Abschließend bringt das sechste Gedicht Gedanken zur Familien- und Sittenreform des Augustus. Die einschlägigen Gesetze sind übrigens erst später erlassen worden, aber man wird bereits gewußt haben, daß Augustus eine Reform der römischen Familie beabsichtigte. Dies aber war nur möglich, wenn die Gottesfurcht die Grundlage aller Reformen bildete. Und es ist kein Zufall, wenn der Princeps nach seiner Rückkehr aus dem Orient die Wiederherstellung der Tempel in Rom als seine wichtigste Aufgabe betrachtete. Nicht weniger als 82 Heiligtümer, die zum Teil verfallen waren, sind restauriert worden (*Res gestae* c. 20, 4). Den Reformen des Augustus ist bekanntlich ein durchschlagender Erfolg versagt geblieben, auf diesem Gebiet hatte er ebenso wenig Glück wie Caesar, sein großes Vorbild. Aber Horaz ist in seiner sechsten Ode noch ganz optimistisch, und wie Horaz, so wird auch Augustus eingestellt gewesen sein. Aber die Verhältnisse waren nun einmal stärker als das beste Wollen des Princeps.

Wir können uns glücklich preisen, die Römeroden des Horaz zu besitzen. Sie vermitteln einen ganz unschätzbaren Einblick in die Gedankenwelt der Zeitgenossen des Augustus, und wie Horaz dachte, so waren auch die gebildeten Römer seiner Zeit eingestellt. Auch diese ersehnten ein neues Zeitalter, in dem die Gerechtigkeit, die Ehrlichkeit und vor allem der Friede regieren sollte. Wenn irgendwo patriotische Worte ausgesprochen worden sind, so in diesen Gedichten des Horaz, der sich hier zum Sprecher einer Auffassung gemacht hat, die mit der des Augustus übereinstimmt. Doch muß man den Gedanken fernhalten, als hätte Horaz seine Carmina gewissermaßen auf Bestellung verfaßt. Gewiß, er huldigte dem Sieger, der durch die Schlacht bei Actium ein neues Weltzeitalter eröffnet hatte, aber was er dichtete, kam ihm aus dem Herzen, niemand hatte es ihm befohlen. Wenn man will, kann man hier von der Freiheit des Geistes sprechen; sie ist zu keiner Zeit größer gewesen als unter Augustus. Und Horaz stand mit seiner Meinung nicht allein; ganz ähnlich hat sich Livius geäußert, wie dies die Kapitel bezeugen, die er über den sagenhaften Helden Camillus geschrieben hat.

Spricht man vom römischen Patriotismus, so darf *Vergil* nicht fehlen (70–19 v. Chr.). Er war mit dem Princeps befreundet, und dieser hat es verhindert, daß Vergils unfertiges Werk nach dem Tod des Dichters, wie es dieser gewollt hatte, den Flammen übergeben wurde. Auf Anregung des Augustus ist das Epos von L. Varius und anderen herausgegeben worden. Von den übrigen Werken Vergils, den *Bucolica* und den *Georgica*, brauchen wir in diesem Zusammenhang nicht zu sprechen, hier geht es um die *Aeneis*, das große patriotische Heldengedicht in zwölf Büchern. Es schildert die Irrfahrten und Abenteuer des Aeneas, des Sohnes des Anchises, auf seiner Fahrt von Troja nach Latium. Aeneas ist der sagenhafte Stammvater der Römer, der nach langem Umherirren in Latium eine neue Heimat gefunden hat. Für die Zeitgenossen Vergils war dies ein Ereignis der fernen Vergangenheit, wenn auch ein historisches, denn der Mythos war den Römern, ebenso wie den Griechen, ein untrennbarer Teil ihrer Geschichte. Auch die Götter gehörten der Geschichte an, und es hat wohl kaum Menschen in Rom gegeben, die die Geschichte des Aeneas nicht für historisch gehalten haben. (Der erste, der die Fahrt des Aeneas nach Italien aus der Geschichte gestrichen hat, ist übrigens Philipp Clüver [Cluverius] aus Danzig in seiner *Italia antiqua* gewesen, die posthum im Jahre 1624 erschienen ist.)

Vergil hat es nicht versäumt, in seine *Aeneis* Ereignisse und Personen aufzunehmen, die der Geschichte seiner eigenen Zeit angehören. So erscheint die Gestalt des Caesar Augustus an mehreren Stellen, auch im VIII. Buch (v. 678, 714). Sogar Agrippa wird als Sieger der Schlacht bei Actium erwähnt, ebenso erscheinen Antonius und Cleopatra, die letztere als *Aegyptia coniunx* (VIII 688). Sie war – nach der Ansicht Vergils – die Frau des Antonius. Auch der dreifache Triumph des jungen Caesar vom August des Jahres 29 wird erwähnt (VIII 714 ff.). Vergil bedient sich dabei des Kunstgriffs, auf dem Schild, den Vulcanus für Aeneas schmiedet, Szenen aus der römischen Geschichte abbilden zu lassen. Der Dichter steht noch ganz unter dem Eindruck der Schlacht bei Actium: Augustus habe die Italer in die Schlacht geführt, zusammen mit den Vorvätern, dem Volk, den Penaten und den großen Göttern, stehend auf dem hohen Hinterdeck. Auf der anderen Seite sieht man Agrippa, wie er seine Flotte mit günstigem Wind herausführt. Und dann folgt die Aufzählung der Völkerscharen des Antonius. Den Höhepunkt bildet schließlich die Erzählung vom dreifachen Triumph Caesars (d. i. Octavian). Der Dichter wird nicht müde, alle Völker aufzuzählen, die sich vor Caesar als Untertanen beugen. Nimmt man noch die Erwähnung der Parther hinzu[9], so befinden wir uns wiederum in der Zeit des Augustus. Ist doch von der Forderung der Rückgabe der römischen Feldzeichen die Rede; dies aber war ein Postulat, dem sich Augustus nicht entzogen hat.

Zum Abschluß seien hier zwei Abschnitte aus dem VIII. Buch der Aeneis wiedergegeben.

Vergil, Aeneis, Buch VIII, Vers 675–688

in medio classis aeratas, Actia bella,
cernere erat, totumque instructo Marte videres
fervere Leucaten auroque effulgere fluctus.
hinc Augustus agens Italos in proelia Caesar
cum patribus populoque, penatibus et magnis dis
stans celsa in puppi; geminas cui tempora flammas
laeta vomunt patriumque aperitur vertice sidus;
parte alia ventis et dis Agrippa secundis
arduus agmen agens; cui, belli insigne superbum,
tempora navali fulgent rostrata corona.
hinc ope barbarica variisque Antonius armis,
victor ab Aurorae populis et litore rubro,
Aegyptum virisque Orientis et ultima secum
Bactra vehit, sequitur (nefas!) Aegyptia coniunx.

Buch VIII, Vers 714–728

at Caesar triplici invectus Romana triumpho
moenia dis Italis votum immortale sacrabat,
maxima ter centum totam delubra per urbem
laetitia ludisque viae plausuque fremebant;
omnibus in templis matrum chorus; omnibus arae,
ante aras terram caesi stravere iuvenci.
ipse sedens niveo candentis limine Phoebi
dona recognoscit populorum aptatque superbis
postibus; incedunt victae longo ordine gentes,
quam variae linguis, habitu tam vestis et armis.
hic Nomadum genus et discinctos Mulciber Afros,
hic Lelegas Carasque sagittiferosque Gelonos
finxerat; Euphrates ibat iam mollior undis
extremique hominum Morini Rhenusque bicornis
indomitique Dahae et pontem indignatus Araxes.

Vergil, Aeneis, Buch VIII, Vers 675–688, übersetzt von Rudolf Alexander Schröder

Gegen die Mitte gewahrt das Aug erzfunkelnde Flotten,
Actiums Schlacht: am Riff der umbrandeten, steilen Leucate

Fuhren die Schlachtreihn auf, von Gold erstrahlte die Meerflut.
Hier hält Caesar August und führt die Römer ins Treffen,
Mit ihm Väter und Volk, die Penaten und großen Götter.
Steht auf dem Achterverdeck, ihm flammt von heiterer Stirne
Zwillingslicht; der Stern des Vaters blinkt ihm zu Häupten.
Drüben mit günstigem Wind und gewogenen Göttern Agrippa
Führt die Geschwader heran; des Tapferen Stirne verherrlicht,
Von Schiffsschnäbeln durchblitzt, des Seesiegs prangende Krone.
Dort Antonius führt, mit dem scheckigen Heer der Barbaren
Siegreich kehrend vom Strand der morgenländischen Meere,
Ganz Aegypten, die Kraft des Orients bis zu den fernsten
Bactrern, gefolgt – o Schmach ! – von dir, aegyptische Gattin.

Buch VIII, Vers 714–728

Caesar August zieht ein im Triumph dreifältigen Sieges,
Weiht den italischen Göttern in Rom ein ewig Gelübde:
Über die Stadt verteilt, dreihundert heilige Tempel.
Beifall dröhnt, von Lust und Ergetzungen schallt's in den Gassen:
Chöre der Mütter vor jedem Altar, in jeglichem Tempel
Bricht vor jedem Altar der geopferte Stier in die Kniee.
Selber thronend im Glanz auf des Phoebus marmorner Schwelle,
Nimmt er des Völkertributs sich an, verteilt ihn am hohen
Tempelgewänd, ihn grüßt der unzählbare Zug der Besiegten,
Alle verschieden an Tracht und Gestalt, an Waffen und Rede.
Afrer sodann, den Schwarm der gürtellosen Nomaden,
Leleger, Carer zumal und das Bogenervolk der Gelonen
Formte der Schmied: schon floß mit sachteren Wellen der Euphrat.
Dann die Moriner vom Rand der Welt, die trutzigen Daher,
Der zwiehörnige Rhein und der Brückenzertrümmrer Araxes.

Zu Horaz und Vergil nun noch Properz! Sein Gedicht auf die Schlacht bei Actium ist ein hohes Bekenntnis zum römischen Heldentum – auch hier findet sich der Hinweis auf den Triumvirn Crassus und seine Niederlage bei Carrhae (VI 83 ff.). Die Einzelheiten sind in einer neueren Untersuchung ausführlich dargestellt.[10] Doch sei hier noch einmal an Livius erinnert, er hat sein großes Geschichtswerk *Ab Urbe condita*, das mit dem Tod des Drusus (9 v. Chr.) endet, in der augusteischen Zeit geschrieben. An zahlreichen Stellen des Werks finden sich Anspielungen auf die Ereignisse der Gegenwart, alle im Sinne des zeitgenössischen Patriotismus. Livius war des Glaubens, daß der „göttliche Wille selbst Roms Gründung gesetzt habe und daß die Götter den Aufstieg des römischen Volkes wünschten und förderten"[11] – dies im übrigen ein Gedanke, der auch für Vergil bestimmend ist. Das Geschichtswerk des Livius ist ein Hymnus auf die römischen Tugenden, sie leuchten an vielen Stellen hervor. Ihren Ausdruck finden sie in den Begriffen *virtus, pietas, fides* und *iustitia*.

Augustus hatte das Glück, bei seiner Erneuerung des Römertums einen lebhaften Widerhall in der zeitgenössischen Dichtung zu finden. Und als Vergil im Jahre 19 v. Chr. die Augen schloß, da war unter den Römern längst das Bewußtsein lebendig, daß mit Augustus ein neues Zeitalter begonnen habe.

Nicht immer tritt die Idee des Friedens in der Poesie in gleicher Weise hervor, aber sie fehlt doch nicht ganz. Schon die 4. Ekloge Vergils aus dem Jahre 40 hatte ein neues Weltzeitalter angekündigt, die Goldene Zeit, die der Eisernen folgen sollte. Und als zwanzig Jahre später Augustus zum Ausgleich mit den Parthern gelangt war, da war die Friedensstimmung unter den Menschen allgemein verbreitet. Aber auch schon vorher hatten sich Dichter Mühe gegeben, den Frieden, das köstlichste Gut der Menschheit, zu preisen. Man lese die Metamorphosen des Ovid (I 711 ff.)! Hier wird der Beginn des Friedens auf die Schlacht bei Actium zurückgeführt.[12] Zu anderen Dichtern, insbesondere zu Vergil, befindet sich Ovid insofern im Widerspruch, als er von einer weiteren Expansion des Imperium Romanum nichts wissen will, er wünscht sich vielmehr einen Friedenszustand, in dem die Idee der Freundschaft *(amicitia)* regiert. Mit diesem Gedanken stand Ovid sicherlich nicht allein, viele andere werden genauso gedacht haben wie der hochbegabte Dichter, dem es bestimmt war, die letzten Jahre seines Lebens in dem fernen Tomi (Constantza) am Schwarzen Meer in der Verbannung zu verdämmern.

Aber es gab auch eine mächtige Gegenströmung. Sie wird durch den ausgeprägten Nationalstolz bestimmt, seine Forderungen wurden ständig wiederholt, bis Augustus von den Parthern Genugtuung erlangt hatte. Und das Wort Vergils: *parcere subiectis et debellare superbos,* die Unterworfenen zu schonen und die Rebellen niederzuwerfen, war vielen Römern aus der Seele gesprochen. Das gleiche Ethos durchweht die Römeroden des Horaz.

Als Augustus im Jahre 17 v. Chr. die Säkularspiele feiern ließ (für die Horaz das Festgedicht verfaßt hatte), und als man vollends in den Jahren

13 bis 9 v. Chr. daran ging, die Ara Pacis Augustae zu errichten, da hatte sich eine wesentliche Veränderung in der Mentalität der Römer vollzogen, die Friedensidee hatte sich durchgesetzt, sie war zur Devise der Reichspolitik geworden. Augustus hatte Wert darauf gelegt, auf dem Prozessionsfries des großen Altars abgebildet zu werden, er wollte auf diese Weise seine Verbindung mit der Idee des Friedens auch auf dem Kunstwerk von Stein verewigen.

Rom und die römische Welt hatten genug Kriege erlebt. Was man sich wünschte, war ein langer, allseits gesicherter Friede. Augustus hatte es verstanden, die nationale Saite des römischen Herzens wieder zum Klingen zu bringen. Es sei hier noch einmal an die Römeroden des Horaz erinnert. Von einer Propaganda durch die Dichter der augusteischen Zeit sollte man jedoch nicht sprechen. Sie folgten keiner Aufforderung des Princeps, sie verliehen vielmehr dem Empfinden ihrer Zeit dichterischen Ausdruck. Man wird daher die Poesie als eine hervorragende Quelle für die Ideen der Menschen in den Tagen des Augustus betrachten dürfen.

Fünftes Kapitel

Die Kriege des Augustus

In keinem Zeitalter der Antike hat der Friedensgedanke einen so starken Ausdruck gefunden wie in den Jahren unmittelbar nach der Entscheidungsschlacht bei Actium. Die ganze Welt feierte Augustus als den Bringer des Friedens. Dennoch sind dem ersten Princeps der römischen Geschichte Kriege nicht ganz erspart geblieben, und wenn es in seinem Zeitalter an weitausgreifenden Unternehmungen gefehlt hat, so ist dies allein auf den Mangel an Kräften zurückzuführen. Augustus hatte das Heer der Bürgerkriege auf die Hälfte seines Bestandes reduziert. Was übriggeblieben war – im ganzen 25 Legionen –, reichte gerade aus, um die langgestreckten Flußgrenzen des Imperium Romanum zu überwachen, für einen Angriffskrieg großen Stils genügten die Truppen nicht mehr. Dieser Tatsache ist sich Augustus nur zu sehr bewußt gewesen, und dies erklärt auch seine Zurückhaltung. Die Politik seines Adoptivvaters Caesar hat er nicht fortgesetzt, vor allem nicht im Osten des Reiches. Immerhin war es das unbestreitbare Verdienst des Antonius, daß die Provinzen des Orients dem Reich erhalten geblieben sind – aber niemand hat dies dem Antonius gedankt, am allerwenigsten Augustus. Der Schwerpunkt der augusteischen Außenpolitik lag eindeutig im Westen, für eine Orientpolitik finden sich nur Ansätze. Hier war die römische Herrschaft gefestigt, sie hat viele Jahrzehnte unversehrt überstanden, auch der Partherkrieg Trajans hat hieran nichts geändert.

Als Grenzkriege sind die Unternehmungen zu bezeichnen, die der Präfekt von Ägypten Aelius Gallus, der Nachfolger des gestürzten Cornelius Gallus, geführt hat. Zu erwähnen ist vor allem die Expedition der Römer nach *Arabia felix* (Südjemen, das Land um Aden). Sie fand im Jahre 25/24 v. Chr. statt und kann in gewissem Sinn als eine Fortsetzung der Politik der Ptolemäer betrachtet werden. Dahinter steht die Absicht der Römer, sich in Südarabien einen Stützpunkt für den Handelsverkehr mit Vorderindien zu schaffen. An die Stelle der Küstenfahrt war nämlich seit dem Jahre 117 v. Chr. die Fahrt mit Hilfe der Monsunwinde über das offene Meer getreten, nachdem man die Regelmäßigkeit des Monsuns entdeckt hatte. Aber die römische Expedition kam in dem wasserarmen Land Arabien nur mit großen Schwierigkeiten voran, auch scheint es mit dem Nachschub zur See auf dem Roten Meer nicht immer zum besten gestanden zu haben, kurz, den Römern blieb ein Erfolg, der ihrem Handel mit dem fernen Indien zugute gekommen wäre, durchaus versagt. Ohne Erfolg blieb auch die Expedition der Römer in das südliche Nachbarland Ägyptens, Nubien. Dabei ist Napata, die Hauptstadt der Königin Kandake, zerstört worden.

Aber da war noch das Partherproblem. Die Parther waren die Nachbarn der römischen Provinz Syria, die Grenze bildete der Euphrat. Das Partherreich hatte eine lockere feudale Organisation, und es fiel dem Großkönig nicht immer leicht, sich gegen die mächtigen Lehnsleute durchzusetzen. Es lag dem Augustus im übrigen ganz fern, wegen der römischen Niederlagen des Crassus bei Carrhae (53) und des Antonius (36) einen Krieg bis aufs Messer mit den Parthern zu führen. Dies wäre ihm wegen der zahlenmäßigen Unterlegenheit seines Heeres auch kaum möglich gewesen. Es ehrt den Princeps, daß er dies eingesehen und versucht hat, mit dem Gegner zu einem friedlichen Ausgleich zu kommen. Dies geschah im Jahre 20 v. Chr.; dabei kamen die inneren Verhältnisse im Partherreich den Römern wesentlich zu Hilfe. Der parthische Großkönig Phraates IV. erklärte sich bereit, die römischen Standarten und Feldzeichen des Crassus herauszugeben, ein Zugeständnis, das man in Rom wohl kaum erwartet hatte. Auch die Gefangenen sollten wieder nach Hause geschickt werden. In Rom herrschte lauter Jubel, denn der Partherkönig hatte durch seine Entgegenkommen gezeigt, daß ihm an einer Normalisierung der beiderseitigen Beziehungen viel gelegen war. Er bekräftigte die Absicht dadurch, daß er den Römern vier seiner Söhne als Geiseln zur Verfügung stellte. Sie wurden in Rom interniert und bürgten mit ihrer Anwesenheit für das Wohlverhalten des Großkönigs.

In Verbindung mit der parthischen Frage standen die Verhältnisse in Armenien. Das Land war ein Pufferstaat zwischen dem Imperium Romanum und dem Partherreich. Seit dem Jahre 20 v. Chr. regierte über Armenien Tigranes, der Sohn des Artavasdes und Enkel des Tigranes I. Er stammte aus der armenischen Königsfamilie und hatte wechselvolle Schicksale erlebt. Antonius hatte ihn seinerzeit, zusammen mit seinem Vater, nach Alexandrien schleppen lassen. Augustus ließ ihn durch Tiberius zum König in Armenien einsetzen. Wie lange er regiert hat, ist nicht zu ermitteln, vielleicht bis zum Jahre 12, vielleicht sogar bis 6 v. Chr. Bei seinem Tod war das Schicksal Armeniens wieder völlig offen. Erst im

Jahre 1 v. Chr. erschien Gaius, der Enkel und Adoptivsohn des Augustus, im Orient. Der Princeps hatte ihm für seine Aufgabe ein *imperium proconsulare maius* verliehen, er sollte die Verhältnisse an der Ostgrenze des Reiches in Ordnung bringen. Mit dem Partherkönig traf er sich im Jahre 1 n. Chr. auf einer Euphratinsel, Rom hatte den Parther als gleichberechtigt anerkannt. In Armenien setzte Gaius Caesar den bisherigen König von Medien, Ariobarzanes, als Herrscher ein, dies aber war nur eine Verlegenheitslösung, da man keinen anderen geeigneten Anwärter auf den armenischen Thron zur Verfügung hatte. Überhaupt wurde die Mission des Gaius Caesar mehrfach vom Unglück verfolgt. Bei der Belagerung der Feste Artagira wurde der Iulier von dem Dolch eines Attentäters verwundet, er verfiel danach in Depressionen, und im Jahre 4 n. Chr. verstarb er in dem kilikischen Limyra – ein schwerer Verlust für den ganz untröstlichen Augustus. Die orientalische Frage war nicht erledigt, viele Probleme harrten noch der Lösung, und der Friedenszustand an der Euphratgrenze hing ganz von den Parthern ab. Hielten sie Ruhe, so hatten die Bewohner der römischen Provinzen in Kleinasien und Syrien nichts zu befürchten, aber die Römer waren gezwungen, die Ostgrenze scharf zu bewachen, wenn sie nicht das Opfer einer unvorhergesehenen parthischen Invasion werden wollten. In Armenien folgten sich rasch hintereinander mehrere Könige, von denen die einen zu den Römern, die andern zu den Parthern hielten. Augustus ist in seinen *Res gestae* c. 27 auf die armenischen Angelegenheiten kurz zurückgekommen, aber wir wüßten gern mehr, als in den knappen Sätzen zu lesen steht. Es werden nur die Namen der Könige Tigranes, Ariobarzanes, Artavasdes und Tigranes (II.) genannt, an konkreten Zeitangaben fehlt es in dem Kapitel.

Immerhin kann man sagen, daß unter Augustus sich der römisch-parthische Dualismus stabilisiert hat. Dieser Zustand hat erst mit dem Untergang des Partherreiches im Jahre 224 n. Chr. sein Ende gefunden.

Vom Orient wenden wir uns jetzt dem Westen des Reiches, im besonderen der *Rheingrenze* zu. Hier haben nicht nur gallische Stämme, sondern auch die Germanen den Römern zu schaffen gemacht, doch haben die Römer bis zum Tode des M. Agrippa (12 v. Chr.) im allgemeinen nur begrenzte Aktionen unternommen, sie dienten der Befriedung der gallischen Völkerschaften und der Alpenbewohner, auch in Spanien haben die Römer längere Zeit Krieg geführt. Von weitausgreifenden Eroberungsplänen des Augustus verlautet nichts, und die Absicht, Britannien zu unterwerfen, hat der erste Princeps wieder aufgegeben. Ihn leitete hierbei die Einsicht, daß die für eine Invasion Britanniens notwendigen Truppen

nicht zur Verfügung standen. Agrippa hat an der Rheingrenze und in
Südwestfrankreich, und zwar gegen die Aquitanier, gekämpft. Auch gab
es einen Aufstand der Treverer. Er wurde im Jahr 29 mit der Unterwerfung des Volks durch M. Nonius Gallus beendet. Und im folgenden Jahr
feierte C. Carrinas einen Triumph über das Küstenvolk der Moriner,
deren Wohnsitze am Pas de Calais zu suchen sind. Die endgültige Befriedung Galliens hat Augustus selbst durchgeführt, und zwar im Jahre 27.
Und fünf Jahre später, 22 v. Chr., hat man die Narbonensis vom übrigen
Gallien abgetrennt; sie wurde in die Verwaltung des Senats überführt,
denn die Provinz bedurfte des militärischen Schutzes nicht mehr. In der
Zeit zwischen 16 und 13 v. Chr. wurde die Verwaltung Galliens definitiv
auf neue Grundlagen gestellt. Das Land wurde in drei Distrikte geteilt,
Aquitania, Lugdunensis und Belgica. Es gab insgesamt sechzig Stämme
(später sogar vierundsechzig), die in der römischen Terminologie *civitates* genannt wurden. Die drei Distrikte bildeten den Gesamtbezirk *Tres
Galliae*, sie verfügten über einen gemeinsamen Landtag. Schon im Jahr 43
hatte Munatius Plancus die Stadt Lugdunum (Lyon) gegründet. Der Ort
blühte infolge seiner zentralen Lage rasch auf und wurde zum Mittelpunkt des Herrscherkults[1]. In Lugdunum gab es einen Altar der Roma
und des Augustus, an dem sich die Abgesandten aus ganz Gallien trafen,
um dem Kaiser ihre Verehrung darzubringen. Unter den römischen
Hilfsvölkern haben sich die gallischen Reiter einen bedeutenden Namen
gemacht, sie galten als eine Elitetruppe, die es selbst mit den Germanen
aufnehmen konnte. Der Erschließung des Landes diente die Anlage eines
weitverzweigten Straßensystems, dessen Ausbau Agrippa in den Jahren
20/19 in Angriff genommen hat.

Die Maßnahmen der Römer haben sich als außerordentlich wirksam
erwiesen. Das Land war vollständig befriedet, Aufstände von irgendwelcher Bedeutung haben die Gallier nicht mehr gewagt, sie erschlossen sich
vielmehr willig dem Geschenk der höheren römischen Zivilisation. Dies
führte nicht nur zur Zurückdrängung des grausamen Kults der Druiden,
sondern auch zur Übernahme des römischen Rechts und der römischen
Gesittung, so daß auf gallischem Boden bald ein zweites Italien im Entstehen war. Erst in späteren Jahrhunderten hat das Keltentum in Gallien
eine bedeutende Renaissance erlebt.

In Spanien hatten die Römer im zweiten Punischen Krieg Fuß gefaßt,
es war P. Cornelius Scipio, der spätere Africanus, gewesen, der hier das
karthagische Kolonialreich zum Einsturz gebracht hatte. Die späteren
Kriege der Römer in Spanien von 154–133 waren außerordentlich ver-

lustreich gewesen, und erst mit der Einnahme Numantias durch den
Jüngeren Scipio war ein gewisser Endpunkt erreicht worden. Aber in der
Zeit der späten römischen Republik hatte sich Sertorius hier eine eigene
Machtstellung aufgebaut, und auch Caesar hatte gegen die Pompeianer in
Spanien zweimal Krieg führen müssen. Als Augustus im Jahr 27 sich auf
die Reise nach Spanien begab, mußte gegen die Völker des äußersten
Nordwestens gekämpft werden, die immer noch ihre Freiheit tapfer ver-
teidigten. Augustus nahm sein Hauptquartier in Tarraco (Tarragona),
und in den Jahren von 26 bis 25 verzeichnen die Annalen der römischen
Geschichte Kämpfe gegen die Völker der Asturer und Cantabrer. Bei
diesen kam es zur Belagerung des Mons Medullius[2], die Römer schlossen
ihn durch die Anlage von Zirkumvallationslinien vollständig ein, so daß
die Belagerten schließlich wegen Mangels an Verpflegung kapitulieren
mußten. Im übrigen aber war für Augustus in Spanien nicht alles nach
Wunsch verlaufen, zumal er von einer schweren Krankheit heimgesucht
worden war. Das letzte Wort hat auch in Spanien Agrippa sprechen
müssen, ihm ist im Jahr 19 die Unterwerfung der Bergvölker des Nordwestens gelungen. Die Römer errichteten eine Anzahl von städtischen
Mittelpunkten, unter ihnen die Orte Bracaraugusta (Braga), Lucus Asturum (Lugo) und Asturica Augusta (Astorga). Allen Gründungen war ein
langes Nachleben beschieden, ebenso der neuen Militärkolonie Emerita
(Merida) und Caesaraugusta (Saragossa am Ebro). In die Zeit zwischen 16
und 13 v. Chr. fällt eine Neueinteilung des gesamten Iberien. Von nun an
gab es drei Provinzen, Baetica (im Süden), Tarraconensis (im Norden)
und Lusitania (im Westen), das im wesentlichen das heutige Portugal
umfaßte. Die iberische Halbinsel hat sich unter dem wohlwollenden Regiment der Nachfolger des Augustus zu einer Hochburg des Römertums
entwickelt; insbesondere die flavischen Kaiser haben hier die Vorarbeit
des Augustus weiterführen können, indem sie den Bewohnern das kleine
latinische Recht verliehen.[3]

Die Nordgrenze Italiens war von jeher eine Achillesferse des Imperiums gewesen. Hier lebten Alpenstämme, zumeist keltischen oder – wie
im Osten – illyrischen Ursprungs. Sie beherrschten vor allem die Verbindungen zwischen Oberitalien und Gallien, und in unruhigen Zeiten ließen sie sich die Passage von den Römern mit barem Geld bezahlen. Dies
hatte beispielsweise D. Brutus erfahren müssen, der sich auf dem Weg zu
Munatius Plancus im Jahre 43 den Durchmarsch durch die Alpen regel-
recht hatte erkaufen müssen. Wie es heißt, soll er für jeden einzelnen
Mann einen Denar (= 4 Sesterzen) erlegt haben. Diese Zustände konnten

von Augustus nicht länger geduldet werden. Im Gebiet des Kleinen St. Bernhard lebte das Alpenvolk der Salasser. In harten Kämpfen zeigte sich bald die Überlegenheit der römischen Kriegführung, die Salasser wurden nahezu ausgerottet, auf ihrem Gebiet wurde die Militärkolonie Augusta Praetoria (Aosta) angelegt (25 v. Chr.). Auch in den Ostalpen hatten die Römer Erfolge zu verzeichnen. Im Jahre 16 v. Chr. (oder spätestens im Jahre 15) wurde das Königreich Noricum unterworfen. Es umfaßte die Gebiete des heutigen Oberösterreich, Kärnten und Krain. Das Königreich blieb zwar bis in die Zeit des Kaisers Claudius selbständig, es war aber praktisch ein römischer Vasallenstaat, der seine Politik und Wirtschaft ganz nach Rom hin orientierte. Einen Einblick in die Zivilisation Noricums vermitteln in unserer Zeit die Ausgrabungen auf dem Magdalensberg unweit von Klagenfurt.

Das bedeutendste militärische Unternehmen wurde im Jahr 15 v. Chr. ins Werk gesetzt. Es war dies ein kombinierter Feldzug der beiden Stiefsöhne des Augustus, Drusus und Tiberius. Der letztere ist vom Westen her von Gallien in das Gebiet am Bodensee gelangt. Auf dem Schwäbischen Meer wurde in einer Seeschlacht gekämpft, in der die Römer die Oberhand behielten. Wie es heißt, soll Tiberius bis zu der damals entdeckten Donauquelle vorgedrungen sein. Anders sein Bruder Drusus. Aus Norditalien kommend überquerte er, wahrscheinlich auf dem Brennerpaß, die Alpen und setzte, nachdem er den Seefelder Sattel bezwungen hatte, in der Gegend des heutigen Garmisch-Partenkirchen im Werdenfelser Land seinen Fuß auf das Voralpenland. Daran anschließend drangen die Römer im Tal des Inn vor, doch begnügten sie sich damit, das Voralpenland bis zur Donau zu unterwerfen. Ein weiteres Ausgreifen über die Donau nach Norden lag offensichtlich nicht in ihrer Absicht. Es ist wahrscheinlich (mehr kann man auch heute noch nicht sagen), daß bei den Operationen des Drusus die große Keltenstadt zugrunde gegangen ist, deren Überreste man in Manching bei Ingolstadt wiedergefunden hat. Das Voralpenland wurde als eine prokuratorische Provinz Raetia organisiert. Neben den Raetern wohnten hier die Vindeliker, auch das Wallis in der Schweiz wurde an diese Provinz angeschlossen. Hauptstadt war Augusta Vindelicum[4], das heutige Augsburg. Die Urzelle lag in Oberhausen, wo die Flüsse Lech und Wertach zusammenfließen. Hier haben die Römer ein Legionslager angelegt. Es hatte jedoch keinen sehr langen Bestand. Nach Konrad Kraft[5] ist es bereits im Jahre 14 n. Chr. wieder aufgelassen worden.

Zum Andenken an die Unterwerfung der Alpenvölker errichteten Senat und Volk von Rom dem Augustus ein großes Ehrenmal. Es ist dies das antike ‚Niederwalddenkmal‘ von La Turbie in der Nähe von Monaco, das im Jahre 7/6 v. Chr. gebaut worden ist. Die Inschrift verzeichnet nicht weniger als sechsundvierzig Alpenvölker, unter ihnen auch einige, die im Alpenvorland ihre Heimat hatten wie die Licates (am Lech), die Cosuantes (am Ammersee und am Starnberger See), die Rucinates und Catenates, alles Stämme der Vindeliker. Horaz hat in zwei Oden (IV 4 u. 14) die Siege des Drusus und Tiberius verherrlicht.

In der Organisation der neugewonnenen Gebiete haben Augustus und seine Stiefsöhne ganze Arbeit geleistet. Bis zum Einfall der Alamannen im Jahre 259 ist Raetien im Verband des römischen Reiches verblieben. Erst nachdem die Germanen den Limes durchbrochen hatten, hat sich die Zusammensetzung der Bevölkerung, der Römer und Kelten, entscheidend geändert. Und im 6. Jahrhundert n. Chr. sind durch die Zuwanderung der Bajowaren, wahrscheinlich aus Böhmen, neue völkische Verhältnisse entstanden, die im Mittelalter im wesentlichen stabil geblieben sind. Ob die Römer unter Augustus das Land bis zur Donau systematisch durchdrungen haben, ist zweifelhaft, aber durch die Gründung von Augusta Vindelicum haben sie einen wichtigen Mittelpunkt geschaffen, der auch von den germanischen Völkern aus den Gebieten nördlich der Donau sowie von den Hermunduren gern besucht worden ist. Im übrigen erstreckte sich der römische Einfluß weit über die Reichsgrenzen hinaus, und für die römischen Kaufleute war das freie Germanien alles andere als eine *terra incognita*.

Auch an der unteren Donau gab es für Augustus einiges zu tun. Nördlich des Stroms lebten die Daker, auch Geten genannt, und die Bastarner, ein Volk keltischer oder germanischer Herkunft. Sie hatten sich immer wieder als unruhige Nachbarn der römischen Provinz Macedonia erwiesen.

Bereits Caesar hatte einen Dakerkrieg geplant, auch dem Octavian hatte sich bei seinen illyrischen Feldzügen das gleiche Problem aufgedrängt, doch hatte die Auseinandersetzung mit Antonius die Pläne zunichte gemacht; erst in den Jahren 30 und 29 v. Chr. hat der Statthalter von Makedonien, M. Licinius Crassus, der Enkel des Triumvirn, die Daker und Bastarner besiegt und zur Belohnung einen Triumph *ex Thracia et Geteis (Fasti triumphales)* erhalten. Aber dies genügte bei weitem nicht, die Gemeinden an der unteren Donau hatten immer wieder unter den Einfällen der Völker vom anderen Ufer des Stroms zu leiden. Erst viele Jahre später, nachdem die Provinz Moesia geschaffen worden war, im

Jahre 44 n. Chr., unter dem Kaiser Claudius, wurde es an der unteren Donau ruhiger, doch haben auch dann noch manche Kämpfe gegen die vom Norden herandrängenden Völker geführt werden müssen. Wenn Ernst Kornemann[6] angenommen hat, schon unter Augustus, im Jahre 15 v. Chr., sei ein Grenzbezirk Westmösien geschaffen worden, so ist dies nicht gesichert.

Außerhalb des Imperium Romanum lag das *Bosporanische Reich*. Es bildete einen Schutzwall gegen die zum Schwarzen Meer vordringenden Sarmaten. Für Rom war dieses Reich ein wichtiger Bundesgenosse und Handelspartner. Der Mittelpunkt war die Halbinsel Krim. Bereits Antonius hatte den bosporanischen Herrscher Pharnakes unter die Freunde des römischen Volkes aufgenommen. Nach Pharnakes' Tod ergriff ein Abenteurer namens Scribonius die Zügel der Regierung, er heiratete die Witwe des Pharnakes mit Namen Dynamis. Was sollten die Römer tun? Untätigkeit wäre das Schlechteste gewesen, daher entschloß sich Augustus, durch seinen Freund Agrippa hier wieder Ordnung zu schaffen. Das pontische Getreide war für Rom außerordentlich wichtig, und in Südrußland gab es Korn in Hülle und Fülle. Agrippa machte kurzen Prozeß, er verjagte Scribonius und setzte den König Polemon, der über die anatolische Landschaft Pontos herrschte, zugleich auch zum König des Bosporanischen Reiches ein. Aber die Bevölkerung der Krim war nicht damit einverstanden, so daß Agrippa im Jahre 15 v. Chr. mit einer Invasion der römischen Schwarzmeerflotte drohen mußte, die vorsorglich in Sinope zusammengezogen worden war. Augustus war über die neue Ordnung hoch befriedigt, er bot dem Agrippa sogar den Triumph an, den dieser aber aus Gründen, über die nichts bekannt ist, wiederum abgelehnt hat. Dem Polemon hat die Königswürde über das Bosporanische Reich wenig Segen gebracht. Er geriet bei den Kämpfen im Kubangebiet in Gefangenschaft und wurde von den Feinden umgebracht, wahrscheinlich im Jahre 8/7 v. Chr. Die Erfolge der Römer hatten sich nicht als dauerhaft erwiesen.

All' diese Ereignisse hatten den Bestand und die Sicherheit des Imperium Romanum nur am Rande berührt. Anders die Entwicklung an der *Rheingrenze*. Sie hat sich unter Augustus als die Achillesferse der Reichsverteidigung erwiesen. Hier lag ohne Zweifel die schwächste Stelle der langen Stromgrenzen, ihre Verteidigung hat, je länger desto mehr, Kosten und Opfer erforderlich gemacht. Bereits im Jahre 38 hatte Agrippa hier Ordnung zu schaffen versucht. Auf ihn geht nicht nur die Gründung von Köln (*Colonia Ubiorum*) zurück, sondern auch die Verpflanzung des

Volks der Ubier von dem rechten auf das linke Rheinufer. Sie waren mit
den Römern befreundet und hatten viel unter ihren germanischen Nachbarn zu leiden gehabt. Weiter südlich, von der Rheinpfalz bis ins Elsaß,
wohnten andere germanische Stämme, die Vangionen, Nemeter und Tri-
boker; sie sollten die Wacht am Rheinstrom gegen die Einfälle ihrer
germanischen Brüder vom rechten Ufer des Rheins übernehmen. Es ist
die Lust am Rauben und Plündern gewesen, welche die Germanen immer
wieder zu Einfällen in das linksrheinische Gebiet veranlaßt hat. So haben
die Sugambrer, zusammen mit den Usipetern und Tenkterern, im Jahre
17 v. Chr.[7] den Rhein überschritten und dem römischen Feldherrn Lollius eine schwere Niederlage beigebracht *(clades Lolliana)*. Die Lage an
der Rheingrenze erschien dem Augustus so ernst, daß er selber nach
Gallien eilte, um die Ruhe in den Grenzbezirken wiederherzustellen.
Aber es kam zu einem erneuten Einfall der Sugambrer unter Maelo.
Möglicherweise steht das Ereignis in Zusammenhang mit der *clades Lolliana* oder es hat ein paar Jahre später, vielleicht im Jahre 12 v. Chr.,
stattgefunden. Der Name Maelo scheint keltisch zu sein. Ist dies richtig,
so wären die Ereignisse an der Rheingrenze als eine gemeinsame Aktion
keltischer und germanischer Elemente anzusehen. Übrigens hat es Maelo
für richtig gehalten, sich später unter den Schutz der Römer zu begeben,
wie dies auch zu anderen Zeiten so manche Fürsten der Germanen getan
haben. Seine Männer sind in Gallien angesiedelt worden.

Wie aber sollten die Römer mit den wiederholten Einfällen der Germanen in das Reichsgebiet fertig werden? Da die Verteidigung sich als unwirksam erwiesen hatte, wählte Augustus die Offensive, wofür er sich
von seinen militärischen Beratern einen Plan hatte anfertigen lassen. Dieser stellte allerdings in seiner Großzügigkeit alles Vorhergegangene in
den Schatten. Dieses Mal wollte man nämlich ganze Arbeit leisten. Die
Römer kannten sich im freien Germanien gut aus. Das Land war durch
die Reisen römischer Kaufleute auch im einzelnen bekannt, so daß es für
die römische Heerführung kein Risiko war, die Offensive zu ergreifen.
Die strategische Absicht bestand wohl zunächst darin, an der Rheingrenze auf germanischem Boden ein Vorfeld zu schaffen, es mußte natürlich
durch die Anlage von befestigten Kastellen gesichert werden. Wie weit
die römische Offensive in Germanien vorwärtsgetrieben werden sollte,
weiß niemand, aber das eine ist gewiß: Die Römer rechneten mit der
Uneinigkeit der germanischen Völkerschaften, einem Umstand, der den
Römern natürlich sehr entgegenkommen mußte. Die Frage jedoch, ob
Augustus beabsichtigte, die Grenze des Reiches vom Rhein bis an die

mittlere Elbe vorzuverlegen, wird sich mit voller Sicherheit kaum entscheiden lassen. Allerdings wäre es zweckmäßig gewesen, wenn man zu einer Verkürzung der Grenze auf einer Linie von der mittleren Elbe bis zur mittleren Donau gelangt wäre – aber dies Annahme ist nichts als eine moderne Spekulation, in den antiken Quellen findet sich kein Wort davon. Und außerdem ist es fraglich, ob die Kräfte des Reiches für ein derartig weit ausgreifendes Unternehmen überhaupt ausgereicht hätten.

Man wird sich nicht wundern, daß Augustus die Führung der Operationen im freien Germanien seinem Stiefsohn Drusus übertragen hat. Dieser ließ die für den Angriffskrieg vorgesehenen Legionen in Bereitschaftsstellungen am Rhein einrücken. Gallien wurde von Besatzungstruppen entblößt, das germanische Unternehmen hatte Vorrang. Die Verschiebung und Bereitstellung der Legionen erforderten einen genauen Plan, vor allem mußte die Frage des Nachschubs geregelt werden; denn in den Landen rechts des Rheins war für die Römer nur wenig zu holen. Mit der Anlage von Vetera (Birten bei Xanten am Niederrhein) und von Mogontiacum (Mainz) schufen die Römer die beiden Eckpfeiler für die Invasion des Germanenlandes. Die beiden Orte bildeten die Stützpunkte auch für den römischen Nachschub, sie haben ihre Aufgabe vorzüglich erfüllt. Aber damit noch nicht genug. Am Rhein wurden zahlreiche Kastelle errichtet, sie hatten die Aufgabe, die Verbindung zwischen den großen Legionslagern herzustellen.

Außerdem wurde eine Verbindung des Niederrheins mit der Zuidersee hergestellt, und zwar dadurch, daß ein Kanal vom Alten Rhein bei Utrecht gegraben wurde. Viel Zeit ließ sich Drusus jedoch nicht. Er war im Jahre 13 v. Chr. zum Oberkommandierenden aller an der Rheinfront stehenden Truppen ernannt worden, und schon im folgenden Jahr erreichte er mit seinen Legionen die Weser, eine Gegend, die bisher weit außerhalb des römischen Einflusses gelegen hatte. Aber die Römer verstanden nichts von der Seefahrt in den Küstengewässern der Nordsee, und von dem Phänomen der Ebbe und Flut wußten sie offenbar auch nichts, denn sonst wären die Schiffe des Drusus nicht auf Strand geraten. Ein Glück für die Römer, daß die Frisen, ein seegewohntes Volk, ihnen zu Hilfe kamen, sonst hätten sie schwerlich wieder einen sicheren Hafen erreicht. Man wird die Unternehmen mehr oder weniger als Erkundungsvorstöße auffassen müssen, erst im Jahre 11 v. Chr. machten die Römer ernst. Auf dem Weg nördlich der Lippe entlang erreichten sie wiederum die Weser, ohne jedoch hier zu überwintern. Als der Herbst begann, räumten sie das Land, dabei mußten sie einen Angriff der Sugambrer abwehren. In dem Gebiet rechts des Rheins errichteten die Römer mehrere Befestigungen, unter ihnen das in der Forschung berühmt gewordene Aliso. Über seine Lage ist viel gestritten worden, eine definitive Entscheidung wird wohl erst möglich sein, wenn Inschriftenfunde zu Hilfe kommen. Eine gewisse Wahrscheinlichkeit spricht dafür, daß das Kastell ursprünglich beim heutigen Oberaden (Kreis Unna) gelegen hat; es scheint dann, und zwar noch vor Christi Geburt, zerstört worden zu sein, bis es im Jahre 4 n. Chr. bei Haltern neu errichtet worden ist. Aliso sollte bei den Ereignissen, die auf die Schlacht im Teutoburger Wald folgen, noch eine Rolle spielen.

Das Jahr 10 v. Chr. sah eine Kampagne der Römer, die von Mainz aus vorgetragen wurde. Der Stoß richtete sich gegen die Völker der Chatten, Cherusker und Markomannen. Zum ersten Mal erreichten die Römer die mittlere Elbe, hier machte Drusus halt (wenn er den Strom überschritten hätte, so wäre dies Ereignis in den römischen Geschichtsquellen hoch gefeiert worden). Auf dem Rückmarsch an den Rhein erlitt Drusus einen Unfall durch einen Sturz vom Pferd, an seinen Folgen ist er, erst dreißig Jahre alt, am 14. September 9 v. Chr. verstorben. Wo er den Tod gefunden hat, ist nicht bekannt; der Ort dürfte in dem Gebiet zwischen Saale und Rhein, wahrscheinlich näher zur Saale hin, zu suchen sein. Mit Drusus hatten Kaiser und Reich einen befähigten Feldherrn verloren, der nicht wieder ersetzt werden konnte. Wenn dem Drusus posthum der Beiname Germanicus verliehen wurde, so zeigt dies, daß man in Rom seine Taten richtig zu würdigen wußte. (Der Beiname hat sich dann auf seinen Sohn vererbt.)

Die antike und die moderne Überlieferung ist sich in der Hochschätzung des Drusus vollkommen einig. Ganz besonders hat es der junge Prinz Victor Gardthausen angetan, der ihn hoch gepriesen hat. Drusus hat es zweifellos verstanden, sich nicht nur bei seinem Stiefvater, sondern auch beim Volk von Rom und beim Heer beliebt zu machen. Bei allem, was er als Feldherr durchgeführt hat, stand ihm das Glück zur Seite, und wenn nicht der Tod ihn so früh hinweggerafft hätte, so hätte der Prinz noch viel leisten können. Merkwürdig ist allerdings, daß ein Teil der antiken Überlieferung (Tacitus, Sueton) die Auffassung vertritt, Drusus sei ein verkappter Republikaner gewesen, er hätte die Republik wiederhergestellt, wenn er dazu Gelegenheit gehabt hätte. Aber hier handelt es sich um ein völlig bodenloses Gerücht, auf das man nichts geben sollte. Bemerkenswert ist die glückliche Ehe, die Drusus mit Antonia Minor, der Tochter des Marcus Antonius und der Octavia Minor, geführt hat.

Sie hat ihm drei Kinder geboren, Germanicus, Livilla und Claudius. Von diesen hat Claudius den Eltern (und auch dem Großvater Augustus) manchen Kummer bereitet, aber gerade Claudius ist es gewesen, der als Princeps das Andenken seines Vaters Drusus in pietätvoller Weise gepflegt hat.

Durch den allzufrühen Tod des Drusus haben die Germanenpläne des Augustus keine Unterbrechung erfahren. Schon im Jahre 8 v. Chr. führten die römischen Legionen wieder einen Feldzug in Germanien durch. Das Unternehmen stand unter dem Kommando des Tiberius, des späteren Kaisers. Wiederum gelangte man vom Rhein bis an die Elbe, im Anschluß daran konnte man mit der Einrichtung der römischen Provinzialverwaltung auf germanischem Boden beginnen. Wenn Velleius Paterculus, ein blinder Verehrer des Tiberius, behauptet, der Prinz habe Germanien nahezu zu einer tributpflichtigen Provinz gemacht, so ist dies sicher übertrieben. Wieder war es die Uneinigkeit der germanischen Stämme gewesen, die den Römern die Operationen erleichtert hatte. Die Germanen schlossen Einzelverträge mit den Römern, die sie zur Heeresfolge verpflichteten. Wenn man will, kann man diese Verträge als Unterwerfungsverträge bezeichnen. Aber auch jetzt wagten es die Römer noch nicht, im Winter auf germanischem Boden stehenzubleiben, sie zogen sich vielmehr auf ihre Kastelle am Rhein zurück, wo sie sich auf künftige Kriegszüge vorbereiteten. Tiberius aber hatte persönliche Schwierigkeiten mit Iulia. Er begab sich im Jahre 6 v. Chr. in die Verbannung nach Rhodos. In dem hochadligen L. Domitius Ahenobarbus, dem Großvater des Kaisers Nero, erhielt er einen Nachfolger. Dieser war vorher Statthalter der Provinz Illyricum gewesen. Von der mittleren Donau aus dem Raum von Carnuntum (zwischen Wien und Preßburg) vorstoßend, ist er bis zur Elbe gelangt. Er hat diesen Strom sogar noch überschritten, wahrscheinlich im Gebiet des ehemaligen Königsreiches Sachsen. Seinem Kaiser errichtete er einen Altar am Ufer des Elbstroms. Der Vorstoß des Domitius Ahenobarbus gehört zu den erstaunlichsten Waffentaten der römischen Kaiserzeit. Das Unternehmen ist mit bemerkenswerter Konsequenz geplant und auch durchgeführt worden. Es hat dem römischen Feldherrn die Bewunderung seiner Zeitgenossen eingetragen, Augustus hat ihm die Triumphalornamente, eine in jener Zeit sehr seltene Auszeichnung, verliehen. Es wird berichtet, daß Domitius mit dem germanischen Volk der Hermunduren zusammengetroffen ist, nicht mit den Markomannen, die sich um diese Zeit unter der Führung Marbods in Böhmen (wahrscheinlich in Südböhmen) neue Wohnsitze suchten.

Später treffen wir ihn an der Rheingrenze wieder, wahrscheinlich als Nachfolger des Tiberius. Auf Domitius gehen die *pontes longi*, die ‚Langen Brücken' zurück, die Tacitus (ann. I 63) erwähnt. Es waren dies Knüppeldämme, die man zur Überwindung sumpfiger Stellen angelegt hatte. Friedrich Knoke, ein ebenso kenntnisreicher wie streitbarer Lokalforscher, hat sie seinerzeit östlich der Ems in der Gegend des Dümmersees lokalisiert, aber hierfür gibt es keine Sicherheit, das gleiche gilt auch für die Chronologie. Der Ansatz auf die Zeit zwischen 5 v. Chr. und 1 n. Chr. mag aber ungefähr das Richtige treffen. Andere lokalisieren die ‚Langen Brücken' im Bourtanger Moor, das sich an der niederländischen Grenze westlich einer Linie erstreckt, die man sich von Papenburg nach Meppen gezogen denken muß. Wichtig ist die Feststellung, daß diese ‚Langen Brücken' bei den späteren Feldzügen des Germanicus (14–16 n. Chr.) benutzt worden sind.

Ernst Kornemann hat wiederholt die Auffassung vertreten, daß die Römer in der Zeit um Christi Geburt Maßnahmen zur Konstituierung einer Provinz Germania getroffen haben, aber die Beweise reichen hierfür nicht aus; denn die Errichtung des Altars der Roma und des Augustus in Köln hat mit der Organisation des bisher freien Germanien durch die Römer nichts zu tun, ganz abgesehen davon, daß sich dieser Altar im Gebiet der linksrheinischen Ubier befunden hat.

Erst mit der Rückkehr des Tiberius aus der selbstgewählten Verbannung auf Rhodos kam wieder frischer Wind in die Germanenpolitik der Römer. Wieder gelangten die Römer über die Weser hinaus, wobei eine Anzahl germanischer Stämme, unter ihnen auch die Cherusker, die römische Oberhoheit anerkannten (4 n. Chr.). Sehr viel bedeutender aber waren die Operationen der Römer im folgenden Jahr: Weserabwärts erreichten die Legionen das Land der Chauken an der Nordsee, die Chauken unterwarfen sich, nicht aber die Langobarden. Gegen diese blieb Tiberius in einer Schlacht südlich der unteren Elbe Sieger. Doch damit nicht genug: Tiberius zog elbaufwärts in das Gebiet der Semnonen und Hermunduren, dies aber bedeutet, daß er weit nach dem Süden gelangt ist, mindestens bis in die Gegend des heutigen Magdeburg. Bemerkenswert sind auch die Operationen der römischen Flotte. Sie unterstützte das Landheer, aber abgesehen hiervon stieß sie von der Elbmündung weit nach Norden vor. Ob sie aber wirklich bis zur Nordspitze Jütlands (Kap Skagen) gefahren ist, unterliegt dem Zweifel, denn den *Res gestae* des Augustus (c. 26, 4) läßt sich dies nicht mit Sicherheit entnehmen. Wenn der römische Rhetor Florus aus dem 2. Jahrhundert behauptet, an Weser und Elbe hätten sich römische Kastelle erhoben (II 30, 26), so ist dies sicher eine Übertreibung, die nicht wörtlich zu nehmen ist.

Inzwischen war das Böhmische Becken Schauplatz größerer völkischer Veränderungen geworden, vor allem war hier das Reich des Markomannenfürsten Marbod (Maroboduus) im Entstehen. Die Markomannen hatten früher in der Maingegend gewohnt, waren aber nach Böhmen abgewandert. Marbod hatte es verstanden, auch die Stämme der Lugier, Semnonen und sogar der weit entfernt wohnenden Langobarden unter seine Vorherrschaft zu bringen. Damit hatte er den Kern seines Reiches im Norden und Nordosten durch eine Anzahl germanischer Völker abgeschirmt. Marbods Reich bestand aus Böhmen und Mähren, dazu kamen aber noch Schlesien und weite Gebiete zwischen Elbe und Weichsel. Ohne Zweifel war Marbod der bedeutendste Gegner der Römer im mitteleuropäischen Raum. Gegen den Markomannenfürsten mußten sich die Anstrengungen der Römer hauptsächlich richten. Im Jahre 6 n. Chr. war es soweit. Von Mogontiacum (Mainz) setzte sich die römische Streitmacht unter Sentius Saturninus in Bewegung. Der Vormarsch ging den Main aufwärts ungefähr in Richtung auf das heutige Nürnberg und darüber hinaus nach Eger. Zur gleichen Zeit überschritt Tiberius die Donau bei Carnuntum (zwischen Wien und Preßburg). Man wollte Marbod durch einen großangelegten Zangenangriff, vom Westen und vom Süden her, unter Druck setzen. Nicht weniger als zwölf Legionen hatten die Römer aufgeboten. Doch ist es zur Durchführung des römischen Feldzugsplanes nicht gekommen, denn Marbod ist durch ein Ereignis außerhalb seiner Machtsphäre gerettet worden, das niemand hätte voraussehen können. Es war dies der Pannonisch-illyrische Aufstand, der im Jahre 6 n. Chr. ausgebrochen ist. Er hat weite Kreise gezogen und die römische Heeresleitung gezwungen, sich auf den pannonisch-illyrischen Raum zu konzentrieren.

Der Pannonische Aufstand (6–9 n. Chr.). Dieses Ereignis, das so unerwartet die Herrschaft der Römer in Pannonien und Dalmatien auf eine harte Probe stellen sollte, bildet einen tiefen Einschnitt, auch in der Germanenpolitik des Augustus. Pannonien lag den Römern viel näher als die Rheingrenze, und die Pannonier und die Dalmater waren ebenso gefährliche Gegner wie die Germanen. Die Urzelle des Aufstands war die Gegend von Siscia (Sisak) an der Save, im Raum südlich von Zagreb.

Die Bewegung breitete sich mit Windeseile weit nach dem Süden aus, auch Dalmatien wurde von ihr erfaßt, so daß die Römer um die Sicherheit Makedoniens und sogar Italiens fürchten mußten. Es sind vor allem die

Landschaften Kroatien und Bosnien gewesen, die sich in hellem Aufruhr befanden, während die näher zur italischen Landesgrenze hin wohnenden Iapuder und Liburner sich an dem Aufstand nicht beteiligten. Wieder einmal zeigte es sich, daß man in Rom auf ein derartig elementares Ereignis in keiner Weise vorbereitet war. Es fehlte überall am nötigsten, es fehlte vor allem am Geld und an Soldaten. In der Not ging man dazu über, Sklaven in das Heer einzustellen, da sich die kriegsdienstpflichtige Jugend der Gestellung zu entziehen versuchte; die allgemeine Misere wurde durch Hungersnot und sogar Pest noch vergrößert – kurz, es war eine schwere Zeit, und wenn der Ältere Plinius berichtet, Augustus sei nahe daran gewesen, sich das Leben zu nehmen wegen der sich in geradezu beängstigendem Maß häufenden Schwierigkeiten aller Art, so dürfte dies der Wahrheit entsprechen. Die militärische Organisation des Reiches versagte, man hatte es versäumt, Reserven zu bilden, und wenn man Truppen aus den benachbarten Provinzen abzog, so war auch hier mit Aufständen zu rechnen.

Was sollte Augustus tun? Die Zahl der gegen die Aufständischen eingesetzten Legionen stieg auf fünfzehn, dazu kamen noch zahlreiche Auxiliareinheiten, alles in allem ein Heer, wie man es seit den Bürgerkriegen nicht mehr gesehen hatte, insgesamt etwa 150000 Mann. Unter ihnen waren zahlreiche mobilisierte Veteranen höheren Alters und viele Sklaven, die man in die *cohortes voluntariorum* (Kohorten von Freiwilligen) eingereiht hatte. Führer der römischen Truppen im Aufstandsgebiet war Tiberius, dem Germanicus, der Sohn des Drusus, als Helfer zur Seite stand. Von Siegen der Römer in rangierten Feldschlachten berichtet die Überlieferung nichts; das, was sich in den Bergen Bosniens abspielte, war ein Partisanenkrieg, wie ihn diese Gebiete mehrfach, zuletzt im Zweiten Weltkrieg, erlebt haben. Der Krieg hat viele Wechselfälle gesehen. So war es beispielsweise den Aufständischen gelungen, Tiberius und sein gesamtes Heer in einer Gebirgsgegend einzuschließen. Wenn Bato, der Dalmatier, der Führer der Aufständischen, sich nicht bereiterklärt hätte, zu verhandeln und die Römer abziehen zu lassen, so wäre eine militärische Katastrophe die Folge gewesen.[8] Dazu kam noch ein besonders strenger Winter von 7 auf 8 n. Chr. Er schadete allerdings den Aufständischen mehr als den Römern, die von Italien aus versorgt wurden, während die Einheimischen am Hungertuch nagen mußten, da das Land vollständig ausgesogen war. Mit der Kapitulation am Bathinusfluß, der mit der Bosna gleichzusetzen ist,[9] war aber der Krieg immer noch nicht ganz zu Ende, denn es gab eine mächtige Gruppe unter den Aufständischen, vor allem in Pannonien, die auf keinen Fall mit den Römern paktieren wollte. Doch war seit dem Herbst des Jahres 8 n. Chr. die größte Gefahr für die Römer vorüber. Im folgenden Jahr, 9 n. Chr., konnte sich Germanicus in Dalmatien zusätzliche Lorbeeren verdienen. Er eroberte, wenn auch teilweise unter großen Mühen, die befestigten Orte Splonum, Raetinium (wohl in der Nähe von Bihać) und Seretium[10]. Gegner der Römer waren jetzt noch die Pirusten (in Montenegro und im nördlichen Albanien) und die Daesidiaten (um Sarajevo). Ein bedeutender Erfolg der Römer war die Eroberung des Felsenkastells Andetrium (nördlich von Salonae). Als sich schließlich der Führer der Aufständischen Bato zur Unterwerfung bereiterklärte – er ist von Tiberius geschont worden –, war der verlustreiche Krieg auch in den Küstenlandschaften zu Ende.

Die Römer hatten in dem Krieg beträchtliches Lehrgeld zahlen müssen, aber die bessere Organisation und das systematische Vorgehen der römischen Heeresleitung hatten sich letzten Endes als entscheidend erwiesen. Die Pannonier und Dalmater hatten hervorragende Proben ihrer Tapferkeit abgelegt, bei dem Widerstand gegen die Römer war ihnen die Natur des Landes sehr zur Hilfe gekommen.

Als Germanicus mit der Freudenbotschaft in Rom anlangte, daß der Krieg in Pannonien und Illyricum zu Ende sei, ging ein tiefes Aufatmen durch das ganze Land. Doch war Augustus mit den Auszeichnungen für die Heerführer sehr sparsam. Die Beinamen *Pannonicus* und *Invictus*, welche der Senat dem Tiberius verleihen wollte, fanden nicht den Beifall des Princeps (Suet. Leb. d. Tib. 17). Tiberius mußte sich mit dem Imperatortitel begnügen. Außerdem wurde ihm ein Triumph in Aussicht gestellt, aber dazu kam es zunächst nicht mehr, weil aus Germanien Hiobsposten eingegangen waren.

Augustus hatte, als der Aufstand im Jahre 9 n. Chr. zu Ende ging, bereits die Schwelle der Siebzig überschritten. Er war alt geworden und fühlte, daß er größeren Belastungen nicht mehr gewachsen war. Pflichtgemäß hatte er sich in die Nähe des Kriegsschauplatzes (nach Ariminum, vielleicht auch Ravenna) begeben, um den Ereignissen näher zu sein als in der Hauptstadt, in der viele zumeist ganz unkontrollierbare Gerüchte kursierten. Aber schon vor Ablauf des Sommers 8 n. Chr. befand sich Augustus wieder in Rom, er war von den Ereignissen hart mitgenommen. Der Sieg über die Aufständischen war teuer erkauft worden, das ganze Land von dem Ufer der Adria bis hin zur Donau lag verwüstet; die Verluste der römischen Heeresteile waren groß, sie standen in keinem Verhältnis zu der Beute, die man in den zumeist sehr armen Landschaften

gemacht hatte. Im ganzen ist der pannonisch-illyrische Krieg kein Ruhmesblatt der römischen Heeresgeschichte, und hätte sich nicht Bato, der
Führer der Aufständischen, den Römern ergeben – wer weiß, wie lange
sich die kriegerischen Operationen noch hingezogen hätten! Organisato-
risch machten die Römer in der übergroßen illyrischen Provinz jetzt
ganze Arbeit; sie wurde in zwei Teilprovinzen geteilt, in das eigentliche
Illyricum im Süden und Pannonien im Norden. In Pannonien wurden
nicht weniger als drei Legionen stationiert, ihre Aufgabe bestand darin,
die Grenzwacht gegenüber den Völkern von jenseits der Donau zu halten. Wichtige Dienste leistete dabei die Donauflottille. Sie tritt gegen
Ende der Regierung des Augustus zum ersten Mal in Erscheinung. Das
Imperium aber war durch eine schwere Krise hindurchgegangen; die
Krise wurde noch verstärkt durch Ereignisse in Germanien, denen wir
uns nun zuwenden müssen.

Die Niederlage der Römer in der Schlacht im Teutoburger Wald,
wahrscheinlich im September des Jahres 9 n. Chr., verbindet sich mit der
Person des P. Quinctilius Varus. Er stammte aus einer altadligen Patri-
zierfamilie, aus der mehrere bekannte Würdenträger hervorgegangen
waren. Der Vater, der auf seiten der Caesarmörder in der Schlacht bei
Philippi (42 v. Chr.) gefochten hatte, wollte das Ende der Republik nicht
überleben, er wählte den Tod durch eigene Hand. Der Sohn heiratete
Claudia Pulchra, eine Enkelin der Octavia (vorher war er mit einer Tochter des Marcus Agrippa verheiratet gewesen, wie der neue Kölner Papyrus gezeigt hat). Varus schien zu hohen Ehren berufen, im Jahre 6 v. Chr.
finden wir ihn in der Position eines Legaten von Syrien, wo er an die
Stelle des Sentius Saturninus getreten war. Auch bei seiner Versetzung an
die Rheinfront war er wieder Nachfolger des gleichen Generals. Die
Versetzung erfolgte wahrscheinlich – nach einem längeren Intervall – erst
im Jahre 7 n. Chr. Varus war inzwischen wohl schon ein guter Fünfziger.
In der Überlieferung, auch in der modernen, hat man Varus recht abspre-
chend beurteilt. Charakteristisch sind hierfür die Bemerkungen, die
Gardthausen über sein Äußeres auf Grund eines Münzbildes gemacht
hat.[11]

Als Varus das Kommando an der Rheinfront übernahm, war der pannonisch-illyrische Krieg noch nicht beendet. Germanien war noch keine
römische Provinz, doch war im rechtsrheinischen Gebiet die römische
Verwaltung bereits im Entstehen begriffen, auch hatten die Germanen
bereits Bekanntschaft mit dem römischen Recht gemacht,[12] das ihnen
jedoch immer völlig fremd geblieben ist. Es mag sein, daß die Germanen

von den Erfolgen der Aufständischen im pannonisch-illyrischen Raum beeindruckt waren, aber davon steht nichts in den Quellen. Die Idee der Verschwörung ist den Germanen nicht von außen gekommen, sie geht vielmehr auf *Arminius* zurück, den Stammesfürsten der Cherusker. Mit diesen hatten sich die Brukterer, Angrivarier, Marser und Chatten verbunden, von denen die letztgenannten ihre Wohnsitze im heutigen Hessen gehabt haben. Den germanischen Namen des Arminius kennen wir nicht, und wenn Ernst Hohl die Hypothese aufgestellt hat, daß nicht Arminius, sondern Armenius die richtige Namensform bei Velleius Paterculus gewesen wäre, so hat er hiermit keinen Glauben gefunden. Arminius hatte als junger Mann Kriegsdienst bei den Römern geleistet, er war mit Velleius Paterculus persönlich bekannt und hatte den Rang eines römischen Ritters erhalten. Es ist möglich, daß er an der Expedition des Prinzen Gaius Caesar in den Orient in der Zeit um Chr. Geburt teilgenommen hat.

Mit der Person des Arminius ist die erste Großtat der germanischen Nation verbunden. Er ist, wie Tacitus (Ann. II 88) geschrieben hat, ohne Zweifel der Befreier Germaniens *(liberator haud dubie Germaniae)*. Wäre Arminius nicht gewesen, so wäre das Gebiet zwischen Rhein und Elbe eine römische Provinz geworden, die römische Zivilisation hätte in dem bis dahin freien Germanien ebenso Wurzeln geschlagen wie in Gallien durch die Eroberung Iulius Caesars. Dies kann allerdings nicht mehr als eine Vermutung sein, aber sie scheint nicht unbegründet, wenn sich auch die Ereignisse ganz anders entwickelt haben.

Soviel ist sicher: Die Niederlage des Varus ist mit dem Fehlschlag der gesamten Germanenpolitik des Augustus gleichbedeutend. Alles, was die Römer im freien Germanien aufgebaut hatten, stürzte wie ein Kartenhaus zusammen.

Der Archäologe Friedrich Koepp in Münster i. W. hat im Jahre 1927 geschrieben: ,,Noch immer geht der Schatten des Varus um und nimmt an den Enkeln des Arminius fürchterliche Rache." Und an einer anderen Stelle spricht er vom ,,Sumpf der Varusliteratur". Diese nur zu wahre Feststellung enthebt den Historiker nicht der Aufgabe, den Ereignissen in Germanien nachzugehen und sie in den Zusammenhang der Germanenkriege der Römer einzuordnen.

Was ist im nordwestlichen Germanien unter Augustus geschehen? Die Quellen, von dem Zeitgenossen Velleius Paterculus (Hist. Rom. II 118 ff.) bis zu Tacitus (ann. I 60 ff.), Florus (II 29 ff.) und Cassius Dio (LVI 18 ff.) zeigen mit ganz eindeutiger Sicherheit, daß die Römer nicht in einer regelrechten Feldschlacht, sondern durch einen Überfall der Germanen in dreitägigen Kämpfen niedergemacht worden sind. Und zwar waren es insgesamt drei Legionen, sie trugen die Nummern XVII, XVIII und XIX; dazu kamen noch drei Alen Reiterei und sechs Kohorten Hilfstruppen *(auxilia).* Die Gesamtstärke der Römer mag ungefähr 25 000 Mann betragen haben, eine genauere Zahl läßt sich nicht angeben. War das Heer des Varus zu schwach, um gegen die Germanen einen durchschlagenden Erfolg zu erreichen? Dies hat Ernst Kornemann gemeint; ihm zufolge falle die Niederlage der Römer nicht dem Varus, sondern dem Augustus zur Last, der hier Sparsamkeit am falschen Platz geübt habe.

Aber so lagen die Dinge nicht, und Kornemann hat Unrecht. Als Varus zu seiner Expedition aufgebrochen ist, hielt man Germanien zwischen Rhein und Elbe für ein im großen und ganzen befriedetes Land, noch niemals hatten sich germanische Stämme gegen die Römer erhoben, und insbesondere die Person des Arminius galt den Römern als vollkommen zuverlässig, niemals waren Zweifel an seiner Loyalität laut geworden.

Varus befand sich auf dem Rückmarsch an den Rhein, als die Katastrophe eingetreten ist. An eine dauernde Okkupation des nordwestlichen Germanien während der Winterszeit hatten die Römer gar nicht gedacht, da man das Land für vollkommen befriedet hielt. Die Römer wurden auf dem Marsch überfallen, nur für wenige gab es ein Entrinnen, die große Masse des Heeres erlag in einem Kampf von drei Tagen und drei Nächten dem Ansturm der Germanen unter der Führung des Arminius. Als Varus innewurde, daß es keine Rettung mehr gab, wählte er den Tod durch eigene Hand. Auch die Reiterei, die sich zum Rhein durchschlagen wollte, wurde eingeholt und zum größten Teil aufgerieben.

Was jedoch der römische Rhetor Florus (2. Jahrh. n. Chr.) und der griechische Historiker Cassius Dio (aus der Severerzeit) über den Untergang des Varus berichten, trägt den Stempel der Erfindung an der Stirn; mit den Berichten ist nur wenig anzufangen, und dies trotz Ernst Kornemann, der den Quellenwert des Cassius Dio beträchtlich überschätzt hat. Und wie steht's mit dem Ort der Varusschlacht? Er ist bis zum heutigen Tage nicht gefunden, und der Streit um das Schlachtfeld wird auch noch weiterhin die Gelehrten gegeneinander in den Harnisch bringen.

Von den drei hauptsächlichen Hypothesen ist nur eine einzige probabel. Das Wiehengebirge (Mommsen) und der Osning bzw. ein Teil des Osnings, die Dörenschlucht (H. Delbrück, H. Dragendorff u. a.) kommen nicht in Betracht. Anders steht es dagegen mit der Lokalisierung im offenen Westfalen, an der oberen oder mittleren Lippe (E. Kornemann, dazu eine Anzahl älterer Lokalforscher). Da sich geringe Trümmer des Heeres und der Reiterei in das Kastell Aliso retten konnten, läge es nahe, anzunehmen, daß sich das Schlachtfeld nicht allzu weit von diesem Kastell entfernt befunden hat. Die archäologische Forschung setzt im allgemeinen Aliso mit dem heutigen Oberaden oder mit Haltern gleich. Dies mag zutreffen, doch läßt sich nicht ausschließen, daß das Kastell noch näher zum Rhein gelegen hat (Ernst Kornemann). Die Bodenforschung, die sich seit einigen Jahrzehnten auch die Luftbildaufnahmen zunutze machte, hat hier noch nichts Entscheidendes ermittelt. Darf man überhaupt hoffen, daß ärchäologische Funde die Frage einmal definitiv klären werden?

Ein Denkmal der Varusschlacht ist der Grabstein (Kenotaph) des Centurionen Marcus Caelius von der XVIII. Legion, der in Bonn gefunden wurde[13]. Er trägt die Inschrift: *Cecidit bello Variano, ossa inferre licebit:* „Er fiel im Krieg des Varus, man setze die Gebeine hier bei."

Der Eindruck der Niederlage des Varus in Rom und in Italien war geradezu niederschmetternd. Wir wissen zwar nicht, ob es wahr ist, daß Augustus aus Verzweiflung mit dem Kopf gegen die Tür gerannt ist und ausgerufen hat: *Quintili Vare, legiones redde!* „Quintilius Varus, gib mir meine Legionen wieder!" – aber der Schmerz und die Enttäuschung des Kaisers waren riesengroß. Und wie sehr man die Germanen zu fürchten gelernt hatte, geht daraus hervor, daß zu Lebzeiten des ersten Princeps keine germanischen Expeditionen mehr unternommen worden sind.

Tiberius hat, so sagte man, die römische Waffenehre wiederhergestellt, indem er die römischen Truppen auf dem rechten Rheinufer operieren ließ, aber dies brachte keine spektakulären Erfolge, Tiberius wird sich auch nicht weit in das germanische Gebiet vorgewagt haben. Bemerkenswerter waren zweifellos die Feldzüge des Prinzen Germanicus in den Jahren von 14 bis 16 n. Chr., die von Tacitus ausführlich beschrieben worden sind. Aber auch sie endeten ohne einen durchschlagenden Erfolg der Römer, da sich die Germanen als ebenbürtig erwiesen.

Arminius, der Befreier, starb im Jahre 21 n. Chr. Er fiel, erst 37 Jahre alt, der Tücke seiner Verwandten zum Opfer, nachdem er vorher in unentschiedener Schlacht mit Marbod, dem König der Markomannen, gekämpft hatte. Der römische Geschichtsschreiber Tacitus hat dem Arminius einen Nachruf gewidmet, der zum Schönsten gehört, was der römische Historiker über einen Gegner seines Volkes geschrieben hat: „Ohne Zweifel war er der Befreier Germaniens, ein Held, der nicht wie andere fremde Könige und Heerführer gegen ein kleines und unbedeutendes Rom in die Schranken getreten ist, sondern der das Imperium auf seinem Höhepunkt zum Kampf herausgefordert hat, in den Schlachten von nicht unbestrittenem Erfolg, im Kriege niemals besiegt."[14] Ist Arminius wirklich ein gleichwertiger Gegner für das Imperium Romanum gewesen? Die Frage ist schwer zu beantworten, aber man muß doch zugestehen, daß Arminius erreicht hat, was er erreichen wollte: die Befreiung Germaniens. Wenn Augustus jemals die Absicht hatte, das nordwestliche Germanien zwischen Rhein und Elbe als eine römische Provinz zu organisieren, so ist ihm dies völlig mißlungen, nicht allein wegen der Niederlage des Varus, die niemand in Rom vorhersehen konnte, sondern mehr noch wegen der grundlegenden Fehler, die sich die Römer in der Behandlung der Germanen zuschulden kommen ließen. Von ihrem Standpunkt aus betrachtet war Arminius nichts als ein ungetreuer Klientelfürst, der die Römer schmählich getäuscht und die Interessen seines Volks über die des römischen Imperiums gestellt hatte. Er verdankte den Römern nicht wenig, aber er war und blieb in erster Linie Germane, und eine Ausdehnung der römischen Herrschaft im nordwestlichen Deutschland hielt er für untragbar. Daß er sich bei seinem Kampf der List und Täuschung bedient hat, ist wahr – aber wie anders hätte er denn verfahren sollen, um das römische Invasionsheer zu vernichten? Auch die Römer waren in der Wahl ihrer Mittel skrupellos, und dies hat Arminius nur zu gut gewußt.

Sechstes Kapitel

Die Werke des Friedens

Die römische Welt hatte viele Jahre Bürgerkrieg erlebt, die Menschen sehnten sich nach einem dauerhaften Frieden. Augustus ist dieser Sehnsucht entgegengekommen. Symbol dafür ist die Schließung des Tempels des Janus im Jahre 29, und die Reduzierung des Heeres auf die Hälfte seines Bestandes. Und durch seine Gesetze und Verordnungen hat er einen Neuaufbau des römischen Staates begonnen. Man kann hier getrost von einem Friedensprogramm des Augustus sprechen, es ist von der Bevölkerung mit Beifall und Verständnis aufgenommen worden. Augustus wußte sich von treuen Helfern umgeben, die ihm auf dem neuen Weg ihre Gefolgschaft nicht versagt haben. Es waren dies vor allem Maecenas und Marcus Agrippa. Gerade der letztere hat sich mit seinen Monumentalbauten in Rom ein unvergängliches Denkmal gesetzt. Natürlich hörten die Kriege nicht mit einem Schlag auf, immer wieder mußte an den Grenzen des Reiches, zumeist in weitentfernten Ländern, gekämpft werden, aber die Friedensidee ist hiervon weithin unberührt geblieben. Im ganzen erfreute sich das Reich einer 43-jährigen Friedenszeit, wenn man die Periode von der Einnahme Alexandriens bis zum Tode des Augustus ins Auge faßt; es ist dies eine Zeit, ebenso lang, wie sie Deutschland und Frankreich zwischen 1871 und 1914 erlebt haben, mit einer Hochblüte der Zivilisation und der Wirtschaft, wie sie nur selten in der Geschichte zu verzeichnen ist. Ein langer, gesicherter Friede vermag neue Energien auf vielen Gebieten zu erwecken, er ist eine ganz wesentliche Voraussetzung für die Entfaltung von Kunst und Wissenschaft.

Augustus war alles andere als ein ungestümer Neuerer, in dieser Hinsicht unterschied er sich grundlegend von seinem Adoptivvater Iulius Caesar, aber auch von dem spätantiken Kaiser Constantin I. – beide haben sich nicht gescheut, einen völlig neuen Anfang zu machen. Unzweifelhaft besaß Augustus ein Konzept, das er trotz Rückschlägen und Widerständen im einzelnen Schritt für Schritt durchgeführt hat. Die verlustreichen Bürgerkriege hatten nicht nur unter den führenden Schichten der Römer, dem Senatoren- und Ritterstand, sondern auch unter den Män-

nern des Besitzbürgertums zahlreiche Opfer gefordert, insbesondere
durch die Proskriptionen, aber auch durch Kriegsverluste in den großen
Schlachten der Bürgerkriege wie Philippi (42) und Actium (31). Aber
dazu kam noch etwas anderes: Der römische Götterglaube war ins Wan-
ken geraten, das Eindringen östlichen Gedankenguts hatte zerstörend
und auflösend gewirkt. Und die Frivolität führender Persönlichkeiten
hatte vielfach Nachahmung gefunden. Es war kein Wunder, wenn die
Tempel und Heiligtümer verfielen, weil sich niemand mehr um sie kümmerte. Und die Gestalten der römischen Götter waren für viele zu Ab-
straktionen geworden, aus denen alles Leben entwichen war. Nicht anders stand es mit Treu und Glauben, im Verkehr der Menschen untereinander vermißte man die alte Rechtschaffenheit, wie sie in der Zeit der
Vorväter selbstverständlich gewesen war. Durfte man dem Verfall der
Sitten zusehen, von dem immer weitere Kreise ergriffen wurden?

Das Zeitalter des Augustus hat zahlreiche Äußerungen der Friedens-
sehnsucht erlebt. Am innigsten zeigt dies wohl die 4. Ekloge Vergils vom
Jahre 40 v. Chr. Aber damals war die Zeit noch nicht reif, man mußte auf
den Frieden noch zehn Jahre warten, inmitten einer Menschheit, welche
der Kriege längst überdrüssig geworden war. Es genügte nicht mehr, nur
die materiellen Schäden wieder gutzumachen, viel wichtiger war es, das
Wesen des Römertums neu zu prägen. Dies hat Augustus nach Kräften
versucht, doch ist ihm eine völlige Erneuerung versagt geblieben, vor
allem deswegen, weil ihm die Idee des Ständestaates im Wege stand. Auch
Augustus hat niemals daran gedacht, an den Privilegien des Senatoren-
und Ritterstandes zu rütteln. Er nahm sie gewissermaßen als naturgege-
ben hin, so daß von einer Erneuerung der römischen Gesellschaft an
Haupt und Gliedern nicht die Rede sein kann. Und was hat Augustus
erreicht? Die Reihen der Senatoren und Ritter wurden neu aufgefüllt,
nicht wenigen unter den neuen Mitgliedern des Senats und der Ritter-
schaft hat Augustus selbst den notwendigen Census aus seinem Privatvermögen zur Verfügung gestellt. Aus dem Senatorenstand gingen die
Provinzialstatthalter hervor, die Senatoren bekleideten hohe Kommandostellen im Heer, sie saßen im Senat, und der Princeps mußte Interesse
daran haben, daß er von ihnen keine Schwierigkeiten zu gewärtigen hatte.
Von einer wirklichen Mitregierung des Senats kann jedoch keine Rede
sein, auch die Abstimmungen waren mehr oder weniger eine bloße
Formsache, und gegen den Princeps und seine Befehle wagte niemand in
der Öffentlichkeit aufzutreten. Man wird dies nicht nur als etwas Negati-
ves bezeichnen, denn damit war der Willkür des Senats, der oft nicht

wußte, was er wollte, ein Riegel vorgeschoben. Aber natürlich war damit wieder ein Stück der bürgerlichen Freiheit verloren gegangen, die autoritäre Regierung des Princeps hatte ganz eindeutig das Übergewicht.

Nicht anders verhielt es sich mit den Rittern, sie bekleideten hohe Ämter im Reich, vor allem die Prokuratorenstellen, aber auch zahlreiche Spezialfunktionen, und einigen von ihnen stand sogar der Aufstieg bis zu den Spitzenämtern offen, zur Präfektur der Prätorianer, zum Präfekten von Ägypten oder zur Flottenpräfektur, und auch im Heer konnte man auf die Dienste der Ritter in den höheren Kommandostellen nicht verzichten.

Augustus wußte nur zu gut, daß es nicht genügte, die beiden obersten Stände durch neue Mitglieder wieder aufzufüllen, wichtiger war ein anderer Geist, der vor allem ein Vorbild an Pflichterfüllung sein sollte. Aber in dieser Hinsicht sind die Bemühungen des Princeps weit hinter seinen eigenen Erwartungen zurückgeblieben. Die materialistische Lebensauffassung war gerade in den oberen Ständen weit verbreitet, mochten auch die philosophischen Strömungen unter den Gebildeten noch so stark sein, denn zwischen Theorie und Praxis war damals wie heute ein großer Unterschied. Augustus hatte geglaubt, durch gesetzmäßige Regelungen das demographische Problem zu lösen. Gemeint sind die Ehegesetze des Augustus, die sich nicht bewährt haben. Es sind dies vor allem die *lex Iulia de maritandis ordinibus* vom Jahre 18 v. Chr. und die *lex Papia Poppaea* vom Jahre 9 n. Chr., die letztere eingebracht von M. Papius Mutilus und C. Poppaeus Secundus, zwei alten Junggesellen, die hier einem Wunsch des Princeps nachgekommen sind. Im Senat gab es einen Sturm der Entrüstung, die Gesetze wurden als eine Einschränkung der persönlichen Freiheit empfunden, und Augustus sah sich veranlaßt, das Inkrafttreten der Gesetze um drei Jahre hinauszuschieben. Die Lex Iulia verpflichtete jeden Römer der beiden obersten Stände innerhalb bestimmter Altersgrenzen zur Ehe, und zwar die Jahresklassen von 25 bis 60. Außerdem sollten die Verheirateten unter den Senatoren und Rittern, falls sie Kinder besaßen, den Vorrang vor den anderen erhalten. Aber in diesem Punkt erwies sich die Absicht des Augustus als ein Fehlschlag; das Gesetz wurde umgangen, vor allem durch Verbindungen mit minderjährigen Frauen, die nach römischem Recht unanstößig waren. Kinder waren hier zunächst im allgemeinen nicht zu erwarten, und außerdem war die Dauer der Ehen zumeist begrenzt, so daß der eigentliche Sinn des Gesetzes verfehlt wurde. Augustus mußte bald einsehen, daß sich die Natur des Menschen nicht in juristische Kategorien pressen läßt. Im übrigen war es für die von den Einschränkungen der Ehegesetze Betroffenen sehr bitter, daß sie keine Erbschaften von fernerstehenden Verwandten entgegennehmen durften – dies eine schwere Diskriminierung der Unverheirateten und Kinderlosen. Augustus hat im übrigen nichts unversucht gelassen, die Betroffenen zu überzeugen, daß eine kinderreiche Familie wie die seines Enkels Germanicus ein Vorbild für viele sei. Auch sonst hat er für die Förderung der Familie viel getan, und persönlich hatte er seine Freude an einer munteren Kinderschar, wenn diese ihm auf seinen Reisen durch Italien begegnete. Aber was half es? Das Ganze war kein demographisches Problem, die Ursachen des Rückganges der Bevölkerungszahl lagen tiefer. Die überstandenen Schrecken der Bürgerkriege, der nackte Egoismus und die Genußsucht der Zeitgenossen standen im Widerspruch zu den Bestrebungen des Princeps, der sich hier gewissermaßen von den römischen Bürgern im Stich gelassen sah. Mit materiellen Mitteln war ein Problem wie dieses nicht zu lösen, das haben Erfahrungen unserer eigenen Zeit nur zu deutlich gezeigt. Und wenn man bedenkt, daß Augustus, der erste Mann im Staat, mit seinem Verhalten alles andere als ein gutes Vorbild gegeben hat, so wird man es verstehen, wenn seine Erneuerungsbestrebungen auf diesem Gebiet zumeist erfolglos geblieben sind. Anhangsweise sei hier noch gesagt, daß dem Inhaber eines Staatsamtes, der drei Kinder hatte, wichtige Privilegien verliehen wurden, aber die Absicht des Kaisers, hiermit der Kinderlosigkeit entgegenzuwirken, wurde dadurch durchkreuzt, daß das *ius trium liberorum* auch kinderlosen Personen zugutekam, ein offensichtlicher Mißgriff, für den niemand anders als der Princeps selbst verantwortlich gewesen ist.[1]

In seinem „Leistungsbericht" *(Res gestae)* hat sich Augustus gerühmt, daß er die Plebs von Rom in jeder Weise durch Spenden gefördert habe. Viele Millionen von Sesterzen sind für die Kornspenden und für die Spiele aufgewandt worden, ein System, das zweifellos seine Schattenseiten hatte. Denn die großstädtische Plebs hatte sich daran gewöhnt, die Spenden des Princeps als eine Alimentation zu betrachten, und der Besitz einer Tessera (Marke) für den Getreideempfang war für viele Nichtstuer ein erstrebenswertes Ziel, dem alles andere untergeordnet wurde. Es gab mehrere hunderttausend Getreideempfänger in Rom, und wehe, wenn einmal die Kornschiffe aus Ägypten oder Sizilien ausblieben! Dann kannten der Zorn und die Enttäuschung der Massen keine Grenzen, und die Sicherheitsorgane der Hauptstadt hatten keine ruhige Stunde mehr.

Immer noch hatte das römische Volk das Recht, die Beamten zu wählen (erst Tiberius hat dieses Recht an Wahlkörperschaften gegeben, die sich aus Senatoren und Rittern zusammensetzten). Dies aber hatte in der späten Republik zu eklatanten Mißständen geführt, Wahlbestechungen waren an der Tagesordnung. Unter Augustus sind die Wahlen zwar den Volksversammlungen erhalten geblieben, aber sie standen unter starker Beeinflussung durch den Princeps, der nicht nur das Nominationsrecht, sondern auch das Recht der Wahlempfehlung *(commendatio)* für sich in Anspruch nahm. Nur ganz selten dürfte es vorgekommen sein, daß ein Kandidat, der dem Princeps nicht genehm war, eine Chance hatte gewählt zu werden. Auch das Recht der Gesetzgebung stand nach wie vor den Volksversammlungen zu, aber auch hier mußte man sich nach dem Willen des Kaisers richten. Noch viel wichtiger waren natürlich die Erlasse des Princeps, außerdem gab es nach wie vor die Senatsbeschlüsse *(senatus consulta)*, so daß es für das Volk nicht mehr allzuviel zu beschließen gab. Überhaupt fehlte es dem Volk mehr und mehr an politischer Betätigung. Schon Iulius Caesar hatte alle politischen Vereine und Klubs verboten, und sein Erbe Augustus verfügte durch eine (neue) *lex Iulia* die Aufhebung aller Genossenschaften, welcher Art sie auch sein mochten[2]. Daß sich in dieser Lage ein politisches Verantwortungsgefühl beim Volk nicht bilden konnte, liegt auf der Hand. Die Massen wurden, nicht nur in der Hauptstadt, sondern auch in den anderen Gemeinden, auf materielle Ziele abgelenkt, sie gewöhnten sich daran, die Regierung dem Princeps und seinen Beauftragten zu überlassen.

Im übrigen konnte sich die Plebs von Rom über mangelndes Wohlwollen des Princeps nicht beklagen. Im Leistungsbericht des Augustus *(Res gestae)* lesen wir: ,,Dem römischen Volk habe ich Mann für Mann nach dem Testament meines Vaters 300 Sesterzen auszahlen lassen (im Jahr 44 v. Chr.); im eigenen Namen habe ich aus der Kriegsbeute in meinem 5. Consulat (29 v. Chr.) 400 Sesterzen gegeben, und wiederum in meinem 10. Consulat (24 v. Chr.) habe ich aus meinem Vermögen für je 400 Sesterzen Lebensmittel Mann für Mann austeilen lassen, und in meinem 11. Consulat (22 v. Chr.) habe ich zwölf Spenden von Getreide, aus meinen privaten Mitteln aufgekauft, verteilen lassen. Im 12. Jahr meiner tribunizischen Gewalt (12 v. Chr.) habe ich zum dritten Mal 400 Sesterzen Mann für Mann geschenkt. Diese Spenden betrafen insgesamt nicht weniger als 250000 Personen.`` *(Res gestae* c. 15).

,,Im Jahre meiner 18. tribunizischen Gewalt und meines 12. Consulats habe ich 320000 Personen der hauptstädtischen Plebs 60 Denare Mann für Mann geschenkt (5 v. Chr.). In meinem 13. Consulatsjahr (2 v. Chr.)

habe ich je 60 Denare dem Volk austeilen lassen, das damals berechtigt war, Korn auf Staatskosten zu empfangen. Dies waren etwas mehr als 200000 Personen." (*Res gest.* c. 15,2).

Und am Ende des gleichen Berichts liest man, daß Augustus den Bürgern nicht weniger als 600 Millionen Denare geschenkt habe (das sind 2400 Millionen Sesterzen). Verteilt man die Summe auf den Zeitraum von 44 v. Chr. bis zum Todesjahr des Augustus, 14 n. Chr., so kommt man für jedes Jahr auf eine Summe von mindestens zehn Millionen Drachmen (40 Millionen Sesterzen)[3]. Damit war zwar nicht alle Not gelindert, aber es war die Grundlage für die Versorgung der hauptstädtischen Bevölkerung gelegt. Es war dies ein Spendensystem, das in den normalen Zeiten des römischen Kaisertums funktioniert hat, obwohl man es nicht als ideal bezeichnen kann.

Eine ganz besondere Sorge verwandte Augustus auf die *Spiele* und ihre Ausstattung. Hier wurde nichts gespart, das Geld wurde vielmehr mit vollen Händen hinausgeworfen. Doch dies schien dem Kaiser notwendig, denn er hätte sonst befürchten müssen, daß sich unter den Massen Unzufriedenheit und Gewalttätigkeiten ausbreiteten. So wird man die Spiele als ein Mittel betrachten, um die Aggressionen der Menge abzubauen. Dazu hatte die Plebs allerdings in reichem Maß Gelegenheit. An dieser Stelle können nur die wichtigsten Spiele kurz berührt werden. Zu ihnen gehören ohne Zweifel die Actischen Spiele, sie wurden seit dem Jahr 28 v. Chr. alle vier Jahre zur Erinnerung an den Sieg bei Actium gefeiert. Sie bestanden aus Schauspielen, gymnischen Wettkämpfen und aus Gladiatorenspielen, die von Kriegsgefangenen bestritten werden mußten. An dieser Art von Spielen hatte die Menge ein ganz besonderes Wohlgefallen, kein Wunder, wenn sich die Zahl der Gladiatoren laufend vermehrte, auch in den Landstädten waren Gladiatorenkämpfe keine Seltenheit. Das Los der Kämpfer war nicht beneidenswert, viele von ihnen mußten eines bitteren Todes in der Arena sterben. Zur Ehre des Augustus sei es hier gesagt, daß er an dieser Art von Darbietungen keine Freude gehabt hat, aber hier ging es darum, die Masse der Schaulustigen zufriedenzustellen, die diese blutrünstigen Spiele als ihr Recht forderte. Im übrigen war die ganze Stadt in heller Aufregung, wenn ein prominenter Fechter die Arena betrat, um auf Tod und Leben mit einem Rivalen zu kämpfen. Jedermann kannte die berühmten Fechter, und jeder von ihnen hatte seinen Anhang, der sein Schicksal mit Sorge und Anteilnahme verfolgte.

Man wird es schwer begreiflich finden, wenn sich auch die römischen Frauen als Zuschauer zu diesen Wettkämpfen drängten. Dies hat Augustus zwar nicht gern gesehen, er hat versucht, sie daran zu hindern, die Vorstellungen zu besuchen, im ganzen jedoch ohne Erfolg. Im übrigen hatten die Spiele sich zu geradezu gigantischen Manifestationen entwikkelt. So hat der Kaiser im Jahre 2 v. Chr. eine große Seeschlacht aufführen lassen, wofür zwischen dem Janiculus-Hügel und dem Tiber ein künstlicher See gegraben werden mußte. Sogar in einem Gedicht Ovids hat dieses Spektakel einen Widerhall gefunden (*Ars amandi* I 171 ff.). Sehr großer Beliebtheit erfreuten sich auch die Wagenrennen im Circus Maximus. Unter den Zuschauern hatten sich regelrechte Parteien gebildet, die Weißen und die Roten, die später noch durch eine grüne und eine blaue Partei vermehrt wurden. Auch die Tierhetzen (*venationes*), bei denen Löwen, Tiger, Bären und andere wilde Tiere gejagt und getötet wurden, boten dem Publikum viel zu sehen. Sie kosteten gleichfalls teures Geld, weil die Tiere aus fernen Ländern herbeigeschafft werden mußten, vor allem aus Nordafrika.

All' diese Spiele wurden jedoch in den Schatten gestellt durch die Säkularspiele des Augustus im Jahre 17 v. Chr. Sie wurden auf einen Wink der Sibylle von Cumae angeordnet, der Senat hat dies in seiner Sitzung vom 17. Februar des Jahres bestätigt. Dazu wurde noch die Aufstellung von zwei Säulen am Tarentum beschlossen, sie sollten das Andenken an dieses große Fest verewigen. An diesem Platz sind auch die Akten der Säkularspiele gefunden worden. Dem Fest liegt die etruskische Idee des Säkulums von 110 Jahren zugrunde. Es ist dies nach der Meinung der Etrusker die äußerste Altersgrenze, die ein Mensch erreichen kann. Die Veranstaltungen bestanden aus Opfern, Gebeten und Spielen, besonderen Wert legte man auf das Auftreten von Chören von Frauen, jungen Männern und jungen Mädchen. Das Fest wurde eingeleitet durch ein Opfer des Kaisers in der Nacht vom 31. Mai zum 1. Juni. Die nächtlichen Opfer waren ein Teil des üblichen Zeremoniells, die Opfer am Tage waren dagegen etwas Neues. Besonders eindrucksvoll und sehr feierlich war der große Festzug, der sich am 1. Juni zum Kapitol bewegte, er endete am Altar des Juppiter. Man brachte ein Opfer von zwei Stieren dar, ihr Blut wurde am Altar versprengt. Der dritte Festtag war dem Apollo und seiner Schwester Diana geweiht. An diesem Tag stimmten die jungen Männer und Frauen das Säkularlied an, das Horaz gedichtet hatte. Es war ein Preislied auf die römischen Götter, vor allem auf Apollo, den sich Augustus zu seinem Schirmherrn erwählt hatte. Dem Dichter war es ernst, wenn er die Götter anrief, und auch die vielen Tausend Zuschauer, welche die Straßen säumten, werden von den Opfern und Gesängen beeindruckt gewesen sein. Man wartete auf den Anbruch des Goldenen Zeitalters, von dem schon mehrere Generationen geträumt hatten, seit der Geburt des Kindes, das von Vergil in seiner 4. Ekloge verheißen worden war.

Zur Plebs gehörten auch die *Freigelassenen,* die in großer Zahl in Rom und im Reich zu finden waren. Aus ihnen rekrutierte sich das große Heer der kleinen Beamten und Funktionäre, sie waren in Handel und Gewerbe tätig, wobei sie sich oft ein bedeutendes Vermögen erwarben. Auch der Vater des Dichters Horaz war ein Freigelassener, er war *coactor,* d. h. Inhaber eines Inkassogeschäfts, und außerdem noch Besitzer eines kleinen Landguts. Wenn man hört, daß in Rom alljährlich Tausende von Sklaven in die Freiheit entlassen wurden, so wird man ermessen können, welche Bedeutung dies für die Zusammensetzung der Bevölkerung in der Großstadt gehabt hat. Denn nicht wenige dieser Freigelassenen haben später durch die Gunst ihrer ehemaligen Herren das volle römische Bürgerrecht erhalten. Über diese Entwicklung war niemand weniger erfreut als Augustus, man kann dies bei Sueton (Leb. d. Aug. 40) nachlesen. Der Kaiser fürchtete eine Vermischung der römischen Bürger mit Angehörigen fremder Völker und Rassen, die nach Ansicht des Augustus qualitativ weit unter den Römern standen. In mehreren Gesetzen, von denen die *Lex Aelia Sentia* die wichtigste ist, hat Augustus versucht, dieser Entwicklung entgegenzuwirken, im ganzen jedoch ohne durchschlagenden Erfolg. Auch die testamentarischen Freilassungen wurden gesetzlich eingeschränkt. Es hatte sich nämlich eingebürgert, daß beim Tod eines Erblassers seine Sklaven (oder doch ein Teil von ihnen) in den Besitz der Freiheit gelangten. Eben diese Einschränkungen haben in der *Lex Fufia Caninia* gestanden[4]. Mit der Eintragung der Freigelassenen in die Bürgerlisten pflegte man jedoch im allgemeinen zu warten. Erst die Söhne dieser Freigelassenen sind, wie es heißt, in den unverkürzten Genuß des römischen Bürgerrechts gekommen. Überhaupt wurden die Freigelassenen vielfach als Bürger zweiter Klasse behandelt, auch im Militärdienst, wozu sie nur in Notfällen, und auch dann nur in besonderen Einheiten, einberufen worden sind. Auch bekleideten sie in der Regel keine munizipalen Ämter; hierin hat sich unter Augustus eine strengere Auffassung durchgesetzt, während Iulius Caesar großzügiger verfahren war. Diese Dinge sind vor allem aus den Inschriften wohlbekannt. Sie zeigen, daß die Bevölkerung Roms und des Reiches ein sehr buntes Aussehen angenommen hatte, das sich von dem Zustand unter der Republik bemerkenswert unterschieden hat.

Beträchtlich war auch die Zahl der *Sklaven* in der frühen Kaiserzeit. Abgesehen von den Hausklaven befanden sich unter ihnen zahlreiche Spezialisten, vor allem griechischer Abstammung, die als Lehrer der Jugend einen bedeutenden Ruf genossen. Das Gesinde des kaiserlichen Hauses bestand zum größten Teil aus Sklaven. Gewiß hat es immer wieder Freilassungen gegeben, aber die große Masse mußte bis an ihr Ende im Stand der Sklaverei verharren, und daß es mit der Behandlung der Sklaven nicht immer zum besten stand, ist aus vielen Quellen bekannt. Und wenn man an die grausamen Gesetze erinnert wie an das *Senatus consultum Silianum*, demzufolge alle Sklaven des Hauses der Folter zu unterwerfen seien, falls ihr Herr getötet wurde, so spricht dies ebenso Bände wie die Anordnung, daß grundsätzlich alle Sklaven zu töten seien, die bei der Ermordung ihres Herrn sich im Hause aufgehalten hatten – aber wir wissen nicht, ob dieses Gesetz unter Augustus noch angewandt worden ist, denn es entsprach längst nicht mehr dem Geist des Zeitalters. Selbst für die Philosophen war die Institution der Sklaverei kein Stein des Anstoßes, wenn sie auch immer wieder eine menschliche Behandlung der Sklaven gefordert haben. Doch hat sich in der Kaiserzeit an diesen Dingen nicht viel geändert, und gerade Augustus war nicht der rechte Mann, das Steuer herumzureißen. Er hat nichts dazu getan, durch seine eigene Initiative eine bessere Behandlung der Sklaven durchzusetzen. Es blieb im wesentlichen alles so, wie es von jeher gewesen war, erst das Christentum hat hier neue Wege gewiesen.

Augustus ist sich dessen wohlbewußt gewesen, daß man einer so großen Masse von Bürgern und Nichtbürgern in der Reichshauptstadt eine Organisation geben müsse. Und hierbei hat er eine im ganzen recht glückliche Hand bewiesen. Die Stadt Rom hatte 14 Regionen und insgesamt 265 Bezirke. In jedem Bezirk befand sich ein Heiligtum mit den Laren und dem Genius des Princeps. Es waren dies Stätten des Kaiserkults, die von Augustus neu geschaffen worden sind. Auch aus den Provinzen sind ähnliche Institutionen bekannt. Die Vorsteher der Heiligtümer waren *magistri*, zumeist Freigelassene, die Diener *(ministri)* waren vielfach Sklaven. Man wird dies nicht als Zufall ansehen dürfen, im Gegenteil, in dieser Tatsache zeigt sich die Absicht des Kaisers, auch die unteren Schichten mit seiner Person durch den Staatskult zu verbinden. Mit Recht hat schon vor vielen Jahren Victor Gardthausen[5] geschrieben: „Zahlreiche Klassen der Bevölkerung Roms, über die die Republik einfach hinweggesehen hatte, wurden dadurch dem Organismus des Kaiserreichs eingegliedert, bis herab zu den Sklaven, deren Menschenrecht

durch Teilnahme an dieser religiös-politischen Organisation vom Kaiserreich offiziell anerkannt wurde." Augustus hatte diesen bemerkenswerten Schritt getan, um den Kaiserkult fest zu verankern. Soziale Erwägungen haben ihm sicherlich ferngelegen, und dies ist auch der Grund, wes-
wegen tiefgehende soziale Veränderungen im Zeitalter des Augustus
nicht zu verzeichnen sind. Selbst die Philosophen haben sich gehütet,
einer sozialen Revolution das Wort zu reden, und es ist deswegen kein
Wunder, wenn die Bevölkerungsverhältnisse in der Kaiserzeit im wesentlichen unverändert geblieben sind.

Zu den Werken des Friedens wird man vor allem auch die *Bauten des
Augustus* rechnen. Sie alle tragen den Stempel einer sehr persönlichen
Architektur, die den Geist der Zeit in Monumentalität und Einzelgestal-
tung ausgezeichnet wiedergibt. Bereits Iulius Caesar hatte in Rom bedeutende Bauten errichten lassen, und das *Forum Caesaris* ist für alle Zeiten
ein bewundernswertes Vorbild geblieben. Was jedoch Augustus geschaffen hat, geht weit über diese Anfänge hinaus. Man bedenke, daß dem
Kaiser eine mehr als vierzigjährige Friedenszeit zur Verfügung stand.
Allerdings wird das Urteil über die Bauten des ersten Princeps dadurch
erschwert, daß von ihnen nur Ruinen erhalten sind; die einzige Ausnahme ist das Pantheon, dessen Bauherr Marcus Agrippa gewesen ist. Auch
sonst hat Agrippa zahlreiche Bauten in Angriff genommen, die wegen
seines vorzeitigen Todes von Augustus zu Ende geführt worden sind
(s. u. S. 108). Die Monumentalbauten entsprachen der Absicht des Kaisers,
sein eigenes Werk zu verewigen und aus Rom eine Stadt zu machen, die
mit ihren Monumenten und Palästen alles bisher Geschaffene in den
Schatten stellen sollte. Und wenn Augustus gesagt haben soll, er habe aus
einer Stadt von Ziegeln eine Stadt aus Marmor gemacht, so trifft dieser
Ausspruch zu; denn unter seiner Herrschaft ist zum ersten Mal der lu-
nensische Marmor (aus der Nähe von Carrara) in großem Umfang für die
römischen Staatsbauten verwandt worden.

Beginnen wir mit dem Nordwesten der Stadt, dem Marsfeld *(Campus
Martius)!* Einst war es der Versammlungsplatz des römischen Volkes in
Waffen gewesen – aber diese Zeiten waren längst vorüber, als auf der
weiten Fläche zwischen dem Tiber und der Via Lata (Via Flaminia), die
vom Capitol nach Norden zur Porta Flaminia führt (heute der Corso
Umberto und die Porta del Popolo), die Bauten des Augustus und des
Agrippa aufgeführt wurden. Da das Gelände sehr dicht überbaut worden
ist, war es nicht leicht für die Archäologen, die Grundmauern der antiken
Monumente hier wiederzufinden und zu identifizieren. An den meisten

Stellen ist dies jedoch gelungen, und so können wir hier mit den Augustusbauten den Anfang machen. An erster Stelle ist das Mausoleum Augusti zu nennen. Es liegt von allen Bauten am weitesten nach Norden. Schon im Jahre 28 hatte der Princeps mit der Errichtung seines Grabmonuments begonnen, nachdem der Rausch der Triumphe verflogen und der Alltag wieder in seine Rechte eingetreten war. Es war dies ein altitalischer Grabhügel *(tumulus)*, ein großartiger Rundbau aus weißem Marmor, mit einem Durchmesser von 88 Metern. Gekrönt wurde der Bau von einer Riesenstatue des Augustus. Am Eingang zum Grabmal sollten nach dem Willen des Kaisers zwei Tafeln auf ehernen Säulen ihren Platz erhalten, auf denen der Leistungsbericht des Augustus eingegraben war, die *Res gestae*. Dies ist in der Tat nach dem Tod des Augustus geschehen. Von der Inschrift hat sich jedoch in Rom nichts mehr gefunden; sie ist, wie so vieles andere, der Zerstörung anheimgefallen. Den Wortlaut kennen wir aus Exemplaren, die im fernen Kleinasien aufgestellt worden sind; das berühmteste ist das von Ancyra (heute Ankara). Nicht weit vom Mausoleum entfernt war das Ustrinum, die Verbrennungsstätte, errichtet worden. Sie lag unmittelbar an der Via Lata und ist dort auch wiedergefunden worden. Im Mittelalter wurde aus dem Mausoleum eine Festung der stadtrömischen Adelsfamilie der Colonna. Am 8. Oktober 1354 hat man hier den Leichnam des Cola di Rienzi verbrannt, des Mannes, der gegen die Willkür des römischen Adels die Fahne des Widerstands entfaltet hatte.[6]

Im Mausoleum des Augustus sind mehrere Mitglieder seiner Familie beigesetzt worden, zuerst Marcellus, der erste Gatte der Iulia, zugleich Neffe und Schwiegersohn des Princeps, dann Drusus, der Stiefsohn des Kaisers, schließlich auch die Enkel und Adoptivsöhne des Augustus, Lucius Caesar und Gaius Caesar – sie alle noch vor dem Heimgang des ersten Princeps. Von dem Mausoleum selbst ist in unseren Tagen so gut wie nichts übrig geblieben.

Um für die ständig wachsende Zahl der Rechtssuchenden einen Platz zu schaffen, ließ Augustus in langjähriger Arbeit als Gegenstück zum Forum Iulium das *Forum Augustum* errichten. Erst in dem ereignisreichen Jahr 2 v. Chr. ist es am 1. August geweiht worden. Den Mittelpunkt bildete der Tempel des Mars Ultor, den Octavian vor der Schlacht bei Philippi gelobt hatte. Bei dem Forum Augustum handelt es sich um einen rechteckigen Platz von 110 × 150 Metern; an seiner Nordseite hatte man eine hohe Umfassungsmauer gebaut, sie war 36 Meter hoch und sollte wohl als Feuerschutz dienen. Um das Forum herum lief eine Säulenhalle, die jedoch eine Seite offenließ. In der Halle erhoben sich die Statuen der römischen Feldherrn und Triumphatoren mit entsprechenden Ruhmesinschriften *(elogia)*. Auch die Vorfahren des Augustus waren hier abgebildet, und Augustus selbst war als Triumphator auf der Quadriga dargestellt. Von den Statuen ist nichts erhalten geblieben, aber die Umfassungsmauer steht noch, und vom Marstempel ein Stück der Mauer der Cella, dazu noch drei korinthische Säulen, die aber wohl nicht der Zeit des Augustus, sondern einer späteren Epoche, wahrscheinlich derjenigen Hadrians, angehören. Augustus hatte dem neuen Forum große Aufgaben zugedacht, es sollte den Mittelpunkt für wichtige Staatsakte bilden. Von hier sollten die Statthalter in die Provinzen reisen, vor dem Mars Ultor die Feldherrn ihre Triumphalinsignien ablegen, auf dem Forum empfingen die Prinzen des kaiserlichen Hauses die Männertoga. Von dem Forum Augustum und dem Marstempel existiert eine Rekonstruktion des Architekten J. Gismondi, die einen guten Gesamteindruck vermittelt[7], den die Photographien der übriggebliebenen Reste nicht zu geben vermögen.

Ein Denkmal seiner Zeit schuf Augustus auch mit der *Ara Pacis Augustae,* dem Altar des Augustusfriedens. Er wurde am 4. Juli 13 v. Chr. auf dem Marsfeld aufgestellt, doch ist er erst am 30. Januar 9 v. Chr. geweiht worden. Es war dies das Jahr, das dem Augustus den schmerzlichen Verlust seines geliebten Stiefsohns Drusus bringen sollte. Das Monument ist auf der linken Seite des Corso, der ehemaligen Via Lata, ganz in der Nähe des Solarium Augusti, wiedergefunden worden, aber die einzelnen Reliefplatten sind weit zerstreut, sogar in Florenz und Paris haben sich einige gefunden. In den Jahren 1937–1938 fanden an Ort und Stelle neue Ausgrabungen statt, auch die nach Florenz in die Sammlungen des Großherzogs von Toscana verbrachten Stücke gelangten wieder nach Rom. An dem Altar sollten nach dem Willen des Augustus alljährlich die Behörden, die Priester, die Vestalinnen ein Opfer darbringen *(Res gestae* II 37). Wieder hat man hier den lunensischen Marmor verwandt. Der Altar ruht auf einem einfachen Sockel mit zwei Reliefbändern, die Außendekoration zeigt oben einen Figurenfries, unten ein Pflanzenornament, beides durch einen Mäanderfries getrennt. An der Westseite sind Szenen dargestellt, welche die Gründung der Stadt Rom betreffen; sie finden an der Ostfront ein Gegenstück in der Darstellung von zwei weiblichen Figuren, links Tellus, die fruchtbringende Erdgöttin, rechts Roma, die Herrin der Stadt. Die männliche Figur stellt Aeneas, den Stammvater der Römer, dar, wie er den Penaten ein Opfer darbringt. An den Seitenwänden sind die Prozessionsfriese angebracht mit vielen Personen, vielleicht eine Darstellung der Ereignisse vom 4. Juli 13 v. Chr. An der Spitze der Prozession schreitet Augustus, mit dem Mantel über dem Kopf (die Figur ist stark zerstört), neben ihm die beiden Consuln des Jahres 13 v. Chr., sein Stief-sohn Tiberius und Quinctilius Varus. Auch die Frauen des kaiserlichen Hauses haben hier ihren Platz gefunden; es sind dies Livia, Iulia und vielleicht Antonia, die Frau des Drusus. Was hier in die Augen springt, ist die nahezu hieratisch-feierliche Haltung der abgebildeten Personen. Dies mag auf den Charakter der Weihehandlung zurückzuführen sein[8]. Der Altar stand ursprünglich an der Via Flaminia, inzwischen ist er neben dem Mausoleum Augusti aufgestellt worden.

Von den anderen Bauten auf dem Marsfeld ist noch das *Solarium Augusti* zu nennen, eine Sonnenuhr, zugleich auch ein Kalender, der die Jahres- und Tageszeiten anzeigte, im übrigen die ,,größte Uhr aller Zeiten" (E. Buchner). Als Schattenwerfer diente ein großer Obelisk mit einer Höhe von 30 Metern. Heute steht er auf der Piazza Montecitorio. Auf seinem ursprünglichen Standplatz hatte der Obelisk doch wohl eine Beziehung zu der nahen Ara Pacis Augustae, wenn dies auch in den antiken Quellen nicht zum Ausdruck kommt. Dem einzigartigen Monument hat Edmund Buchner eine Untersuchung gewidmet.[9] In ihr wird gezeigt, daß der Schatten des Obelisken am Geburtstag des Kaisers von Morgen bis Abend etwa 150 Meter weit das schnurgerade Äquinoktion entlang genau zur Mitte der Ara Pacis fällt. Es führt so eine direkte Linie von der Geburt des Augustus bis zur Pax, womit – nach Buchner – demonstriert werden soll, daß er zum Frieden geboren sei *(natus ad pacem)*.

Dem Palatin fühlte sich Augustus eng verbunden, hier war sein Geburtshaus, nach Sueton (Leb. d. Aug. 5) *ad capita bubula*, ,,bei den Ochsenköpfen" – dies mag wohl ein Straßen- oder Platzname gewesen sein. Die genaue Lage ist nicht bekannt, vielleicht im Nordosten des Palatinshügels. Hier hat Augustus seinen Besitz durch systematische Ankäufe beträchtlich erweitert. Zu den bedeutendsten Bauten gehörte der Apollo-Tempel, der auf dem neu erworbenen Grund errichtet worden ist. Wo aber der Palast des Kaisers gestanden hat, die *Domus Augustana*, ist nicht genau bekannt, zumal keine Überreste erhalten sind, abgesehen vielleicht von den Grundmauern, die sich jedoch einer genauen Datierung entziehen. Der Kaiser Domitian hat den Palast beträchtlich erweitert, so daß ihn die Dichter (Statius, Martial) geradezu als ein Weltwunder gepriesen haben.

Besser steht es mit unserer Kenntnis von den Bauten des Marcus
Agrippa.[10] Von ihnen ist an erster Stelle natürlich das Pantheon zu nennen. Es steht noch heute, und zwar in der von dem Kaiser Hadrian
renovierten Form. Agrippa ist es auch gewesen, der die *Saepta Iulia*
fertiggestellt hat. Sie wurden im Jahre 27 v. Chr. geweiht. Auf den gleichen Bauherrn ist auch das Diribitorium zurückzuführen, eine Halle, in
der die abgegebenen Stimmtäfelchen gezählt worden sind (dies ist jedenfalls die wahrscheinlichste Erklärung). Die Vollendung des Gebäudes hat
Agrippa nicht mehr erlebt, er starb im Jahre 12 v. Chr., der Bau wurde
erst im Jahre 8 v. Chr. fertig. Agrippa hat auch die ersten Thermen in
Rom erbaut. Das Wasser wurde durch die Aqua Virgo aus der Campagna
herangeführt. Sie ist noch heute in Betrieb. Die Thermen erhoben sich
südlich des Pantheons; sie hatten Nischen, in denen Statuen berühmter
Männer aufgestellt waren. Weitere Bauwerke Agrippas waren die *Basilica
Neptuni,* errichtet zur Erinnerung an die Seesiege bei Naulochos und
Actium, das *stagnum Agrippae* und eine Brücke mit seinem Namen, diese
oberhalb des Pons Aurelius. Die Bauwerke bezeugen nicht nur das leb-
hafte Interesse Agrippas am Wiederaufbau Roms, er hat auch sein Vermögen uneingeschränkt zugunsten der Allgemeinheit verwendet und sich
damit ein Denkmal für alle Zeiten gesetzt.

Sueton (Leb. d. Aug. 29,5) bringt eine Übersicht über die Bauwerke,
die von Freunden und Zeitgenossen des Augustus in Rom errichtet worden sind. Es sind dies der Tempel des ‚Hercules der Musen' von L. Marcius Philippus, dem Stiefvater des Augustus – hier handelt es sich um die
Restaurierung eines älteren Heiligtums, das auf Fulvius Nobilior, den
Patronus des Dichters Ennius, zurückgeht –, der Tempel der Diana auf
dem Aventin von L. Cornificius, das Atrium Libertatis von Asinius Pollio – ein Neubau mit einer großen Bibliothek[11] –, der Tempel des Saturnus auf dem Forum, restauriert von Munatius Plancus im Jahre 42, das
Theater des Cornelius Balbus, gelegen im Süden des Marsfeldes, und das
Amphitheater des Statilius Taurus, der an den Kämpfen Octavians gegen
Sex. Pompeius teilgenommen hatte. Mag es sich hier auch zum Teil nur
um Wiederherstellungen handeln, so ist doch das Vorbild des Augustus
nicht zu übersehen. Die großen Männer Roms haben einen beträchtlichen Teil ihres Vermögens, vor allem aus der Kriegsbeute, für den Wiederaufbau und die Ausschmückung der Hauptstadt zur Verfügung gestellt.

Während sich der Kaiser die Wiederherstellung der großen Staatsstra-
ße, der Via Flaminia von Rom bis Ariminum, als Aufgabe gesetzt hatte,

teilte er die übrigen wichtigen Straßen Italiens wohlhabenden Männern zu, angeblich nachdem sie einen Triumph hatten feiern dürfen. Er veranlaßte sie, einen Teil der Beutegelder für diese Aufgabe einzusetzen (Suet. Leb. d. Aug. 30,1).

Das Amphitheater des Statilius Taurus, errichtet im Jahre 29 v. Chr., war übrigens das erste Amphitheater aus Stein in der Hauptstadt. Es erhob sich auf dem Marsfeld und ging im neronischen Brand zugrunde. Nero hat es durch ein hölzernes Amphitheater ersetzt, aber auch von diesem findet sich keine Spur mehr.

Die Bauten des Augustus und seiner Freunde gaben nicht nur der Stadt Rom ein neues Gesicht, sie schufen auch für ungezählte Tausende ihrer Bewohner Brot und Arbeit. Nicht gering an Zahl sind auch die Bauten von Privatleuten, wobei vor allem Travertin für die Fassaden verwandt worden ist. Natürlich hatte der Aufschwung des Bauwesens auch seine Schattenseiten; es entstand eine große Bauspekulation, die, begünstigt durch das Anwachsen der hauptstädtischer Bevölkerung weite Kreise der Bürger erfaßte. Und nicht immer wurde auf Sicherheit gebaut, von Statik wußte man in jener Zeit zu wenig. So konnte es geschehen, daß immer wieder Häuser zusammenstürzten oder durch die sich unheimlich schnell ausbreitenden Brände vernichtet wurden. Diesen Ereignissen stand man mehr oder weniger machtlos gegenüber, Feuerversicherungen gab es nicht; wer abbrannte, war ein armer Mann, es sei denn, daß ein reicher Gönner dem Geschädigten unter die Arme griff.

Das Zeitalter des Kaisers Augustus ist im Hinblick auf die Entwicklung des römischen Stadtbildes eine einzigartige Epoche. Nur der Kaiser Domitian (81–96) hat vergleichsweise Ähnliches geschaffen, aber zwischen Augustus und Domitian lag der große Brand vom Juli 64, in dem zahlreiche Monumente zerstört worden sind. Es bedarf keiner Frage: die Bauten des Augustus und seiner Freunde kosteten teueres Geld, sie wären niemals erstanden, wenn nicht die Bauherren das Beispiel des Princeps nachgeahmt und enorme Summen aus der eigenen Tasche beigesteuert hätten.

Fragen wir uns, ob das System des Augustus, seine Spenden und seine Bauten, für die Masse der Bevölkerung Vorteile gebracht hat, so kann die Antwort nicht anders als positiv ausfallen. In den dreiundvierzig Jahren seiner Alleinherrschaft hat der Kaiser keine Gelegenheit vorübergehen lassen, der Plebs von Rom sein Wohlwollen zu bezeigen. Ob alles, was er gespendet und gebaut hat, notwendig gewesen ist, das ist freilich eine andere Frage, denn nur allzu rasch hatten sich die Massen daran gewöhnt,

daß der Kaiser immer, wenn es notwendig schien, mit seinen Spenden
einsprang und das Gleichgewicht in der Wirtschaft auf seine Kosten wie-
derherstellte. Doch darf dies nicht so verstanden werden, als ob die
Hauptstadt im wesentlichen von einem unproduktiven Proletariat bewohnt gewesen wäre. So war es nicht, denn allein schon die große Zahl
von Menschen, die einer geregelten Arbeit nachgingen, zeigt an, daß in
Rom so manches produziert worden ist. Vieles davon mag zum Luxus
und zur Verschönerung des Lebens beigetragen haben, aber die Mehrzahl
der Gewerbe diente dem täglichen Bedarf. Es gab eine sehr große Anzahl
von gewerblichen Vereinen *(collegia)*, deren Schaffen zur Versorgung der
Stadt entscheidend beigetragen hat. Daß sich in den Statuten der Vereine
auch Angaben über Feste finden, die man im Verlauf des Jahres zu feiern
pflegte – wer will es den Menschen jener Tage verdenken? Rein zahlenmäßig überwogen in Rom die kleinen Handwerker und Gewerbetreiben-
den, die keine andere Sorge kannten, als sich selbst und ihre Familie auf
anständige Weise durchzubringen. Sie begrüßten den Frieden, den die
Regierung des Augustus gebracht hatte, weil er ihnen Gelegenheit gab,
ihre wirtschaftlichen Verbindungen zu festigen und die Produktion zu
steigern. Daß hierbei die Freigelassenen und als Arbeitskräfte die Sklaven
eine wichtige Rolle spielten, ist schon an anderer Stelle erwähnt worden
(s. o. S. 102). Und in den Munizipien Italiens lagen die Dinge nicht anders,
auch in ihnen hat sich der Augustusfriede segensreich ausgewirkt. Und
daß man wußte, wem man den Wohlstand zu verdanken hatte, zeigen die
Ehren- und Dankesinschriften, die durch Zufall erhalten geblieben sind.
Zu keiner Zeit ist die Lage der arbeitenden Bevölkerung in Rom und in
Italien besser gewesen als unter der Herrschaft des Augustus. War dies
das Goldene Zeitalter, das Vergil mit seiner 4. Ekloge im Jahre 40 v. Chr.
heraufbeschworen hatte? Im Vergleich zu der Zeit der Bürgerkriege hatte
sich in der Tat vieles zum Besseren gewandt, und wenn sich das Bürger-
tum und die stadtrömische Plebs auch im allgemeinen nicht zu beklagen
hatten, so blieb doch der Staat unter Augustus das, was er immer gewesen
war: ein Ständestaat, in mancher Hinsicht ein Klassenstaat. In ihm standen sich die Gruppen der *honestiores* und der *humiliores*, der Hohen und
der Niedrigen, schroff gegenüber, und Augustus hat alles getan, um diesen Zustand zu verewigen. Allerdings wäre es auch für ihn nicht leicht
gewesen, hier einen Wandel zu schaffen, aber daran hat Augustus nicht
einmal gedacht, er hing am Alten und Überlieferten, vor allen neuen
Dingen hatte er einen Horror, denn er fürchtete Bewegungen, wie sie die
späte Republik unter Catilina erlebt hatte. Ganz besonders negativ hat

sich die Sinnentleerung der römischen Religion ausgewirkt. Augustus hat dies sehr stark empfunden und versucht, durch seine Tempelbauten und -restaurierungen einen neuen Anfang zu machen. Doch ist es hier vielfach bei Äußerlichkeiten geblieben.

Aber auch die Friedenszeit hatte ihre Schattenseiten. Man fühlt sich veranlaßt, an das Wort des alten Moltke zu erinnern, der einmal gesagt hat, die Menschheit würde im Materialismus versumpfen, wenn ewiger Friede herrsche. (Heute würde wohl auch Moltke anders urteilen.) Bemerkenswert ist die Tatsache, daß von nennenswerten technischen Erfindungen und von technischem Fortschritt in diesem Zeitalter nicht die Rede sein kann. Handwerk und Gewerbe, auch die Landwirtschaft, arbeiteten mit Methoden, die man von den Altvordern übernommen hatte, obwohl sie seit langem überholt und verbesserungsbedürftig waren. Augustus selbst und seine Freunde haben hier keine neuen Anstöße gegeben. Man wird dies verstehen, wenn man weiß, daß von einem Bevölkerungsdruck nicht die Rede war, ebensowenig von einem Mangel an Arbeitskräften. Im ganzen hielten sich Produktion und Konsum die Waage, es sei denn, daß unvorhergesehene Verknappungen eintraten. Die Hungersnöte, die Schrecken der früheren Zeiten, gab es praktisch nicht mehr, denn es konnte immer genügend Getreide aus Ägypten, Sizilien und, wenn dies nötig war, auch aus Südrußland eingeführt werden. In Rom und Italien brauchte niemand zu hungern, auch die Bewohner der Provinzen erfreuten sich unter der milden Regierung des Augustus eines bescheidenen, aber gesicherten Wohlstands, und die Inschriften werden nicht müde, dies vor aller Welt zu bekunden. Dieser Zustand gab den Reichsbewohnern das ungebrochene Gefühl der Sicherheit, und der Garant dafür war niemand anders als der Kaiser Augustus.

Siebentes Kapitel

Familie und Freunde

Augustus zählte noch nicht neunzehn Jahre, als er nach der Ermordung des Diktators Iulius Caesar vor die Öffentlichkeit trat, die ihn bis dahin wenig beachtet hatte. Die Erwartungen der Männer, die ihn von Jugend auf gekannt hatten, waren nicht gerade hoch gespannt. So gab ihm sein Stiefvater L. Marcius Philippus in einem Gespräch mit Cicero nur geringe – oder gar keine – Chancen. Dieses Urteil hat sich Cicero zu eigen gemacht – später hat er sich dann eines besseren belehren lassen müssen.

Und nun ein kurzer Überblick über die *Familie des Augustus!* Die Schwester des Augustus mit Namen Octavia, Tochter des C. Octavius und der Atia, war in erster Ehe mit C. Claudius Marcellus, in zweiter mit M. Antonius verheiratet. Aus ihrer ersten Ehe stammen drei Kinder: Marcella Maior, Marcella Minor und M. Claudius Marcellus, der spätere Gatte der Iulia, aus der zweiten Ehe stammen die Töchter Antonia Maior und Antonia Minor. Von ihnen wurde Antonia Maior, verheiratet mit L. Domitius Ahenobarbus, die Großmutter des Kaisers Nero.

Aus einer früheren Ehe des C. Octavius mit Ancharia stammte die Stiefschwester des Augustus mit Namen Octavia Maior. Sie war mit einem Sex. Appuleius verheiratet. Ihr Sohn gleichen Namens war im Jahr 29, zusammen mit Octavian, Consul; auch Proconsul von Asia ist er gewesen (wahrscheinlich um 17 v. Chr.). Augustus war seiner älteren Schwester sehr zugetan, und die Liebe zu ihr hat er auch auf ihre Söhne übertragen. Irgendeine hervorragende Rolle haben sie in der Geschichte des Prinzipats nicht gespielt.

Nur wenige Männer der vornehmsten Familien Roms haben in den illustren Kreis der Verwandten des Augustus Aufnahme gefunden. Zu ihnen gehören Marcus Agrippa als Gatte der Marcella Maior, Paullus Aemilius Lepidus als Gatte der Marcella Minor, der bereits erwähnte L. Domitius Ahenobarbus und P. Quinctilius Varus, zuerst Schwiegersohn Agrippas, sodann Gatte der Claudia Pulchra, einer Enkelin der Octavia Minor. Seitdem Octavian zum Triumvirn aufgestiegen war (im November 43), hat er darauf gesehen, daß die iulische Familie im wesentlichen unter sich blieb, Heiraten unter dem Stand sind nicht vorgekommen, ob zum Glück für die Familie, das ist eine andere Frage.

Octavia Minor, die leibliche Schwester des Augustus, war zweifellos eine bedeutende Persönlichkeit. Als Gattin des Marcus Antonius hat sie mehrfach in die große Politik eingegriffen, und sie ist es gewesen, welche den beiden Machthabern, ihrem Gatten und ihrem Bruder, immer wieder zur Versöhnung geraten hat. So wäre beispielsweise der Vertrag von Tarent (37 v. Chr.) ohne ihre Mitwirkung kaum zustande gekommen. Daran, daß ihre Bemühungen sich schließlich als vergeblich erwiesen haben, trägt sie keine Schuld, denn der weltweite Konflikt zwischen den beiden Männern war auf die Dauer nicht zu verhindern. Es muß ihr hoch angerechnet werden, daß sie sich in der fürsorglichsten Weise der Kinder des Antonius, die ihm Fulvia und Kleopatra geschenkt hatten, angenommen hat. Iullus Antonius hat sogar Eingang in das Haus des Augustus gefunden, er galt als der nächste dem Thron nach Agrippa und den Söhnen der Livia, Drusus und Tiberius. Doch wurden ihm seine Beziehungen zu Iulia, der Erbtochter des Augustus, zum Verhängnis, der Kaiser ließ ihn im Jahre 2 v. Chr. hinrichten, weil er ihn für das Haupt einer Verschwörung gegen sein Leben hielt.

Ein schwerer Schlag für Octavia war der Tod des jungen Marcellus im Jahre 23 v. Chr. Sie hat dieses traurige Ereignis niemals verwunden, und als ihr zu einem späteren Zeitpunkt Vergil die Verse über ihren Sohn aus der Aeneis (VIII 861 ff.) vorlas, soll Octavia in Ohnmacht gefallen sein. Sie starb im Jahre 11 v. Chr. im Alter von ungefähr 58 Jahren. Wenn es richtig ist, daß sie im Jahre 69 geboren war, so wäre sie, was nicht unwahrscheinlich ist, etwa gleichaltrig mit der Königin Kleopatra VII. von Ägypten, ihrer Rivalin, gewesen. Wie sehr Augustus seine Schwester geliebt hat, zeigt sich darin, daß er ihr, ebenso wie seiner Gattin Livia, einige Privilegien zuteil werden ließ, die in Rom bei Frauen ungewöhnlich waren. Am wichtigsten war wohl die Unverletzlichkeit *(sacrosanctitas)*, wodurch sie mit den Volkstribunen, aber auch mit Augustus auf die gleiche Stufe gestellt wurde. Auch gestattete er, daß man ihr zu ihren Lebzeiten Statuen errichten durfte. Außerdem wurde sie von der gesetzlichen Vormundschaft befreit, sie war damit rechtsfähig und brauchte sich in juristischen Dingen keines Rechtsvormunds zu bedienen. Dies aber geschah im Jahre 35, als ihr Gatte Antonius sich nach dem mißglückten Partherfeldzug wieder der Königin Kleopatra zugewandt hatte. Der Leichnam der Octavia wurde im Tempel des Divus Iulius aufgebahrt, ihr Bruder Augustus hielt ihr die Leichenrede. Er erfüllte damit nicht nur eine Pflicht der Pietät, die Lobrede kam ihm aus dem Herzen, denn die Beziehungen zwischen Bruder und Schwester waren auch durch den Konflikt mit Antonius nicht belastet worden. Ihre letzte Ruhe hat Octavia im Mausoleum Augusti gefunden.

Wenn Octavia auch nach dem Tode des Antonius nicht mehr in der großen Politik hervorgetreten ist, so gehörte sie doch dem engsten Kreis um den Princeps an, so daß man sogar von einer gewissen Rivalität zwischen ihr und Livia sprechen könnte. Mit Octavia Minor aber sank eine Frau ins Grab, die in der Zeit des Triumvirats eine Schlüsselfigur der römischen Politik gewesen war. Die Quellen loben sie wegen ihrer ausgezeichneten Bildung. So soll sie sich beispielsweise lebhaft für Vitruvs Schrift „Über die Architektur" *(De architectura)* interessiert und dieses Interesse auch auf ihren Bruder übertragen haben. Mit ihrem Namen verbinden sich einige große Bauten in der Hauptstadt. Sie hat den berühmten Porticus Octaviae errichten lassen, zu dem eine große öffentliche Bibliothek gehörte. Auch eine große Halle, *curia* oder *schola* genannt, hat sie erbauen lassen. Diese ist gelegentlich sogar für Senatssitzungen benutzt worden, unter Titus wurde die Halle ein Raub der Flammen, Domitian hat sie wiederhergestellt. Unter den Gelehrten kannte sich Octavia vorzüglich aus[1]. So überrascht es nicht, wenn sie den Akademiker Nestor zum Erzieher ihres Sohnes Marcellus erwählt hat. Selbstverständlich huldigten ihr die Freunde des Augustus. Von Maecenas ist wenigstens dem Titel nach eine Schrift „*In Octaviam*" bekannt, die doch wohl nur eine Lobrede gewesen sein kann. Ihr Leben wurde bestimmt durch viele Wechselfälle, doch hat sie niemals ihre Würde und ihre natürliche Anmut preisgegeben, ebensowenig ihre hohe Menschlichkeit, die sie nicht nur gegenüber den Kindern des Antonius von der Fulvia in so vorbildlicher Weise bewährt hat. Sie war eine Zierde der Familie der Octavier, und ihr Ruhm war es, in einem Zeitalter der rohen Gewalt der Stimme der Menschlichkeit Gehör verschafft zu haben. In Rom hat man ihr dies niemals vergessen.

Augustus ist einmal verlobt und dreimal verheiratet gewesen. Noch zu Lebzeiten seines späteren Adoptivvaters, des Diktators Iulius Caesar, war er mit der Tochter des P. Servilius Isauricus (cos 48) verlobt worden. Die Verlobung fällt vielleicht schon ins Jahr 48, vielleicht auch erst später. Aber die Verbindung hielt nicht lange, denn als das Triumvirat gegründet worden war, im November 43 v. Chr., schloß der junge Caesar einen Bund mit Claudia, der Stieftochter des Antonius, einem jungen Mädchen von etwa 11 oder 12 Jahren. Sueton spricht von einer Eheschließung, und dies wird wohl richtig sein. Gleichfalls aus politischen Gründen hat der junge Caesar die Ehe mit Scribonia geschlossen, sie war verwitwet und einige Jahre älter als Octavian. Auch diese Ehe hatte nur kurzen Bestand, denn inzwischen hatte Octavian die Frau des Ti. Claudius Nero, Livia, kennengelernt. Er hat sie, ohne auf die öffentliche Meinung Rücksicht zu nehmen, in sein Haus geführt, obwohl sie schwanger war. Livia, früher Livia Drusilla genannt, war im Jahre 58 geboren. Als sie der junge Caesar zur Gattin nahm, war sie zwanzig Jahre alt. Sie war die große Liebe seines Lebens, und die Ehe hielt, allen anderen Voraussagen zum Trotz, über fünfzig Jahre. Doch sei hier nicht verschwiegen, daß Augustus zahlreiche Beziehungen zu anderen Frauen gehabt hat, seine Liaison mit Terentia, der lebenslustigen Frau des Maecenas, war stadtbekannt.

Ernst Kornemann[2] hat einmal geschrieben „Die Frau in der Frühgeschichte des Prinzipats ist ein düsteres Kapitel. Die Männer haben, als der Kampf um die Staatsform durchgeführt war, den Übergang vom Bürger zum Monarchen . . . leichter zu vollbringen vermocht als die Frauen." An diesem Ausspruch ist etwas Wahres, doch sieht Kornemann in den Frauen der augusteischen Zeit wohl etwas zu einseitig die Herrscherinnen, die sie von Hause aus doch nicht gewesen sind. Gewiß hatten sie an der monarchischen Repräsentation ihren Anteil, aber dies keineswegs von allem Anfang an, ihr Auftreten als Herrscherinnen gehört erst einer späteren Entwicklungsstufe an. Die Jüngere Agrippina, die Mutter Neros und die Gattin des Kaisers Claudius, hat allerdings im Stil einer hellenistischen Königin regiert. Dies bedeutet jedoch nicht, daß die Frauen um Augustus ohne politischen Einfluß gewesen wären.

Claudia entstammte der Ehe des Volkstribunen P. Clodius Pulcher und der Fulvia. Diese hatte – nach dem gewaltsamen Tod ihres ersten Mannes – den Marcus Antonius geheiratet. Von einer Eheschließung zwischen dem jungen Caesar und Claudia berichtet Sueton (Leb. d. Aug. 62), aber die beiden trennten sich bald wieder, als in Italien die Flammen des Perusinischen Krieges emporloderten. Sueton zufolge habe Caesar die junge Frau nicht berührt, er habe sie vielmehr als Jungfrau der Mutter zurückgeschickt. Die Figur des jungen Mädchens bleibt für uns wesenlos, sie verschwindet wieder im Dunkel, aus dem sie gekommen ist. Niemand hatte auf ihre persönlichen Gefühle Rücksicht genommen, und von irgendeiner Sympathie oder gar Liebe für sie findet sich bei Octavian nicht die Spur.

Auch in seiner zweiten Ehe war der junge Caesar nicht viel glücklicher.

Wieder war es die große Politik gewesen, welche die Eheverbindung gestiftet hatte. *Scribonia, die Tochter des L. Scribonius Libo (Prätor ca. 50 v. Chr.), war eine Verwandte des Sex. Pompeius, und zwar seine Tante; es schien daher ein Gebot der politischen Klugheit, zwischen dem Seekönig Sex. Pompeius und dem Herrscher des Westens Octavian eine familiäre Verbindung zu begründen. Scribonia konnte übrigens bereits auf zwei frühere Ehen zurückblicken, sie war auch nicht mehr ganz jung, vielleicht an die Dreißig, während Octavian erst 23 Jahre alt war. Scribonia war in erster Ehe mit Cn. Cornelius Lentulus Marcellinus (cos 56), in zweiter mit einem Abkömmling der Scipionen, wahrscheinlich mit P. Cornelius Scipio (cos 38), verheiratet gewesen. Aus beiden Ehen waren Kinder hervorgegangen, aus der ersten ein Sohn, aus der zweiten ein Sohn und eine Tochter. Die Ehe mit Octavian wurde im Jahre 40 geschlossen, im folgenden Jahr schenkte sie ihrem Gatten die Tochter Iulia, doch unmittelbar nach der Geburt erhielt sie von Octavian den Scheidebrief. Sueton bietet hier zwei Versionen (Leb. d. Aug. 62). Nach der einen sei Octavian der Scribonia überdrüssig geworden, angeblich wegen der Abnormität ihrer Sitten *(perversitas morum)*, aber dies scheint eine Erfindung zu sein, auf die man nichts geben sollte. Nach der anderen, glaubwürdigeren Version, sei Octavian durch Livia zur Scheidung veranlaßt worden.

Im übrigen braucht man sich nicht zu wundern, wenn die aus politischen Gründen geschlossene Ehe Octavians mit Scribonia nach kurzer Zeit in die Brüche gegangen ist. Livia war zum mindesten zehn Jahre jünger als Scribonia. Diese aber hing mit großer Liebe an ihrer Tochter Iulia, und als Iulia im Jahre 2 v. Chr. von Augustus in die Verbannung geschickt wurde, hat Scribonia sie aus freien Stücken begleitet. Sie hat ein sehr hohes Alter erreicht, denn sie war im Jahre 16 n. Chr. noch am Leben. Der Weg hatte sie durch Höhen und Tiefen geführt, im Jahre 40 hatte Vergil in seiner 4. Ekloge die Hoffnung auf die Geburt eines Kindes ausgesprochen, mit dem das Goldene Zeitalter seinen Anfang nehmen sollte. Wahrscheinlich erwartete alle Welt die Geburt eines Sohnes aus der Ehe des Octavian und der Scribonia. Für sie war dies der unbestreitbare Höhepunkt ihres Lebens, sie konnte sich im Glanz der Hoffnung und der Herrschaft sonnen, aber die halkyonischen Tage gingen bald vorüber, zurück blieben nur der Haß auf den ungetreuen Gatten und die lange Einsamkeit. Wir wissen zu wenig von ihrer Persönlichkeit, die Quellen sind zugunsten des jungen Caesar gefärbt, so daß man über den wahren Charakter Scribonias nichts aussagen kann. Zweifellos ist sie eine gute Mutter gewesen, sie hat auch zu Iulia gehalten, als sich diese im Unglück befand.

Ganz anders steht es mit der Person der *Livia*. Sie hat den Lebensweg ihres Gatten Octavian vom Beginn des Jahres 38 an über fünfzig Jahre begleitet und ist gewissermaßen sein zweites Ich geworden. Und dies will etwas heißen, denn beide Menschen waren nach Charakter und Anlage sehr verschieden. Ganz ohne Zweifel hat Livia zur Formung der Persönlichkeit ihres Mannes entscheidend beigetragen, und wenn man sich fragt, wie es zu der grundlegenden Veränderung des Charakters bei Octavian gekommen ist, so wird man zuerst und vor allem an den Einfluß der Livia denken. Im Zusammenleben mit der über alles geliebten Frau ist aus dem grausamen und rücksichtslosen Triumvirn ein Mann geworden, für den die Tugend der Gnade *(clementia)* eine ganz besondere Bedeutung erhalten hat.

Man wird sich nicht wundern, wenn man feststellt, daß sich die Wissenschaft immer wieder mit dieser ungewöhnlichen Frau beschäftigt hat. In allen Darstellungen des Augustus hat sie einen festen Platz. So hat ihr Victor Gardthausen ein umfangreiches eigenes Kapitel in seinem großen Augustuswerk gewidmet.[3] Dazu kommt eine ausführliche Biographie von Hugo Willrich aus dem Jahre 1911 sowie der Artikel in der Realencyclopädie von Pauly-Wissowa aus der Feder von Lotte Ollendorff.[4] Natürlich fehlt Livia nicht in dem Buch Ernst Kornemanns über die ,,Großen Frauen des Altertums'' (1942)[5]. Zweifellos hat Livia den Nachruhm verdient, sie war eine bemerkenswerte Persönlichkeit, und von ihren Zeitgenossinnen lassen sich nur ganz wenige mit ihr vergleichen, allein in ihrer Schwägerin Octavia Minor besaß sie eine Rivalin bei ihrem Gatten Augustus.

Der Historiker muß hier die Frage stellen, ob die im allgemeinen günstige Überlieferung über Livia zuverlässig ist. Man kann, glaube ich, diese Frage bejahen. Allerdings müßte man von den Anekdoten im wesentlichen absehen, die, obwohl sie nicht verbürgt sind, Ernst Kornemann in seiner Darstellung verwertet hat, nicht immer zum Vorteil der Sache.

Die antiken Porträts der Livia zeigen eine schöne Frau mit einem eher energischen als liebreizenden Ausdruck. Die großen Augen und das sorgfältig gescheitelte Haar des Kopenhagener Kopfes, der Livia im Alter von ungefähr fünfzig Jahren zeigt, verstärken den hoheitsvollen Eindruck ihrer Persönlichkeit. Ganz besonders ansprechend ist die Marmorstatue aus der Villa dei Misteri in Pompeji, jetzt im Nationalmuseum zu Neapel. Der Künstler hat es verstanden, durch den Kontrast des hellen lunensischen Marmors und der in Farbe gemalten Haare und Augen etwas ganz besonders Schönes zu schaffen. Dabei wird die Majestät ihrer Erscheinung durch den Priesterinnenschleier – Livia besaß die Ehrenrechte einer Vestalin – noch unterstrichen. Ohne ihren Rat hat Augustus nichts von Bedeutung in Angriff genommen, in den meisten Fällen stimmten sie im Urteil überein, in anderen hat Augustus nachgegeben. In ihrem Leben war sie äußerst zielbewußt, eine Intrigantin ist sie jedoch nicht gewesen, obwohl gerade dies gelegentlich in der neueren Literatur behauptet worden ist. Dies gilt etwa von dem Augustuswerk des französischen Gelehrten Beulé vom Jahre 1868 (deutsche Übersetzung vom Jahre 1870), aber auch noch von dem verfehlten Claudius-Roman von Robert von Ranke-Graves. Was dort von der Verbrecherin Livia zu lesen steht, gehört in das Reich der Phantasie.

Es war der Livia nicht an der Wiege gesungen worden, daß sie dereinst die höchste Stelle unter allen Frauen in Rom innehaben würde. Sie war die Tochter des hochadligen M. Livius Drusus Claudianus, ihre Mutter war eine Alfidia. Diese stammte aus einer ursprünglich in Fundi ansässigen Familie, die nach Rom übergesiedelt war. Livia wurde geboren am 30. Januar 58 v. Chr., sie war vier Jahre und vier Monate jünger als Octavian (geb. am 23. Sept. 63 v. Chr.). Sie ist nicht gefragt worden, als sie, wahrscheinlich bereits im Jahre 43, ihrem Vetter namens Ti. Claudius Nero in die Ehe gegeben wurde. Am 16. November 42 brachte sie, sechzehnjährig, ihr erstes Kind zur Welt, den in Rom auf dem Palatin geborenen Tiberius, den späteren Princeps. Es waren unsichere und gefahrvolle Zeiten, viele vornehme Familien hatten den Verlust von Angehörigen und Besitz zu beklagen, denn immer noch gab es Proskriptionen und Proskribierte. Seit etwa einem Jahr, seit dem November 43, regierten die Triumvirn M. Antonius, Octavian und Lepidus. Livias Vater hatte sich für die Sache der Caesarmörder entschieden, er kämpfte unter den Feldzeichen des Brutus und Cassius auf den Feldern von Philippi und gab sich angesichts der Niederlage, wie so viele andere prominente Republikaner, den Tod durch eigene Hand.[6] Konnte die blutjunge Frau, die sich auf so grausame Weise ihres Vaters beraubt sah, überhaupt noch auf eine glückliche Zukunft hoffen? Zwar hatte sich ihr Gatte Ti. Claudius Nero der Partei Caesars und seiner Erben angeschlossen, aber er gehörte zu den Gefolgsleuten des L. Antonius im Perusinischen Krieg. Was sollte er tun, als es dem Octavian gelungen war, die Oberhand in Italien zu gewinnen? Claudius Nero flüchtete zunächst nach Sizilien, aber der adelsstolze Claudier fühlte sich von dem Seekönig Sex. Pompeius schlecht behandelt

und machte sich auf den Weg zu dem Triumvirn Antonius in Griechenland. Die Flüchtlinge kamen auch nach Sparta, wo sie eine freundliche
Aufnahme fanden. Trotzdem gab es Gefahren genug, so gerieten sie mit-
samt ihrem Gefolge in einen Waldbrand, wobei die Flammen das Haar
und das Kleid der Livia versengten. Aber die Götter hielten die Hände
über sie, Antonius und Octavian versöhnten sich miteinander im Vertrag
von Brundisium (40 v. Chr.), und der Pakt von Misenum zwischen Sex.
Pompeius und den Triumvirn im Jahre 39 setzte den Proskriptionen ein
Ende. Dieser Vertrag gab unter vielen anderen auch dem Claudius Nero
die Heimat zurück. Wieder griff das Schicksal in das Leben der jungen
Frau in entscheidender Weise ein: Octavian lernte Livia in Rom kennen,
seine leidenschaftliche Liebe zu der jungen und schönen Livia ließ ihn alle
Hindernisse niederreißen, er trennte sich von seiner Frau Scribonia (wie
es heißt, soll er ihr den Scheidebrief an dem gleichen Tag zugestellt
haben, an dem sie mit der Tochter Iulia niederkam). Livia ließ sich von
ihrem Mann scheiden, obwohl sie ein Kind von ihm unter dem Herzen
trug, das drei Monate nach der neuen Eheschließung das Licht der Welt
erblickte. Dieses Kind war Drusus, der sich später als Feldherr auszeichnete und, noch nicht ganz dreißig Jahre alt, im Jahre 9 v. Chr. in Germanien ums Leben kam (s. o. S. 83). Die Heirat der beiden, bei der übrigens
der verlassene Ehemann Claudius Nero die Rolle des Brautvaters übernommen hatte, fand wahrscheinlich zu Beginn des Jahres 38 statt. Die
Zeiten waren vorübergehend etwas ruhiger geworden, die Versöhnung
der beiden Triumvirn Antonius und Octavian war durch die Heirat der
Octavia Minor mit dem Herrscher des Orients auf eine neue Grundlage
gestellt worden. Natürlich hatte die *chronique scandaleuse* in Rom einen
pikanten Stoff, man machte sich über das Dreimonatskind Drusus lustig
und bemitleidete Claudius Nero, daß er auf so unvorhergesehene Weise
seine Frau verloren habe. Im übrigen sind dem Octavian und der Livia
eigene Leibeserben versagt geblieben. Ein Kind, eine Frühgeburt, kam tot
zur Welt. Die kinderlose Ehe hat jedoch die Eltern nur noch näher zusammengeführt, beide kümmerten sich mit Hingabe um die Familie, und
als der erste Gatte der Livia, Claudius Nero im Jahre 33 v. Chr. starb,
nahm Livia ihre Söhne Tiberius und Drusus ins Haus des jungen Caesar
auf. Sie haben den Eltern nur Freude bereitet. Allerdings war der Ältere,
Tiberius, ein schwieriger Charakter, er hatte an dem Erbgut der Claudier
schwer zu tragen, ein ungewöhnlich tief veranlagter, aber schwerblütiger
Mensch, der vor allem auf Zurücksetzungen empfindlich reagierte. Livia
aber war eine Zierde des Hauses des Princeps, sie kümmerte sich um alles

und jedes, um das Gesinde, die Freigelassenen und die Sklaven, alle hielt sie in strenger Zucht. Sie selbst war äußerst einfach, von einem Leben in Luxus und Vergnügungen, welcher Art diese auch sein mochten, hielt sie wenig. Es genügte ihr, wenn sie ihre Pflichten als Vorsteherin des Haushalts erfüllte. Über ihre Lebensweise schreibt Ernst Kornemann folgendes[7]: ,,Sie trank täglich einen herben dalmatinischen Landwein, dessen Genuß sie als Greisin ihr hohes Alter zuzuschreiben pflegte. Auch war sie Rohköstlerin, insofern stets auf ihrem Tisch die livianische Alantspeise erschien, aus der als Salat angemachten Alantpflanze *(inula)* zubereitet und vermischt mit Kräutersäften, Früchten, Pfeffer und anderem Gewürz, eine Speise, die zur Magenstärkung wie eine Arznei genommen wurde."

Die Ehe der beiden blieb nicht ohne Spannungen, denn immer wieder hat Augustus Interesse auch an anderen Frauen gezeigt, doch niemals hat Livia Gleiches mit Gleichem vergolten. Sie hatte die seltene Tugend zu schweigen, wo sie nichts ändern konnte. Auch über das stadtbekannte Verhältnis des Augustus mit Terentia, der Frau des Maecenas, hat sie beharrlich hinweggesehen, und insofern ist die Anekdote, Augustus habe eine Schönheitskonkurrenz zwischen den beiden Damen veranstaltet, sehr albern und abgeschmackt. Denn dazu hätte sich Livia nie und nimmer bereiterklärt. Über seine Gespräche mit Livia pflegte sich Augustus Aufzeichnungen zu machen, um diese gegebenenfalls nachlesen zu können. Von Livia wird entsprechendes berichtet – aber natürlich kann es sich hier nur um sehr wichtige Dinge gehandelt haben. Gelegentlich hat der Kaiser auch einen Wunsch seiner Gattin abgeschlagen. Als sie ihn darum bat, einem Gallier das römische Bürgerrecht zu verleihen, lehnte Augustus dies ab, verlieh aber dem Betroffenen wenigstens die Immunität (Steuerfreiheit). Auch in hochpolitischen Angelegenheiten gab ihr Wort gelegentlich den Ausschlag. So hat sie von ihrem Gatten die Begnadigung eines Verschwörers, des Cn. Cornelius Cinna, erreicht, obwohl dieser sein Leben verwirkt hatte. Und im darauf folgenden Jahr, 5 n. Chr., übertrug ihm Augustus sogar das Consulat. Als Cinna gestorben war, fand sich zur Überraschung aller in seinem Testament Augustus als Alleinerbe.

Noch enger hatte die Gatten das Unglück zusammengeführt, das ihnen nicht erspart geblieben ist. Als Drusus im Jahre 9 v. Chr. in Germanien verstarb, war der Schmerz Livias riesengroß. Dennoch ließ sie sich nicht davon abhalten, ihren Gemahl auf die Reise nach Norditalien zu begleiten. Sie gelangten bis Ticinum (Pavia) und geleiteten von hier den Leichnam des Drusus nach Rom. Im Mausoleum des Augustus hat der junge Claudier seine letzte Ruhe gefunden. Livia aber suchte Trost in der Philosophie, vor allem in Gesprächen mit Areios von Alexandrien, der immer noch von dem Ruhm zehrte, der Lehrer des Augustus gewesen zu sein. Um Livia zu trösten, überreichte man ihr eine Schrift, die *Consolatio ad Liviam*, auch *Epicedion*[8] *Drusi* genannt. Sicherlich ist diese Schrift keine bedeutende literarische Leistung, man wird sie als ein auf den Regeln der *consolationes* aufgebautes Schulgedicht[9] bezeichnen dürfen. Von Ovid stammt die Trostschrift sicher nicht, es muß sich um einen unbekannten Dichter der augusteischen Zeit als Verfasser handeln, der als Ritter dem Leichenbegängnis des Drusus in Rom beigewohnt hat. Alle übrigen Versuche der Datierung – nach Axelson unter Domitian, nach Hübner ins 2. Jahrh. n. Chr. – kommen ebensowenig in Betracht wie die Annahme einer Humanistenfälschung, die lange Zeit ihre Anhänger gehabt hat. Antonia Minor, die Witwe des Drusus, lebte fortan im Hause der Livia, die beiden Frauen verstanden sich aufs beste; der Erziehung der Enkelkinder, unter denen sich der irgendwie gestörte Claudius, der spätere Princeps, befand, hat sich Livia mit großer Liebe angenommen. Sie war beim Tode des Drusus nahezu fünfzig Jahre alt, aber immer noch eine stattliche Erscheinung. Ihre Aktivität war ganz ungebrochen, Augustus ehrte sie durch die Verleihung des sogenannten Drei-Kinder-Rechts, d. h. sie genoß die Privilegien, die sonst den Müttern von drei und mehr Kindern zustanden. Und der Senat durfte ihr mit Erlaubnis des Princeps bereits zu ihren Lebzeiten Statuen errichten. Es war nicht anders möglich, als daß Livia an der Familien- und Nachfolgepolitik des Augustus Anteil genommen hat, doch wissen wir nicht, wieweit sie für die manifesten Fehlentscheidungen des Augustus die Mitverantwortung trägt. Manche Entscheidungen haben sich als geradezu verhängnisvoll erwiesen, vor allem zwei Dinge: die Ehen der Iulia und die Behandlung des Tiberius. Der grundlegende Fehler bestand darin, daß Augustus (und wohl auch Livia) die Eheschließungen innerhalb der Familie des Princeps zu sehr von politischen Gesichtspunkten abhängig gemacht haben. Die Eltern, Augustus ebenso wie Livia, haben sich an den hiervon Betroffenen schwer versündigt. Dies gilt nicht nur für Iulia, sondern auch für Tiberius. Wir werden auf dieses Problem noch zurückkommen (s. u. S. 127).

Fragen wir uns nach den Gründen dafür, so käme vor allem die rationale Einstellung des Augustus und der Livia in Betracht. Sie hatten für menschliche Probleme kein Verständnis und ließen gerade in den zwischenmenschlichen Beziehungen wenig *humanitas* walten. Beide dachten in erster Linie an den Staat und an das Prinzipat; die eigentlich Betroffenen sind offenbar gar nicht gefragt worden, ein Versäumnis, das aus der historischen Situation zwar verständlich wird, das sich aber gerade an Augustus schwer gerächt hat. Augustus hat sich über diese Dinge sicherlich mit seiner Gattin ausgesprochen, aber davon ist nichts an die Öffentlichkeit gelangt. Und beide mögen der festen Überzeugung gewesen sein, daß ihre Handlungsweise die einzig richtige gewesen sei. In *einem* Punkt freilich war Livia das Kind ihrer Zeit: sie war über die Maßen abergläubisch, ebenso wie ihr Gatte. Je mehr es sich zeigte, daß die römische Religion wirklich gläubige Naturen nicht mehr zu befriedigen vermochte, um so kräftiger schoß der Aberglaube ins Kraut. Er hat sehr merkwürdige Blüten getrieben. Livia soll vor der Geburt ihres ersten Sohnes, des Tiberius, ein Hühnerei an ihrer Brust gewärmt haben; sie war geradezu überglücklich, als sich der Inhalt als ein Hähnchen entpuppte. Dies war für Livia das Zeichen, daß das erwartete Kind ein Knabe sein würde. Auch die Erzählung von dem weißen Huhn mit dem Lorbeerzweig im Schnabel, das ihr angeblich ein Adler in den Schoß geworfen hat, gehört in die gleiche Kategorie. Livia soll den Zweig sorgfältig gepflegt, den Vogel aber mit viel Liebe aufgezogen haben. Vielleicht ist jedoch diese Geschichte aus dem Namen der Villa der Livia ,,Ad gallinas" (,,Hühnerhof") herausgesponnen.

Livia war eine sehr reiche Frau. Ihre Besitzungen verliehen ihr eine weitgehende finanzielle Unabhängigkeit. Als sich Augustus im Jahre 22 v. Chr. auf die Reise in den Vorderen Orient begab, begleitete ihn Livia, wie es scheint, auf den ausdrücklichen Wunsch des Princeps. In Syrien traf man mit Herodes, dem König von Judäa, zusammen. Bei dieser Gelegenheit schloß Livia mit Salome, der Schwester des Herodes, eine Freundschaft fürs Leben. Beide, Herodes wie Salome, bedachten Livia in ihrem Testament, von Salome erhielt sie nach deren Tod (im Jahre 10 n. Chr.) einen ausgedehnten Grundbesitz, den sie durch einen eigenen Beauftragten verwalten ließ. Für die durch Erbschaft in ihren Besitz übergegangenen Palmenwälder und für die anderen Besitzungen in Judäa wurden gleichfalls Verwaltungsbeamte notwendig, und in Jamnia an der Mittelmeerküste hatte sie einen ausgedehnten Privatbesitz mit einem Procurator, der bei Josephus den Titel *Epitropos* führt. ,Reichsfürstin' oder etwas Ähnliches ist sie aber nicht geworden, denn auch andere Römer wie Agrippa verfügten über bedeutende Besitzungen außerhalb Italiens. Livia hatte ein großes Personal in ihrem Dienst, für ihre treuen Diener hatte sie sogar eine eigene Grabstätte *(columbarium Liviae)* angelegt. Um ihren Reichtum zu illustrieren, pflegt man in der Regel auf Sueton (Leb. d. Galba 5) hinzuweisen. Hier kann man lesen, daß sie dem Galba, dem späteren Kaiser, durch Testament nicht weniger als 50 Millionen Sesterzen hinterlassen habe, was aber Tiberius durch manifeste Testamentsfälschung zu verhindern wußte. Aber daran ist, wie gesagt, kein wahres Wort, vor allem lag gar kein Grund für eine derart großzügige Schenkung vor, und man fragt sich, was Sueton sich dabei gedacht haben mag, als er diesen baren Unsinn zu Papier brachte.

Im ganzen hatte Livia bei Augustus eine Stellung inne, die an die Position der hellenistischen Königinnen erinnert. Vor allem im Orient ist sie in einer Weise verehrt worden, wie dies vorher noch nie bei einer Frau aus dem Westen der Fall gewesen war. Augustus hat gar nicht daran gedacht, dies zu unterbinden, im Gegenteil, er war stolz auf die Verehrung, die man seiner Gattin in den Ländern des Ostens entgegenbrachte.

Ihr großes Vermögen erlaubte es der Livia, die Hauptstadt durch ansehnliche Bauten zu bereichern. Am bedeutendsten war der *Porticus Liviae*, den man sich als eine große Halle vorzustellen hat. Sie war mit wertvollen Statuen geschmückt, ihren Mittelpunkt hatte sie im Tempel der Concordia. Ob dieser nun die Eintracht der beiden obersten Stände symbolisieren oder ob er ein Sinnbild der einträchtigen Ehe des Augustus und der Livia sein sollte, darüber steht nichts in den Quellen. Victor Gardthausen hat das letztere angenommen. Wo sich der Porticus der Livia erhob, am Nordrand des Oppius-Hügels, hatte vorher das Haus des Vedius Pollio gestanden, eines antiken Multimillionärs, der seinen Besitz dem Augustus vermacht hatte. Der Kaiser hatte das Haus des Pollio niederreißen lassen, sei es, daß er das Andenken dieses Mannes tilgen wollte, sei es, daß er sich über den Luxus des nicht gerade gut beleumdeten Zeitgenossen ärgerte. Vedius Pollio starb im Jahre 15 v. Chr., aber erst acht Jahre später, 7 v. Chr., wurde das Bauwerk eingeweiht. Der Porticus, zu erreichen über eine 20 Meter breite Treppe vom *Clivus suburanus* aus, umschloß ein rechteckiges Areal, das von einer doppelten Säulenreihe umgeben war. Der Bau war ein vielbeachteter Anziehungspunkt der antiken Weltstadt.

Mit dem Namen der Livia sind noch zwei weitere Gebäude verbunden, das *macellum*, eine Markthalle auf dem Esquilin, und der Tempel der *Fortuna muliebris*, dieser außerhalb der Stadt, vier römische Meilen entfernt, an der Via Latina gelegen.

Aber Livia wollte nicht nur bauen, sie wollte auch erhalten. Die Überlieferung versichert, daß sie bei den ständig wiederkehrenden Bränden in

Rom in Erscheinung trat, um der Feuerwehr Mut zuzusprechen. Dies war allerdings auch sehr notwendig, denn die Mittel des Brandschutzes waren begrenzt, die Feuerwehr mußte sich im allgemeinen darauf beschränken, die Brandherde einzudämmen und größere Schäden zu verhüten.

Augustus hat es zugelassen, daß fremde Gesandtschaften seiner Gattin ihre Aufwartung darbrachten. Und wie sehr er ihr zugetan war, zeigt die Tatsache, daß er ihr seinen Dank auch über den Tod hinaus bezeugt hat. Er veranlaßte den Senat, die Bestimmung der *Lex Voconia*, die es den Frauen untersagte, Erbschaften anzunehmen, im Fall der Livia außer Kraft zu setzen. Außerdem verfügte er, daß sie den dritten Teil seines Vermögens bekommen sollte (sieben Zwölftel des Erbes gingen an den Nachfolger Tiberius), und schließlich adoptierte er sie in das iulische Geschlecht. Sie hieß von nun an Iulia anstatt Livia. Dazu sollte sie den Titel Augusta führen. Mit Recht hat die Forschung die beiden letztgenannten Bestimmungen kritisiert[10]. Doch werden die letztwilligen Verfügungen des Princeps verständlich, wenn man bedenkt, wieviel ihr Augustus verdankte, dem sie in einer über fünfzigjährigen Ehe in vorbildlicher Weise zur Seite gestanden hatte. Es ist zwar richtig, daß hier die Staatsräson menschlichen Gefühlen den Platz räumen mußte, doch kann schwerlich davon die Rede sein, daß Augustus hiermit einem künftigen Weiberregiment an der Spitze des Imperiums Tür und Tor geöffnet habe. Auch von einer offiziellen Mitregentschaft der Iulia Augusta mit dem neuen Princeps Tiberius, die Mommsen angenommen hat[11], kann nicht die Rede sein. Und wenn man behauptet hat, Livia sei durch die Ehrung gewissermaßen zur Stammutter der iulisch-claudischen Dynastie erhoben worden, wodurch die Position des Tiberius gestärkt worden sei,[12] so trifft auch dies nicht den Kern der Sache. Es wäre nicht richtig, hier mit staatsrechtlich-dynastischen Begriffen zu operieren. Wenn irgendwo so ist hier im Testament das Gefühl der Dankbarkeit und der innigen Verbundenheit für Augustus maßgebend gewesen. Staatsrechtliche Maßstäbe wird man hier nicht anlegen dürfen – vielmehr ist das Testament des Augustus ein Willensakt, der, was Livia betrifft, rein persönlichen Motiven entsprungen ist.

Die Porträts der Livia zeigen eine Frau mittleren Alters mit einem energischen, würdevollen Ausdruck, in dem sich der Charakter der Kaiserin deutlich widerspiegelt. Sie war nach dem übereinstimmenden Urteil der Quellen eine ausgezeichnete Helferin des Augustus, den sie niemals im Stich gelassen noch enttäuscht hat. Auch im Unglück, das den Ehegatten nicht erspart geblieben ist, hat sie sich mit allen Kräften für die Familie eingesetzt, und zwar nicht nur für ihre Söhne Drusus und Tiberius, sondern auch für ihre Stieftochter Iulia und nicht zuletzt auch für deren Kinder von Agrippa. Sogar Tiberius pflegte auf seine Mutter zu hören, und es ist wiederholt vorgekommen, daß sie zwischen ihm und ihrem Gatten Augustus vermittelt hat. Ihre eigentliche Aufgabe sah sie in der Führung des kaiserlichen Haushalts und in der Repräsentation der Würde des Prinzipats. Und es war ihr immer eine hohe Befriedigung, wenn auswärtige Machthaber ihrer Person huldigten. Für alle künftigen Kaiserinnen war sie ein Vorbild an Verstand und Tatkraft. Keine einzige ihrer Nachfolgerinnen hat sie hierin erreicht, geschweige denn übertroffen. Daß sie es nicht allen recht machen konnte, ist eine menschliche Erfahrung, die auch ihr nicht erspart geblieben ist. Und wenn ihr Urenkel Gaius (Caligula) sie spöttisch einen ,,Odysseus im Weiberrock" genannt hat (*Ulixes stolatus*, Suet. Calig. 23,2), so ist dieser Ausspruch weniger für Livia als für den jungen Kaiser bezeichnend, der mit seinen unbewiesenen Behauptungen die ganze Familiengeschichte der Iulier und Claudier auf den Kopf gestellt hat.

Wir kommen nun zu *Iulia*, der Tochter des Augustus und der Scribonia. Sie hat wie wenige Frauen ihrer Zeit in Rom für Gesprächsstoff gesorgt, denn sie war eine exzentrische junge Dame, die zu verstehen nicht einfach ist. Soviel steht jedoch fest: Iulia war ,,von Hause aus nicht schlecht, sie ist vielmehr ein Opfer der Anschauungen ihrer Zeit und der selbstsüchtigen Politik ihres Vaters geworden"[13]. So war es in der Tat, und von Jugend auf schwebte über ihr ein Verhängnis. Als sie im Jahre 39 das Licht der Welt erblickte, war die Enttäuschung ihres Vaters groß, denn er hatte sich sehnlichst einen Sohn erwartet. Mit der kleinen Tochter wußte er nichts anzufangen, und es war ein Akt seelischer Grausamkeit, daß er der Mutter Scribonia, angeblich noch am Tage der Geburt, den Scheidebrief überreichen ließ. Der Vater hat die Tochter Iulia, wie es in jener Zeit üblich war, als Figur im politischen Brettspiel eingesetzt. Im zartesten Alter, als sie erst ungefähr zwei Jahre zählte, wurde sie mit dem ältesten Sohn des Antonius mit Namen Antyllus verlobt. Nicht viel später soll Octavian sie dem Getenkönig Kotiso zur Frau angeboten haben (wenn es wahr ist, was Antonius hierüber berichtet, Suet. Aug. 63). Sie war vierzehn Jahre, als Augustus sie dem Sohn seiner Schwester Octavia Minor, dem M. Claudius Marcellus, in die Ehe gegeben hat (25 v. Chr.). In ihm sah Augustus nämlich seinen künftigen Nachfolger, aber die Ehe der beiden war nur von kurzer Dauer, denn Marcellus verstarb schon im

Jahre 23 v. Chr. Kinder waren aus der Verbindung nicht hervorgegangen. Wieder hatte es der Vater sehr eilig, seine junge verwitwete Tochter zu verheiraten. Der Auserwählte war dieses Mal Marcus Agrippa, der Freund des Augustus. Er war ungefähr gleichaltrig mit dem Princeps und hätte den Jahren nach der Vater der Iulia sein können. Augustus verfügte kategorisch, daß dieser seine Ehe mit Marcella, der Nichte des Princeps, aufzulösen habe. Wie es heißt, soll es Maecenas gewesen sein, der dem Augustus diese Idee eingegeben hat (Cass. Dio LIV 6,5). Iulia war siebzehn Jahre alt, als sie die zweite Ehe eingehen mußte, sie gehorchte ihrem Vater, da ihr nichts anderes übrig blieb. Im Jahre 12 v. Chr. wurde Iulia zum zweiten Mal Witwe, sie war nun siebenundzwanzig Jahre. Aus der Ehe mit Agrippa waren fünf Kinder hervorgegangen: Gaius (geb. 20 v. Chr.), Vipsania Iulia (geb. 19 oder 18), Lucius (geb. 17), Vipsania Agrippina (geb. 14 oder 13) und Agrippa, genannt Postumus, weil er erst nach dem Tod des Vaters geboren war. Alle Kinder sollen dem Vater wie aus dem Gesicht geschnitten gewesen sein, es kann kein Zweifel bestehen, daß Agrippa und kein anderer der Vater gewesen ist. Ob Iulia ihrem Mann immer die Treue gehalten hat, ist alles andere als sicher, und selbst wenn man den zynischen Ausspruch der Iulia – überliefert bei Macrobius (Saturnalien II 5,9 s. dazu S. 181) – kaum für historisch verbürgt halten darf, so bleiben doch Zweifel an ihrer ehelichen Treue bestehen. Bei Tacitus (ann. I 53) erscheint beispielsweise Sempronius Gracchus als ihr Liebhaber. Und Iulia soll gesagt haben, ihr Mann müsse dies ihrer Jugend zugute halten, weil ihr Vater sie zu dieser Ehe mehr oder weniger gezwungen habe.

Viel verhängnisvoller war die dritte Ehe, die Iulia wieder auf Befehl ihres Vaters, mit ihrem Stiefbruder Tiberius eingehen mußte. Auch in diesem Fall ist Augustus über den Willen der Beteiligten hinweggeschritten. Tiberius wurde obendrein noch gezwungen, sich von seiner ersten Frau Vipsania Agrippina, Tochter des Agrippa und der Caecilia Attica, zu trennen, mit der er in sehr glücklicher Ehe gelebt hatte.[14] Tiberius hat dies lange nicht verwinden können, und es war ihm sehr arg, daß er nun mit Iulia als Gattin leben mußte, die keinen guten Ruf besaß. Augustus hatte es auch dieses Mal sehr eilig gehabt, schon ein Jahr nach dem Tode des Agrippa befand sich Iulia wieder in den Fesseln einer neuen Ehe (11 v. Chr.), die allein aus Gründen der Staatsräson geschlossen worden war. Es konnte nicht ausbleiben, daß die Verschiedenheit der Ehegatten bald zu Spannungen führte; das Wesen der über die Maßen lebenslustigen Iulia war dem Tiberius wenig sympathisch, zumal dieser an den äußeren

Vergnügungen keinen Gefallen fand und sich, je länger desto mehr, auf sich selbst zurückzog. Dennoch wurde dem ungleichen Paar ein Sohn geboren, der im Jahre 10 v. Chr. in Aquileia zur Welt kam, aber das Kind starb bald und ließ die Eltern mit ihren Problemen ratlos zurück.

Sie hatten sich nichts mehr zu sagen, und in Rom wußte jedermann, was man von der Ehe der beiden Menschen zu halten hatte, die in ihrem Charakter und in ihren Neigungen grundverschieden waren. Und als Iulia die Beziehungen zu ihren Liebhabern wieder aufnahm, da fand Tiberius seine Lage so unerträglich, daß er nach Rhodos in die selbstgewählte Verbannung ging. Natürlich hatte er vorher den Princeps um Erlaubnis gebeten (6 v. Chr.). Damit endet die Geschichte dieser unglücklichen Ehe, denn die Lebenswege der beiden Gatten trennten sich, und zwar endgültig. Die antike Überlieferung kennt eine ganze Anzahl von Liebhabern der Iulia, aber Velleius Paterculus, ein intimer Freund des Tiberius, steht natürlich mit dem Herzen auf der Seite des Gatten; für Iulia hat er, wie die meisten seiner Zeitgenossen, kein Verständnis. In der modernen Geschichtsschreibung ist die Verwunderung groß, daß Augustus dem unwürdigen Treiben seiner Tochter so lange untätig zugesehen hat. In Rom machten die wildesten Gerüchte die Runde, und es ist wohl zweifelhaft, ob die Schandtaten, die Seneca (De benef. VI 32,1) zu berichten weiß, u. a., daß sie sich des Nachts auf dem Forum Romanum mit ihren Liebhabern getroffen habe, wirklich in dieser Weise geschehen sind. Und wenn gar Caligula mit seinem Lästermaul behauptet, Augustus habe zu seiner eigenen Tochter unerlaubte Beziehungen unterhalten, so zeigt dies nur, auf welche Abwege der Klatsch geraten ist, mag auch sogar Voltaire diese Version für glaubwürdig gehalten haben! Bereits Gaston Boissier hat mit Recht gesagt: ,,Die Phantasien eines Irren sind kein Beweis.''

Augustus aber war außer sich vor Zorn. Er war immerhin schon ein Sechziger. So trafen ihn die Enthüllungen über Iulia doppelt schwer, und in der ersten Aufwallung soll er sogar daran gedacht haben, sie mit dem Tod zu bestrafen (Suet. Leb. d. Aug. 65,2). Als er aber wieder zur Besinnung kam, setzte er sich nieder und schrieb einen Brief an den Senat, den er durch einen Quästor verlesen ließ. In dem Brief soll alles gestanden haben, was er von den Verfehlungen der Iulia in Erfahrung gebracht hatte, und das war mehr als genug. Im Namen des abwesenden Tiberius übersandte Augustus der Tochter den Scheidebrief, eine seltsame Tatsache, die den Zorn und die Ohnmacht des Princeps deutlich erkennen läßt. Und was nun mit Iulia? Ihre Schuld war durch Zeugenaussagen, bei

4. Augustusforum von Rom

5. Mausoleum des Augustus in Rom

denen auch die Folter ihr Werk getan hatte, erwiesen, und als Strafe blieb
nur die Verbannung übrig. Augustus wählte die kleine Insel Pandataria,
etwa 50 Kilometer westlich von Cumae im Tyrrhenischen Meer gelegen.
Sie war gerade so weit vom Festland Campaniens entfernt, daß jeder
Verkehr zwischen der Verbannten mit Personen aus Rom und aus Italien
von vornherein unterbunden war. Ihre Mutter Scribonia teilte freiwillig
mit ihr das Los der Verbannung, doch wurde Iulia sehr knapp gehalten,
auf den ausdrücklichen Wunsch ihres zornigen Vaters. Sie blieb von allen
Genüssen des Tafelluxus ausgeschlossen, angeblich soll ihr nicht einmal
das Weintrinken erlaubt gewesen sein (Suet. Leb. d. Aug. 65,3). Auch war
es ihr nicht gestattet, mit irgendeiner Person ohne Vorwissen des Augustus in Verbindung zu treten. Man wird die Enttäuschung des zutiefst
gekränkten Vaters verstehen, aber diese unmenschliche Härte war nicht
angebracht, denn Iulia litt schon genug durch ihre zwangsweise Entfer-
nung aus der Hauptstadt, wo sie alles hatte zurücklassen müssen. Freunde und Bekannte gab es für sie nicht mehr, sie wurde wie eine Gefangene
gehalten, und in den Gesprächen mit ihrer unglücklichen Mutter wird sie
wenig Trost gefunden haben. Dies alles geschah im Jahre 2 v. Chr. Fünf
Jahre danach verlegte man ihren Aufenthalt nach Rhegion (Reggio di
Calabria), alle Bitten des Volkes und auch ihres ehemaligen Gatten Tiberius blieben vergeblich. Als dieser die Nachfolge des Augustus angetreten
hatte, änderte er seine Haltung und tat alles, um das Leben der von ihm
bis in den Tod gehaßten Frau zu verkürzen. Sie starb noch im Jahre 14
n. Chr., ohne die Hauptstadt und ihre Kinder jemals wiedergesehen zu
haben. Niemand wird sich wundern, wenn das Urteil über Iulia in der
Geschichte schwankt. Sueton und Cassius Dio haben sie im ganzen nicht
ungünstig beurteilt, im Gegensatz zu Velleius Paterculus, der als Freund
des Tiberius kein gutes Haar an ihr gelassen hat. Es kann aber kein
Zweifel darüber aufkommen, daß Iulia das Opfer der Familienpolitik
ihres Vaters geworden ist. Augustus hat sich um die Gefühle der Menschen, die er aus dynastischen Gründen zusammengeführt hat, nicht im
geringsten gekümmert. Sie waren für ihn nur Figuren, die er seiner Politik dienstbar machte. Dies aber ist die große, unverzeihliche Schuld des
Hauptes der iulisch-claudischen Dynastie. Wieweit seine Gattin Livia
hierbei mitgewirkt hat, entzieht sich der Beurteilung, weil die Quellen
darüber nichts Sicheres wissen.[15] Niemand wird Iulia für unschuldig an
ihrem harten Schicksal erklären, aber ihr Vater hatte auf ihre Gefühle
keine Rücksicht genommen und das Leben seiner Tochter zerstört.

In den Sturz der Iulia war auch Iullus Antonius verwickelt, der Sohn

des Triumvirn Antonius aus der Ehe mit Fulvia. Augustus hatte ihn sehr
ausgezeichnet, wahrscheinlich wegen seiner Schwester Octavia. Von dem
Leben dieses Antoniussohnes ist wenig genug bekannt. In seiner Laufbahn hat er es schon in frühen Jahren zur Prätur und zum Consulat (im
Jahre 10 v. Chr.) gebracht, und er zählte sogar zu den Anwärtern auf die
Nachfolge des Augustus. Aber dann kam die Affäre der Iulia. Augustus
sah es als erwiesen an, daß Iullus Antonius sich des Ehebruchs mit seiner
Tochter schuldig gemacht hatte. Vielleicht waren hierbei politische Motive mit im Spiel, wie dies verschiedene antiken Quellen behaupten.[16] Hieran anknüpfend hat Edmund Groag[17] die Vermutung geäußert, es sei
primär die Verschwörung des Iullus Antonius gewesen, welche die harte
Reaktion des Augustus ausgelöst habe. Dieser habe sich durch die hoch-
verräterischen Pläne des Antonius, in die seine Tochter Iulia eingeweiht
gewesen sei, persönlich bedroht gefühlt, und dies habe ihn veranlaßt, die
Verfehlungen der Iulia vor aller Öffentlichkeit bekanntzugeben. Iullus
Antonius ist wohl auf Befehl des Augustus hingerichtet worden, es sei
denn, daß er dem Tod von Henkershand durch Selbstmord zuvorgekom-
men ist. Aber die Hypothese Groags ist sicherlich verfehlt, vor allem ist
die Bedeutung des Iullus Antonius übertrieben, und daß Iulia in die
Verschwörung eingeweiht gewesen wäre, ist ganz unbewiesen. Es wird
wohl dabei bleiben müssen, daß es sich bei der Verbannung der Iulia um
einen Racheakt des zutiefst gekränkten Vaters gehandelt hat.

In den letzten Jahren des Augustus, 8 n. Chr., war die iulische Familie
von einem weiteren Unglück betroffen worden. Die Jüngere Iulia, geboren im Jahre 19 oder 18 v. Chr., die Tochter des Agrippa und der Älteren
Iulia, wurde mit dem Exil bestraft. Sie galt als die Mitwisserin einer
Verschwörung, die ihr Gatte, der adelsstolze L. Aemilius Paullus, gegen
das Leben des Augustus angestiftet haben soll. Der Verdacht genügte
dem Princeps, den Ehemann zu töten und die Enkelin auf Lebenszeit aus
der Hauptstadt zu verbannen. Ihr wurde die kleine Insel Trimerus an der
Küste Apuliens als Aufenthaltsort zugewiesen. Die Insel war öde und
leer, nicht viel anders als die Insel Pandataria, auf der ihre Mutter fünf
höchst traurige Jahre ihres Lebens hatte verbringen müssen. Wie sich
doch die Bilder gleichen! Wieder einmal hat Augustus die Schale seines
Zorns über ein Mitglied seiner engeren Familie ausgeleert, ohne sich zu
fragen, ob eine Strafe wie diese gerecht und angemessen sei. Gewiß, auch
die Jüngere Iulia wird von der Überlieferung mit Liebhabern in Verbindung gebracht, einer von ihnen war der berüchtigte D. Iunius Silanus.
Schon im Altertum ist der Sturz der Jüngeren Iulia zu der Verbannung

des Dichters Ovid im gleichen Jahr in Beziehung gesetzt worden, aber irgendwelche zwingenden Beweise für den Zusammenhang sind bisher nicht erbracht worden. Daß Ovid durch seine lasziven Gedichte den Zorn des Augustus erregt hat, ist gut möglich; daß er zu den Liebhabern der Jüngeren Iulia gehörte, ist nicht wahrscheinlich. Aber Ovid war nicht ohne Schuld, und er hat dies auch selbst zugegeben.[18]

Als Haupt der iulischen Familie ist Augustus nicht so glücklich gewesen wie als Staatsmann. Die Verbannung von Tochter und Enkelin zeigt dies sehr deutlich. Obwohl sich Augustus sein Leben lang bemüht hat, war er in der Erziehung seiner Tochter alles andere als erfolgreich. Auch seine Enkel Gaius und Lucius, an denen der Princeps mit großer Liebe hing, haben ihm nicht immer Freude bereitet. Er hatte sie durch Adoption in die iulische Familie aufgenommen, aber der frühe Tod der beiden jungen Männer hat die Pläne des Augustus empfindlich durchkreuzt. Ihre Bevorzugung durch den Princeps, der in ihnen seine künftigen Nachfolger sah, erwies sich letzten Endes als gegenstandslos. Was Augustus erreicht hatte, war eine langdauernde Verstimmung seines Stiefsohns Tiberius, der sich mit Recht zurückgesetzt sah und dadurch immer schwieriger wurde. Auch Livia hat hier nicht helfen können. Man glaube nicht, daß Augustus etwa fahrlässig oder leichtsinnig in der Behandlung seiner Nächsten gewesen wäre. Im Gegenteil, er hat sich die größte Mühe gegeben, wenn Korrekturen sich als notwendig erwiesen. Dies gilt beispielsweise für seine Einstellung zu seinem Enkel Claudius, dem Sohn des Drusus und der Antonia Minor (geb. 10 v. Chr., gest. 54 n. Chr.). Dieser Unglücksmensch war von der Natur nicht gerade verwöhnt worden, und da er den Schaden hatte, brauchte er für den Spott nicht zu sorgen. Seine Gestalt reizte zum Lachen, er zog den rechten Fuß nach und hatte Schwierigkeiten mit dem Sprechen. Bei den Verwandten galt er als Dummkopf, er besaß aber einen hohen Grad von Pfiffigkeit, den niemand bei ihm vermutet hätte. Zu den Thronanwärtern gehörte er nicht, und wenn er in vorgerücktem Lebensalter Kaiser geworden ist, so verdankte er dies den Umständen nach dem Tod des Caligula, seines Neffen, im Jahre 41 n. Chr. Sueton hat in der Lebensbeschreibung des Claudius (c. 4) einen längeren Brief des Augustus wiedergegeben, den dieser an seine Gattin Livia gerichtet hat. Man kann nun wirklich nicht sagen, daß sich Augustus das Urteil über diesen merkwürdigen Claudier leicht gemacht hätte, im Gegenteil, im Brief sind die Probleme sorgfältig abgewogen, dem Princeps kommt es vor allem darauf an, daß Claudius nicht in der Öffentlichkeit durch sein Verhalten Anlaß zu Spott und Gelächter

bietet. Es muß so mit Claudius gestanden haben, daß Augustus in ihm
einen Menschen sah, den man besser nicht in der Öffentlichkeit auftreten
ließ, um nicht der Familie der Iulier und Claudier Schande zu machen. Er
hielt den Enkel offensichtlich nicht für ganz normal, wenn er dies auch in
seinem Brief vorsichtiger formuliert hat. In der Übersetzung Victor
Gardthausens[19] liest sich dies wie folgt: „Wenn er, um mich so auszudrücken, vollständig normal ist, dann dürfen wir doch auch kein Bedenken tragen, ihn in denselben Abschnitten und Stufen Karriere machen zu
lassen, wie sein Bruder [Germanicus] sie gemacht hat. Wenn wir aber die
Überzeugung gewinnen, daß er minderwertig ist und körperlich sowohl
wie geistig defekt genannt werden muß, sollen wir dem Publikum, das
sich stets mokiert und die Nase rümpft, Stoff bieten, ihn und uns zu
verspotten?" Augustus drängt auf eine Entscheidung grundsätzlicher
Art, und wie diese ausgefallen ist, weiß man nur zu genau. Claudius ist in
der Ämterlaufbahn *nicht* vorangekommen, erst sein Neffe Gaius (Caligula) hat ihm das Consulat verliehen, er hat also auf diese Würde nach dem
Tod des Augustus noch mehr als zwei Dezennien warten müssen. Man
wird hier dem Augustus zugestehen müssen, daß er im Interesse der
Würde seiner Familie eine vernünftige Entscheidung getroffen hat und
daß er sich diese wohl überlegt hat.

Noch mehr Sorgen hat dem Augustus ein anderer Enkel, Agrippa
Postumus,[20] bereitet. Er war der jüngste Sohn aus der Ehe des Marcus
Agrippa und der Erbtochter Iulia. Erst nach dem Tod des Vaters ist er
zur Welt gekommen, daher führte er den Beinamen Postumus, das heißt
‚der Nachgeborene‘. Von dem Wesen seines Vater hatte der junge Mann
wenig geerbt, er war ein sprunghafter Charakter, der sich wenig Freunde
erworben hat. Wie es den Anschein hat, litt er an einer Geisteskrankheit;
denn man sagte von ihm, daß er ganz unmotiviert in Zorn ausbrechen
konnte, womit er seine Umgebung in Schrecken versetzte. Man schob ihn
schließlich ab und schickte ihn in die Verbannung, zuerst nach Sorrent,
dann auf die Insel Planasia. Hier wurde er, wahrscheinlich auf einen
hinterlassenen Geheimbefehl des Augustus hin, unmittelbar nach dessen
Heimgang umgebracht. Er wäre sicherlich eine Belastung des neuen Princeps, des Tiberius, gewesen, mit dem zusammen er von Augustus im
Jahre 4 n. Chr. adoptiert worden war.

Daß Augustus diesen Enkel kurz vor seinem Tod auf der Insel Planasia
besucht haben soll, gehört ebenso in den Bereich der Legende wie die
Vermutung, Livia habe zu seinem Untergang beigetragen. Natürlich
mußte das Schicksal dieses unglücklichen Augustus-Enkels immer wieder

zu Gerüchten und Vermutungen Anlaß geben – aber sie alle entsprechen nicht der Wahrheit, denn diese ist hart und eindeutig: Augustus hat sich des jungen Mannes entledigt, weil er von ihm nichts Gutes erwartete.

Je älter Augustus wurde, um so mehr wird ihn das Problem seiner Nachfolge beschäftigt haben. Er mußte sich fragen, was nach seinem Tode geschehen würde. Das Prinzipat war ganz auf seine Person zugeschnitten. Augustus hatte es mit der Hilfe seiner Freunde aufgebaut, er selbst hatte dem Prinzipat die maßgebende Form verliehen: Nach außen war die Staatsform eine *res publica,* im Inneren aber war es die Herrschaft des ersten Mannes. Augustus hat niemals die Zügel der Regierung aus der Hand gegeben - aber wie sollte es nach seinem Tod weitergehen? Direkte Aussagen des Augustus sind hierüber nicht überliefert, doch kann nicht der geringste Zweifel darüber bestehen, daß die Nachfolgepläne des ersten Princeps je nach den Umständen der Veränderung unterworfen gewesen sind. Das Prinzipat, das war die Herrschaft des Augustus und seines Hauses, und die Frage der Nachfolge wäre ein für allemal erledigt gewesen, wenn ihm nicht in seinen drei Ehen männliche Nachkommenschaft versagt geblieben wäre. Aber da war die Tochter Iulia. Ihre Ehen mit Marcellus, Agrippa und Tiberius, ihrem Stiefbruder, waren staatspolitisch von hoher Bedeutung. Marcellus aber starb früh, im Jahre 23 v. Chr., Augustus war damals erst vierzig Jahre alt. Der mit dem Princeps gleichaltrige Agrippa mußte schon im Jahre 12 v. Chr. die Erde verlassen; das war ein harter Schlag für Augustus, denn Agrippa war nicht nur sein Freund, sondern auch sein Mitregent gewesen, Augustus hatte sich in allen Dingen ganz auf ihn verlassen können. Mit fortschreitender Zeit rückten die beiden ältesten Söhne Agrippas und der Iulia, Gaius und Lucius, in den Vordergrund. Aber sie waren noch sehr jung, denn sie waren im Jahre 20 bzw. 17 v. Chr. geboren. Was Augustus mit ihnen vorhatte, zeigt die Tatsache, daß er sie in zartestem Alter in die iulische Familie adoptierte. Vor allem für Gaius hegte der Kaiser eine große Vorliebe, er ebnete ihm frühzeitig den Weg in hohe Ehrenämter. Dies konnte von den Zeitgenossen kaum anders gedeutet werden, als daß er als der künftige Princeps angesehen wurde, vor allem seitdem Tiberius im Jahre 6 v. Chr. in die selbstgewählte Verbannung nach Rhodos gegangen war. Aber die Götter waren den Plänen des Augustus nicht gewogen. Er hatte Gaius Caesar in den Orient gesandt, wo es die armenische Frage in Verbindung mit dem parthischen Problem zu lösen gab. Am 1. Januar des Jahres 1 n. Chr. trat Gaius sein erstes Consulat an, er war weit entfernt von der Hauptstadt und befand sich auf der Reise in Syrien. Auf einer Euphratinsel traf er mit dem parthischen Großkönig zusammen, aber der junge Römer hatte nur noch kurze Zeit zu leben. Er wurde bei der Belagerung der Feste Artagira in Armenien durch einen Attentäter verwundet und starb auf der Heimreise nach Rom in Limyra in Kilikien (24. Februar 4 n. Chr.). Er war knapp 23 Jahre alt geworden, mit ihm sanken die Hoffnungen des Augustus ins frühe Grab. Dieser hatte seinen Enkel und Adoptivsohn geliebt wie keinen anderen. Davon zeugt unter anderem der Brief, den Augustus dem Gaius am 23. September 1 n. Chr. geschrieben hat, also an seinem 63. Geburtstag. Er ist bei Gellius in den ‚Attischen Nächten' (*Noctes Atticae*), XV 7,3 erhalten und wird hier in der Übersetzung Gardthausens wiedergegeben:

„Sei mir gegrüßt, mein Gaius, mein liebes kleines Arbeitstier, nach dem ich mich, die Götter wissen es, immer sehne, wenn Du von mir abwesend bist. Aber ganz besonders an solchen Tagen, wie der heutige ist, da suchen meine Augen allenthalben meinen Gaius, und mir bleibt nur die Hoffnung, daß, wo Du an diesem Tage auch immer gewesen bist, Du doch sicher heiter und gesund meinen 64. Geburtstag[21] wirst gefeiert haben. Denn, wie Du siehst, habe ich das für alte Leute gewöhnlich so wichtige Wechseljahr (glücklich) überstanden. Allein solange mir noch Zeit (zu leben) übrig bleibt, bitte ich die Götter, Euch gesund zu erhalten und mich den Rest meiner Tage angesichts des blühenden Wohlstandes der Republik verleben und Euch nach meinem Heimgang als treffliche Männer Nachfolger für meinen Posten werden zu lassen.''

Der Brief sagt es ausdrücklich: Augustus sah in seinem Enkel Gaius den Nachfolger im Prinzipat. Der so ganz unvermutete Tod des jungen Prinzen, der mühelos zur zweiten Stelle im Reich aufgestiegen war, traf Augustus um so härter, als der jüngere Bruder Lucius Caesar bereits anderthalb Jahre vorher, am 20. August des Jahres 2 n. Chr., in Massilia (Marseille) gestorben war. Lucius, geboren im Jahre 17 v. Chr. hatte ebenso wie sein Bruder die Ehrungen von Volk und Senat in vollen Zügen genossen, wenn er auch noch nicht zu den höchsten Ehren des Consulats aufgestiegen war, er starb als *Consul designatus*[22].

Die beiden Schicksalsschläge hat Augustus nie mehr verwunden. Noch in seinen *Res gestae* beklagt er sich bitter darüber, daß ihm das Schicksal die beiden Söhne – gemeint sind Gaius und Lucius – auf so grausame Weise entrissen habe. Vermutungen, daß hier die Hand der Livia im Spiel gewesen sei, entbehren jeder Grundlage. Was hätte sie auch durch den Tod des Lucius gewinnen können, wenn Gaius für sie im Orient unerreichbar blieb?

Für Augustus wurde es nun Zeit, einen neuen Entschluß über die Nachfolge zu fassen. Er war inzwischen 66 Jahre alt geworden und mußte daran denken, sein Haus zu bestellen. Die Adoption des Tiberius, seines Stiefsohns, allerdings zusammen mit dem Enkel Agrippa Postumus, im Jahre 4 n. Chr. war ein wichtiger Schritt in eine neue Richtung. Bisher hatte sich der Princeps immer gesträubt, den Stiefsohn an die erste Stelle in der Nachfolge rücken zu lassen. Er liebte ihn nicht, wenn er auch seine Verdienste, die er sich im Krieg erworben hatte, zu würdigen wußte. Aber im Temperament und im Charakter waren die beiden, Augustus und Tiberius, zu verschieden, außerdem war Tiberius durch das Verhalten seiner ehemaligen Frau, der Iulia, zutiefst gekränkt; er trug es dem Augustus nach, daß dieser ihn zu einer Ehe gezwungen hatte, die ihm von vornherein zuwider gewesen war. Für Augustus aber galt das Wort: Not kennt kein Gebot. Wenn er sein Werk für die Zukunft, auch über seinen Tod hinaus, sichern wollte, so blieb ihm jetzt keine andere Wahl mehr, er mußte handeln, denn niemand konnte voraussehen, wie sich das Verhältnis des Princeps zu Tiberius weiter entwickeln würde. Es war kein leichter Entschluß des Kaisers, aber es ehrt ihn, daß er das Wohl des Staates über alle persönlichen Bedenken gestellt hat. Und die Wahl des Tiberius hat sich, nimmt man alles in allem, als segensreich erwiesen. Augustus tat es um des Staates willen, wie es in dem von der Volksversammlung geschworenen Eid des Curiatgesetzes vom 26. Juni 4 n. Chr. heißt. Tiberius mußte den Sohn des Drusus mit Namen Germanicus adoptieren. Wenn man will, so kann man sagen, daß Augustus die Nachfolge auf vier Augen stellte (die Adoption des Agrippa Postumus kann außer Betracht bleiben) – aber Augustus hatte bereits zuviel Unglück in seiner Familie erlebt, er wollte sich gegen künftige Schicksalsschläge sichern. Tiberius erhielt bei dieser Gelegenheit die *tribunicia potestas* auf zehn Jahre. Er begab sich unverzüglich nach Germanien, um dort die Operationen an Rhein, Weser und Elbe wieder aufzunehmen. Von den Soldaten wurde er mit Freuden begrüßt. Über die kriegerischen Vorgänge ist an anderer Stelle ausführlich gehandelt worden (s. u. S. 85). Abschließend sei nur noch erwähnt, daß Tiberius im Jahre 13 n. Chr. ein *imperium proconsulare maius* erhielt. Dies aber bedingt die Verfügung über ' das Heer und die Flotte des Reiches, gleichzeitig wurde die *tribunicia potestas* erneuert. Es war für jeden klar, daß die Nachfolgefrage damit entschieden war. Dem Augustus war keine andere Wahl geblieben, das Schicksal hatte es so gewollt.

Das Prinzipat des Augustus war der Beginn einer neuen Zeit. Zwar lebte die alte *res publica* in ihren Institutionen weiter, aber diese hatten sich in ihrem Inhalt beträchtlich verändert. Was Senat und Volksversammlung auch beschlossen – ohne den Willen und die Zustimmung des Princeps konnte hier nichts mehr von Bedeutung geschehen. Seine *auctoritas* war entscheidend, ihr hatten sich alle anderen unterzuordnen. Seit dem Tod des Antonius in Alexandrien im Jahre 30 war Augustus Alleinherrscher, mochte er dies nach außen hin möglichst wenig in Erscheinung treten lassen. Es war kein Wunder, wenn diese Veränderung von so manchen unter den Nobiles als schmerzlich empfunden worden ist. Sie vermißten die Freiheit, wie sie in der *res publica* vorhanden gewesen war. Die Frage, ob es eine Opposition unter Augustus gegeben hat, kann nur in positivem Sinn beantwortet werden. Es gab so manche Bürger, vor allem im Senatorenstand, die sich mit dem Verlust der politischen Macht nur schwer abzufinden vermochten. Wiederholt hörte man in den Senatssitzungen bittere Worte der Kritik, und der Princeps war klug genug, sich diese Reden mitanzuhören, ohne sich darüber sonderlich aufzuregen. Er hat dies gegenüber Tiberius ganz offen zum Ausdruck gebracht, und zwar schrieb er ihm das folgende:[23] „Du darfst nicht, mein lieber Tiberius, Deinem Jugendeifer zu sehr nachgeben und Dich zu sehr darüber ärgern, wenn jemand über mich eine abfällige Bemerkung macht. Es ist ja genug, wenn wir das erreicht haben, daß niemand in der Tat uns schaden kann." Wer so urteilt, zeigt damit, wie wenig er von den gelegentlich ins Geschmacklose abgleitenden Reden der Opposition hielt, diese Dinge ließen ihn kalt, er hatte sie zu oft gehört, und er wußte, daß von dieser Seite her keine Taten zu erwarten waren. Es ist ihm daher gar nicht eingefallen, gegen die unvorsichtigen Redner mit polizeilichen Mitteln einzuschreiten. Zum Ruhm des Augustus muß gesagt werden, daß er sich von jeder blinden Verfolgung seiner Gegner in acht genommen hat. Im besonderen war er ganz unempfindlich gegenüber Schmähschriften, wie sie in Rom von jeher die Runde machten; er pflegte darüber nur die Achseln zu zucken und ihnen nur dann nachzugehen, wenn es sich herausstellte, daß sie unter falschem Namen herausgegeben worden waren (Suet. Leb. d. Aug. 55). Aber die Welt läßt sich bekanntlich nicht nur mit Güte regieren, so hat auch Augustus gelegentlich mit Härte eingreifen müssen, wenn es sich zeigte, daß Verschwörungen gegen sein Leben angezettelt worden waren. In den Quellen steht hierüber nicht allzuviel, und das ist kein Wunder, denn vieles ist wohl auf dem Weg über die Kabinettsjustiz des Princeps erledigt worden. Die Öffentlichkeit dürfte davon nur wenig erfahren haben. In der Tat existieren die Namen von ein paar Verschwörern, denen Augustus nicht verziehen hat. An erster Stelle wäre hier ein Mann namens M. Egnatius Rufus zu nennen; er war im Jahre 21 v. Chr. Ädil und machte sich bei den Einwohnern der Hauptstadt dadurch beliebt, daß er aus seinen eigenen Sklaven eine Löschmannschaft zusammenstellte, die bei den sich ständig wiederholenden Bränden durch ihren schnellen und zweckmäßigen Einsatz von sich reden machte. Die Popularität des Egnatius Rufus hatte bald einen derartigen Grad erreicht, daß er schon im Jahre 20 die Prätur bekleidete. Sein Versuch, unter Ignorierung des zweijährigen Intervalls sich im Jahre 19 v. Chr. zum Consul wählen zu lassen, scheiterte aber am Widerstand des regierenden Consuls C. Sentius Saturninus. Dies alles wäre vielleicht noch gar nicht so gravierend gewesen, hätte sich nicht Egnatius in eine Verschwörung gegen das Leben des Augustus eingelassen. Die Verschwörung wurde entdeckt, Egnatius festgenommen, er starb im Gefängnis eines elenden Todes durch den Henker (Vell. Pat. II 91).

Schon vorher war ein spektakulärer Hochverratsfall bekannt geworden. Es ist dies die Verschwörung des A. Terentius Varro Murena, der im Jahre 23, zusammen mit Augustus, das Consulat bekleidete. Varro hatte sich im Verlauf eines Prozesses beim Princeps unbeliebt gemacht, in dem er als Verteidiger des Statthalters von Makedonien, M. Primus, aufgetreten war.[24] Augustus hat ihm dies nachgetragen, aber es wäre ihm wohl kaum etwas passiert, hätte er sich nicht in eine Verschwörung eingelassen, als deren Haupt Fannius Caepio angesehen wurde. Die Anklage vertrat übrigens Tiberius.[25] Murena wurde des Hochverrats schuldig befunden und verurteilt. Das Urteil war in seiner Abwesenheit ergangen; denn Murena war geflohen, wurde aber ergriffen und hingerichtet. Es hatte ihm nichts geholfen, daß vornehme Freunde, unter ihnen sogar Maecenas, Fürbitte beim Princeps eingelegt hatten. Auch Fannius war nicht zu retten. Nur der Philosoph Athenaios kam wieder frei, da man ihm offenbar nichts Konkretes vorzuwerfen hatte. Auch Fannius Caepio hatte sich auf die Flucht begeben, er kam aber nur bis Neapel, hier wurde er von einem Sklaven verraten und erlitt den Tod für seinen Hochverrat.

Viel bedrohlicher für Augustus war jedoch die Verschwörung des Iullus Antonius. Er gehörte zu den Liebhabern der Iulia (s. o. S. 128). Iullus Antonius war ein Mann von großem Ehrgeiz, vielleicht hat er sich durch seine Verbindung mit Iulia den Aufstieg zur Spitze des Reiches erhofft, sei es, daß er Augustus beseitigen, sei es, daß er die Thronanwärter verdrängen wollte. Über seine Pläne wird man schwerlich Gewißheit erlangen können,[26] doch darf es als sicher gelten, daß Männer wie Appius

Claudius, Scipio und Sempronius Gracchus mit im Komplott gewesen sind.

In einem Suetonkapitel (Leb. d. Aug. 19) findet sich eine Liste der Verschwörer, sie beginnt mit dem Namen des Aemilius Lepidus, des Sohnes des Triumvirn, der im Jahre 30 hingerichtet wurde, es folgen Varro Murena und Fannius Caepio (im Jahre 23), sodann M. Egnatius (19 v. Chr.), Plautius Rufus und L. Aemilius Paulus, L. Audasius, Asinius Epicadius und am Schluß Telephus, der als Nomenclator und Sklave bezeichnet wird. Von diesen hätten Audasius und Telephus die Absicht gehabt, Iulia und ihren Sohn Agrippa Postumus zu befreien, um für sie den Beistand des Militärs anzurufen. Wie es heißt, soll man einen Troßknecht des illyrischen Heeres mit einem großen Jagdmesser in der Nähe des Schlafgemachs des Kaisers ergriffen haben. Doch habe die Untersuchung darüber nichts herausbringen können, ob dieser Mann wirklich wahnsinnig gewesen sei oder ob er dies nur vorgetäuscht habe.

Augustus war alles andere als ängstlich, nur in einem einzigen Fall kann man davon sprechen, daß ihm die Nerven durchgegangen sind, und dies war in der Sache der Iulia und des Iullus Antonius. Im übrigen neigte er zur Milde, und wenn es sich herausstellte, daß sein Leben nicht unmittelbar bedroht gewesen war, so war er bereit, zu verzeihen. Bei Sueton (Leb. d. Aug. 51) kann man einige Beispiele hierfür nachlesen. So soll Augustus den Prozeß gegen Aemilius Aelianus aus Corduba sogar mit einem Witzwort beendet haben – wahrscheinlich hielt er die Angelegenheit für harmlos: Auch er sei imstande, über diesen Aelianus einiges zu sagen, und dieser möge wissen, daß auch er, Augustus, über eine Zunge verfüge. Dies mag eine Anekdote ohne historischen Wert sein, aber wenn Sueton sie wiedergibt, so will er doch wohl damit sagen, daß Augustus nicht jede Äußerung auf die Goldwaage zu legen pflegte, selbst wenn sie gegen ihn persönlich gerichtet war. Es fanden sich auch Männer, die ihre Opposition ganz offen zum Ausdruck gebracht haben. So soll Antistius Labeo bei Gelegenheit der Neukonstituierung des Senats im Jahre 18 v. Chr. niemanden anders als M. Aemilius Lepidus, den ehemaligen Triumvirn, vorgeschlagen haben. Als Augustus an ihn die Frage richtete, ob er denn keinen Würdigeren nominieren wolle, soll der charaktervolle Republikaner gesagt haben, jeder möge eben seinem eigenen Gewissen folgen (wörtlich: jeder habe eben sein eigenes Urteil, Suet. Aug. 54). Augustus aber blieb nichts anderes übrig, als seinen Zorn hinunterzuschlucken und auf eine weitere Auseinandersetzung zu verzichten. Dieser Antistius Labeo war ein bekannter Jurist, der eine große Zahl von Schriften hinterlassen hat: über das Edikt des Prätors, über das Pontifikalrecht sowie über die Zwölftafelgesetze. Wie es heißt, soll er sich jeweils sechs Monate im Jahr in Rom aufgehalten haben, um hier seinem Beruf als Rechtslehrer nachzugehen, den Rest des Jahres habe er auf die Abfassung seiner Schriften verwendet.

Größere politische Erschütterungen und regelrechte Umsturzversuche sind dem Augustus erspart geblieben, dazu war seine Herrschaft zu fest gegründet. Er konnte sich dabei auf die Zustimmung des weitaus größten Teils der Bürger stützen, auch die meisten Senatoren und Ritter hatten sich mit dem Prinzipat abgefunden. Dazu kam, daß sich Augustus auf das Heer verlassen konnte, die Kommandogewalt ist ihm niemals von irgendjemandem streitig gemacht worden. Bezeichnenderweise kam der gefährlichste Angriff von der Seite des Iullus Antonius. Augustus aber hat gewußt, wie er dieser Verschwörung begegnen mußte, denn in diesem Fall hat er mit großer Härte durchgegriffen, gerade auch gegenüber seiner eigenen Tochter Iulia – aber trotzdem kann von einer Gewaltherrschaft, einer Tyrannis, nicht die Rede sein. Davon war das Prinzipat des Augustus meilenweit entfernt. Der erste Princeps hat seine Aufgabe, der Welt den Frieden zu geben, weithin erfüllt. Die Verschwörungen hätten ihn daran gehindert, er konnte sie nicht dulden, und dabei befand er sich im Einklang mit dem weitaus größten Teil der römischen Bürger, die ihn als ihren Schutzherrn verehrten und bewunderten.

Die Freunde des Augustus. Caesar war es beschieden gewesen, durch die Hand von Verschwörern den Tod zu finden. Unter den Mördern waren nicht wenige, die sich vorher gerühmt hatten, Freunde des Diktators zu sein – aber dies hatte sie nicht daran gehindert, den Dolch gegen Caesar zu erheben. Augustus hat es für eine Pflicht der Pietät gehalten, die Caesarmörder zu verfolgen. Es ist von ihnen kein einziger übriggeblieben, den die Rache nicht ereilt hätte. Bei dem Verfahren auf Grund der *Lex Pedia* hatte Octavian die Hilfe seiner Freunde und Parteigänger in Anspruch genommen. So hatte Agrippa die Anklage gegen Cassius vertreten (Vell. Pat. II 69, 5). Agrippa war ungefähr gleichaltrig mit Augustus (geb. im Jahre 63 v. Chr.). Neben Maecenas war Agrippa der treueste Freund, den Augustus in seinem Leben gefunden hat. Über die Verdienste Agrippas braucht hier nicht im einzelnen gehandelt zu werden, sie gehören der Geschichte seines Zeitalters an. Agrippa war ein hochbegabter Stratege, zu Wasser ebenso wie zu Lande, er war der Sieger über Sex. Pompeius bei Naulochos (36 v. Chr.). Und in der Schlacht bei Actium am 2. September 31 v. Chr. hat er durch seinen Seesieg über

Antonius geradezu Weltgeschichte gemacht. Er gehört ohne Zweifel zu den großen Seehelden und steht in einer Linie mit Männern wie Juan d'Austria, Nelson und Tegetthoff. Agrippa war in mancher Hinsicht ein etwas schwieriger Mann. Wer jemals seine Porträtbüste betrachtet hat, dem wird sich der finstere Gesichtsausdruck unauslöschlich einprägen. Er war alles andere als ein strahlender Held, das Leben hatte ihm viele Probleme gestellt, und nicht alle hatte er befriedigend lösen können. Dies gilt insbesondere von seinen Familienverhältnissen, die ihm manchen Kummer bereitet haben. Auf Wunsch des Augustus mußte er sich von seiner zweiten Gattin Claudia Marcella Maior scheiden lassen, um an ihrer Stelle die blutjunge Iulia, die Tochter des Augustus, zu heiraten. Die Ehe ist, obwohl sie mit mehreren Kindern gesegnet war, alles andere als glücklich gewesen. Vor allem waren die Ehegatten zu verschieden, nicht nur im Lebensalter, sondern auch im Temperament und in der Gesinnung; es war kein glücklicher Gedanke des Augustus, die Ehe zu stiften. Aber für ihn waren dynastische Gründe ausschlaggebend. Er vertraute felsenfest auf seinen Freund Agrippa, die Tochter Iulia wird er gar nicht gefragt haben, sie hatte sich dem Gebot des Vaters zu fügen. Was aber wäre Augustus ohne seine Freunde gewesen? Er hat dies in aller Öffentlichkeit anerkannt. So soll er nach der Katastrophe der Iulia im Jahre 2 v. Chr. ausgerufen haben: ,,Dies alles wäre nicht geschehen, wenn Agrippa oder Maecenas noch am Leben gewesen wären!"[27]

Agrippa war von unten aufgestiegen, er gehörte nicht zu den Abkömmlingen einer der alten Adelsfamilien. Bezeichnenderweise hat er auf das Nomen Vipsanius verzichtet, denn dieser Name bedeutete in Rom nichts. Mommsen hat freilich gemeint, mit diesem Verzicht sei Agrippa nur dem Beispiel des Augustus gefolgt, aber dies trifft nicht zu, eine Stelle des Seneca spricht dagegen.[28]

Sein ganzes Leben hat Agrippa dem Dienst am Staate gewidmet, zuerst als militärischer Führer in den Kriegen von 44 bis 31 v. Chr., und dann, nach einer kurzen Pause, von 29 bis 12 v. Chr., seinem Todesjahr, in der Administration des Imperiums. Das Wort Bismarcks *,,Patriae inserviendo consumor"*: ,,Im Dienst des Vaterlandes verzehre ich mich", könnte mit dem gleichen Recht auch für Agrippa gelten. Ohne die militärischen Erfolge Agrippas hätte Augustus niemals die Alleinherrschaft erringen können, denn ihm fehlte gerade das, was Agrippa in hohem Maß auszeichnete: die militärische Begabung. Immer wieder beweisen Leben und Taten die Bedeutung des ,Zweiten' in der Weltgeschichte. Ernst Kornemann hatte die Absicht, ein Buch über die ,Zweiten' zu schreiben. Das

Leben Agrippas wäre ein dankbarer Stoff für eine entsprechende Darstellung gewesen, doch ist es hier bei der Absicht geblieben.

Mit Recht hat ein Kenner des antiken Seekriegswesens, August Köster, von Agrippa gesagt, sein Auftreten habe geradezu eine Revolutionierung der antiken Seetaktik bedeutet. Agrippa hat nämlich die von Duilius im Ersten Punischen Krieg verwandten Enterbrücken (*corvi*, eigentlich ‚Raben‘) wieder zu Ehren gebracht. Er hat sie in technischer Hinsicht bedeutend verbessert und mit ihrer Hilfe den Seekönig Sex. Pompeius in den sizilischen Gewässern entscheidend geschlagen. Wenn man bedenkt, daß Agrippa damals erst 27 Jahre zählte, so wird man diese Leistung ganz besonders hoch einschätzen. Bei Naulochos (36 v. Chr.) hat Agrippa sehr große Schiffe eingesetzt, gegen die sich die Taktik des Pompeius als machtlos erwiesen hat. Vorher hatte Agrippa für seine Flotte einen Kriegshafen anlegen lassen, den Portus Iulius in der Meeresbucht von Cumae in Campanien. Man verband den Lukrinersee mit dem Avernersee, der Damm der Via Herculanea diente dabei als Schutzwall gegen die Meeresbrandung. Da die Gegend durch den Vulkanausbruch des Jahres 1538 stark verändert worden ist, kann man sich heute von den Hafenbauten kein klares Bild mehr machen: Es ist hier ein Berg, der Monte Nuovo, entstanden, der Lukrinersee hingegen existiert nicht mehr. Agrippa soll sehr stolz auf seinen Kriegshafen gewesen sein; in seiner Autobiographie hat er hervorgehoben, daß der Gedanke dazu von ihm selbst stammte – aber schon ein bekannter Kommentator der Antike (Servius, zu Vergils Georgica) hat bemerkt, der Ruhm an dem Projekt sei Augustus zugefallen. Wie dem nun auch sein mag, soviel steht fest, daß Agrippa mit dem Hafenbau wenig Glück gehabt hat, denn vom Meer her türmte sich Flugsand auf, der den Zugang zum Lukrinersee versperrte. Es half alles nichts, man mußte einen neuen Kriegshafen bauen, und zwar den von Misenum, der in der Kaiserzeit von der Kriegsflotte benutzt worden ist.

Zu den Neuerungen Agrippas gehört der Bau von Großkampfschiffen, sie waren mit Artillerie (Ballisten) bestückt und erwiesen sich allen anderen Kriegsschiffen überlegen. Agrippa ist es auch gewesen, der versenkbare Geschütztürme eingeführt hat, eine Neuerung, für die es im Altertum kein Vorbild gibt. Doch sind es nicht diese ‚Dreadnaughts‘ gewesen, die in der Entscheidungsschlacht bei Actium den Sieg über die Flotte des Antonius errungen haben. Um den Kolossen seines Gegners beizukommen, hatte Agrippa dieses Mal eine Flotte von kleinen, sehr wendigen Schiffen ins Gefecht geführt. Sie hatten sich den nicht sehr beweglichen Schiffsgiganten des Antonius als absolut überlegen gezeigt, und am

Abend des 2. September 31 v. Chr. existierte die stolze Flotte des Antonius nicht mehr, die Schnellsegler der Königin Kleopatra befanden sich auf der Fahrt nach Ägypten, Antonius war der Gattin gefolgt. Die Quellen bezeichnen Agrippa eindeutig als den Oberbefehlshaber.[29] Auch im Kriegsrat, welcher der Schlacht vorausgegangen war, hatte die Stimme Agrippas den Ausschlag gegeben: es sei nicht richtig, dem Antonius den Durchbruch zur See nach Ägypten freizugeben, wie dies Octavian vorgeschlagen hatte, der auf diese Weise größere Verluste vermeiden wollte. Denn wäre es dem Antonius gelungen, den Großteil seiner Schiffe nach Ägypten zu überführen, so hätte mit ihm noch einmal um die Entscheidung gekämpft werden müssen, und niemand hätte sagen können, wie dieses Mal die Würfel gefallen wären.

Als Sieger in der Schlacht bei Actium hat Agrippa eine Leistung vollbracht, die von ungeheuer weitreichenden Folgen gewesen ist: Ohne Actium keine Herrschaft des Augustus, ohne Actium kein Kaiserreich! Man vermißt eine entsprechende Ehrung Agrippas. Gewiß, Augustus ließ ihm ein meergrünes Banner überreichen als Preis für seinen Seesieg, aber dies war alles. Doch durfte er, zusammen mit Valerius Messalla, das Haus des Antonius auf dem Palatin bewohnen, und als dieses abbrannte, nahm ihn Augustus in sein eigenes Haus auf. Wollte er hiermit zum Ausdruck bringen, daß er Agrippa zu seiner engeren Familie rechnete? Dies geschah im Jahre 25, als Agrippa gerade den Bau des Pantheon vollendet hatte. In den Jahren 28 und 27 war er, zusammen mit Octavian, Consul gewesen. Wie sich Augustus die Nachfolge dachte, zeigte er bei seiner Erkrankung im Jahre 23. Während er seinem Mitconsul Cn. Calpurnius Piso das Rechnungsbuch des Reiches (*rationarium imperii*) überreichte, erhielt Agrippa seinen Siegelring. Sollte er dadurch als der künftige Nachfolger designiert werden? Und was sollte mit dem jungen Marcellus, dem Gatten der Iulia, geschehen? Die Frage blieb vorerst offen, denn Agrippa begab sich auf die Reise in den Orient, wobei er zunächst in Mytilene auf Lesbos Station machte. Er wird damals im Besitz eines *imperium proconsulare maius* über den Osten des Reiches gewesen sein. Dadurch war Agrippa als der Zweite im Reich gekennzeichnet, er sollte den Osten regieren, während sich Augustus den Westen vorbehielt. Im Orient trat der neue ‚Generalstatthalter‘ gewissermaßen an die Stelle des toten Antonius, dessen Verdienst es gewesen war, daß er die Ostprovinzen dem Imperium Romanum erhalten hatte. Und nun noch etwas Überraschendes! Als Marcellus im August des Jahres 23 nach kurzer Krankheit verstorben war, rückte Agrippa zum Stellvertreter des Princeps auf; das

Reichsregiment stand wieder auf vier Augen, und es kann kaum ein Zweifel darüber aufkommen, daß Agrippa an die Stelle des Princeps getreten wäre, wenn dieser, der immer wieder mit Krankheiten zu kämpfen hatte, das Zeitliche gesegnet hätte. Wie hoch Agrippa im Osten des Reiches gestiegen war, zeigen zwei Dinge: Auf einer Gemme aus Amethyst (jetzt im Louvre zu Paris) erscheint das Haupt des Agrippa mit dem Diadem umkränzt, und gegenüber Herodes, dem König von Iudäa, hat er sich als der Herrscher im Orient gegeben, was dieser ohne weiteres hingenommen hat. Die beiden schönsten Gemächer seines Palastes in Jerusalem hat Herodes nach Caesar (Augustus) und nach Agrippa benannt (*Caesareum* und *Agrippaeum*).

Agrippa war in erster Ehe mit einer Tochter des Atticus mit Namen Caecilia Attica verheiratet, in zweiter Ehe mit Claudia Marcella, einer Tochter der Octavia. Jetzt aber, im Jahre 21, wünschte Augustus eine eheliche Verbindung des Agrippa mit der Erbtochter Iulia, Agrippa war 42, Iulia erst 18 Jahre alt. Man hat Augustus vielfach getadelt, weil er die beiden an Alter und Charakter so grundverschiedenen Menschen zusammengeführt hat. Allerdings gibt es Beispiele, die zeigen, daß derartige Ehen recht glücklich geworden sind. Moltke hat als Zweiundvierziger seine siebzehnjährige Stiefnichte geheiratet, die Ehe war eine der glücklichsten des ganzen 19. Jahrhunderts! Der Fehler des Augustus lag an einer anderen Stelle: Er trennte in unbarmherziger Weise die Ehe Agrippas und ignorierte den Charakter der Iulia, die sich zu lebenslustigen jungen Männern hingezogen fühlte, nicht aber zu dem über seine Jahre ernsten und verschlossenen Agrippa. Die Familienbande zwischen Agrippa und Augustus waren damals schon sehr eng. Man bedenke, daß Tiberius, sein Stiefsohn, mit Vipsania Agrippina, der Tochter Agrippas aus erster Ehe verheiratet war. Alles sah danach aus, als ob die Familie des Augustus und die des Agrippa in Zukunft das Reich regieren würden. Und bis zum Tode des Agrippa im Jahre 12 v. Chr. hat sich an dieser Konstellation nichts geändert. Als in den Jahren 20 und 17 v. Chr. die Söhne Agrippas und der Iulia, Gaius und Lucius, zur Welt kamen, da war Augustus, der Großvater, außer sich vor Freude. Noch im zartesten Kindesalter adoptierte er seine beiden Enkel, die dadurch aus der Familie der Vipsanier in die glanzvolle Familie der Iulier überwechselten. Da Augustus für seinen Stiefsohn Tiberius wenig Verständnis übrig hatte, waren die beiden Enkel die präsumtiven Nachfolger des Princeps. Und Agrippa war nur für den Notfall als Nachfolger vorgesehen; er blieb, was er gewesen war, der Zweite im Reich, eine Stellung, wie geschaffen für einen Mann, der nur seine Pflicht und sonst nichts kannte. Nie wäre es ihm eingefallen, dem Kaiser Schwierigkeiten zu machen. Er blieb lieber im Hintergrund, dreimal hat er den ihm angetragenen Triumph abgelehnt: im Jahre 38 für seine Erfolge in Gallien und an der Rheingrenze, im Jahre 19 nach Beendigung des Cantabrischen Krieges in Spanien, im Jahre 14, als er sich noch im Orient aufhielt. War dies nur Bescheidenheit? Wenn man weiß, daß Agrippa, anders als die meisten seiner Zeitgenossen, auf äußere Ehren wenig Wert gelegt hat, so entspricht sein Verhalten in vollkommener Weise seinem Charakter, und wenn er die Triumphe ablehnte, so meinte er es ehrlich. Vielleicht mag er von dem Gedanken ausgegangen sein, daß die höchsten Ehren, welche der Staat zu vergeben hatte, dem Princeps vorbehalten sein müßten. Aus Gehorsam gegenüber seinem Freund Augustus hat er auch das Glück seines Hauses und seiner Familie geopfert. Aber sein Opfer sollte sich wegen des frühen Todes des Gaius und Lucius Caesar als vergeblich erweisen – doch dies sind Ereignisse, die erst in der Zeit nach Agrippas Tod eingetreten sind (s. o. S. 134).

Hoch geehrt wurde Agrippa auch in Gallien, wo er sich im Winter des Jahres 20/19 aufgehalten hat. In Nîmes hat er offenbar einen kleinen Tempel, die sogenannte Maison carrée, gebaut. Das Gebäude ist im Jahre 16/15 eingeweiht worden. Es ist ein schönes charakteristisches Bauwerk der Kunst der augusteischen Zeit, die sich auf dem Boden der Gallia Narbonensis zu hoher Blüte entfaltet hat. (Vielleicht stammt jedoch der Beginn des Baues aus einer früheren Zeit, möglicherweise schon aus der Epoche des Marcus Antonius). Und wie stand es in jenen Jahren mit der staatsrechtlichen Stellung Agrippas? Augustus hat in seiner Grabrede auf den treuen Freund und Weggefährten im Jahre 12 v. Chr. auch das *imperium* Agrippas erwähnt, unter dem mit großer Wahrscheinlichkeit das *imperium proconsulare maius* zu verstehen ist. Auch die zweimalige Verleihung der *tribunicia potestas*, und zwar jeweils für fünf Jahre, im Jahre 18 und 13 v. Chr., wird in der Rede genannt. Schließlich findet sich in der gleichen Grabrede noch der Satz, daß die Amtsgewalt (*exousia*) des Agrippa, in welche Provinz er auch immer gesandt worden sei, von niemandem übertroffen worden wäre. Und in Z. 11 ff. der *Laudatio funebris* des Kölner Papyrus heißt es: „Des höchsten Gipfels für würdig befunden und Mitregent unserer Herrschaft hast Du durch Deine Tugenden und Wohltaten(?) alle verpflichtet." Unter der Voraussetzung, daß die Ergänzungen im Papyrus (sie stammen vom Herausgeber Ludwig Koenen) das Richtige treffen, so wäre hiermit die Kardinalfrage, ob Agrippa Mitregent

des Augustus gewesen ist oder nicht, in positivem Sinn entschieden.
Mommsen hat also durch den Kölner Papyrus eine Bestätigung erfahren.
Von einem Doppelprinzipat (E. Kornemann) sollte man jedoch nicht
sprechen, denn natürlich war und blieb Augustus der Erste, er hatte auch
keine wesentlichen Vollmachten an seinen Freund und Schwiegersohn
delegiert, er sah in ihm vielmehr seinen ersten Helfer, der ihm in jeder
Weise ergeben war. Höher konnte Agrippa zu Lebzeiten des Augustus
nicht mehr steigen!

Im Jahre 17 v. Chr. war Agrippa wiederum, dieses Mal zusammen mit
seiner Gemahlin Iulia, in den Orient gereist. Er hat nicht nur Hellas,
sondern auch Kleinasien und Syrien besucht. Auch in Jerusalem weilte er
im Jahr 15 zu Besuch. Im folgenden Jahr gelang es ihm, die Angelegenheiten des Bosporanischen Reiches neu zu ordnen (s. o. S. 80).

In Ilion gab es einen ärgerlichen Zwischenfall: Iulia war mit ihrem
Gefolge in einen Wolkenbruch geraten, sie hätte um ein Haar ihr Leben
verloren. Der erboste Gatte belegte die hieran ganz unschuldige Stadt
Ilion mit einer riesigen Geldbuße (angeblich 100000 Drachmen Silbers).
Erst auf Fürbitte des Königs Herodes hat er der Gemeinde die Strafe
erlassen. Noch vor Ende Juni des Jahres 13 war Agrippa wieder in Rom,
im März des folgenden Jahres ist er in Campanien verstorben. Als Todes-
ursache ist Gicht zu vermuten, von der Agrippa des öfteren heimgesucht
worden war. So hatte er beispielsweise die warmen Quellen von Epidau-
rus auf der Peloponnesos aufgesucht, um hier nachhaltige Heilung zu
finden. Sie scheinen aber wenig genützt zu haben, und in der Tat kann ja
erst in unserem Zeitalter die Gicht zweckmäßig behandelt und geheilt
werden. Der Tod des erst 51jährigen war ein schwerer Schlag, nicht nur
für seine Familie, sondern auch für seinen Freund Augustus. Dieser hat
ihm in der auf einem griechischen Papyrus erhaltenen Grabrede ein wür-
diges Denkmal gesetzt. Agrippa verfügte über hohe geistige Gaben. Sie
lassen vermuten, daß er in seinen jungen Jahren eine vorzügliche Erziehung genossen hatte. Wie so viele gebildete Römer hat auch Agrippa eine
Selbstbiographie hinterlassen. Von ihr ist jedoch nur soviel bekannt, daß
sich in ihr seine Ädilität (33 v. Chr.) erwähnt findet. Er mag die Schrift bei
seinem Aufenthalt in Mytilene im Jahre 23 verfaßt haben.[30] Der Dichter
Horaz sollte seine Biographie schreiben, doch wäre er wohl kaum hierfür
geeignet gewesen. Er hat an seiner Stelle den Dichter Varius Rufus nam-
haft gemacht. Aber auch von diesem ist nichts erschienen, man hatte sich
wohl nicht an die rechten Männer gewandt. Bei der Nachwelt beruht der
Ruhm des Agrippa auf seiner *Weltkarte*. Sie diente weniger geographi-

schen als propagandistischen Zwecken. Agrippa wollte der Bevölkerung
der Hauptstadt die Größe und Weite der von den Römern beherrschten
Welt vor Augen stellen. Doch war es ihm nicht vergönnt, das Werk zu
Ende zu führen. Dies hat vielmehr sein Freund Augustus getan. Er hat
den Porticus Agrippae auf dem Marsfeld vollendet und die Weltkarte an
den Wänden des Gebäudes anbringen lassen. Von dieser Weltkarte ist
nichts erhalten geblieben; wir wissen nicht einmal, welche Form sie gehabt hat. Sie beruhte nicht auf einer Vermessung des Reiches, wie dies
früher gelegentlich angenommen worden ist. Sie war vielmehr auf Grund
des reichhaltigen Materials der Archive und der verschiedenen Itinerarien
zusammengestellt worden. Auf diese Weltkarte geht – durch mehrere
Zwischenglieder – wohl auch die Tabula Peutingeriana zurück, die sich
heute als ein Geschenk des Prinzen Eugen in der Hof- und Staatsbiblio-
thek zu Wien befindet. (Dies ist jedenfalls die wahrscheinlichste Theorie.)

Außer der Weltkarte hat Agrippa noch sogenannte *Commentarii* hinterlassen, auch diese sind von Augustus herausgegeben worden. Was soll
man sich unter ihnen vorstellen? Da die Schrift bereits dem Geographen
und Historiker Strabon (gest. 19 n. Chr.) vorgelegen hat, – er bezeichnet
sie mit dem griechischen Wort *Chorographia* – besteht kein Zweifel, daß
es sich hier um ein selbständiges Werk gehandelt hat. Vielleicht enthielt es
Bemerkungen zur Erdbeschreibung mit Entfernungsangaben, wie man
sie in den geographischen Büchern des Älteren Plinius in der ‚Naturgeschichte‘ findet. Im übrigen ist aber das Problem weit entfernt davon,
befriedigend gelöst zu sein, vor allem weil die Quellenangaben bei späteren Schriftstellern zu wenig konkret sind. Zu guter Letzt wird noch eine
eigene Schrift des Agrippa über die Wasserversorgung Roms erwähnt.[31]

Nimmt man alles in allem, so zeigt sich das Bild eines geistig interes-
sierten, produktiven und auf vielen Gebieten tätigen Mannes, wobei seine
Vorliebe für praktische Dinge eindeutig in den Vordergrund tritt. Es war
ein reiches und erfülltes Leben, auf das Agrippa zurückblicken konnte.
Schade, daß er sich nicht über die Seetaktik geäußert hat! Hier hätte
Agrippa nicht nur seinen Zeitgenossen, sondern auch späteren Genera-
tionen so manches zu sagen gehabt! Doch das Zeitalter der großen
Kämpfe zur See war seit Actium zu Ende, erst viel später, unter dem
Kaiser Constantin I., ist es wieder zu großen Seeschlachten gekommen.

Und schließlich noch eine weitere Bemerkung! In der Überlieferung
findet sich kein Wort darüber, daß sich Agrippa um Angelegenheiten des
Senats und Volks von Rom gekümmert hätte. Er hat zwar die üblichen
Ämter bekleidet: Praetor urbanus im Jahre 40, Consul 37, 28, 27, Ädil 33

– in dieser Reihenfolge. Doch von irgendeiner Aktivität auf dem Gebiet der inneren Politik verlautet nicht das Geringste. Hatte er kein Interesse an diesen Dingen? Oder fehlte es ihm einfach an der Zeit? Aber der Grund lag wohl tiefer: Im Leben dieses Mannes spiegelt sich der Übergang von der politischen Aktivität des Bürgers zum Dienst im Auftrag des Princeps. Was hätte es für einen Sinn gehabt, wenn sich Agrippa in Senat und Volksversammlung betätigt hätte, obwohl doch die Entscheidungen im Kabinett des Kaisers gefallen sind? Im Lauf der Zeit bildete sich der Stand der hohen Reichsbeamten heraus, in den vor allem die Freunde und Verwandten des Princeps Eingang fanden. Diese grundsätzliche Veränderung hat sich in den ersten Jahrzehnten des Prinzipats vollzogen. Sie spiegelt sich im Leben des Agrippa, und dieser hat selbst seinen Teil hierzu beigetragen.

Aufschlußreich ist das Verhältnis Agrippas zur Kunst. Vor seinen Thermen hatte er die berühmte Statue des Apoxyomenos, das Meisterwerk des Lysippos, aufstellen lassen. Hier handelte Agrippa nicht anders als seine berühmten Zeitgenossen. Doch heißt es, er habe in einer Rede die Forderung aufgestellt, alle Gemälde und Statuen sollten zu Staatseigentum erklärt werden. Der Ältere Plinius, der diese Rede noch gelesen hat, rühmt sie als eine großartige Leistung und fügt hinzu, es sei bedauerlich, daß dieser Gedanke nicht in die Tat umgesetzt worden sei.[32] Und wie stand Agrippa zur Dichtung seiner Zeit? Horaz hat ihn an mehreren Stellen seiner *Sermones* erwähnt,[33] aber diese Ehre teilt er mit anderen wie Maecenas. Und Vergil hat ihn als Sieger in der Schlacht bei Actium verherrlicht. Die *corona rostrata*, die Krone aus den Schiffsschnäbeln, wird hier noch eigens erwähnt. Wir kennen diese Krone von Münzbildern, die hier als eine willkommene Ergänzung des Quellenmaterials dienen. Dazu kommt eine Stelle aus dem gelehrten Asconius in neronischer Zeit. Sie lautet in deutscher Übersetzung: ,,M. Vipsanius nannte ihn, den Vergilius, einen von Maecenas aufgestellten Erfinder einer neuen Manier, nicht einer schwülstigen noch einer dürftigen, sondern einer Manier aus gemeinen Wörtern, die eben deshalb unauffällig bleibt.''[34] Friedrich Marx hat die Urteile Agrippas – niemand anders kann mit M. Vipsanius gemeint sein – von einzigartiger, unschätzbarer Bedeutung genannt. Gegenüber Maecenas ist die Aussage zum mindesten unfreundlich, wird ihm doch zum Vorwurf gemacht, er habe Vergil dies unterstellt (*suppositum*), dem Dichter selbst werden Schwulst und Übertreibung vorgeworfen, denn dies bedeutet das griechische Wort *cacozelia*. Immerhin fügt Agrippa hinzu, daß dieser Schwulst den meisten Lesern oder

Hörern verborgen bleibe. Marx hält das Urteil Agrippas für das beste, das jemals über die Sprache Vergils geäußert worden sei. Und Agrippa war hierzu deswegen imstande, weil er durch die Rhetorenschule hindurchgegangen war, wahrscheinlich unter der Leitung des Apollodor von Pergamon, der auch den jungen Octavius unterrichtet hat. Auf jeden Fall hat Agrippa versucht, sich ein eigenes dezidiertes Urteil über den Stil des größten Dichters seiner Zeit, Vergil, zu bilden, mochte dieses auch den Gesetzen der griechischen Rhetorik entsprungen sein. Niemand wird den Gegensatz zu Maecenas in dem Ausspruch Agrippas überhören. Dies aber war eine historische Tatsache, die auch aus anderen Quellen bekannt geworden ist.

Wie ärmlich und geradezu unpersönlich erscheint bei Horaz die kurze Ode (I 6), die er für Agrippa geschrieben hat, vor allem wenn man sie mit dem großartigen, dem Maecenas gewidmeten Eingangsgedicht (I, 1) vergleicht! Man ist geneigt, in dem Agrippa-Gedicht eine Pflichtübung zu sehen, sie hat dem Dichter sicherlich nur geringe Mühe gekostet. Die Ode geht in allerkürzester Form auf die Kriegstaten Agrippas ein, sie verblüfft den Leser in mehr als einer Hinsicht: durch den Hinweis, daß Varius die Taten Agrippas beschreiben wird,[35] sowie durch den überraschenden Schluß, in dem Horaz mit schöner Freimütigkeit bekennt, es käme ihm, dem Dichter, vor allem auf die Gastmähler und die Kämpfe der jungen Mädchen an. Wie mußte dies in den Ohren des ernsten und nicht gerade munteren Agrippa klingen, wenn ein bekannter Dichter es wagte, seine Taten in dieser Weise vor aller Welt herabzusetzen?

Ein ganz anderer Typus als Agrippa war der reiche *Maecenas*. Er war etruskischem Stamm entsprossen, angeblich ein Abkömmling der alten etruskischen Könige. Wie sagt Horaz in der ersten Ode seines ersten Buches? *Maecenas atavis edite regibus, o et praesidium et dulce decus meum!* ,,Maecenas, königlicher Ahnen Sproß, Du mein Schutz und meine geliebte Zier!" Maecenas ist es gewesen, der den Kontakt zwischen Augustus und Horaz hergestellt hat, womit dem nicht mit Glücksgütern gesegneten Dichter der Weg zu einer gesicherten Existenz geebnet wurde. Denn was Maecenas für richtig hielt, das galt auch bei Augustus. Dieser hat sich immer wieder in seinem Urteil über Menschen und Dinge von seinem etruskischem Freund leiten lassen. Er hat ihn sogar mehrfach mit seiner Vertretung in Italien betraut und dies, obwohl Maecenas keine Position in der Ämterhierarchie innegehabt hat. Er hatte nämlich ausdrücklich darauf verzichtet, Senator zu werden, die damit verbundenen Pflichten waren ihm lästig, er wollte lieber, soweit dies nur irgendwie möglich war, ein freier Mann bleiben, und es ist ihm auch gelungen, seine persönliche Freiheit gegenüber dem Princeps zu wahren. Dies hat ihn jedoch nicht gehindert, zu wiederholten Malen als Vermittler in wichtigen Staatsangelegenheiten aufzutreten. So war Maecenas an der Versöhnung Octavians mit Sex. Pompeius ebenso beteiligt wie an der Vermittlung zwischen Octavian und Antonius. Mit seiner diplomatischen Tätigkeit hatte er in der Regel Erfolg, und seine Freundschaft mit fast allen maßgebenden Persönlichkeiten seiner Zeit wird ihm dabei sehr zustatten gekommen sein. Auch die Heirat des Octavian und der Scribonia, einer Verwandten des Sex. Pompeius, hat er gestiftet, sie bildet gewissermaßen das Unterpfand der Versöhnung zwischen Octavian und dem Seekönig. Und der Vertrag von Tarent vom Jahre 37 zwischen Octavian und Antonius wäre ohne die Vermittlung des Maecenas schwerlich zustande gekommen. Bekanntlich brachte dieser Vertrag die Abgrenzung der Interessensphären der beiden Machthaber, wobei sich Antonius endgültig für den Orient entschieden hat.

In Abwesenheit Octavians und auch Agrippas hat Maecenas während des Krieges mit Antonius die Zügel in Italien geführt. Niemand hätte es ihm zugetraut, daß er in dieser schwierigen Lage nicht nur einen bemerkenswerten Takt, sondern auch, wo es sein mußte, ein energisches Handeln und sogar Härte an den Tag gelegt hat. Niemand anders als Maecenas ist es gewesen, der den Umsturzversuch des Jüngeren Lepidus mit Entschlossenheit niedergeschlagen hat, womit er sich kein geringes Verdienst um die Sache Octavians erworben hat. Maecenas nahm den Jüngeren Lepidus fest und schickte ihn zu Octavian, der ihn, da an seiner Schuld kein Zweifel bestand, hinrichten ließ (wohl im Jahre 30 v. Chr.).

Maecenas war ein wohlhabender Mann, die Gunst seines Herrn hatte es ihm erlaubt, sich in den Besitz ausgedehnter Ländereien in Rom zu setzen. Nicht anders als Agrippa gehörte Maecenas zu jenen Männern, die sich für Spottgelder riesige Grundstücke von Proskribierten erwerben konnten. Das Bargeld war in jenen Tagen knapp, Immobilien standen in ausreichender Menge zur Verfügung. Übrigens ist ihm der Grunderwerb von keiner Seite je zum Vorwurf gemacht worden, ganz im Gegenteil! Die Quellen sprechen mit unverhohlener Bewunderung von seinem großen Reichtum, von dem er in verschwenderischer Weise gegenüber seinen Freunden und Günstlingen Gebrauch gemacht haben soll. Auf dem Hügel des Esquilin in Rom hatte er sich einen großen Komplex von Ländereien zusammengekauft. Früher hatte die Gegend als geradezu verrufen gegolten, weil sich hier lichtscheues Gesindel herumtrieb. Dies aber

hat Maecenas nicht daran gehindert, sich gerade auf dem Esquilin nieder-
zulassen; hier ließ er auch den ,,Turm des Maecenas" errichten, der sogar
in die Literatur eingegangen ist: Der Kaiser Nero hat nämlich von diesem
Turm herab bei dem großen Brand von Rom im Juli 64 n. Chr. den
Untergang Trojas besungen, eine schaurige Szene, würdig des Verbre-
chers auf dem Thron der Caesaren. Wie so viele andere seiner Standesge-
nossen hatte auch Maecenas sein Wohlgefallen daran, seine Freunde zu
Tisch zu bitten. Und das Gastmahl, zu dem er Valerius Messalla, Vergil
und Horaz eingeladen hatte, ist von ihm selbst beschrieben worden.³⁶
Maecenas stand in dem Ruf, ein vorzüglicher Weinkenner zu sein, und
wir lesen heute noch bei Servius, dem Vergilkommentator, die Worte, die
er bei dem Symposium mit seinen drei Freunden gesprochen haben soll:
,,Der Wein macht die Augen hell, er macht alles schöner und gibt uns
wieder das Glück der heiteren Jugend."³⁷ Maecenas verstand sich auf den
Lebensgenuß, er liebte die Freunde und die Frauen, aber gerade dies
letztere hat ihm so manchen Kummer bereitet, denn als Gatte der Terentia, einer sehr viel jüngeren Frau, war er alles andere als glücklich.
Dazu kam noch, daß sich ausgerechnet Augustus in die lebenslustige
junge Dame verliebte. Dies aber führte zur Ehescheidung, doch als sich
zeigte, daß Maecenas ohne die vielgeliebte Terentia nicht leben konnte,
holte er sie, unbekümmert um die spöttische Nachrede der römischen
Gesellschaft, wieder in sein Haus zurück. Aber die Eheleute fanden nicht
wieder zueinander, und das Ende vom Lied war eine erneute Scheidung.
Das Verhältnis des Augustus mit Terentia war in Rom stadtbekannt,
doch der Princeps kehrte sich nicht daran, im Jahre 16 v. Chr., auf seiner
Reise nach Gallien, ließ er sich sogar von Terentia begleiten, während
Maecenas in Rom in seinem leeren Haus zurückblieb. Natürlich reiste
Terentia offiziell als Freundin und Begleiterin der Livia, die, wie immer,
über die nur allzugut bekannten Beziehungen ihres Gatten hinwegsah.
Wenn Cassius Dio (LIV 19) behauptet, Augustus habe sogar eine Schön-
heitskonkurrenz zwischen Terentia und Livia angesetzt, so ist dies ganz
und gar unwahrscheinlich, denn Livia hätte sich nie und nimmer für eine
derartige Szene zur Verfügung gestellt, und wir wollen hoffen, daß sich
auch Terentia immer noch einen letzten Rest von Anstand bewahrt hatte.
Die Freundschaft des Augustus und des Maecenas aber hielt allen Belastungen stand, die Wolken des Mißvergnügens gingen vorüber, und ob
Augustus dem Freund gegenüber ein Schuldbewußtsein gehabt hat (was
Gardthausen immerhin für möglich hält), ist mehr als zweifelhaft. Ähnliche Dinge kamen in der römischen Gesellschaft alle Tage vor, man redete

zwar von ihnen, aber sie waren auch bald wieder vergessen. Und außerdem war die Einstellung der antiken Menschen hierzu eine ganz andere als die der Menschen in unserer Zeit, sie war vor allem viel unbefangener; in den Tagen des Augustus pflegte man die Gefühle der Sympathie und Liebe nicht zu verleugnen, sondern sie offen zu zeigen, denn dies galt nicht als Schande.

Im Jahre 8 v. Chr. verstarb auch Maecenas, vier Jahre nach Agrippa. Maecenas hatte seinen Freund Augustus zum Erben seines großen Vermögens eingesetzt. In den letzten Jahren seines Lebens war ihm nichts erspart geblieben. Der Ältere Plinius (N. H. VII 172) weiß zu berichten, Maecenas sei von Fieber und Schlaflosigkeit gequält worden, Krankheitserscheinungen, die er vergeblich mit äußeren Einwirkungen zu bekämpfen versuchte. Trotz seiner Leiden hing er am Leben, und zwar mit allen Fasern seines Wesens, und wenn wir dem Seneca (epp.llo, lo) Glauben schenken dürfen, so soll Maecenas gesagt haben, er wolle alles, aber auch alles in Kauf nehmen, wenn ihm nur das Leben erhalten bleibe; es sei ihm ganz einerlei, wenn er das Zittern an Händen und Füßen, den Ausfall der Zähne und sogar einen Buckel hinnehmen müsse, wenn er nur weiterhin das Dasein genießen könne:

> Mag die Hand auch erlahmen mir, mit ihr Füße samt Hüften,
> Mag der Buckel sich krümmen mir, Zähne mögen mir wackeln,
> Wenn das Leben nur bleibt, ich trag's, das erhalte mir, sollt' ich
> Sitzen gleich auf dem Marterholz.
>
> Übersetzt von Georg Goetz.

Der zu seiner Zeit sehr bekannte Philologe aus Jena, dessen Übersetzung hier abgedruckt wurde, war der Auffassung, man habe diese Worte keineswegs als ein persönliches Bekenntnis zu betrachten, sie seien vielmehr nur das Spiegelbild eines bestimmten epikuräischen Gedankens, der allgemein bekannt war.[38] Wie weit sich Maecenas mit dem Ausspruch identifiziert habe, das sei die Frage. Daß er von der griechischen Philosophie etwas verstand, steht außer jedem Zweifel, und manche Sentenzen Epikurs mögen ihm sogar zur Lebensweisheit geworden sein. Überhaupt war die Religiosität der gebildeten Römer jener Tage stark epikuräisch-stoisch gefärbt – an die Götter, die man von Staats wegen verehrte, glaubten aufgeklärte Männer wie Maecenas längst nicht mehr, und dies, obwohl Augustus seine Bestrebungen darauf richtete, die altrömische Religion der Väter neu zu beleben. Aber es ist doch zu fragen, ob man sich ein Urteil über die Persönlichkeit des Maecenas allein auf Grund eines zufällig erhaltenen Fragments bilden darf. Es wird vielmehr, wie immer, darauf ankommen, die Worte des Maecenas im Rahmen der Gesamtüberlieferung zu sehen, und aus dieser geht mit voller Sicherheit hervor, daß er ein Mann von feinem Geschmack und hoher Bildung gewesen ist. Es ist auch wenig wahrscheinlich, daß sich sein Geist in den letzten Jahren seines Lebens verdüstert hat – im Gegenteil, er hat sein bisheriges Leben weitergeführt, den Freunden die Treue gehalten und dem Augustus mit Rat und Tat zur Seite gestanden, und dies alles, obwohl die Beschwerden des Alters auch vor ihm, dem Lebenskünstler, nicht haltmachten.

Und wie stand Maecenas zu Agrippa? Folgen wir Seneca, so habe Maecenas darüber Genugtuung empfunden, wenn man Agrippa seine einfache Herkuft vorgehalten habe.[39] Dies steht in einer Streitrede (*controversia*) zu lesen, die ein Mann namens Latro (sonst unbekannt) gehalten habe. In dieser Rede war die Adoption der Söhne Agrippas durch Augustus erwähnt (s. o. S. 133). Auch sonst sind Äußerungen des Maecenas bekannt, die zeigen, daß er dem Agrippa nicht gewogen war. Das Verhältnis der beiden zueinander scheint wechselvoll und ambivalent gewesen zu sein. Maecenas war Stimmungen unterworfen, und nicht immer ist es ihm gelungen, den rechten Weg zum Ausgleich zu finden. Und was soll man dazu sagen, wenn man liest, daß Maecenas dem Augustus geraten haben soll, er möge Agrippa entweder umbringen lassen oder ihn zu seinem Schwiegersohn machen, weil er ihm zuviel Macht übertragen habe?[40] Eine Äußerung wie diese, gesetzt den Fall, daß sie historisch ist, kann man wirklich nicht als die eines Freundes bezeichnen.[41] Dennoch haben die beiden Männer, wenn es sachlich notwendig war, zusammengearbeitet, und diese Kooperation ist sicherlich durch den geringen Ehrgeiz des Maecenas erleichtert worden. Was Agrippa an Ehren und Auszeichnungen besaß, das ließ Maecenas kalt, er war es zufrieden, wenn er sich bis ans Ende seiner Tage der Freundschaft des Augustus erfreuen durfte.

Die Nachwelt dankt es dem Maecenas, daß er sich des Horaz angenommen hat. Ebenso wie Vergil war auch Horaz unter den Begleitern, als Maecenas im Jahre 37 von Rom nach Brundisium aufbrach. In seinen Sermonen (I, 5) hat Horaz diese Reise beschrieben: „Mich, der ich die Großstadt Rom verlassen hatte, nahm das Städtchen Aricia auf, mit einer mittelmäßigen Gastfreundschaft. Mein Begleiter war der Rhetor Heliodorus, von allen Griechen der gelehrteste." Nur wenige Jahre später, 33 v. Chr., schenkte Maecenas dem Dichter das Landgut Sabinum unweit von Tibur (Tivoli). Man hatte es aus fünf kleinen Bauernstellen zusammengeworfen, um es ertragsfähig zu machen. Maecenas ist es auch gewesen, der Horaz bei Augustus eingeführt hat. Aus dem überzeugten Republikaner Horaz war inzwischen längst ein ebenso überzeugter Anhänger des Augustus geworden, er war nun der Ansicht, daß nur unter der Herrschaft eines einzelnen die schwierigen Probleme des römischen Staates gelöst werden könnten. Das Verhältnis des Augustus zum Dichter hat sich auch dann nicht geändert, als Horaz eine ihm vom Princeps angebotene Stelle als Privatsekretär (wie wir heute sagen würden) abgelehnt hat. Seinen Freund und Gönner Maecenas hat Horaz nur um wenige Wochen überlebt, er starb am 27. November 8 v. Chr. und fand seine letzte Ruhestätte an der Seite des Maecenas auf dem Hügel des Esquilinus. Niemand weiß, was aus den beiden Gräbern geworden ist.

Horaz hat mit der ersten Ode seines Liederbuches dem Maecenas ein unvergängliches Denkmal gesetzt. Den Ruhm hat der gelehrte Etrusker aus dem kleinen Arretium verdient, denn sein Interesse an Literatur und Dichtung war echt und ehrlich. Immer wieder hatte er sich für Männer der Feder eingesetzt, seine engen Beziehungen zu Augustus sind ihm dabei sehr hilfreich gewesen. Was jedoch Maecenas selbst geschrieben hat, kann man nicht als geglückt bezeichnen. Er schrieb nämlich einen überladenen, geschraubten Stil, der ihm unter anderem den Spott des Augustus eingetragen hat. *Le style c'est l'homme:* Der Stil ist der Mensch – dieses Wort gilt für Maecenas mit ganz besonderem Recht. Aus seiner Vorliebe für das Gezierte und Preziöse hat er nie ein Hehl gemacht, er hielt diesen Stil für die gegebene Ausdrucksweise eines gebildeten Mannes. Für die Sprache des Volkes interessierte er sich nicht im geringsten. Ihm kam es auf den engen Kreis der Gebildeten an. Schon eine Generation später hat sich Seneca in geradezu drastischer Weise über den Stil des Maecenas geäußert (epp. 114, 4). Und Seneca ist es auch gewesen, der den literarischen Stil des Maecenas auf seine Persönlichkeit zurückgeführt hat. Seine Diktion sei ebenso nachlässig wie seine Sitten, die in der Öffentlichkeit viel beredet worden sind. Senecas Urteil mag vielleicht hart sein – aber schon die Zeitgenossen haben an Maecenas Anstoß genommen, und der wird es natürlich gewußt haben. Dennoch blieb er, was er war, ein Einzelgänger, nicht ohne persönlichen Charme, aber mit bemerkenswerter Einseitigkeit. Als Mensch und Literat ein Original, oft belächelt – und dennoch von seinen Freunden respektiert, mochten sich diese auch hinter vorgehaltener Hand über seine Schrullen lustig machen. Bemerkenswert ist übrigens seine Vorliebe für das Schauspiel und die Schauspieler. Von diesen stand Bathyllus bei ihm am höchsten. Seine

Begeisterung für den Mimus soll er auch auf Augustus übertragen haben.[42]

Agrippa hatte es als seine Aufgabe betrachtet, den Princeps in der Errichtung von Prachtbauten zu unterstützen. Maecenas kümmerte sich dagegen um die Dichter und Schriftsteller, was diese ihm in wohlgesetzten Worten zu danken wußten. Es wäre jedoch irrig, wollte man in den Bestrebungen des Maecenas den Versuch erblicken, hier so etwas wie ein halboffiziöses Pressebüro zu errichten, das der Ausgangspunkt der augusteischen Propaganda gewesen wäre. Dies ist in der Tat gelegentlich behauptet worden (so von Beulé in einem nicht sehr glücklichen Augustusbuch, der Gedanke ist übrigens von Wieland übernommen). Aber von derartigen Bestrebungen im Sinne der modernen politischen Propaganda kann in jenen Zeiten nicht die Rede sein, die Dichter waren vielmehr in ihren Äußerungen vollkommen frei. Daß Poeten wie Horaz, Properz und andere das Gefühl der Dankbarkeit gegenüber Augustus zum Ausdruck gebracht haben – wer will ihnen dies nach den schlimmen Erfahrungen der Bürgerkriege verdenken? Dies gilt übrigens auch für Vergil. Man sollte von ihm nicht behaupten, er habe zwar das Landleben in seinen Hirtengedichten, den Bucolica, mit all seinen Vorzügen ausgemalt, es aber andererseits für ganz natürlich gehalten, „seine Füße unter dem wohlgedeckten Tisch des Augustus auszustrecken". Im Übrigen saßen die Gäste bei den antiken Symposien nicht auf Stühlen, sie machten es sich auf Liegesofas bequem.

Maecenas war schon von Hause aus ein reicher und unabhängiger Mann, er lebte, umgeben von raffiniertem Luxus. An Komfort für sich und seine Gäste ließ er es nicht fehlen. Was ihm das Leben an Annehmlichkeiten bot, hat Maecenas als selbstverständlich hingenommen, um die soziale Frage hat er sich nicht im geringsten gekümmert. Doch ist seine Fürsorge und Freundschaft für die Dichter ein unvergängliches Ruhmesblatt. Horaz hat dies zu würdigen gewußt, und wer die erste Ode des ersten Buches von Horaz liest, der wird im Lobpreis des Maecenas mehr sehen als nur eine konventionelle Anerkennung. Horaz und Maecenas waren Freunde. Dies zeigen die acht Oden, die vier Epoden, die zwei Satiren und die drei Episteln, die ihm Horaz gewidmet hat. Die Gedichte sind ein reicher Dank an den Patronus, der sozial turmhoch über dem Dichter, dem Sohn eines Freigelassenen, gestanden hat. Das Geschenk des Landguts im Sabinerland, das dem Dichter erlaubte, ein Leben ohne Not und Sorge zu führen, ist der Ausdruck des Dankes des Maecenas. Erst der Tod hat die Freundschaft der beiden Männer beendet, beide starben im Jahre 8 v. Chr. Talente hat der reiche Etrusker nicht geweckt, doch läßt es sich nicht leugnen, daß manche Begabung ohne die schützende Hand des Maecenas verloren gegangen wäre[43], und mit vollem Recht ist seit der Renaissance Maecen der Ehrenname für die Beschützer und Förderer der Dichter und Künstler.

An dritter Stelle, neben Agrippa und Maecenas, muß hier unter den Freunden des Augustus der hochadlige *M. Valerius Messalla Corvinus* genannt werden. Er war ungefähr gleichaltrig mit Augustus und Agrippa, geboren im Jahre 64 v. Chr., gestorben im Jahre 13 n. Chr. Zu den Freunden der ersten Stunde gehört er jedoch nicht, erst im Jahre 39 erscheint er im engeren Kreis Octavians. Auch Messalla hat seinen Dichter gefunden, doch kennen wir den Namen des Poeten nicht. Denn der *Panegyricus Messallae* ist zwar unter den Werken Tibulls überliefert, aber wenn irgend etwas sicher ist, so ist es die Tatsache, daß dieses Gedicht nach Stil und Inhalt dem Tibull nicht gehören kann. Der Verfasser ist ein Unbekannter der augusteischen Zeit. Der Panegyricus ist, um mit Schanz-Hosius[44] zu sprechen, ein äußerst schwaches Produkt, an dem niemand seine Freude gehabt haben dürfte, auch Messalla nicht. Datieren läßt sich das Elaborat mit Wahrscheinlichkeit ins Jahr 31 v. Chr., spätere Taten Messallas sind in ihm nicht mehr erwähnt. Auch ohne den Panegyricus wäre der Name Messallas unvergänglich, denn seine Taten und Schicksale weisen ihm eine besonders hervorragende Stellung unter den Zeitgenossen des Augustus zu. Fast wäre er ein Opfer der Proskriptionen geworden, sein Leben wäre um ein Haar bereits mit 22 Jahren zu Ende gewesen, hätten nicht Verwandte den Beweis erbringen können, daß er zu der Zeit, als Caesar ermordet wurde, gar nicht in Rom anwesend war. In einem Punkt hatten die Ankläger recht: Messalla war ein überzeugter Republikaner, er hatte sich dem Brutus angeschlossen, in den Schlachten bei Philippi kämpfte er mit großer Tapferkeit, in der zweiten, der vom 23. Oktober 42, geriet er in den Mahlstrom der Niederlage, konnte aber durch glückliche Umstände nach der Insel Thasos entkommen. Hier trat er auf die Seite des Marcus Antonius, in seinem Gefolge erscheint er zwei Jahre später (40 v. Chr.) in Italien. Aus dem Freundeskreis des Antonius wechselte er auf die Seite Octavians über, der Gewinn war ganz eindeutig auf seiten des letzteren, denn Messalla verfügte über eine große Gefolgschaft in Rom. Wir finden Messalla wieder auf der Flotte Octavians im Krieg gegen Sex. Pompeius (36 v. Chr.), auch an den illyrischen Feldzügen hat er seit dem Jahre 35 v. Chr. teilgenommen. Hierüber stehen ein paar nicht sehr ergiebige Angaben in dem sonst recht farblosen Panegyri-

cus (v. 107–110). Messalla hat übrigens auch mit seiner Feder dem Octavian gedient, und zwar in der Abfassung von Flugschriften, die in der
propagandistischen Auseinandersetzung zwischen den beiden Triumvirn
gewechselt worden sind. In der Gunst Octavians stieg Messalla so hoch,
daß jener ihn zu seinem Kollegen im Consulat am 1. Januar 31 v. Chr.
bestimmte. Messalla hat das hohe Amt jedoch nur vier Monate innegehabt, dann reihte er sich unter die Kämpfer gegen Antonius und Kleopatra ein. In der Schlacht bei Actium sehen wir ihn als Führer des Zentrums
der Flotte Octavians, in Gemeinschaft mit L. Arruntius. Das Vertrauen
seines hohen Freundes betraute ihn in den darauf folgenden Jahren mit
wichtigen Missionen, zuerst in Gallien, dann in Spanien (in dieser Reihenfolge, nicht umgekehrt). Überall hat er sich vorzüglich bewährt. In
Antiocheia am Orontes, der alten Diadochenresidenz, hat er die rebellie-
renden Gladiatoren zur Räson gebracht (wahrscheinlich im Jahre 28,
siehe Cass. Dio LI 7, 7). Im Jahre 26 hat ihm Augustus die sehr ehrenvolle
Stellung des Stadtpräfekten von Rom (*praefectus urbi)* übertragen, doch
schon nach sechs Tagen hat Messalla das Amt niedergelegt, weil er es für
unvereinbar mit den Grundrechten der römischen Bürger hielt.[45] Die
Stadtpräfektur ist danach zehn Jahre lang unbesetzt geblieben, erst im
Jahre 16 v. Chr. wurde Statilius Taurus sein Nachfolger. Niemand weiß,
wie Augustus den Rücktritt seines Freundes aufgenommen hat. Es könnte durchaus sein, daß eine Verstimmung bei ihm zurückgeblieben wäre.
Sie hat aber nicht lange vorgehalten. Denn als Agrippa aus diesem Leben
abberufen wurde, wurde Messalla zu seinem Nachfolger als *curator
aquarum* ernannt. Dieses Amt wurde von nun an zu einer ständigen
Einrichtung. Die Wasserversorgung der Hauptstadt war eine wichtige
Aufgabe, und nach Auffassung des Kaisers waren gerade die besten unter
seinen Freunden dafür gut genug.

Messalla war bereits ein Sechziger, als er im Senat den Antrag stellte,
dem Augustus den Ehrentitel *Pater patriae*, „Vater des Vaterlandes", zu
verleihen (2 v. Chr.). Man lese hierzu den Bericht Suetons (Leb. d. Aug.
58)! Ihm zufolge hätte Augustus den Ehrentitel abgelehnt, als er ihm von
der römischen Plebs angetragen wurde, und zwar sogar zweimal. Erst
Messalla fand die rechten Worte. Im Auftrag aller soll er gesagt haben:
„Zum Glück und Segen für Dich und Dein Haus, Caesar Augustus! In
dieser Weise glauben wir Glück von ewiger Dauer für den römischen
Staat und Frieden für ihn zu erbitten. Der Senat begrüßt Dich in Übereinstimmung mit dem römischen Volk als Vater des Vaterlandes (*pater
patriae).*" Die Ansprache soll Augustus zu Tränen gerührt haben, er soll

gesagt haben, er wolle die Götter um nichts anderes bitten, als daß es ihm vergönnt sei, diesen Consensus bis an das äußerste Ende des Lebens zu tragen. Und für uns besteht kein Zweifel darüber, daß Augustus in der Übereinstimmung von Senat und Volk das höchste Glück seines Lebens gesehen hat.

Messallas letzte Jahre waren von schwerer Krankheit überschattet. Er verlor angeblich jedes Empfinden und auch das Gedächtnis. Wie es heißt, soll er sich nicht einmal seines eigenen Namens erinnert haben. Die Krankheit scheint ihren Ursprung in einem Geschwür an der Wirbelsäule gehabt zu haben. Für Messalla wurde der Zustand schließlich so unerträglich, daß er seinem Leben durch Nahrungsverweigerung ein Ende setzte. Sein Nachlaß bestand aus einem beträchtlichen Vermögen und aus einem Memoirenwerk, in dem er seine Tätigkeit im Lager des Brutus und Cassius ausführlich beschrieben hat. Die Schrift beginnt mit den Ereignissen nach Caesars Tod; wie weit sie herabgeführt worden ist, entzieht sich unserer Kenntnis. Wie Caesar so hat sich auch Messalla für grammatikalische Probleme der lateinischen Sprache interessiert. Wie Augustus, Agrippa und Brutus soll er beispielsweise die Form *simus* (anstatt *sumus*, ,wir sind') gebraucht haben. Er war, alles in allem, ein geistig reger Mensch, bis ihn die Krankheit auf das Schmerzenslager zwang und allem geistigen Schaffen ein Ende machte. Zweifellos war es für Augustus ein Glück, diesen begabten, auf vielen Gebieten tätigen Menschen in seiner engeren Umgebung zu wissen. Ebenso wie Maecenas verkörperte Messalla in vorbildlicher Weise das geistige Erbe des alten Rom, außerdem war er ein hervorragender Praktiker, auf den sich der Princeps jederzeit verlassen konnte. In seinen Unternehmungen zu Wasser und zu Lande war er immer erfolgreich, auch in der Administration hat er eine glückliche Hand bewiesen, und es ehrt ihn besonders, daß er sich dessen bewußt gewesen ist, was Rom dem Augustus zu verdanken hatte. Aus seiner Gesinnung hat er nie ein Hehl gemacht, und Augustus hat hieran keinen Anstoß genommen. Messalla hätte ein leichteres Ende und einen besseren Dichter verdient gehabt, dies letztere um so mehr, als seine eigenen Memoiren verloren gegangen sind. Seine Familie hatte dem römischen Staat schon vor ihm mehrere Consuln und Feldherrn gestellt, auch unter seinen Nachkommen finden sich Männer, die es bis zum Consulat gebracht haben. Sein Geschlecht blühte bis in die flavische Zeit, und er selbst lebt fort als ein Mann, der in seiner Person die besten Traditionen der Republik verkörperte.

Bemerkenswerte Dienste hat von den Zeitgenossen *L. Munatius Plan-*

cus dem Octavian erwiesen. Er ist es nämlich gewesen, der am 16. Januar
27 v. Chr. im Senat den Namen Augustus für ihn beantragt hat, doch
wissen wir nicht, ob dies seiner eigenen Initiative entsprungen ist. Mit der
Verleihung des Ehrennamens „der Erhabene" wurde Octavian in die
religiöse Sphäre erhoben, niemand vor ihm hatte einen ähnlichen Namen
getragen, der Augustus-Name ist von nun an untrennbar mit dem Prinzipat verbunden. Und nicht nur mit diesem allein: Noch die römischen
Kaiser deutscher Nation im Mittelalter führten in ihrer Titulatur den
Zusatz „semper Augustus".

Was mag sich Munatius Plancus bei seinem Antrag gedacht haben?
Octavian war damals 35 Jahre alt, er war der Sieger in der Schlacht bei
Actium, als einziger der Triumvirn war er bereits fünfzehn Jahre im Amt,
er hatte das Feuer der Bürgerkriege gelöscht und den Menschen das
Köstlichste gegeben, was er ihnen geben konnte: den Frieden, die *Pax
Augusta*, der etwa 15 Jahre später der Altar des Augustus-Friedens in
Rom geweiht werden sollte (s. o. S. 106). Es ist schwerlich denkbar, daß
Munatius Plancus den Antrag ohne Vorwissen des Betroffenen gestellt
hat, dazu war die Angelegenheit zu wichtig, und es wäre geradezu ein
Eklat gewesen, wenn Octavian die Ehrung zurückgewiesen hätte. Dennoch ist man überrascht, daß im Jahre 27 – obwohl Agrippa und Messalla
am Leben waren (Maecenas gehörte dem Senat nicht an) –, hier Munatius
Plancus hervortrat, ein Mann, der übrigens erst verhältnismäßig spät den
Weg von Antonius zu Octavian gefunden hatte. Aber war es nicht Munatius Plancus gewesen, der seinerzeit dem Octavian die Existenz des Testaments des Antonius bei den Vestalinnen verraten hatte? Der Inhalt dieses
per nefas von Octavian geöffneten Schriftstücks hatte eine entscheidende
Rolle in der Vorbereitung der kriegerischen Auseinandersetzung zwischen den beiden verfeindeten Triumvirn gespielt. Seinen Dienst hat Octavian dem Überläufer reich gelohnt. Seit dem Jahr 28 war nämlich Munatius Plancus *princeps senatus*, in dieser Eigenschaft hat er den Augu-
stus-Titel vorgeschlagen, gewissermaßen zur Krönung des Aufstiegs, der
Octavian zum Gipfel des Staates emporgetragen hatte. Und als die Zeit
weiter fortgeschritten war, im Jahre 22, da durfte er sogar die Zensur
bekleiden, ein hohes und sehr ehrenvolles Amt, für das nur die Besten im
Staat in Betracht kamen. Was früher geschehen war – alles wurde dem
Munatius Plancus zum Ruhm ausgelegt. Dies zeigt seine Grabinschrift,
die er an seinem Grabmal in Gaëta anbringen ließ (CIL X 6087). Übrigens hat der monumentale Rundbau im Mittelalter den Burghügel der
Stadt Gaëta gebildet, von ihm aus hat man einen weiten Blick aufs Meer

und über das Land, der Hügel bildet einen markanten Punkt in der Landschaft, den sich Munatius Plancus für seine letzte Ruhestätte ausgesucht hatte. Die im übrigen nur sehr kurze Inschrift erwähnt unter den Taten des Munatius die Wiederherstellung des Saturnus-Tempels in Rom, dessen Substruktionen aus Travertin noch in der Ewigen Stadt zu sehen sind. Den Schluß bildet der Satz, daß Munatius in Gallien die Kolonien Lugdunum(Lyon) und Raurica(Basel) gegründet hat, zwei Städte, die auch heute noch eine wichtige Funktion erfüllen.

Ein bedeutender Heerführer ist Munatius nicht gewesen. Im übrigen hat er die Sache des römischen Freistaats im entscheidenden Augenblick preisgegeben; er ist auf die Seite des Marcus Antonius übergegangen, wofür ihm der Triumph am Ende des ereignisreichen Jahres 43 v. Chr. zuteil geworden ist. Mit dem Triumph hatte Munatius das Höchste erreicht, was ein Römer von Rang und Stand in seinem Leben erreichen konnte. Sein Sohn gleichen Namens war im Jahre 13 n. Chr. Consul, seine Tochter Plancina war die Frau des hochadligen Cn. Calpurnius Piso, der wegen seines Streits mit dem Prinzen Germanicus in Syrien im Jahre 19 n. Chr. in die Geschichte eingegangen ist. Piso starb durch eigene Hand, seine Gattin wurde in den Sturz Seians verwickelt, sie machte im Jahre 33 ihrem Leben selbst ein Ende.

Munatius Plancus lebte in einer bewegten Zeit, und es ist wie ein Wunder, daß er heil aus dem Bürgerkrieg hervorgegangen ist. Aber er war zweifellos ein Mensch, der sich anzupassen verstand, außerdem hatte er das Glück, sich im rechten Augenblick der siegreichen Sache anzuschließen, im Jahre 43 an Antonius, im Jahre 31 an Octavian. Er war im übrigen nicht der einzige, der auf diese Weise sein Leben gemeistert hat. Augustus selbst verdankt ihm in der Tat nicht wenig, und dies erklärt den Aufstieg des Munatius zur Genüge. Es wäre nicht richtig, über ihn den Stab zu brechen und ihn einen Opportunisten zu schelten. Er gehörte zu den Männern, die zur Errichtung der neuen Staatsform, des Prinzipats, ihren Teil beigetragen haben.

Anhangsweise mögen hier noch drei Persönlichkeiten genannt werden, die vor allem auch in der Vorgeschichte des Prinzipats eine Rolle gespielt haben. Es sind dies L. Arruntius, T. Statilius Taurus und C. Sentius Saturninus. Alle drei haben das Consulat, das höchste Amt, das der Staat zu vergeben hatte, erreicht, Statilius Taurus im Jahre 26 v. Chr., nachdem er schon im Jahre 37 Suffektconsul gewesen war, L. Arruntius im Jahre 22 und Sentius Saturninus im Jahre 19 v. Chr. Alle drei sind Männer ohne hohe Ahnen, sie sind unter dem ersten Princeps emporgestiegen, sie gehörten zur Aristokratie der augusteischen Zeit, im Felde und in der Administration des Reiches haben sie sich hervorragend bewährt. Statilius Taurus ist nicht weniger als dreimal zum Imperator ausgerufen worden, auch ein Triumph ist ihm zuteil geworden. Sein Name ist mit den Kämpfen gegen Sex. Pompeius auf Sizilien für immer verbunden. Auch als Verwalter der beiden afrikanischen Provinzen hat er sich ausgezeichnet.

L. Arruntius gehörte zu den Admirälen Octavians in der Seeschlacht bei Actium. Die Quellen (Velleius Paterculus, Hist. Rom. II 86, 2) schildern ihn als einen altrömischen Charakter von unbedingter Rechtschaffenheit. Es war sein Ruhmestitel, den Consul Sosius vor dem Zorn des Octavian gerettet zu haben. Vielleicht ist er – und nicht sein Sohn – der Verfasser einer Geschichte des Punischen Krieges, die sich stilistisch eng an Sallust anschließt.

Auch Statilius Taurus war im Lager Octavians vor der Seeschlacht bei Actium. Später, im Jahre 19 v. Chr., finden wir ihn in Spanien wieder, hier hat er gegen die Völker des Nordwestens Krieg geführt. Seit dem Jahre 16 v. Chr. war er Stadtpräfekt, sein Name wird das letzte Mal im Jahre 10 v. Chr. erwähnt. Er durfte sich eine Leibwache aus Germanen halten, was als eine besonders hohe Auszeichnung galt. Von seinem großen Reichtum hat er verschwenderisch Gebrauch gemacht; er hat das ehemalige Haus Ciceros in Rom erworben und führte in der Hauptstadt das Leben eines reichen, unabhängigen Grandseigneurs. Von seinen Bauten ist vor allem sein Amphitheater auf dem Marsfeld zu nennen. Es ging im neronischen Brand zugrunde und ist in der alten Form nicht mehr aufgebaut worden.[46] Von seinen Enkeln haben zwei das Consulat erreicht, und nach Sueton (Leb. d. Nero 35) wäre Statilia Messalina, die dritte Frau des Kaisers Claudius, eine Urenkelin des Statilius Taurus gewesen.

Zu den großen Helfern des Augustus ist schließlich noch C. Sentius Saturninus zu zählen. Seine Laufbahn ist sehr eindrucksvoll. Er gehörte zu den Proskribierten, hatte aber durch den Vertrag von Misenum (39 v. Chr.) die Erlaubnis zur Heimkehr erhalten (ob er derselbe ist, der im Jahre 43 zu Sex. Pompeius flüchtete, erscheint zweifelhaft)[47]. In zwei Positionen hat sich Sentius große Verdienste um Augustus erworben: Er war in den Jahren von 9 bis 6 v. Chr. Legat der Provinz Syrien, und in den Jahren von 4 bis 8 n. Chr. Legat mit proprätorischer Amtsgewalt an der germanischen Front. Berühmt geworden ist seine Expedition von Mainz aus gegen Marbod; es war ein Zusammenwirken mit dem von Carnuntum aus operierenden Tiberius geplant, aber das Unternehmen mußte wegen des Pannonischen Aufstands abgebrochen werden, angeblich wenige Tage, bevor sich die beiden Heere (in Böhmen?) treffen konnten. Auch nach diesem Feldzug blieb Sentius an der Rheingrenze, während sich Tiberius um die Niederwerfung des Illyrisch-Pannonischen Aufstands bemühte (s. o. S. 86 ff.). Er muß wohl ein sehr hohes Alter erreicht haben, doch hat er Augustus, wie es scheint, nicht überlebt.[48] Noch vor seine Tätigkeit in Syrien und in Germanien fällt sein Consulat, das er im Jahre 19 v. Chr. bekleidete. Es ist in mehrfacher Hinsicht bemerkenswert. Denn Sentius war etwa die Hälfte des Jahres Consul ohne Kollegen (*consul sine collega*), was es in Rom seit den Zeiten des Pompeius (52 v. Chr.) nicht mehr gegeben hatte. Kraft seiner consularischen Gewalt hat er die Wahl des Egnatius Rufus zum Consul verhindert (s. o. S. 137). Dabei gab es einen Aufruhr in Rom, der sogar Todesopfer forderte. Diese Ereignisse werden verständlich, wenn man weiß, daß Augustus von Rom abwesend war. Von einem „Zwischenspiel republikanischer Freiheit" (E. Groag) sollte jedoch hier nicht gesprochen werden, eher schon von Anarchie. Sie zeigte nur zu deutlich, daß mit der alten republikanischen Verfassung nicht mehr zu regieren war. Im übrigen gehört Sentius zu jenen Männern, die aus dem Kreis der ehemaligen Gegner Octavians den Weg zu ihm gefunden hatten. Nicht wenige von diesen Männern hat Augustus in seinen Freundeskreis aufgenommen, und nicht mit Unrecht hat Seneca[49] geschrieben, Augustus habe eine ganze Cohorte ehemaliger Gegner zu seinen engsten Freunden (*amici primae admissionis*, das sind die Freunde, die als erste zum Morgenempfang zugelassen wurden) gemacht. Dieses Verhalten macht dem Augustus hohe Ehre.

Achtes Kapitel

Augustus, seine Lebensweise, seine Persönlichkeit und seine Schriften

Das Augustusbild der Geschichtsquellen zeigt zwei verschiedene Seiten, einen jungen Mann, der um politischer Ziele willen über Leichen geschritten ist, und einen ganz anderen Menschen, der im Besitz der Alleinherrschaft die schwere Kunst des Verzeihens gelernt hat.

In der Jugend war ihm jedes Mittel zur Erreichung persönlicher und politischer Ziele recht gewesen, weder vor Treulosigkeit noch vor Hinterlist gegen Freund und Feind war er zurückgeschreckt; er war rücksichtslos gegenüber den politischen Gegnern, erbarmungslos gegenüber den Männern, die als Gefangene in seine Hände gefallen waren. In seiner Jugend ist der junge Caesar wahrlich alles andere als ein Vorbild gewesen, er hat nicht viel anders gehandelt als der Diktator Sulla, der eine blutige Spur in der Geschichte der römischen Republik zurückgelassen hat. Die Überlieferung fließt geradezu über an Berichten von seiner Grausamkeit. Hierzu gehört vor allem die Erzählung von den Altären von Perusia, den *Arae Perusinae*, an denen Hekatomben von Menschen hingeschlachtet worden sein sollen – doch ist gerade diese Erzählung nicht über alle Zweifel erhaben, man wird hier Zurückhaltung üben müssen (s. o. S. 37). Wenn aber etwas sicher ist, so ist es die Tatsache, daß sich der junge Caesar ganz besonders erbarmungslos bei den Proskriptionen gezeigt hat, das Wort Mitleid kannte er nicht, sogar Menschen, die ihm persönlich nahestanden, hat er verfolgt und geächtet. Auch nach der Schlacht bei Philippi war sein Verhalten nicht anders; er hatte nicht das geringste Verständnis für die Republikaner, die, für eine verlorene Sache kämpfend, in seine Hände gefallen waren. Von der *clementia Caesaris* war er meilenweit entfernt, die Parole hieß Rache und nicht Versöhnung. Er handelte nach der Devise ,,Auge um Auge, Zahn um Zahn‘‘, vor allem gegenüber den Caesarmördern, die er grausam verfolgt und bis zum letzten Mann ausgerottet hat.

Man sollte diese Tatsachen, die durch die Überlieferung zuverlässig bezeugt sind, nicht herunterspielen oder einer dem Octavian feindlichen

Überlieferung zur Last legen. Es muß dabei bleiben: Der Charakter des jungen Caesar weist eine große Zahl von dunklen Flecken auf. Sein Verhalten wird man nur erklären können, wenn man in Betracht zieht, daß er sich von seinem ersten Auftreten in der Öffentlichkeit im Jahre 44 bis zur Niederringung des Antonius im Jahre 30 v. Chr. nahezu ständig im Krieg und mehrfach in einem Kampf um Sein oder Nichtsein befunden hat. In den Mitteln war er nicht wählerisch, aber auch die anderen Machthaber, allen voran Antonius, Lepidus und Sex. Pompeius, verhielten sich nicht anders. Hatte der junge Caesar denn keine Freunde, die ihn auf die Bahn der Milde und der Verzeihung geführt hätten? Oder hat er sich über ihre Ratschläge kühl hinweggesetzt? Über diesen Punkt schweigt die Überlieferung, und man wird sich wohl damit abfinden müssen, daß Octavian für seine Brutalität selbst verantwortlich gewesen ist.

Um so erstaunlicher ist die Veränderung, die sich in seinem Charakter seit der Erringung der Alleinherrschaft vollzogen hat. Als ihn seine Erfolge auf der Menschheit Höhen emporgetragen hatten, gab er sich leutselig, seinen Feinden gegenüber zeigte er sich als ein milder Richter. Freilich, mit den Verschwörern pflegte er auch jetzt noch kurzen Prozeß zu machen, wie die Beispiele des Jüngeren Lepidus und des Iullus Antonius zeigen – aber in diesen Fällen stand weniger seine persönliche Sicherheit als das Wohl des Staates auf dem Spiel. Augustus hätte es sich nicht leisten können, diese Männer gewähren zu lassen, wenn anders er es nicht zulassen wollte, daß der von ihm neu begründete Staat in die frühere Anarchie zurückfiel. Dies ist wohl auch der Grund gewesen, warum er seiner Tochter Iulia gegenüber eine geradezu unmenschliche Härte an den Tag gelegt hat und warum er seinen Enkel Agrippa Postumus auf Grund eines von ihm hinterlassenen Geheimbefehls aus der Welt schaffen ließ. Hier ging es um den Staat, nicht um die persönlichen Gefühle des Princeps. Im Ganzen gewinnt man aber den Eindruck einer so grundlegenden Veränderung seines Charakters, daß man einen ganz anderen Menschen vor sich zu sehen vermeint. Ist eine Charakteränderung wie diese überhaupt psychologisch wahrscheinlich? Doch, sie ist es, denn Augustus fühlte sich nach der Beseitigung seiner Rivalen, vor allem nach dem Untergang des Marcus Antonius, von einer schweren Last befreit, die ihm vierzehn Jahre lang auf der Seele gelegen hatte. Von seinem 18. bis zu seinem 32. Jahr hatte er ständig unter dem Druck seiner Gegner gestanden, immer wieder hatte er Krieg führen müssen, obwohl er alles andere als ein Feldherr war. Diese Dinge haben ihn einer schweren Belastung unterworfen, ständig befand er sich in Zugzwang, und mehrfach stand sein Schicksal auf des Messers Schneide. Man wird es verstehen, daß er ein völlig anderer Mensch wurde, als die Last von ihm abgefallen war.

Von großer Bedeutung war vor allem die Tatsache, daß sich Augustus für die Idee des Friedens eingesetzt hat. Diese mußte natürlich Rückwirkungen haben auf sein Verhalten zu den Mitmenschen, auch zu jenen, die einst seine Feinde gewesen waren. Als Alleinherrscher im Imperium Romanum hat es Augustus für richtig gehalten, seine Einstellung grundlegend zu ändern. Vielleicht ist hierbei auch der Einfluß seiner Gattin, der Livia, maßgebend gewesen, doch gibt es hierfür keine Hinweise in den Quellen. Alles, was früher einmal gewesen war, hat Augustus vergessen und verdrängt, in der Öffentlichkeit ist sein Sinneswandel freudig begrüßt worden, das Bild des rücksichtslosen Tyrannen hatte sich zum Friedensfürsten gewandelt, und als ein vorbildlicher Herrscher ist Augustus letztlich in die Überlieferung eingegangen.

Was war Augustus für ein Mensch? Was berichten die antiken Quellen über ihn? Die Biographie Suetons (geb. um 70 n. Chr., das Todesjahr ist nicht bekannt) hat ihn überwiegend als einen wohlwollenden Herrscher gezeichnet, doch fehlt es in der Vita nicht an ungünstigen Zügen; sie sind aus Quellen geflossen, die von Feinden des Augustus stammen. Blindes Vertrauen wäre hier fehl am Platz, der Historiker muß versuchen, den Dingen auf den Grund zu gehen und das Wahrscheinliche von dem weniger Wahrscheinlichen zu trennen. Und die Biographie des Syrers Nikolaos von Damaskos, eines Freundes des Königs Herodes, ist gleichfalls nicht in allem vertrauenswürdig. Außerdem ist Nikolaos in seiner Darstellung nicht über die Jugendjahre des Augustus hinausgekommen, die Biographie war von vornherein zu breit angelegt. Offensichtlich hat es schon im Altertum ganz verschiedene Bilder des Augustus gegeben, die nicht miteinander zur Deckung zu bringen waren, eine Feststellung, die die Aufgabe des modernen Historikers nicht leichter macht.

Und wie steht's mit der äußeren Erscheinung des Augustus? Aus der Antike sind etwa 230 Statuen und Porträtköpfe erhalten. Damit ist Augustus der am häufigsten abgebildete römische Kaiser. Die große Zahl der Augustus-Münzen ermöglicht die Identifizierung. Aber dieser Reichtum ist nur scheinbar, denn gerade das, was man bei dieser enormen Zahl von Porträts erwartet, bieten sie nicht. Denn sie sind gewissermaßen zeitlos, und gerade das, was der moderne Betrachter von ihnen erwartet, bringen sie nicht zum Ausdruck: das Alter des Dargestellten. Und damit beginnen die Schwierigkeiten. Doch da ist die Panzerstatue des Augustus von

Primaporta. Sie wurde im Jahre 1863 bei Primaporta auf einem Landgut der Livia gefunden, zwar ohne Unterschrift, aber doch ganz unverkennbar den Stempel der Echtheit tragend. Auf dem Panzer ist die Rückgabe der römischen Feldzeichen durch die Parther im Jahre 20 v. Chr. dargestellt. Man wird kaum fehlgehen, wenn man die Entstehung der Statue in die Zeit kurz danach, in die Jahre zwischen 20 und 17 v. Chr., setzt. Neuere Versuche, die Entstehung der Statue in die Zeit des Tiberius herabzurücken, empfehlen sich nicht. Augustus ist hier abgebildet, wie er zum Volk oder zu seinen Soldaten spricht, die rechte Hand leicht erhoben, den rechten Fuß etwas vorgesetzt, der Blick des Kaisers ist in die Weite gerichtet. Dazu hat Victor Gardthausen[1] folgendes geschrieben: ,,Das Gesicht ist regelmäßig, ohne schön zu sein. Die breite, wenig gewölbte Stirn, die stark hervortretenden Backenknochen, die gerade, ungewöhnlich lange Nase, der kleine zusammengekniffene Mund drücken einen starken, unbeugsamen Willen aus." Wenn der gleiche Historiker meint, daß die tief beschatteten, ins Weite sehenden Augen ,,dem Gesicht den Ausdruck des Unheimlichen und Unergründlichen geben", so wird ihm hierin nicht jeder Betrachter folgen können. Aber es ist richtig und sogar quellenmäßig belegt, daß Augustus einen durchdringenden, scharfen Blick besaß. Er empfand sogar Befriedigung darüber, wenn andere diesem Blick nicht standhalten konnten. Aber der Augustus von Primaporta ist zweifellos idealisiert, der Künstler hat sein Bestes gegeben und eine Statue von überzeitlicher Bedeutung geschaffen, die noch heute jeden Betrachter in den Bann zieht. In dem Bildnis kommt die vollendete Würde, die Serenität des Herrschers zum Ausdruck. Befragen wir nun Sueton, so lesen wir in der Vita des Augustus c. 79 das folgende: ,,Augustus hatte helle, glänzende Augen ... sein Haar war leicht gelockt und hellblond, seine Augenbrauen waren zusammengewachsen ... Seine Hautfarbe war nicht zu dunkel und nicht zu hell". Die zusammengewachsenen Augenbrauen finden sich übrigens nicht auf den Porträts, man wird hierin eine vorsätzliche Korrektur der Künstler sehen müssen, die dem Gesamteindruck des Kopfes das Düstere nahm und das Gesicht um einen heiteren, frohen Zug bereicherte, mag dieser auch der Wirklichkeit nicht entsprochen haben.

Von den zahlreichen anderen Bildnissen des Augustus soll hier nur noch die Marmorbüste in der Münchener Glyptothek erwähnt werden. Es ist der im Jahre 1815 von dem bayerischen Kronprinzen Ludwig erworbene Kopf aus dem Palazzo Bevilacqua in Verona. Er war von Napoleon I., der sich des Wertes der Büste bewußt war, nach Paris geschafft worden, von wo er dann nach dem Ende der Freiheitskriege nach München gelangte. Die Archäologen versichern, daß dieser Kopf eine besonders hohe künstlerische Qualität aufweise. Der Künstler, den wir leider nicht kennen, hat eine Anzahl von Einzelheiten hinzugefügt, die man in den anderen Porträtbüsten vermißt. Dazu gehören die feinen Adern an der Schläfe. Der Kopf geht mit Sicherheit auf ein Urbild (Archetypus) zurück, der von den offiziellen Formen der Augustusbildnisse bewußt abweicht. Bemerkenswert ist die *corona civica*, der Kranz aus Eichenlaub, verliehen für die Rettung römischer Bürger, den Augustus hier trägt. Den Kranz hatte Augustus im Jahre 27 erhalten; vielleicht darf man annehmen, daß die Entstehung des Kopfes in der Zeit unmittelbar danach anzusetzen ist. Der Kopf wirkt in mancher Hinsicht charakteristischer als die anderen Porträts, aber auch strenger und um einige Grade energischer. Die Nasenspitze ist ergänzt, ebenso der untere Teil der Büste. Mit Recht hat ihn der Katalog der Bildnisse des Kaisers Augustus von der Münchener Glyptothek als Titelbild herausgestellt. Alle Bildnisse des Augustus sind ohne Ausnahme stilisiert. Niemand hat es, in welcher Zeit auch immer, unternommen, ein wirklich lebensvolles Porträt des Princeps zu schaffen. Dies lag eben nicht im Zug der Zeit. Die Künstler nahmen sich entweder hellenistische Herrscherbilder zum Vorbild, oder sie schufen mehr oder weniger konventionelle Büsten, wie sie überall im Reich zu finden sind, darunter auch besonders schöne Exemplare wie die Büste aus Kopenhagen[2], die man im Amphitheater des Faijûm in Ägypten gefunden hat. Gerade dieser Kopf, der doch mit Wahrscheinlichkeit in Ägypten gearbeitet worden ist, zeigt durch eine geringe Drehung des Hauptes nach rechts einen neuen überraschend individuellen Zug, der den anderen Exemplaren fehlt.

Schließlich sei noch gesagt, daß die Münzen, die in großer Zahl, wenn auch zumeist in kleinem Format, erhalten sind, in ihrer Ausprägung lokale Unterschiede aufweisen. Im großen und ganzen herrscht aber der frühe Typus des Augustusbildes, der sogenannte Octaviantypus, vor. Diese Münzen zeigen den Princeps vor allem mit dem Lorbeerkranz, dem Zeichen des siegreichen Feldherrn. Darauf wird Augustus besonders Wert gelegt haben, und zwar umso mehr, als sein Feldherrnruhm in Wirklichkeit nicht existierte. Schon bald nach dem Sieg bei Actium findet sich der Lorbeerkranz auf den Münzen. Der ikonographische Wert ist verschieden, es finden sich vorzüglich gelungene Porträts wie bei dem Aureus (Goldmünze) einer leider unbekannten kleinasiatischen Münzstätte[3]. Es gibt natürlich anderseits auch schwächere Bildnisse, die wenig

Aussagekraft besitzen und die zu unseren ikonographischen Kenntnissen nichts beitragen.

Und wie steht's mit der literarischen Überlieferung? Abgesehen von dem Zeugnis über die zusammengewachsenen Augenbrauen des Augustus, die sich auf keiner einzigen Porträtbüste wiederfinden, behauptet Sueton, Augustus habe eine nach unten gebogene Nase gehabt. Dies mag der Wahrheit entsprechen, aber die Porträtköpfe zeigen sie nicht, die Originale sind hier zumeist ergänzt, und zwar in ganz konventioneller Weise. Die überlebensgroße Statue von Primaporta erweckt den Eindruck einer gewaltigen äußeren Erscheinung, aber dies war eine absichtliche Überhöhung. Augustus war in Wirklichkeit nur 1,70 m groß (die Statue mißt 2,04 m), 5 ¾ Fuß. Ungefähr die gleiche Höhe wie die Statue von Primaporta hat auch die von der Via Labicana in Rom, die Augustus als Priester mit verhülltem Haupt (*capite velato*) zeigt.[4]

Die literarische Tradition hat noch ein paar individuelle Züge bewahrt. So habe die Sehkraft des linken Auges im Alter nachgelassen. Dies war eine ganz natürliche Erscheinung, nur daß in unseren Tagen dem Mangel durch eine Brille abgeholfen werden kann. Auch die Zähne taugten angeblich nicht viel, hier spielt zweifellos das Erbgut eine Rolle. Und der Zeigefinger der rechten Hand soll des öfteren abgestorben sein, so daß Augustus beim Schreiben Schwierigkeiten hatte. Im übrigen wurde Augustus sein Leben lang von Krankheiten heimgesucht, und es würde sich für den Medizinhistoriker vielleicht lohnen, die Pathologie des Augustus im einzelnen zu verfolgen. Wir beschränken uns hier auf das Wesentliche. Am gefährlichsten war wohl eine Erkrankung der Leber, die sich Augustus im Cantabrischen Krieg zugezogen hatte. Doch sein Leibarzt Antonius Musa vermochte zu helfen. Er verordnete dem Patienten eine Kaltwasserkur und stellte die Ernährung auf Rohkost um. Die Therapie war erfolgreich, und man wird in Antonius Musa einen frühen Vorläufer des Pfarrers Sebastian Kneipp in Bad Wörishofen zu sehen haben. Augustus war im übrigen sehr empfindlich, er klagte über Migräne-Anfälle, und sobald der heiße Südwind, der Scirocco, zu blasen anfing, war bei Augustus ein Stockschnupfen die Folge. Die Kälte mochte er gar nicht, er half sich dadurch, daß er eine Anzahl von Kleidungsstücken übereinander zog; so soll er, wenn es wahr ist, nicht weniger als vier Tuniken, außerdem noch eine dicke Toga, dazu ein Unterhemd, ein wollenes Leibchen sowie Binden um Waden und Schenkel getragen haben. Zum Glück für Augustus waren strenge Winter im sonnigen Italien sehr selten, aber bei seinen Feldzügen in Makedonien (Philippi) und Spanien hatte er sich an

rauhe Winter gewöhnen müssen. Empfindlich war er auch gegen Sonnen-
einstrahlung, hier schuf er durch einen breitkrempigen Strohhut Abhilfe.
Im allgemeinen war er ein geduldiger Patient, der die Anordnungen des
Arztes pünktlich befolgte. Sehr geholfen haben ihm auch die Wannenbä-
der, wofür er sich einer spanischen Badewanne, genannt *dureta*, bediente.
Das Bad benutzte er zu gymnastischen Übungen, so soll er abwechselnd
Hände und Füße bewegt haben (E. Kornemann: Augustus betrieb leichte
Zimmergymnastik).

Augustus führte ein sehr einfaches Leben. Schlemmerei im Essen und
Unmäßigkeit im Trinken schätzte er auch bei seinen Freunden nicht.
Angeblich soll er von allen Weinsorten dem Graubündner den Vorzug
gegeben haben; ein großer Weinkenner kann er wohl nicht gewesen sein,
denn Italien und Griechenland brachten sicherlich viel bessere Tischwei-
ne hervor. Beim Essen pflegte er wenig Umstände zu machen. Er begnügte sich angeblich mit einem Stück Brot, und zwar Schwarzbrot, was in
Italien damals wie heute eine Ausnahme war. Dazu nahm er als Zukost
Sardinen, Käse und Feigen, ferner eine Gurke, als Nachspeise verzehrte
er Obst, und zwar Dörrobst, dazu eine Stange Lattich – es war, wie man
sieht, ein äußerst frugales Mahl, das sich kaum von den Mahlzeiten seiner
einfachen Untertanen unterschied. Wenn man dies alles bei Sueton liest,
so muß man zu der Feststellung kommen, daß Augustus selbst durch
seine Zurückhaltung im Essen und Trinken zur Verlängerung seines Lebens entscheidend beigetragen hat. In dieser Beziehung war er ein Vorbild für viele Menschen seiner eigenen Zeit.

Zu seinen Lieblingsbeschäftigungen hat angeblich das Angeln gehört,
das er, ebenso wie sein Rivale Antonius, mit großem Eifer ausgeübt
haben soll. In ruhigen Zeiten diente das Angeln der Entspannung, dabei
kamen dem Augustus die besten Gedanken.

Augustus war alles andere als ein großzügiger Mensch, er war zwar
kein Geizhals, aber er pflegte darauf zu sehen, daß kein Geld zwecklos
zum Fenster hinausgeworfen wurde, alles mußte seinen Sinn haben. Seiner Gattin Livia hat er jedoch nur selten einen Wunsch abgeschlagen.
Manche Gespräche, die er mit seiner Frau führte, soll er aufgeschrieben
haben (s. o. S. 121). Wenn er eine öffentliche Rede halten mußte, sei es im
Senat, sei es vor dem Volk, so benutzte er ein genaues Manuskript, ähnlich wie Kaiser Franz Josef I., der sich auch die kürzesten Ansprachen auf
einem Zettel zu notieren pflegte, zur Enttäuschung seiner Untertanen,
die gern ein spontanes und herzliches Wort von ihm gehört hätten. Besaß
Augustus ein schlechtes Gedächtnis wie Friedrich der Große, in dessen

historischen Schriften sich zahlreiche Fehler und Versehen finden? Wurde Augustus mit Personen konfrontiert, deren Namen ihm nicht einfielen, so verließ er sich, wie so viele vornehme Römer, auf seinen Nomenklator, einen Sklaven, der über ein ungewöhnliches Gedächtnis verfügte. Im übrigen war es sein Bestreben, sich möglichst präzise auszudrücken, sowohl in der Rede wie in der Schrift, um jedes Mißverständnis von vornherein auszuschließen. Für eine verschwommene Ausdrucksweise hatte er nichts übrig. Seinen geliebten Enkeln pflegte er den Grundsatz einzuprägen, sich klar und deutlich, ohne jede Schwerfälligkeit zu äußern. Augustus war ein entschiedener Gegner des Archaismus, der zu seiner Zeit über so manche Anhänger verfügte. Bemerkte er entsprechende Ausdrücke bei seinem Stiefsohn Tiberius oder bei seinem Freund Maecenas, so war er sogleich mit einer spöttischen Bemerkung zur Hand. Das Streben nach Genauigkeit ging bei ihm so weit, daß er sich gelegentlich sogar über die Regeln der Schulgrammatik hinwegsetzte. So pflegte er zu sagen, „*in Athenas*" (nach Athen) anstatt des korrekten *Athenas*, und *in Athenis* (in Athen) anstatt *Athenis*. Dies war wohl eine Marotte des Princeps, aber er tat dies nicht zum Spaß, sondern in voller Absicht. Außerdem verfügte er über einige Redensarten, die sein Streben nach Originalität erkennen lassen. So sagte er beispielsweise: „Er wird an den griechischen Kalenden zahlen" – griechische Kalenden gibt es aber nicht, und Augustus meinte damit den ‚St. Nimmerleinstag', d.h. er war der Ansicht, daß der Betreffende überhaupt nicht zahlen werde, während sonst die Kalenden, der Anfang des Monats, der übliche Zahltag waren. Dazu kamen noch ein paar grammatikalische Besonderheiten. So pflegte Augustus *simus* (anstatt *sumus*, wir sind) zu sagen und *domos* (anstatt des Genitivs *domus*, ‚des Hauses'. Schließlich verfügte er über eine Anzahl von seltsamen Ausdrücken und Worten, die Sueton (Leb. d. Aug. 87) aufbewahrt hat. Wenn Augustus sagen wollte, daß eine Sache schnell erledigt werden müsse, gebrauchte er das Bild „schneller als wie man Spargel kocht". Und wenn er jemanden dumm nannte, so sagte er *baceolus*, was soviel wie „stockdumm" bedeutet, und für *pullus* (schwarz) verwendete er das Wort *pulleiaceus*, das man mit „schwarzfarbig" wiedergeben kann. Einen Verrückten nannte er nicht, wie alle Welt, *cerritus*, sondern *vacerrosus*, d.h. er bezeichnete ihn als „reif für das Irrenhaus". Wenn er die Wendung *vapide se habere* gebrauchte, so meinte er damit soviel wie *male se habere*, d.h. den Katzenjammer haben. Überhaupt ist das Suetonkapitel (87) eine Fundgrube für seltene Ausdrücke und Redensarten. So erscheint in dem Wortschatz des Augustus das seltene

Wort *betizare*, was soviel bedeutet wie ‚Gemüse sammeln‘ anstatt des griechischen Worts *lachanizare*, das allgemein im Gebrauch war. Manche dieser Ausdrücke mögen der Volkssprache entstammen, andere sind gewollt preziös und der Absicht entsprungen, die Gesprächspartner zu verblüffen. Sueton, dem die Schriftsätze des Kaisers noch zugänglich gewesen sind, versichert uns, Augustus habe in seinen Briefen die einzelnen Worte nicht abgeteilt (so wie wir sie heute in der Regel in den Papyri lesen), und wenn am Ende einer Zeile einige Buchstaben übrig blieben, so setzte er den Rest nicht auf die nächste Zeile, sondern darunter, wobei er die Zugehörigkeit durch einen Haken markierte. Er schrieb also beispielsweise

Augustus. Diese Dinge mögen von geringer Bedeutung sein, sie zeigen aber, daß Augustus eine Persönlichkeit eigener Prägung war und daß er dies auch in der Öffentlichkeit zur Schau stellte. Sueton versichert abschließend, der Kaiser habe sich bei gegebener Gelegenheit einer Geheimschrift bedient, wobei er B für A, C für B und so weiter gesetzt habe, nur für X bediente er sich eines doppelten AA. Mit dieser ‚Geheimschrift‘, die für jeden Kenner ohne weiteres zu entziffern war, steht Augustus in der antiken Tradition nicht allein. Man lese beispielsweise, was in der Schrift des Aeneas Tacticus (etwa aus der Mitte des 4. Jahrhunderts v. Chr.) hierüber geschrieben steht. Man wird diese ‚Geheimschrift‘ als eine Art von Spielerei bezeichnen, irgendwelche praktische Bedeutung hat sie nicht gehabt. Die Griechischkenntnisse des Kaisers waren wenig fundiert, obwohl Apollodor von Pergamon sein Lehrer gewesen war. Auch aus dem Umgang mit Areios von Alexandrien und dessen Söhnen Dionysios und Nikanor scheint er für die griechischen Sprachkenntnisse nicht viel profitiert zu haben. Er war jedenfalls nicht imstande, selbständig ein griechisches Schriftstück oder eine Rede in dieser Sprache aufzusetzen, er schrieb dies vielmehr in Latein nieder, die Übersetzung ins Griechische mußten dann andere für ihn besorgen. Doch versichert Sueton, er sei sehr wohl in der Lage gewesen, griechische Gedichte zu lesen und sich an den Schwänken der Alten Komödie zu erbauen, deren Stücke er des öfteren aufführen ließ. Aber, noch einmal sei es gesagt, mit seinen Griechischkenntnissen war es nicht gut bestellt; Augustus hat auch niemals wie Caesar oder Antonius den Ehrgeiz besessen, die Griechen in ihrer eigenen Sprache anzureden. Vielleicht hängt dies auch mit seiner allgemeinen Einstellung zu den Griechen und zum Griechentum zusammen. Die Griechen bedeuteten politisch nichts mehr, und die Kultur des Hellenentums war für Augustus ein Buch mit sieben Siegeln. Hier hätte er so manches von Cicero lernen können, aber er hatte keine Zeit dazu, er mußte sich um wichtigere Dinge kümmern. Die Literatur war für ihn eine Fundgrube von Sentenzen – dies gilt nicht nur für die lateinische, sondern auch für die griechische Literatur; er pflegte immer wieder aus seinen Lesefrüchten Beispiele zu zitieren, hauptsächlich Dinge, die er für vernünftig und belehrend hielt. Er zitierte wortwörtlich, dabei machte er keinen Unterschied, ob er sich mit seinem Hausgesinde oder mit hohen Würdenträgern im Gespräch befand. Es kam ihm hier vor allem auf den pädagogischen Zweck an. Dies gilt auch für sein Auftreten im Senat, wo er gelegentlich, ebenso wie vor dem Volk, ganze Bücher vorlesen ließ. Auch in seinen Edikten sind diese langen Zitate zu finden. Darunter habe sich die Rede des Q. Metellus *De prole augenda* (,,Über die Vermehrung der Nachkommenschaft'') befunden und die des Rutilius Rufus *De modo aedificiorum* (,,Über die Größe der Gebäude''). Augustus wollte damit zeigen, daß diese Themen schon lange vor ihm von bedeutenden Männern behandelt worden seien. Die Rede des Q. Caecilius Metellus Macedonicus wurde übrigens schon im Jahre 131 gehalten[5], der Kaiser hat sie herangezogen, als er vor dem Senat *de maritandis ordinibus* (über die Verheiratung der Angehörigen der beiden ersten Stände, des Senatoren- und des Ritterstandes) handelte. Rutilius Rufus (cos 105) ist durch sein Eintreten für die Bewohner der Provinz Asia bekannt geworden; über seine Rede haben wir sonst keine Zeugnisse.

Augustus hatte, wie die meisten jungen Römer von Stand, die Rhetorenschule durchlaufen, in der man eine Anzahl von Musterreden durchzunehmen pflegte. Daran wird sich der Kaiser erinnert haben. Überhaupt hing Augustus sehr am Überlieferten. Er begnügte sich, wie seine Vorväter, mit einem einfachen Haushalt, wie er ihn von Jugend auf gewohnt war. So entbehrten die Ruhebetten, die er benutzte und die er seinen Gästen zumutete, jeglicher Bequemlichkeit. Man sagte, sie seien sehr hart und einfach gewesen. Seine Kleider waren unter der Aufsicht der Livia, der Iulia und seiner Enkelinnen von Sklavinnen im kaiserlichen Hause gewebt (man wird schwerlich annehmen dürfen, daß die kaiserlichen Damen diese Kleider selbst gewebt hatten), von Kunstfertigkeit war nicht die Rede. Aber Augustus verfügte selbstverständlich auch über eine Kollektion von Staatskleidern, sie lagen immer griffbereit, so daß er jederzeit in würdiger Kleidung vor Römern und Fremden erscheinen konnte. Ob er jedoch den Panzer der Statue von Primaporta getragen hat, bleibt zweifelhaft; der Künstler, der sein Metier verstand, wird hier aus der Phantasie gearbeitet haben. Wenn Augustus Gäste zu Tisch bat, gab es in

der Regel nur drei, höchstens aber sechs Gänge, und nicht immer erschien der Kaiser zur rechten Zeit; es kam auch vor, daß er sich wieder
entfernte, bevor die Tafel aufgehoben war. Er pflegte sich dann mit drin-
genden Geschäften zu entschuldigen. Ein glänzender Unterhalter ist er
offenbar nicht gewesen, sonst hätte es die Überlieferung sicher hervorgehoben.

Eine schwache Seite war bei Augustus sein *Aberglaube*. Hier stand er,
um ein Wort Kornemanns zu gebrauchen, hinter den Seeleuten nicht
zurück. Besonders große Furcht hatte er vor Gewittern, angeblich soll er
sich voller Angst in Kellergewölben verkrochen haben. Als Talisman
benutzte er das Fell einer Robbe, das er überall und bei jeder Gelegenheit
zur Hand hatte (Suet. Leb. d. Aug. 90). In dieser Hinsicht unterschied
sich der Kaiser nicht von den anderen Römern, denn nur die Philosophen
waren in der Regel über ähnliche Ängste erhaben. Auch in seinem Verhältnis zu Träumen war er ganz ein Mensch seiner Zeit. In der Schlacht
bei Philippi soll ihm ein Traum in der vorhergehenden Nacht das Leben
gerettet haben. Er hatte, durch das Traumgesicht gewarnt, das Lager
verlassen, seine Sänfte fand man später, von vielen Stichen durchbohrt,
wieder; ganz ohne Zweifel wäre er nicht mit dem Leben davongekommen, wenn ihn die Feinde nach Eroberung seines Lagers aufgestöbert
hätten. Die schreckhaften Träume verfolgten ihn vor allem in der Früh-
lingszeit, in den übrigen Jahreszeiten hielten sich die Träume in den
Grenzen des Üblichen, so daß er vor ihnen seine Ruhe hatte. Einen
merkwürdigen Traum schildert Sueton (c. 91). Augustus habe auf dem
Capitol wiederholt dem Tempel des Juppiter Tonans („der Donnerer")
einen Besuch abgestattet, als ihm träumte, daß Juppiter Capitolinus sich
beklagte, Augustus habe ihm die Verehrer entzogen; er aber habe geantwortet, der Donnerer sei ihm als Wächter beigegeben worden und deshalb habe er den Giebel des Heiligtums mit Glöckchen geschmückt, die
nahezu bis an die Türen herunterhingen. Augustus wollte es anscheinend
auf einen Konflikt mit Juppiter Capitolinus nicht ankommen lassen, und
mit der Anbringung der Glöckchen glaubte er seine Pflicht erfüllt zu
haben. Man mag das Verhalten des Kaisers spitzfindig nennen – es zeigt
uns einen Grundzug seines Wesens: die Ehrfurcht (*pietas*) vor den Göttern des Alten Rom. Augustus ist nicht müde geworden, Dutzende von
verfallenen Tempeln in Rom wiederherstellen zu lassen. Gerade hierin
hat er eine wichtige Aufgabe seiner Herrschaft gesehen, und dies mit
Recht, denn der alte Glaube war vielen Römern abhanden gekommen, an
seine Stelle war vielfach der Glaube an die Götter des Orients getreten,

oder ein abstruser Aberglaube, der für staatspolitische Zwecke nicht zu gebrauchen war. An dieser Stelle mußte in der Tat der Hebel angesetzt werden, um einen Neuaufbau des Staates in Angriff zu nehmen. Im übrigen war der Kaiser erfüllt von Aberglauben. So sagt Sueton (c. 92), Augustus habe die Auspizien und die Vorzeichen als die sichersten Dinge im Leben genau beachtet. So hielt er es beispielsweise für ein böses Vorzeichen, wenn er frühmorgens nach dem Aufstehen den linken Schuh über den rechten Fuß gezogen hatte (übrigens ist diese Art von Aberglauben auch in unseren Tagen noch nicht ganz ausgestorben). Und wenn zufällig beim Antritt einer langen Reise zu Wasser oder zu Lande ein reichlicher Tau vom Himmel fiel, soll er dies als ein Zeichen für eine glückliche Heimkehr angesehen haben. Und als zwischen den Steinen vor seinem Hause eine Palme emporwuchs, habe er diese in den Innenraum, ins Compluvium, in dem sich die Penaten befanden, verpflanzt. Und nicht nur dies, er kümmerte sich selbst darum, daß die Palme gedieh. Als auf Capri die Zweige einer uralten Eiche, die schon bis auf den Boden herabhingen und welk geworden waren, bei seiner Ankunft neue Lebenskraft entfalteten, da war er so heiter und fröhlich gestimmt, daß er den Baum von der Stadt Neapel eintauschte, indem er ihr dafür die Insel Aenaria zum Eigentum übergab. Trat Augustus eine Reise an, so achtete er darauf, daß dies nicht an dem Tag nach den Nundinen (dem Markttag) geschah. Ebenso hütete er sich davor, an den Nonen irgendetwas von Bedeutung anzufangen. Und warum? Er soll an Tiberius geschrieben haben, er hüte sich vor diesen Tagen, weil sie einen schlechten Namen hätten. Dies aber bezog sich auf das Wort *non* (= ‚nicht‘), das er, ganz irrtümlicherweise, sowohl in dem Wort *nundinus* wie auch in *Nonae* annahm – eine etymologische Spielerei, wie sie damals üblich war. Vielleicht hätte ihn ein Gelehrter wie Verrius Flaccus, der etwas von sprachwissenschaftlichen Dingen verstand, eines besseren belehren können, doch hier hielt es der Kaiser mit dem Volksglauben, der ihm von Jugend auf vertraut war.

Die Persönlichkeit des Augustus offenbart sich in seinen Worten und Schriften. Hier sollen nur ein paar durch Zufall erhaltene Äußerungen des Augustus herausgegriffen werden. Gellius hat in seinen *Noctes Atticae* (aus der 2. Hälfte des 2. Jahrh. n. Chr.) einen Brief des Kaisers an seinen Enkel Gaius aufbewahrt. Das Schreiben ist o. S. 134 in deutscher Übersetzung wiedergegeben worden. Es gibt einen Einblick in die Seele des alten Mannes, der durch das Sterben seiner Freunde einsam geworden war und nun seine Liebe dem jungen Prinzen Gaius zugewandt hatte.

Gaius war die Freude und Hoffnung seines Alters, das den Kaiser nicht unberührt gelassen hatte.

Infolge des frühen Todes des Gaius Caesar sind die Hoffnungen, die Augustus an seinen Lieblingsenkel und Adoptivsohn geknüpft hatte, nicht in Erfüllung gegangen, ein harter Schlag für den mit der Zeit immer mehr vereinsamenden Princeps. Wem sollte er jetzt seine Hoffnungen zuwenden? Es blieb nur der Stiefsohn Tiberius, und in der Tat zeigt ein Brieffragment bei Sueton (Leb. d. Tib. 21), daß Augustus sich mit ihm ausgesöhnt hatte. Wir geben im folgenden aus diesem Brief die ersten Sätze wieder. Dabei wäre noch hinzuzufügen, daß der Text der griechischen Worte nicht gesichert ist. In dem Brief steht folgendes: ,,Sei mir gegrüßt, mein liebster Tiberius, führe den Krieg mit Glück, indem du für mich und für die Musen (?) deine Feldherrnkunst entfaltest. Du lieber und – so möge ich glücklich sein – tapferer Mann und Feldherr von echtem Schrot und Korn, sei mir gegrüßt!'' Wie man sieht, hatte sich im Herzen des alten Kaisers eine Wandlung vollzogen; er war nun von der Tüchtigkeit des Tiberius überzeugt, nachdem er ihn Jahre lang nur als Platzhalter für seine über alles geliebten Enkel betrachtet hatte. Der Historiker wird hinzufügen: ,,Spät, aber noch nicht zu spät!'' Und im weiteren Verlauf des Briefes, der ganz zweifellos den Stempel der Echtheit an der Stirn trägt, zitiert Augustus sogar den berühmten Vers des alten Ennius: ,,Ein einziger Mann hat uns durch seine Wachsamkeit die Lage wiederhergestellt. ,,*Unus homo nobis vigilando restituit rem* (Suet. Leb. d. Tib. 21,5). Tiberius wird hier mit dem Helden Q. Fabius Maximus Cunctator aus dem Hannibalischen Krieg verglichen, der die Römer nach der schweren Niederlage bei Cannae gerettet hat. Im übrigen hätte man Augustus kaum so viel Liebe und Verständnis für seinen Stiefsohn zugetraut, wie dies in den (hier nicht abgedruckten) Schlußsätzen des Briefes zum Ausdruck kommt. Der Brief läßt uns einen Blick in die Seele des alten Mannes tun, der sich endlich zu einer vollen Anerkennung des Tiberius durchgerungen hat. Mit Bedacht hat er als das eigentliche Wesen des Stiefsohns die Vorsicht und die Wachsamkeit *(vigilantia)* besonders hervorgehoben. Und damit hatte Augustus vollkommen recht.

Höchst aufschlußreich ist auch das Fragment eines anderen Augustusbriefes, gerichtet an seinen Freund Maecenas. Macrobius hat ihn in seinen Saturnalien (II 4,12) überliefert.[6] Der Brief wimmelt nur so von geschraubten Ausdrücken, Augustus nennt den Freund ,,Du Ebenholz von Medullia (eine kleine Stadt in Latium, unweit von Tibur), Elfenbein aus Etrurien, Du Wundersaft aus Arretium, Stahl vom Himmel, Perle aus dem Tiber, Du Smaragd unter den Cilniern, Jaspis der Iguviner, Beryll des Porsenna, Karfunkel von Hadria, und damit ich die Sache abkürze: Du Sanfter unter den Ehebrechern (wir würden heute sagen: unter den Schwerenötern)". Augustus konnte es sich leisten, seinen Freund in dieser geschraubt-witzigen Art und Weise anzureden. Die Pointe bestand darin, daß alle Vergleiche dem Maecenas zum Lobe dienten, nur der letzte nicht, und das war die eigentliche Überraschung. Das Ganze war ein Spiel mit klingenden Wörtern, die nicht viel besagten, aber dem Maecenas doch Respekt bewiesen, sogar mit dem nicht gerade vornehmen „Du Sanfter unter den Ehebrechern". Maecenas, da sind wir ganz sicher, wird den Spaß verstanden haben, so wie wir ihn heute verstehen. Von einer Kränkung kann keine Rede sein. In dieser Beziehung waren die Römer Kummer gewohnt. Man denke daran, daß sich Caesar von seinen Soldaten als „glatzköpfiger Ehebrecher" apostrophieren lassen mußte. Augustus stand hier in der altitalischen Tradition; man war es gewohnt, den Spott über Gerechte und Ungerechte auszuschütten, damit die Menschen etwas zu lachen hatten.

In den brieflichen Äußerungen des Kaisers Augustus lebt die römisch-italische Tradition. Dazu kommt die Kenntnis der Rhetorik, die er von Kindesbeinen an in sich aufgenommen hatte. Sie gab ihm die Mittel an die Hand, nicht nur als Lobredner von Verstorbenen (darunter auch sein Freund und Helfer Agrippa), sondern auch als versierter Briefschreiber zu erscheinen, und dies letztere nicht ganz ohne einen Anflug von Eitelkeit. Seine Briefe entsprangen einer leichten, eleganten Feder, manches war geradezu originell, wenn auch mitunter nicht ohne einen Schuß von Bosheit. Wenn sich die Betroffenen darüber ärgerten, um so schlechter für sie – die anderen hatten dann um so mehr Grund zum Lachen.

Im Hinblick auf seine Gewandtheit im Briefschreiben wird man es bedauern, daß von seinen eigenen Schriften nur eine einzige unversehrt auf die Nachwelt gekommen ist. Es sind dies die *Res gestae divi Augusti*, wie sie nach seinem Tode genannt worden sind. Wir nennen diesen ‚Leistungsbericht' nach der wichtigsten Kopie, die in Ankara im Tempel der Roma und des Augustus angebracht war, das *Monumentum Ancyranum*. Doch davon wird erst später die Rede sein (s. u. S. 269 f.). Hier geht es vielmehr um die anderen in der antiken Literatur erwähnten Schriften des Augustus. Bedauerlicherweise existieren von ihnen nur ein paar Fragmente. Aber die Titel zeugen von einer bemerkenswerten Vielseitigkeit der literarischen Interessen. Augustus steht hier in einer Tradition, die vor allem in Caesars Schriften ihre Vorbilder hatte, wenngleich, von einer

6. Italia auf dem Fries der Ara Pacis

SENATVS
POPVLVSQVEROMANV
IMPCAESARIDIVIFAVGVS
COSVIIIDEDITCLVPEVM
VIRTVTISCLEMENTIAE
IVSTITIAEPIETATISERGA
DEOSPATRIAMQVE

7. Ehrenschild des Augustus von Arles

8. Agrippa   9. Livia

10. Pantheon des Agrippa

einzigen Ausnahme abgesehen, militärische Schriften im engeren Sinne fehlen. Hier macht es sich bemerkbar, daß sich der Kaiser mehr zu den Schönen Künsten als zu der Fachschriftstellerei hingezogen fühlte. In seiner Jugend hatte er so manches gelesen und nicht sogleich wieder vergessen, und der Umgang mit den Gelehrten und Dichtern seiner Zeit hat die vorhandenen Neigungen nur noch verstärkt.

Wie so manche Römer vor und nach ihm hat Augustus *Memoiren* geschrieben, vielleicht haben sie den Titel *Commentarii de vita sua* getragen, und dies wohl in Anlehnung an die *Commentarii rerum gestarum Galliae* des Iulius Caesar. Augustus hat die Erinnerungen bis zum Cantabrischen Krieg geführt; es waren insgesamt 13 Bücher, d. h. es handelte sich um eine recht umfangreiche Schrift. Man hat vermutet, daß der Schlußpunkt im Jahre 25 die zweite Schließung des Janustempels in Rom gewesen sei (Eugen Bormann). Gewidmet war das Werk seinen beiden Freunden Agrippa und Maecenas. Man darf dies wohl als ein Zeichen der Dankbarkeit und der Verpflichtung gegenüber seinen Helfern auffassen. Die Schrift muß daher vor dem Jahre 12 v. Chr., dem Todesjahr des Agrippa, vollendet gewesen sein. Die wenigen erhaltenen Fragmente stammen zumeist aus Schriften Plutarchs und aus dem Geschichtswerk Appians, einige finden sich auch in der Augustus-Vita Suetons. Natürlich hatten die Memoiren, wie dies üblich ist, eine apologetische Tendenz – wer will dies dem Augustus verdenken? Man lese, was Augustus über das Ende des Prätors Q. Gallius zu berichten weiß[7]. Der Kaiser ist hier der öffentlichen Meinung entgegengetreten, die behauptete, Gallius sei von Augustus getötet worden, weil er einen Anschlag auf sein Leben geplant habe (im Jahre 43). Augustus schreibt, er habe ihm keineswegs mit eigenen Händen die Augen ausgerissen, sondern ihn nur ins Gefängnis geworfen und sodann aus Rom ausgewiesen, worauf er zur See zugrundegegangen sei, entweder durch Schiffbruch oder durch Seeräuber. Und wenn man dann noch die Reden liest, die Lucius Antonius und Octavian in Perusia im Jahre 40 v. Chr. gehalten haben sollen[8], so fragt man sich, wieviel davon auf Wahrheit beruht, denn wenn irgendetwas sicher ist, so die Tatsache, daß Augustus hier seine Milde besonders unterstreichen wollte, an der er es sonst so oft hatte fehlen lassen. Außerdem wäre natürlich noch die Funktion der Reden in den antiken Geschichtswerken zu berücksichtigen. Sie dienen zur Illustrierung der historischen Situation, ohne im engeren Sinn selbst authentisch zu sein.

Als Augustus seine Memoiren zu Papier brachte, da hatten sich die Perspektiven durch seinen Aufstieg zur Alleinherrschaft beträchtlich verändert. Er wollte nun versuchen, den Lesern seiner Schriften klar zu machen, daß es ein schwieriger und mühevoller Weg gewesen sei, den er seit Caesars Tod hatte zurücklegen müssen. Es waren Zeiten gewesen, in denen Mars die Stunde regierte. Und dies hatte Tod und Vernichtung im Gefolge gehabt, Dinge, die sich unauslöschlich in das Gedächtnis der Zeitgenossen eingeprägt hatten. Es kam nun darauf an, ihnen zu zeigen, daß all' diese Dinge notwendig gewesen waren, um zum Neuaufbau des Staates zu gelangen. Und man darf nicht vergessen, daß sich Augustus nach Erringen der Alleinherrschaft bemüht hat, ein guter Landesvater zu sein; was vorher gewesen war, hatte er vergessen und verdrängt.

Zu den historischen Werken des Kaisers gehört auch die Biographie seines Stiefsohns Drusus, der im Jahre 9 v. Chr. in Germanien gestorben war (s. o. S. 83). Angeblich soll sich Augustus nicht damit begnügt haben, ein Elogium in Versen zu verfassen, das auf dem Grabmal des Drusus eingemeißelt worden sei, er habe auch eine Rede in Prosa über sein Leben gehalten, von der man wohl annehmen darf, daß auch sie publiziert worden ist. Nicht anders steht es mit der Grabrede auf M. Agrippa, von der ein Papyrus einen Teil aufbewahrt hat, und zwar in griechischer Übersetzung (s. o. S. 144). Beide Schriften waren Gelegenheitsarbeiten, denen sich der Kaiser nicht entziehen wollte.

Als Sueton sich das Material für seine Augustus-Biographie zusammensuchte, stieß er auch auf zwei Gedichte des Kaisers; das eine führte den Titel „*Sicilia*", das andere war ein Werk mit Epigrammen. Unter dem Gedicht *Sicilia* wird man sich wohl eine Beschreibung der Insel, die Augustus im Krieg gegen Sex. Pompeius im Jahre 36 kennengelernt hatte, vorstellen, vielleicht nach dem Vorbild des Gedichts mit dem Titel *Iter*, in dem Caesar seine Reise nach Spanien beschrieben hatte. Die Epigramme sollen dem Augustus eingefallen sein, wenn er zu baden pflegte – es waren Gelegenheitsgedichte, die Augustus verfaßte, wenn er gerade Zeit und Lust hatte. Sogar eine Tragödie mit Namen *Aiax* soll er begonnen haben, er kam aber damit nicht zu Ende, und als Freunde sich nach dem Werk erkundigten, soll er gesagt haben, Aiax habe sich in den Schwamm gestürzt, dies ein makabrer Witz, der an den Tod des Helden durch sein eigenes Schwert erinnert.

Auch in den literarischen Streit um den Jüngeren Cato und seine republikanische Gesinnung hat Augustus eingegriffen. Die Schrift führte den Titel „*Rescripta Bruto de Catone*". Sie knüpfte ohne Zweifel an die Lobschrift des Brutus, des Caesarmörders, an, die seinerzeit viel Staub aufgewirbelt hatte. Ob es nun ein glücklicher Gedanke war, in einer vollkommen veränderten Welt dieses brisante Thema noch einmal aufzugreifen, das ist eine andere Frage. Man könnte sich jedoch vorstellen, daß Augustus mit dieser Schrift die republikanische Opposition treffen wollte, die auch in der späteren Regierungszeit des Princeps noch nicht erloschen war. In Wirklichkeit war die *res publica libera* tot, auch mit Lobschriften auf den unglücklichen Cato Uticensis war sie nicht wieder zum Leben zu erwecken.

Schließlich mag hier noch einer philosophischen Schrift des Augustus gedacht werden. Sie führte den Titel *Hortationes ad philosophiam*, ,,Ermahnungen zur Philosophie``; sie gehört einem bekannten Genos an, das in hellenistischer, aber auch in republikanischer Zeit gepflegt worden ist. Im übrigen war die philosophische Bildung des Augustus nicht sehr tief, doch war er sich dessen bewußt, daß sich hier eine Gelegenheit bot, sich über ethische Fragen in der Öffentlichkeit zu äußern, so wie dies einst Cicero in seinen *Disputationes Tusculanae* getan hatte. Überhaupt war Cicero sein literarisches Vorbild, und man wird nicht fehlgehen in der Annahme, daß ihm Ciceros Tod bei den Proskriptionen des Jahres 43 lange nachgegangen ist.

Im Altertum haben Sammlungen von Briefen und Reden des Kaisers existiert, unter den ersteren waren die an Gaius Caesar, seinen Enkel und Adoptivsohn, gerichteten Briefe am bekanntesten. Sie waren natürlich lateinisch geschrieben in einem überraschend persönlichen Stil, der erkennen läßt, wie sehr Augustus an seinem Enkel gehangen hat. Ganz anderer Art sind natürlich die Verwaltungsschreiben, von denen mehrere, in Griechisch geschrieben, aus dem Osten des Reiches erhalten geblieben sind, wie z.B. aus Aphrodisias in Karien, aus Chios, Knidos, Eresos, Mylasa und anderen Orten. Sie alle sind typische Erzeugnisse der Kanzlei, in der es auch eine griechische Abteilung gegeben hat. Diese war auch für die Übersetzung der *Res gestae* in die Sprache der Hellenen verantwortlich. Übrigens wird auch ein Exerzierreglement des Augustus genannt[9]. Bei der Abfassung wird sich der Princeps des Rates militärischer Fachleute bedient haben. Im Mittelpunkt seines Interesses standen diese Studien wohl kaum. Es war eine zweckgebundene Arbeit, der sich der oberste Befehlshaber der Wehrmacht nicht entziehen konnte. Auf die Schriften, die Augustus bei seinem Tod hinterlassen hat, wird später noch eingegangen werden (s.u. S. 251).

Überblickt man das Ganze, so tritt die aufs Praktische gerichtete Anlage des Kaisers klar hervor. Er hatte kein Organ für das Spekulative, ihm ging es immer um praktische Dinge, und man wird hinzufügen, daß dies ein Glück für die Römer und für das Imperium Romanum gewesen ist. Wer wie Augustus die Welt erneuern wollte, der mußte einen Sinn für das Praktikable haben, theoretisierende Erörterungen wären hier fehl am Platz gewesen. Auf Grund seiner Erziehung und seines Umgangs mit Menschen wie Agrippa hat Augustus im Lauf seines langen Lebens diese Seite seines Wesens hervorragend entwickeln können, und wenn er dennoch in den Bereich der Philosophie eingestiegen ist, so stehen auch hier handfeste praktische Erwägungen im Hintergrund.

Hat sich Augustus Sorgen um sein Bild in der Nachwelt gemacht? Wir finden hierauf keine direkten Hinweise in seinen Schriften, aber auch ihn hat das Urteil der Menschen keineswegs gleichgültig gelassen. Abgesehen von seinen Memoiren wird man vor allem auf seine *Res gestae* verweisen, in denen Augustus als der große Wohltäter der Römer, insbesondere der Plebs, erscheint. Und immer wieder spricht aus seinen Worten, die Sueton überliefert, der Stolz des Kaisers auf seine eigene Leistung. Er war glücklich, ja sogar zu Tränen gerührt, wenn man dies durch entsprechende Ehrungen seiner Person anerkannt hat. Niemand wird ihm dies verargen, denn sein Weg nach oben war nicht leicht gewesen. Soweit es an ihm lag, wollte er seiner Staatsschöpfung Dauer verleihen, und die Nachwelt muß bestätigen, daß ihm dies auch gelungen ist.

Macrobius (402 n. Chr., s. S. 319[6]) hat in den Saturnalien, II 4–5, Aussprüche des Augustus und seiner Tochter Iulia überliefert. Diese Anekdoten sind in der Regel ohne weiteres zur Charakteristik des Kaisers und seiner Tochter herangezogen worden, man hat in ihnen eine erfreuliche Vermehrung des knappen biographischen Materials gesehen, das über die Persönlichkeit des ersten Princeps nur wenige signifikante Einzelheiten bietet. Auch einige Zeitgenossen des Augustus wie der Tragödiendichter L. Varius, Maecenas und Asinius Pollio befinden sich unter den Gesprächspartnern. Für den Historiker erhebt sich die Frage, inwieweit dieses Material zur Wiederherstellung oder Ergänzung der Überlieferung benutzt werden darf. Im folgenden soll nun keine Einzeldarstellung der Anekdoten gegeben werden, dies wäre auch wenig sinnvoll, da manche Äußerung des Augustus keinen hohen Wert besitzt. Dafür ein Beispiel: Als ein gewisser Vettius das Grabmal seines Vaters zerstörte, soll Augustus gesagt haben, dies bedeute in der Tat, das Grabmal eines Vaters zu pflegen *(colere)*. Oder daß Augustus, wie er einmal bei einer Einladung wider Erwarten kärglich bewirtet worden war, zu dem Gastgeber gesagt haben soll: ,,Ich hätte nicht gedacht, daß ich so ein enger Freund von dir wäre.''

Unter den Anekdoten befinden sich aber auch einige, die man als wertvoll und originell bezeichnen wird, diese können schwerlich erfunden sein. Dies gilt von dem Brief, den Augustus an seinen Freund Maecenas geschrieben hat (der Text ist o. S. 175 f. wiedergegeben).

Und wie steht's mit den Worten des Augustus über Herodes? Als Augustus gehört hatte, daß sich unter den zweijährigen Kindern, die Herodes hatte töten lassen, auch dessen eigener Sohn befunden habe, da soll er gesagt haben: ,,Ich möchte lieber ein Schwein des Herodes sein als sein Sohn.'' Der bethlehemitische Kindermord war so gut in der christlichen Überlieferung verankert, daß man wohl annehmen muß, Macrobius habe die Geschichte aus der christlichen Tradition übernommen, die, wie bekannt, in diesem Fall nicht zuverlässig ist. Hier hat schon vor vielen Jahren Walter Otto in seinem Buch ,,Herodes'' (1913) S. 143, Anm., das Richtige gesehen, wenn er die Stelle des Macrobius als eigene Überlieferung beiseite geschoben hat.

Macrobius weiß zu erzählen, daß Augustus es nicht übel nahm, wenn er selbst die Zielscheibe des Spottes anderer wurde. Hierfür bringt er einige Beispiele (II 4, 19 ff.). Mit diesen Anekdoten brauchen wir uns nicht aufzuhalten, sie geben nahezu ohne Ausnahme menschliche Situationen wieder, für die kein Echtheitsbeweis anzutreten ist. Eine amüsante Geschichte sei hier aber doch erzählt. Macrobius berichtet, ein junger Mann sei nach Rom gekommen, der durch seine frappante Ähnlichkeit mit Augustus (im Text heißt dieser, wie so oft, Caesar) allgemeines Erstaunen erregt habe. Augustus aber ließ den jungen Mann vor sein Antlitz kommen und fragte ihn geradeheraus: ,,Sage mir, mein Junge, war deine Mutter irgendwann einmal in Rom?'' Dieser aber sagte: ,,Nein, das war sie nicht, aber mein Vater war des öfteren dort.'' Wie man diesen Ausspruch auch verstehen mag, er scheint auf eine illegitime Verbindung des Augustus mit der Mutter des jungen Mannes hinzudeuten. Natürlich ist für die Echtheit keine Gewähr gegeben.

Und dann die Geschichte von den gelehrigen Vögeln! Der eine habe Augustus mit den Worten ,,*Ave Caesar victor imperator*'' begrüßt: ,,Sei gegrüßt Caesar, Sieger und Imperator!'' Augustus habe den Vogel um teures Geld gekauft. Da meldete sich noch ein anderer Vogelhalter; er besaß gleichfalls einen Raben, der aber sagte: ,,*Ave victor imperator Antoni!''*: ,,Sei gegrüßt, Sieger und Imperator Antonius!'' Der Erzählung folgt die Geschichte von dem gelehrigen Raben, der einem Schuster gehörte. Dieser hatte nicht über die notwendige Geduld verfügt, um dem Raben die Begrüßungsworte beizubringen. Dabei hatte der frustrierte Schuster immer wieder ausgerufen: ,,Mühe und Kosten waren umsonst!'' *(opera et impensa periit)*. Als der Rabe endlich den Gruß gelernt hatte, wollte ihn Augustus nicht kaufen, er sagte vielmehr: ,,Ich habe bei mir zu Hause genug solcher Grußspender.'' Der Rabe aber hatte ein gutes Gedächtnis, er fügte die Worte hinzu, die er so oft von seinem Herrn gehört hatte: *Opera et impensa periit.* Da mußte Augustus lachen, er kaufte den Vogel um den teuersten Preis, den er jemals gezahlt hatte.

Ist diese harmlose Geschichte nicht wahr, so ist sie gut erfunden.

Macrobius hat es für richtig gehalten, einige Geschichten wiederzugeben, die mit Iulia in Verbindung stehen. Sie zeigen immerhin so viel, daß Iulia nicht auf den Mund gefallen war. Die Tendenz dieser Anekdoten ist klar: sie sollen die Gegensätze im Charakter der Iulia zeigen, einerseits die Verachtung der guten Sitten, andererseits die Schlagfertigkeit. Einige Aussprüche sind in der Tat originell, so das Diktum der Iulia, als man sie fragte, wie es käme, daß alle ihre Kinder dem Gatten Agrippa ähnlich seien; sie sagte: ,,Nur wenn das Schiff beladen ist, pflege ich einen Passagier aufzunehmen.''

Diesem Witz schwersten Kalibers sei ein anderer, sehr viel harmloserer hinzugefügt. Augustus hatte sich geärgert, daß seine Tochter in der Öffentlichkeit inmitten einer ausgelassenen Schar junger Verehrer aufgetreten sei, während sich Livia mit gestandenen, seriösen Männern umgeben habe. Da sagte die kluge Tochter: ,,Auch diese jungen Männer werden mit mir zusammen Greise sein.'' Und als man Iulia ermahnte, sie möge sich an der Einfachheit ihres Vaters ein Beispiel nehmen, da sagte sie kaltblütig: „Er vergißt, daß er Caesar ist, ich aber denke daran, daß ich Caesars Tochter bin."

Macrobius wird die Anekdoten einem Werk entnommen haben, das wahrscheinlich schon in der Zeit des Augustus oder wenig später erschienen ist. Sammlungen von Sentenzen berühmter Männer hat es mehrfach gegeben. Es sei nur an die Schrift des Valerius Maximus über die „Bemerkenswerten Taten und Aussprüche" in neun Büchern *(Factorum et dictorum memorabilium libri novem)* erinnert. Das Werk ist unter dem Kaiser Tiberius entstanden. Aber die Quelle des Macrobius kann Valerius Maximus nicht gewesen sein, es finden sich zwar in ihm einige Erwähnungen des Augustus, aber nicht die Anekdoten des Macrobius, und von Iulia ist überhaupt nicht die Rede. Namhafte Gelehrte wie Georg Wissowa haben an Domitius Marsus aus der augusteischen Zeit gedacht, aber auch hierfür gibt es keine Sicherheit; man wird sich damit abfinden müssen, daß die Quelle nicht zu bestimmen ist. Und wie steht's mit der Authentizität der Anekdoten? Hier wird man schwer zu einem eindeutigen Urteil kommen können, abgesehen von dem Brief an Maecenas. Von Augustus müssen zahlreiche Aussprüche in der Öffentlichkeit kolportiert worden sein, aber nicht alle waren echt, und dies ist auch mit dem Ausspruch eines Veteranen der Fall, der Augustus gebeten hatte, als sein Prozeßführer (litigator) vor Gericht aufzutreten. Augustus aber wollte einen Ersatzmann benennen. Da kam er aber schlecht an, denn der Veteran zeigte seine Narben aus dem Actischen Krieg, der Kaiser aber schämte sich und eilte dem Kriegskameraden vor Gericht selbst zur Hilfe (II 2, 27).

Die bei Macrobius überlieferten Anekdoten wird man nicht auf die Goldwaage legen. Es mögen ein paar authentische Aussprüche des Augustus und der Iulia darunter sein, aber dies wird sich im einzelnen nur schwer nachweisen lassen. Das Ergebnis ist nicht ermutigend, und der Historiker wird sich in den meisten Fällen mit der Kunst des Nichtwissens begnügen müssen.

Neuntes Kapitel

Das Imperium Romanum unter Augustus

Eine Geschichte des Imperium Romanum unter der Herrschaft des Augustus bleibt noch zu schreiben. Es ist auch kein Wunder, wenn dies bisher nicht geschehen ist, denn eine derartige Darstellung wäre gleichbedeutend mit der Schilderung einer weltpolitischen Veränderung, die nicht nur auf dem Gebiet der Verwaltung, des Heerwesens und der Wirtschaft, sondern auch in der Literatur und Kunst sowie in der Religiosität, kurz in fast allen Lebensbereichen, sichtbar wird. Mit anderen Worten: Der Zustand des Reiches, wie er sich *vor* der Alleinherrschaft des Augustus darstellt, ist ein völlig anderer als jener, den wir beim Tode des Princeps im Jahre 14 n. Chr. vor uns sehen. Setzen wir das Jahr 30 v. Chr. als den Beginn der Alleinherrschaft, so wären es bis zu seinem Tode 43 Jahre, eine lange Zeit, die den 43 Jahren vom Ende des deutsch-französischen Krieges bis zum Beginn des Weltkriegs (1871–1914) entspricht. Wie aber war das Reich, das Augustus übernommen hatte, und in welchem Zustand hat er es seinem Nachfolger Tiberius hinterlassen? Es gibt keine Beschreibung aus der Antike, in der diese grundlegende Veränderung geschildert worden wäre. Doch hat sich unter den Schriften des Augustus, die er seinem Nachfolger ans Herz gelegt hat, auch das *rationarium imperii* befunden. Man wird in ihm ein Handbuch sehen, in dem alles, was im Reich von Bedeutung war, aufgezeichnet stand. Aber leider ist diese Schrift, wie so viele andere, verloren, so daß der Historiker versuchen muß, aus den einzelnen Zeugnissen selbst, den literarischen und urkundlichen, sich ein Bild von dem Reich und von den Veränderungen unter Augustus zu machen.

Die Herrschaft des Augustus erstreckte sich über den weiten Raum von den Ufern des Atlantischen Ozeans in Gallien und Spanien im Westen bis zum Euphrat im Osten, der hier die Grenze zu dem Partherreich bildete. Augustus hatte das Reich in dieser Ausdehnung von seinem Adoptivvater Caesar übernommen, Britannien blieb außerhalb der Reichsgrenzen, seine Eroberung war von Caesar geplant und in Angriff genommen worden, aber es blieb keine Zeit zur Ausführung übrig, auch

Augustus hat den urspünglich geplanten Zug über den Ärmelkanal hinweg wieder aufgegeben. Den Kern des Reiches bildete wie eh und je Italien, mit dem im Jahre 42 v. Chr. das Cisalpine Gallien vereinigt worden war, eine höchst segensreiche Neuerung, die sich aber erst in späteren Jahrzehnten voll ausgewirkt hat. Auf der Pyrenäenhalbinsel gab es unter Augustus drei Provinzen, Tarraconensis, Baetica und Lusitania. Diese letztere war neu gebildet worden. Überhaupt hatte sich das Bild hier gegenüber der republikanischen Zeit mit den beiden Provinzen Hispania Citerior und Hispania Ulterior (die Grenze bildete der *Saltus Castulonensis,* die heutige Sierra Morena) beträchtlich verändert. Zu den Neueroberungen des Augustus gehörten die Gebiete im äußersten Nordwesten Spaniens; hier wohnten die wehrhaften Cantabrer, mit denen die Römer in langwierigen Kriegen die Klingen kreuzen mußten.

In Gallien war dagegen nach der Eroberung durch Iulius Caesar, abgeschlossen im Jahr 51 v. Chr., vollkommene Ruhe eingekehrt, ein lokaler Aufstand der Bellovaker (Beauvais) war eine Episode geblieben. Gallien war, wie zu Caesars Zeit, in drei Provinzen eingeteilt, sie hießen *Belgica* (im Norden), *Lugdunensis* (in Zentralgallien) und *Aquitania* (im Süden). Dazu kam, wie zu Caesars Zeit, noch die Narbonensis, Mittelpunkt der römischen Kolonisation. Die Narbonensis war, ebenso wie die Baetica in Südspanien, eine senatorische Provinz. Eine wesentliche Veränderung hatte sich unter Augustus an der Rheingrenze vollzogen. Hier hatten die Römer nämlich zwei Militärbezirke gebildet, *Germania Inferior* und *Germania Superior,* deren Legaten zugleich die Spitzen der Zivilverwaltung waren. Das germanische Gebiet zwischen dem Niederrhein und der unteren Elbe hatten die Römer in mehreren Feldzügen zu unterwerfen versucht; mit der Katastrophe des Varus im Jahre 9 n. Chr. war die Episode der römischen Herrschaft im nordwestlichen Deutschland zu Ende. Es kann keinem Zweifel unterliegen, daß dieser westliche Teil des Imperiums, zusammen mit der Apenninhalbinsel, das eigentliche Kerngebiet des Reiches bildete. Hier wohnten die Römer und Italiker, hier gab es die größte Anzahl von römischen Bürgern. Aus diesem Gebiet stammte die Mehrzahl der Soldaten, die, soweit sie das Bürgerrecht besaßen, in den Legionen Dienst taten. Aber auch die Gallier, die Spanier und die Germanen haben starke Kontingente zu den Hilfstruppen der Römer beigesteuert, sie haben sich immer wieder durch ihre Tapferkeit vorteilhaft ausgezeichnet.

Von den Inseln Sardinien und Corsika hört man unter Augustus nur wenig. Sie befanden sich zunächst in senatorischer, später, seit 6 n. Chr., in kaiserlicher Verwaltung. Viel wichtiger war die Insel Sizilien mit ihrer Bevölkerung aus Griechen, Römern und Einheimischen, auch sie vom Senat verwaltet. Zu den Provinzen der römischen Republik gehörten noch Macedonia, Asia (das westliche Kleinasien), Bithynia et Pontus, das Pompeius im Jahre 63 v. Chr. als Provinz konstituiert hatte, Cilicia und Syria. Das letztere war das Bollwerk gegen die Parther, es war wohl die wichtigste Provinz, über die der Princeps verfügte. Ging Syrien verloren, so war es mit der Herrschaft der Römer im Orient zu Ende. Ägypten dagegen war keine Provinz im eigentlichen Sinn, es war Privatbesitz des römischen Kaisers, den dieser durch seinen Sieg über Antonius und Kleopatra im Jahre 30 v. Chr. errungen hatte, ein Juwel wegen seines Reichtums und seiner Bodenschätze. Die Landverbindung zwischen Ägypten und der Provinz Africa Proconsularis (mit der Hauptstadt Utica) stellte die Cyrenaica her, die mit Creta zu einer Provinz verbunden war. Mit Africa Proconsularis vereinigt war Numidia, ein Territorium, das erst lange nach Augustus zu einer selbständigen Provinz geworden ist. Noch weiter westlich lag Mauretanien, das nach einer kurzen Eingliederung in das Imperium (von 33 bis 25 v. Chr.) dem König Juba II. als Klientelfürstentum überlassen wurde.

Die größten Fortschritte in territorialer Hinsicht hatte Augustus in den Donaulandschaften zu verzeichnen. Hier hatten Drusus und Tiberius, die Stiefsöhne des Augustus, im Jahre 15 v. Chr. das Land zwischen den Alpen und der oberen Donau vom Bodensee im Westen bis zum Inn im Osten unterworfen. Aus diesem Gebiet war die Provinz Raetia gebildet worden, die einem Procurator Augusti zur Verwaltung anvertraut wurde. Auch die Landschaft Wallis in der Schweiz gehörte mit zu dieser Provinz. Die Siedlungsgeschichte Raetiens in römischer Zeit ist durch zahlreiche Neufunde und Ausgrabungen aufgehellt worden. Die Römer haben hier Bedeutendes geleistet, mit der Gründung von Augusta Vindelicum (Augsburg) haben sie dem Land einen Mittelpunkt gegeben, der noch heute wichtige Funktionen erfüllt. Nicht zum Imperium gehörte dagegen die Landschaft Noricum, etwa die Gebiete von Oberösterreich, Kärnten und Krain umfassend. Noricum stand als Klientelstaat unter eigenen Fürsten, erst unter dem Kaiser Claudius ist es in eine Provinz umgewandelt worden. Die Funde auf dem Magdalensberg bei Klagenfurt zeigen die wirtschaftliche Bedeutung des Landes, seine Bewohner haben in regem Austausch mit den Römern gestanden. Doch fällt die Blüte der Siedlung auf dem Magdalensberg erst in eine etwas spätere Zeit.

Augustus war es gelungen, in schweren Kämpfen, zuerst in Illyrien,

dann in Pannonien (Westungarn), die Grenze des Imperiums über die
Save und Drau bis an die Donau vorzuverlegen, der Illyrisch-Pannoni-
sche Aufstand hatte ihm aber schwer zu schaffen gemacht (s. o. S. 86),
durch die Feldherrnkunst des Tiberius konnten die Kämpfe siegreich für
die Römer beendet werden. Eine Neuerwerbung der Römer war auch die
langgestreckte Landschaft Moesia an der unteren Donau. Um die Eroberung und Konstituierung als römisches Reichsgebiet hatte sich P. Licinius
Crassus, der Enkel des Triumvirn, große Verdienste erworben. In ihrem
östlichen Teil reichte sie bis zum Donaudelta. Als nachteilig erwies sich
jedoch die Existenz des Klientelstaats Thrakien, der, von unruhigen
Volksstämmen bewohnt, erst unter Claudius dem Imperium eingegliedert werden konnte.

Im griechischen Raum sind zwei bemerkenswerte Veränderungen unter der Herrschaft des ersten Princeps zu konstatieren: Das mittlere Griechenland (nebst der Halbinsel Peloponnesos) war als eine neue Provinz
mit dem Namen Achaia konstituiert worden. In ihr regierten die Beauftragten des römischen Senats, während Epirus der kaiserlichen Verwaltung unterstellt wurde. Aber Griechenland hatte in der Zeit des Augustus
keine große Bedeutung mehr, es war durch die Bürgerkriege schwer
mitgenommen, von seinem einstigen Glanz war nicht mehr viel übriggeblieben.

Viel bedeutender und auch folgenreicher waren die Veränderungen auf
dem Boden des heutigen Anatoliens. Hier hatte Augustus im Jahre 25
v. Chr. eine neue Provinz aus Galatia und Lycaonia gebildet. Sie hatte
freilich den Nachteil, daß ihre Ostgrenze praktisch ungeschützt war, eine
Lücke in der Grenzverteidigung im Osten, die erst Vespasian schließen
sollte.

Von weiteren Veränderungen im Orient mag hier nur noch angeführt
werden, daß das Königreich Kommagene am Euphratknie eine kurze
Zeit, von 31 bis 26 v. Chr., zum Imperium gehörte, danach wurde es der
einheimischen Dynastie, die ihren Ursprung auf die Achämeniden und
Seleukiden zurückführte, wieder zurückgegeben. Sie hat sich hier bis in
die flavische Zeit halten können. In Iudaea regierte der Freund des Augustus, der König Herodes, der sich erst nach Actium auf die Seite Octavians geschlagen hatte (er war lange Jahre ein treuer Gefolgsmann des
Antonius gewesen). Nach dem Tode des Herodes im Jahre 4 v. Chr. blieb
sein Gebiet im Besitz seiner Söhne. Den Löwenanteil erhielt Herodes
Archelaos, während seine beiden Brüder, Herodes Antipas und Philippus, sich mit Vasallenteilfürstentümern begnügen mußten.[1] Doch er-

wies sich diese Anordnung nicht als glücklich, und im Jahre 6 n. Chr. hat Augustus das Gebiet des Herodes Archelaos einziehen lassen, die Landschaft war von nun an eine prokuratorische Provinz. Dem Herodes Archelaos wurde die Stadt Vienna in der Provence als Verbannungsort zugewiesen, hier ist er (wohl noch vor dem Jahr 18 n. Chr.) gestorben.

In der letzten Zeit der Regierung des Herodes (gest. im März 4 v. Chr.) wurde Jesus in Bethlehem geboren, doch ist das Jahr nicht gesichert. Seine Jugend verlebte er in Nazareth in der Tetrarchie des Herodes Antipas. Sein öffentliches Auftreten fällt erst in die Zeit des Kaisers Tiberius (30 n. Chr.).

Zu den senatorischen Provinzen gehörte *Creta et Cyrene*, doch hat dies den Kaiser nicht gehindert, in die Verhältnisse des Landes durch seine Edikte einzugreifen.

Überblickt man die Geschichte der römischen Provinzen unter dem ersten Princeps, so muß man zugeben, daß er nicht nur zur Abrundung, sondern auch zur Konsolidierung Bedeutendes beigetragen hat. Doch hatte das Imperium eine empfindliche Achillesferse: dies waren die langgestreckten Stromgrenzen am Rhein, an der Donau und am Euphrat. Sie waren wahrlich nicht geeignet, dem Reich die notwendige Sicherheit vor den Einfällen der Völker von jenseits der Reichsgrenzen zu geben. Augustus hatte sich hier mit einer mehr oder weniger provisorischen Lösung zufrieden geben müssen, die Umstände hatten ihm keine andere Wahl gelassen. Einen beachtlichen Fortschritt stellt dagegen die Einbeziehung des Alpengebiets in das Reich dar. Waren die Römer bisher mehr oder weniger auf das Wohlwollen der Alpenvölker angewiesen gewesen, wenn sie von Italien nach Gallien reisen wollten, so wurden mit der Unterwerfung der Salasser (am Fuß des Montblanc und des Großen und Kleinen St. Bernhard) im Jahre 25 v. Chr. ganz neue Verhältnisse geschaffen, die Salasser hatte man vollständig besiegt und Mann für Mann in die Sklaverei verkauft. Mit der Gründung der Kolonie Augusta Praetoria (Aosta) wurde ein Abschluß erreicht. Im Gebiet der Cottischen Alpen blieb das einheimische Fürstenhaus bestehen, die Bewohner haben sogar (wenn Mommsen recht hat) das latinische Recht erhalten. Schließlich wurden die Alpes Poeninae (im Bereich des Genfer Sees und des oberen Teils der Rhône) mit Raetien vereinigt. Dies aber war keine glückliche Lösung, doch hätte es wenig Sinn gehabt, aus dem kleinen Territorium eine besondere Verwaltungseinheit zu machen.

Was Augustus erreicht hat, war eine Abrundung des Imperiums. Dies gilt in erster Linie für den Grenzverlauf an der mittleren und unteren

Donau. Ungelöst blieben dagegen zwei andere Probleme: Britannien und Germanien. Hier hatte die Politik des Augustus den schwersten Rückschlag durch die Niederlage des Varus im Teutoburger Wald erlitten. Augustus war schon zu alt, um hier einen neuen Anfang zu machen. Dies ist erst unter Tiberius, seinem Nachfolger, geschehen, doch haben auch die Eroberungszüge des Germanicus keine grundsätzliche Wende an der Rheingrenze herbeiführen können. Es hatte sich vielmehr gezeigt, daß es das beste sei, die Germanen ihrer eigenen Zwietracht zu überlassen. Mehr noch als Caesar, der wegen seiner Kriege wenig Zeit für eine innere Konsolidierung des Reiches gehabt hat, ist Augustus der eigentliche Schöpfer des Imperium Romanum geworden, eine Leistung, die letzten Endes auf seine kluge Politik zurückzuführen ist. Denn nur wenn es unumgänglich notwendig war, hat Augustus das Schwert gezogen, seine Kriege sind in der Mehrzahl Grenzkriege gewesen. Und die Normalisierung des Verhältnisses zu den Parthern im Jahre 20 v. Chr. ist ein sehr wichtiger Schritt zur Befriedung der ganzen Welt.

Es ist im übrigen erstaunlich, wie wenig Sueton (Leb. d. Aug. 46–52) von der Administration des Augustus zu berichten weiß. Ihm müssen doch die vielen Dokumente im Archiv zugänglich gewesen sein, darunter auch die Abschriften der Edikte und sonstigen Erlasse, welche der Kaiser an die Provinzialstatthalter hatte herausgehen lassen. Sie lagen sicherlich in den Archiven vor, aber Sueton hat sich für das einzelne nicht interessiert. Er schreibt, Augustus habe in Italien 28 Kolonien gegründet, er habe sie mit öffentlichen Bauten geschmückt und die Gemeinden mit eigenen Steuern ausgestattet, ja er habe sogar versucht, sie der Hauptstadt Rom anzugleichen, und zwar auch darin, wie die städtischen Magistrate gewählt wurden. Und ganz besonders habe er sich darum bemüht, eine möglichst große Zahl von Anwärtern auf die ritterliche Laufbahn zur Verfügung zu haben. Und wenn man ihm geeignete Anwärter nachwies, so pflegte er demjenigen, der diese herausgefunden hatte, für jeden einzelnen nicht weniger als 1000 Sesterzen zu zahlen. Es war ihm ernst damit, in den Gemeinden eine gehobene Klasse zur konstituieren.

Das Sueton-Kapitel über die Provinzen (Leb. d. Aug. 47) kann man nur als höchst dürftig bezeichnen. Der Biograph begnügt sich damit festzustellen, daß Augustus die Provinzen in zwei Gruppen einteilte, von denen er die eine selbst übernahm, und zwar angeblich diejenige, die noch nicht als völlig befriedet gelten konnte. Für die Provinzen der anderen Gruppe wurden die Statthalter erlost, der allgemeine Titel war *proconsules*. Mit Recht fügt Sueton hinzu, daß diese Klassifizierung gelegentlich Veränderungen unterworfen war. Gegenüber den städtischen Gemeinden ließ Augustus Strenge oder Großzügigkeit walten, je nachdem welche Art von Behandlung sie verdienten. So konnte es geschehen, daß eine Anzahl von ihnen die Freiheit verlor, andere wurden nicht nur durch Geldzuwendungen gefördert, besonders wenn sie Schulden hatten oder durch Erdbeben geschädigt worden waren. Einige erhielten sogar das Geschenk des latinischen Rechts oder des römischen Bürgerrechts. Übrigens vergißt der Biograph nicht zu erwähnen, daß Augustus alle Provinzen, mit der einzigen Ausnahme von Africa und Sardinien, besucht habe. Auch gegenüber den Vasallenfürstentümern zeigte sich der Kaiser sehr großzügig. Er gab sie in der Regel den einheimischen Fürsten zurück, oder, falls dies nicht möglich war, verlieh er sie an andere Fürsten, auf deren Treue er mit Sicherheit rechnen konnte. Mit diesen Prinzipien hat er im allgemeinen recht gute Erfahrungen gemacht. Waren die Fürsten wegen ihrer Jugend noch nicht imstande, selbst zu regieren, so gab er ihnen einen Lenker *(rector)* bei, bis sie mündig wurden. Und die Kinder der Vasallenfürsten erhielten, zusammen mit seinen eigenen, am römischen Hof ihre Erziehung. Sie wurden dadurch zu Freunden der Römer und der römischen Kultur (Suet. Leb. d. Aug. 48).

Leider gestatten es die erhaltenen Urkunden nicht, das von Sueton entworfene, ganz allgemein gehaltene Bild mit historischem Leben zu füllen. Die Inschriften und Papyri aus der augusteischen Zeit sind wenig ergiebig, von einigen wenigen Exemplaren mit historischer Bedeutung abgesehen. Zu den letzteren gehören beispielsweise die Edikte des Augustus für Kyrene vom Jahr 7/6 v. Chr., einschließlich des *Senatusconsultum Calvisianum* vom Jahre 4 v. Chr. In dem Edikt, das längst die gebührende Aufmerksamkeit der Forschung gefunden hat[2], geht es um die Zusammensetzung der Provinzialgerichte. Hier hat der Kaiser die Römer zurückgedrängt und das griechische Bevölkerungselement an den Gerichten beteiligt, dies zweifellos ein Entgegenkommen gegenüber den Griechen der Cyrenaica. Die Anordnungen sind um so bemerkenswerter, weil Augustus hier in die Verhältnisse einer senatorischen Provinz eingegriffen hat – dies zeigt, daß der Trennungsstrich zwischen den kaiserlichen und den senatorischen Provinzen nicht so markant gewesen sein kann, wie dies nach der früheren Forschung den Anschein hatte. Der Brief des Augustus an die Stadt Knidos im südwestlichen Kleinasien[3] ist gleichfalls von Interesse. Er ist nämlich an eine Gemeinde der Provinz Asia, einer Senatsprovinz, gerichtet und betrifft eine Kriminalsache. Er hat einen Prozeß wegen Totschlags zum Gegenstand. Die Gemeinde hatte vom Princeps eine höchstrichterliche Entscheidung erbeten, die dann auch gegeben worden ist[4]. Ähnliche Fälle dürften zu Dutzenden vorgekommen sein, natürlich hat sich der Kaiser jeweils durch sein Consilium beraten lassen.

Die Grundsätze der Provinzialverwaltung des Augustus ergeben sich aus der Neuordnung des Jahres 27 v. Chr. Damals war das Reich zwischen dem Princeps und dem Senat in der Weise geteilt worden, daß die gefährdeten Provinzen dem Kaiser, die im Binnenland liegenden dem Senat zur Verwaltung zugewiesen worden waren. Bei den kaiserlichen Provinzen handelt es sich um Spanien, Gallien und Syrien. Außerdem hatte der Kaiser den Oberbefehl über den größten Teil der Wehrmacht inne. Sieben kaiserlichen Provinzen standen zehn Provinzen des Senats gegenüber, aber das Zahlenverhältnis ist trügerisch, denn Augustus besaß ja noch, gewissermaßen als Privatbesitz, das Land Ägypten, das er durch einen Präfekten seiner Wahl verwalten ließ. Und die Zusammenfassung der Wehrmacht unter dem Befehl des Kaisers zeigt die eindeutig überlegene Stellung des ersten Mannes im Reich. Aber der Senat hatte dennoch eine nicht ganz unwesentliche Funktion. Aus seiner Mitte stammten die Häupter der Provinzialverwaltung, die *legati Augusti pro praetore*, die im Auftrag des Kaisers seine Provinzen administrierten, und die *proconsules*, entweder mit consularischem oder mit prätorischem Rang, die in den Senatsprovinzen die Zügel in der Hand hatten. Für einen Senator galt das Proconsulat von Asia oder Africa als der unumstrittene Höhepunkt seiner Laufbahn. Aber auch die Position eines Legaten von Syrien oder einer der anderen kaiserlichen Provinzen war eine sehr hohe Stellung. Ohne die Persönlichkeiten, die der Senatorenstand zur Verfügung stellte, hätte die Reichsverwaltung niemals funktioniert. Augustus wußte dies nur zu genau. Er hat sein Verhalten gegenüber dem Senat als Körperschaft und auch gegenüber den einzelnen Senatoren danach eingerichtet. Den Statthaltern stand ein Prokurator zur Seite, zumeist aus dem Ritterstand, der vor allem für die Finanzverwaltung der Provinz maßgebend war. Nicht immer lebten die beiden, der Statthalter und der Prokurator, in voller Harmonie, aber dies hat Augustus in Kauf genommen. Neu erworbene Gebiete wie Raetien wurden Administratoren mit dem Titel *Procurator Augusti* unterstellt, in Iudaea führte der Statthalter den Titel *praefectus*, wie die Inschrift des Pontius Pilatus aus Caesarea erwiesen hat. Eine völlige Gleichförmigkeit hat Augustus nicht erstrebt, sie hätte den Verschiedenheiten der einzelnen Provinzen auch nicht entsprochen. Im Ganzen kann man der Verwaltung des Augustus eine Eigenschaft nicht absprechen: die Effektivität, mit der sie die Verwaltung der ausgehenden römischen Republik bei weitem übertroffen hat. Die Vorbilder der Verwaltung des Augustus sind in der hellenistischen Administration zu suchen, mit der die Römer im Orient, in Ägypten, in Syrien, aber auch in Cappadocien in Berührung gekommen sind. Übrigens gab es im Imperium Romanum manche Anomalien. Auch der Grundsatz, daß für eine Provinz immer nur *ein* Statthalter fungierte, ist manchmal durchbrochen worden. Gelegentlich sind auch große Länderkomplexe, wie z. B. das gesamte Gallien, aus militärischen Gründen unter dem Szepter eines einzelnen Statthalters zusammengefaßt worden. Aber dies waren Ausnahmen. Man kann sagen, daß die Verwaltung, je mehr sich das Imperium konsolidierte, immer wirkungsvoller geworden ist. Prozesse wegen Erpressungen (Repetunden) waren vereinzelt, hier hat nicht nur die strenge Dienstaufsicht, sondern auch der Wandel der Gesinnung eine grundlegende Änderung herbeigeführt, die für die Provinzen sehr segensreich gewesen ist. Wo es nötig war, hat der Princeps selbst nach dem Rechten gesehen, auch, wenn es sein mußte, in den senatorischen Provinzen. Von der Cyrenaica war schon die Rede, hier sei nur noch die Inschrift aus Kyme vom Jahre 27 erwähnt. Kyme gehörte zu der Provinz Asia, die ein senatorischer Statthalter, ein Proconsul, verwaltete.

Einen Meilenstein in der Administration des Reiches bedeutete die Übertragung des *imperium proconsulare maius* im Jahre 23 auf den Princeps. Dieses sollte von nun an auch beim Überschreiten des hauptstädtischen Pomeriums nicht mehr unterbrochen werden, außerdem sollte es allen Imperien der in den Provinzen amtierenden Statthalter übergeordnet sein. Damit war Augustus auch dem Gesetz nach der erste Mann im ganzen Reich.

Eine wichtige Neuerung war die Tatsache, daß die Statthalter eine Besoldung erhielten, die consularischen Statthalter eine Million Sesterzen[5]. Sie hatten es nun nicht mehr nötig, die Untertanen zu schinden. Überhaupt zog ein neuer Geist in die Verwaltung ein, auch die Steuern wurden in vereinfachter Weise festgelegt, es gab sogar Zöllner, die sich, wie der Großvater des Kaisers Vespasian, den Beifall der Provinzialen erringen konnten. Im übrigen aber war die Steuerlast der Provinzen alles andere als leicht. Die Untertanen hatten nicht nur die Grundsteuer und die Kopfsteuer aufzubringen, sie mußten außerdem noch so manche indirekten Steuern zahlen. Für die Erhebung von Zöllen wurde das Reichsgebiet in eine Anzahl von größeren Zollbezirken eingeteilt, die in der Regel mehrere Provinzen umfaßten. Es handelt sich hier im wesentlichen um

Binnenzölle, die natürlich zur Verteuerung der Waren beitrugen. Aber man glaubte auf diese Einnahmen in Rom nicht verzichten zu können.

Die Hauptkasse des Reiches war das *aerarium populi Romani* in der Stadt Rom. Außerdem begründete Augustus im Jahre 6 n. Chr. das *aerarium militare*, dessen Mittel hauptsächlich zur Versorgung der Veteranen bestimmt waren. Es handelte sich hier um enorme Summen, aber sie waren notwendig, denn was man den Veteranen versprochen hatte, das mußte man auch halten.

Augustus aber war nicht nur der mächtigste, sondern auch der reichste Mann im ganzen Imperium. In seinem Besitz befand sich die gesamte Staatsdomäne, die er vom Senat in den einzelnen Provinzen übernommen hatte. Hierzu gehörte insbesondere auch das hellenistische Königsland *(chora basiliké)* in Ägypten, Cappadocien und Iudäa. Auch in der Provinz Africa verfügte der Kaiser über riesige Güterkomplexe, die seit dem Untergang Karthagos in römischen Besitz übergegangen waren. Für diese Besitzungen gebot der Princeps über Scharen von Beauftragten und Funktionären, sie alle waren von ihm persönlich abhängig. Dazu kamen noch die Bergwerke, vor allem in Spanien, Makedonien, Illyrien, Kleinasien und Ägypten. Sie brachten dem Kaiser enorme Einnahmen. Die einzelnen Bergwerke wurden in der Regel an Kapitalgesellschaften verpachtet, die natürlich bestrebt waren, aus ihnen einen möglichst hohen Gewinn herauszuwirtschaften. So sollen in Neukarthago in Spanien zur Zeit des Polybios (2. Jahrh. v. Chr.) in den Silberbergwerken nicht weniger als 40000 Menschen ständig beschäftigt gewesen sein, der tägliche Ertrag habe 25000 Drachmen (= 100000 Sesterzen) betragen[6]. Der Bergwerksbetrieb – wozu vor allem Sklaven und Kriegsgefangene herangezogen wurden – war im ganzen Altertum eine unerhörte Menschenschinderei (auch in unseren Tagen soll Ähnliches vorgekommen sein). Die Bergleute arbeiteten unter menschenunwürdigen Bedingungen, vor allem auch unter Außerachtlassung jeglicher Sicherheitsvorkehrungen. Es war kein Wunder, wenn Unglücksfälle an der Tagesordnung waren, doch hat sich niemand Gedanken über Abhilfe gemacht. Auch die Münzprägung war eine wichtige Domäne des Princeps, er allein behielt sich das Recht der Prägung von Gold- und Silbermünzen vor, der Senat durfte nur das Kupfergeld prägen. Die definitive Regelung ist nach Mommsen im Jahre 16 v. Chr. erfolgt[7]. Es waren Männer senatorischen Standes, welche die Aufsicht über die Münzprägung ausübten, und zwar bildete das Amt der „Dreimänner zur Prägung von Kupfer, Silber und Gold" *(III viri aere argento auro flando feriundo)* die Vorstufe zum Eintritt in den Senat.

Man kann sich vorstellen, daß die Münzprägung beachtliche Gewinne für den Princeps abgeworfen hat, doch hat man sich in der frühen Kaiserzeit im allgemeinen daran gehalten, dem Metallwert der Münzen einen hohen Standard zu geben. Münzverschlechterungen sind erst das Ergebnis späterer Regierungen (Nero), die dadurch das Vertrauen der Untertanen untergraben haben.

Bei dem Überblick über das Imperium Romanum wollen wir im äußersten Westen, mit den spanischen Provinzen, beginnen. Es waren ihrer drei, Tarraconensis, Baetica und Lusitania, die letztgenannte erst in den Jahren zwischen 16 und 13 v. Chr. konstituiert. Nach Abschluß der verlustreichen Kriege gegen die Cantabrer und Asturer durch Agrippa in den Jahren 20 und 19 v. Chr. sorgte Augustus durch Koloniegründungen dafür, daß das Römertum hier feste Wurzeln schlagen konnte. Zu diesen Kolonien gehörte Bracara Augusta (Braga), Lucus Asturum (Lugo) und Asturica Augusta (Astorga). Dies waren jedoch nur die ersten Anfänge. Es sind mehr als 60 Jahre später die Flavier gewesen, die durch die Verleihung des latinischen Rechts an zahlreiche spanische Gemeinden die Romanisierung beträchtlich gefördert haben. Augustus selbst weilte in den Jahren von 27 bis 25 v. Chr. in Spanien, seine Residenz war die auf hohem Berg gelegene Stadt Tarraco (heute Tarragona). Hier hatte ihn eine schwere Krankheit längere Zeit ans Lager gefesselt. Eine sehr bedeutende Gemeinde war Gades in der Provinz Baetica, schon Caesar hatte ihr Privilegien verliehen, und Strabon behauptet[8], zu seiner Zeit seien nicht weniger als 500 Bürger im Besitz des Rittercensus gewesen, eine Tatsache, die in Italien nur für Patavium (Padua) überliefert ist. Viele von ihnen aber lebten in der Hauptstadt Rom, nicht in Gades. Spanien war berühmt durch seine ertragreichen Bergwerke, fast alle wertvollen Metalle wurden in ihnen gewonnen, Gold, Silber, Blei, Zinn, Kupfer, dazu kamen noch Marmor und Salz. Alle Quellen sind sich darin einig, daß die spanischen Gruben außerordentlich ergiebig waren, vor allem in der Baetica, einer Landschaft, die Turdetanien genannt wurde, auch von Goldwäscherei in den Flüssen wird berichtet. Der Ältere Plinius hat in seiner Naturgeschichte (XXXIII 66–78) einen höchst interessanten Abriß der Edelmetallgewinnung gegeben. Schwierigkeiten wie immer bereitete die Ansammlung von Wasser auf der Sohle der Gruben, es wurde mittels Pumpen nach ägyptischem Muster beseitigt. Augustus begnügte sich damit, für die Minen Prokuratoren zu bestellen, sie waren allein dem Kaiser verantwortlich. Insbesondere hat er sich bemüht, die reichen Goldfunde im äußersten Nordwesten der Halbinsel auszubeuten und unter Kontrolle zu bringen. Übrigens waren nicht alle Minen in kaiserlichem Besitz, es gab auch solche in Privateigentum, wie man bei Strabon nachlesen kann[9]. Außerdem verfügte die iberische Halbinsel über eine große Fülle von landwirtschaftlichen Produkten. Sie wurden, insbesondere aus der Baetica, exportiert. Auch das spanische Olivenöl stand an Qualität hinter den Erzeugnissen Italiens nur wenig zurück. Berühmt und beliebt war der in Südspanien gekelterte Wein, auch in der Gegend von Tarraco und sogar auf den Balearen wuchsen vorzügliche Weinsorten. Es kann kein Zweifel darüber bestehen, daß der Friede des Augustus dem Land und seinen Bewohnern hervorragend zustatten gekommen ist. Zeuge hierfür ist der Geograph Strabon, der immer wieder die Segnungen der römischen Zivilisation zu rühmen weiß. So hätten sich die Turdetanier völlig der römischen Zivilisation erschlossen, so daß sie sogar ihre eigene Sprache verlernt hätten. Durch die Verleihung des latinischen Rechts und durch die Zuwanderung römischer Kolonisten hätte sich das Land den Römern angeglichen. Dies müsse auch für die Keltiberer gelten, einst die wildesten Völker von ganz Spanien. Über sein Befriedungswerk konnte der Kaiser in Spanien hohe Genugtuung empfinden. Die spanischen Provinzen haben sich in der Hohen Kaiserzeit zu wichtigen Zentren römischer Kultur und Gesittung entwickelt, bedeutende Männer des Geisteslebens sind aus Spanien hervorgegangen, wie z. B. der Ältere Seneca, der um 55 v. Chr. in Corduba (heute Cordoba) geboren wurde.

In *Gallien*, vor allem in der *Narbonensis* im Süden, konnte der Kaiser an das Werk Caesars anknüpfen. Zwar hatte die Eroberung Galliens, des mittleren und des nördlichen Teils, dem Land und seinen Bewohnern schwere Wunden geschlagen, aber Gallien war ein volkreiches Land, ausgestattet mit vielen Hilfsquellen, die unter der römischen Herrschaft sehr viel besser als zur Zeit der Unabhängigkeit ausgebeutet werden konnten. Zu den Kolonien Caesars kamen vor allem zwei neue, Lugdunum (Lyon), am Zusammenfluß von Rhône und Saône gelegen, dies der eigentliche Mittelpunkt der drei gallischen Provinzen *(Tres Galliae)*, und Augusta Raurica, die antike Vorgängerin Basels, beide Städte von Munatius Plancus gegründet. Zu nennen wäre noch die Militärkolonie Noviodunum (Nyon), mit vollem Namen *Colonia Iulia Equestris Noviodunum*, gelegen am Übergang über den Jura bei Saint-Gergues. Im Jahre 39 v. Chr. hatte Octavian das gesamte gallische Gebiet mit Ausnahme der Narbonensis seinem Freund Agrippa anvertraut, aber durch die kriegerische Auseinandersetzung mit Marcus Antonius war auch in Gallien die Romanisierung ins Stocken geraten. Es mußte nach der Niederwerfung

des Rivalen im Jahre 30 v. Chr. ein neuer Anfang gemacht werden. Eingeleitet wurde er durch die Gründung von Forum Iulii (Fréjus) und durch
die Verstärkung der Kolonie von Nemausus (Nîmes). Neben Narbo war
diese Stadt in der südlichen Provinz führend. Nicht weniger als 24 Dörfer
gehörten zum Gebiet von Nemausus.

Augustus hat in der Zeit zwischen 27 und 8 v. Chr. nicht weniger als
viermal Gallien einen Besuch abgestattet, im Jahre 10 war er in Lugdunum, im Jahre 19 war wiederum Agrippa der oberste Befehlshaber in
Gallien gewesen. In die Zeit zwischen 27 und 8 v. Chr. fallen die entscheidenden Fortschritte der römischen Zivilisation in Gallien, vor allem in
der Narbonensis. Die Zahl der Kolonien ist bemerkenswert groß, doch
läßt sich der Zeitpunkt ihrer Gründung nicht immer genau feststellen, da
hierfür entsprechende Hinweise fehlen. Unter den Kolonien finden sich
die *Colonia Iulia Avennio* (Avignon), die *Colonia Iulia Aquae Sextiae*
(Aix-en-Provence) und die *Colonia Iulia Carcaso* (Carcassonne). Aber
auch das mittlere und nördliche Gallien weist eine große Zahl von Neu-
gründungen auf, darunter *Augustodunum Aeduorum* (Autun), *Augusta
Suessionum* (Soissons) und so manche andere. Unter Caesar hatte man bei
den Koloniegründungen mit den Einheimischen kurzen Prozeß gemacht,
man hatte sie, wenn nötig, aus ihren Ländereien vertrieben, ein brutales
System, das auch in Italien in der Zeit der Triumvirn geübt worden ist.
Augustus hat den Kolonisten aus seinem Vermögen nicht weniger als 260
Millionen Sesterzen zum Ankauf von Land zur Verfügung gestellt, von
denen ein beachtlicher Teil nach Gallien geflossen ist (*Res gestae* c. 16, 1).
In Nemausus und Vienna hat Augustus im Jahre 16/15 v. Chr. den Städten Spenden für die Mauern und Tore überreichen lassen, wie eine Inschrift verkündet.[10] Vielleicht verdankt die Gemeinde von *Augustodunum* (Autun) ihre Stadtmauer gleichfalls der Fürsorge des Augustus. Auch
zur Errichtung der berühmten *Maison carrée* in Nemausus (Nîmes) hat
der Princeps einen Teil der Kosten beigetragen (Espérandieu). Und wenn
man sich im Lande umsieht, so stößt man auf eine große Zahl von Monumenten, Tempeln, Theatern, Triumphbögen, die alle ihre Entstehung der
augusteischen Zeit verdanken. Nicht nur die Metropolen, sondern auch
die kleineren Gemeinden hatten an der wirtschaftlichen Blüte ihren Anteil. Überall waren die Wahrzeichen der Urbanisierung zu finden. Jede
Stadt, auch die kleinste, verfügte über einen erhöhten Platz, auf dem man
das Capitol errichtet hatte; sie besaß ein Forum, zumeist mit Säulengän-
gen geschmückt, in ihren Mauern herrschte reges Leben, besonders an
den Markttagen, an denen die Landbevölkerung die Stadt besuchte. Auf

dem Forum schnitten sich die Straßen vom Westen nach dem Osten, und
vom Norden nach dem Süden. Am Forum befanden sich die Läden der
Kaufleute, während sich die vornehmen Familien zumeist am Stadtrand
in geräumigen Villenkomplexen angesiedelt hatten. Die gallischen Städte
waren im allgemeinen nicht nur Mittelpunkte des Handels, sondern auch
Zentren der Bildung, denn nur in ihnen lebte eine Bevölkerungsschicht,
die sich für die Ideale des römischen Geisteslebens, für Kunst und Dichtung, interessierte. Viele Städte, vor allem größere, mögen auch öffentliche Schulen besessen haben, insbesondere für den Elementarunterricht;
in den größeren Metropolen hatten die jungen Menschen Gelegenheit,
den Lehrern der Rhetorik zuzuhören. So hat Rom unter Augustus begonnen, die Herzen der Gallier zu erobern, doch verblieb die ländliche
Bevölkerung weithin im Stand der Unfreiheit und der Bildungslosigkeit.
Aber wie hätte man dies ändern können? Charakteristisch ist die Einteilung der *Tres Galliae* nach den Völkerschaften *(civitates)*. Ihre Vororte
haben sich in der Regel zu Zentren des Römertums entwickelt, doch
spielte Paris *(Lutetia Parisiorum)* noch keineswegs die Rolle der Hauptstadt des nördlichen und mittleren Gallien, erst der Kaiser Julian
(361–365) hat ihre wichtige geopolitische Lage entdeckt, vorher war Lutetia ein Gauvorort wie so viele andere. Die Bewohner Galliens hatten
immer wieder unter dem Schrecken vor den Einfällen germanischer
Stämme gestanden, auch dann noch, als Caesar den Rhein zur Reichs-
grenze gemacht hatte. Immer wieder hatten die Germanen versucht, ihre
Beutezüge bis weit nach Gallien hinein auszudehnen, und nicht immer
war es den Römern gelungen, die Germanen abzuwehren (vgl. die Bemerkungen zu der *Clades Lolliana*, o. S. 81). Aber durch die starke Massie-
rung römischer Truppen an der Rheingrenze wurde den Einfällen der
Germanen ein Riegel vorgeschoben. In Gallien selbst machte die Ver-
schmelzung der einheimischen Bevölkerung mit den Römern bedeutende
Fortschritte, am stärksten in der südlichen Provinz, der Narbonensis, die
im Hinblick auf die Romanisierung eine Zwischenstellung zwischen Italien und den Provinzen eingenommen hat.

Die Donauprovinzen. Augustus hatte in langjährigen Kämpfen die Illyrer und Pannonier niedergeworfen und das römische Reichsgebiet bis
an die mittlere Donau vorgeschoben. Südlich der unteren Donau wurde
um Chr. Geburt der Militärbezirk Mösien geschaffen, der als Schutzwall
vor Makedonien, Thrakien und Griechenland eine wichtige Funktion
erfüllte. Im Westen lag die Provinz Raetia (vom Wallis bis an den Inn), an
ihrer Ostflanke der Vasallenstaat Noricum. In Raetien war Augusta

Vindelicum die Hauptstadt, in Noricum die Stadt Virunum (auf dem
Zollfeld bei Klagenfurt). Auch die Anfänge der Städte Vindobona (Wien)
und Carnuntum (Petronell) gehören noch in die augusteische Zeit. Südlich der unteren Donau waren die wichtigsten Orte Sirmium (Mitrowit-
za), Singidunum (Belgrad) und Viminacium (Kostolatz). Die Donauland-
schaft war vor allem durch das Vorkommen von Metallen von wirtschaft-
licher Bedeutung, in Noricum fand sich Eisen, in Illyricum Eisen und
Gold; anders Mösien, hier gab es viel Getreide, besonders in der Dobrudscha. Das Schwarze Meer war reich an Fischen. Das eigentliche Problem
der Donaulandschaften lag in der Erschließung ihrer Hilfsquellen und in
der Urbanisierung, die unter Augustus eben begonnen, aber erst viel
später mit Erfolg weitergeführt worden ist. Für die italischen Kaufleute
erschloß sich jenseits der Donau ein weites Feld, und manche von ihnen
sind von Aquileia über Carnuntum tief in weitentfernte Länder vorgedrungen, sogar bis in den Bereich des Baltischen Meeres, wo im Samland
Bernstein gefunden wurde. Aber das Wichtigste war doch das norische
Eisen, das für die römische Industrie, vor allem auch für die Rüstung,
einen großen Wert besaß.

Makedonien und Griechenland. Das Stichjahr für die Administration
der beiden Länder ist das Jahr 27 v. Chr. In diesem Jahr wurde Makedonien eine Senatsprovinz, Griechenland wurde abgetrennt, es bildete von
nun an unter dem Namen Achaia eine eigene, gleichfalls senatorische
Provinz. Die Maßnahme war heilsam und vernünftig, denn Makedonien
war längst der Gemeinschaft mit den Hellenen entwachsen; seit dem
Untergang der makedonischen Monarchie im Jahre 168 war es seine
eigenen Wege gegangen, die griechischen Landschaften waren seitdem ein
Anhängsel der Provinz Makedonien gewesen. Früher hatte Makedonien
einen Schutzwall gegen die Einfälle der Völker aus dem Norden gebildet,
aber diese Zeiten waren vorbei, seitdem der Militärdistrikt Mösien an der
unteren Donau existierte, wenn auch seine geringe Tiefe und die lückenhafte Grenzverteidigung die Völker von jenseits der Donau zu Einfällen
bis ins Innere der Balkanhalbinsel verlockte. Auch die Griechenstädte am
Schwarzen Meer waren wichtige Anziehungspunkte für die fremden Völker, die Daker und Skythen, denn in ihnen gab es viel Beute zu machen.
Abgesehen von dem Metallvorkommen und von dem Reichtum seiner
Felder hatte Makedonien innerhalb seiner Grenzen eine bekannte Reichs-
straße, die Via Egnatia, sie führte von Dyrrhachium (Durazzo) am Adria-
tischen Meer bis nach Kypsela am Hebros. Diese Straße war eine sehr
wichtige Verbindungsader zwischen Italien und dem Orient. Um ihren

Besitz hatten schon die Heere des Antonius und des Octavian mit den Caesarmördern Brutus und Cassius im Raum von Philippi gerungen (42 v. Chr.). Jetzt aber war im Land längst Ruhe eingekehrt, die Route diente vor allem dem Fernhandel und dem Reiseverkehr. In Makedonien gab es eine Anzahl von römischen Kolonien, Dion, Pella, Philippi, Kassandreia und Stoboi. Für die Zeit des frühen Prinzipats ist aber nur Philippi als solche bezeugt. In den römischen Kolonien herrschte das Lateinische als Sprache vor, und dies wird auch der Grund dafür gewesen sein, daß im ganzen Lande das Lateinische auf Kosten des Griechischen Fortschritte gemacht hat.

Mit Griechenland (Achaia) bestanden seit Augustus' Zeiten nur wenig Gemeinsamkeiten. Die Hellenen hatten sich nie viel um die Makedonen gekümmert, denn sie blickten von oben auf sie herab und fühlten sich ihnen kulturell weit überlegen. Griechenland ist von den Ereignissen der Bürgerkriege schwer mitgenommen worden; im Jahre 48 v. Chr. war in Thessalien die Schlacht bei Pharsalos geschlagen worden, die Caesar als Sieger über Pompeius gesehen hatte, und als sich Antonius zum Entscheidungskampf gegen Octavian rüstete, da hatten wiederum die Hellenen die Lasten einer Auseinandersetzung zu tragen, die sie nicht wollten und für die sie auch nicht verantwortlich waren. Nach der Schlacht bei Actium war immer noch die Not in Griechenland zu Hause, denn die Vorräte des Landes waren aufgebraucht, die Menschen hatten Ruhe und Frieden nötig, um sich von den Kriegsfolgen zu erholen. Die alten Metropolen Athen und Sparta zehrten vom Ruhm ihrer Vergangenheit, die Athener hatten sich mit Begeisterung zuerst dem Brutus, dann dem Antonius angeschlossen; es war klar, daß Augustus ihnen dies nicht sogleich verziehen hat. Seine Besuche in Athen blieben kurz bemessen, er liebte die Stadt nicht, die einst in so überschwenglicher Weise seinem Rivalen Antonius und der ägyptischen Königin Kleopatra gehuldigt hatte. Anders stand es mit Sparta. Sein Herrscher Eurykles hatte zu den Wenigen gehört, die in Griechenland auf der Seite Octavians gestanden hatten. Er wurde mit einer Vergrößerung des spartanischen Landgebiets belohnt, seine Nachkommen regierten in Sparta bis in die neronische Zeit. Griechenland, die römische Provinz Achaia, führte ein Leben in stiller Verborgenheit, die Wirtschaft war wenig leistungsfähig, nur der pentelische Marmor hatte immer noch seine Liebhaber, auch unter den römischen Nobiles. Interessant ist die Tatsache, daß die Olympischen Spiele eine gewisse Aufwertung durch die Teilnahme von Mitgliedern des Kaiserhauses erfahren haben. So erscheinen in den Siegerlisten Tiberius (Ol. 194

= 4 v. Chr.) und Germanicus (Ol. 199 = 17 n. Chr.), beide als Sieger im Wagenrennen mit dem Viergespann (natürlich haben sie nicht selber an den Spielen teilgenommen, aber sie waren die Besitzer der siegreichen Gespanne). Mit Delphi ist dagegen wenig Staat zu machen. Strabon bezeichnet es als ein ärmliches Heiligtum. Auch die Neuordnung der Delphischen Amphiktyonie durch Augustus war nur eine halbe Sache, da eine Reihe von Landschaften von ihr ausgeschlossen blieb. Anders steht es mit Thessalien. Augustus hat es bewußt bevorzugt, er hat es nicht unter seiner Würde gehalten, die Stellung eines thessalischen Strategen zu übernehmen (27/26 v. Chr.). Der Stratege war der Präsident des Bundes der Thessaler.

Ganz anders als in Hellas machte sich der Augustusfriede in *Kleinasien* bemerkbar. Vor allem durch die Urbanisierung, die Pompeius eingeleitet hatte, wurden in Anatolien, und zwar in seinen nördlichen Teilen, zahlreiche neue Stadtgemeinden geschaffen. Auch das Binnenland Anatoliens, das bisher von der hellenistischen Zivilisation nur eben an der Oberfläche berührt worden war, rückte jetzt mehr in den Vordergrund. Die Zentren der Kultur aber waren, wie in der Vergangenheit, die großen Griechenstädte an der kleinasiatischen Westküste: Ephesos, Smyrna, Pergamon, von denen Smyrna durch sein Museion in der Hohen Kaiserzeit weltberühmt geworden ist, während Pergamon wegen seines Asklepiosheiligtums von vielen Kranken besucht wurde. Kleinasien war ein reiches Land, schon die hellenistischen Könige hatten durch ihr patriarchalisches Regiment viel zu seinem Aufschwung beigetragen, zuletzt die Attaliden, deren Herrschaft im Jahre 133 v. Chr. durch die Römer abgelöst worden war. Mit ihnen waren die Beauftragten der Steuerpachtgesellschaften gekommen, die aus dem Lande möglichst viel herauszuwirtschaften versuchten. Aber trotz schwerster Belastungen durch die Mithradatischen Kriege und durch die römischen Bürgerkriege war es in Kleinasien wieder aufwärtsgegangen, zumal sich die Rohstoffgebiete Anatoliens mit den Manufakturen der Griechenstädte an der Westküste vorzüglich ergänzten. Nach Kleinasien floß viel Kapital aus Rom und aus Italien, da hier bedeutende Gewinne zu erzielen waren, und die milde Herrschaft des Augustus hat zur Wiederherstellung des alten Wohlstands das ihre beigetragen. Es war kein Wunder, wenn der römische Kaiserkult gerade in Kleinasien eifrige Pflege gefunden hat. Charakteristisch für die politische Struktur der Landschaft sind die griechischen Städtebünde und die ,Landtage', die zwar nicht viel zu sagen hatten, aber dennoch Keimzellen der Selbstverwaltung darstellten. Erpressungen der Statthalter wurden vom Kaiser nicht geduldet, die Einwohner erfreuten sich eines steigenden Wohlstands, sie haben dies auf zahlreichen Ehreninschriften mit Dankbarkeit gegenüber dem Kaiser zum Ausdruck gebracht. Nach dem Tode des Augustus hat man seinen Leistungsbericht *(Res gestae)* an den Wänden des Tempels der Roma und des Augustus in Ancyra (Ankara) eingemeißelt. Mommsen hat dieses Dokument als die ,,Königin der lateinischen Inschriften'' bezeichnet. Sie steht auch heute noch unter den urkundlichen Quellen zur Geschichte des ersten Princeps weitaus an erster Stelle. Aber dieser Fund in Ankara ist ein Zufall, denn wenn etwas sicher ist, so ist es die Tatsache, daß der Leistungsbericht auch an vielen anderen Stellen des Reiches angebracht worden ist. So hat man beispielsweise Fragmente in den Städten Antiocheia und Apollonia in Pisidien gefunden.

Die wichtigste Provinz in Anatolien war *Asia*. Sie setzte sich zusammen aus den Landschaften Mysien, Ionien, Lydien, Karien und Phrygien. Dazu kamen noch die der Westküste Kleinasiens vorgelagerten Inseln. Die Provinz stand unter dem Szepter eines Proconsuls, seine Stellung galt als eine der angesehensten, welche das Reich überhaupt zu vergeben hatte. Unter Caligula (37–41) war sie in dreizehn Diözesen eingeteilt, die lateinisch als *conventus iuridici* bezeichnet werden, d. h. als Gerichtsbezirke, die der Statthalter der Reihe nach zu besuchen pflegte. Im Norden Kleinasiens hatte Pompeius die Provinz *Bithynia et Pontus* konstituiert; in ihr lagen die reichen Städte Nicaea und Nicomedia, die um den Rang der ersten Stadt langwierige, wortreiche Auseinandersetzungen geführt haben. In diesem Wettstreit treten vor allem die Rhetoren hervor, dies ein Zeichen für das Fehlen eines echten politischen Lebens, das auch die Herrschaft der Römer den Griechenstädten nicht zurückgegeben hatte. Bithynia und Pontus waren übrigens ebenso wie Asia eine senatorische Provinz. Im Herzen Anatoliens lag das Land der kleinasiatischen Galater, Augustus hatte es als römische Provinz Galatia eingerichtet (25 v. Chr.). Die Galater haben dem römischen Heer zahlreiche Soldaten gestellt, vor allem als Hilfstruppen, doch sind auch nicht wenige Galater in den Besitz des Bürgerrechts der Römer gekommen, wenn sie in römische Legionen eingestellt wurden. Bemerkenswert ist hier das Weiterleben der keltischen Sprache. Nach der Aussage des Kirchenvaters Hieronymus sollen sie noch im 4. Jahrh. n. Chr. einen Dialekt gesprochen haben, der demjenigen der Kelten in der Umgebung Triers ähnlich gewesen sei.[11]

In Kleinasien hat Augustus eine bedeutende Zahl von Domänen besessen. Sie lagen im Gebiet der großen Ebene zwischen Hyllos und Hermos.

Rostovtzeff hat vor Jahren die Vermutung geäußert, daß Augustus hier große Besitzungen des M. Antonius übernommen habe.[12] Hierfür fehlen zwar konkrete Beweise, aber die Wahrscheinlichkeit ist kaum von der Hand zu weisen.

Im Ganzen hat sich die Herrschaft der Römer in Kleinasien höchst segensreich bemerkbar gemacht. Zeugnisse dafür sind die Ehreninschriften, die hier den Römern gesetzt worden sind. Auch die Binnenlandschaften Anatoliens haben Anteil an der Prosperität genommen. Wohl am wichtigsten war die Sicherheit im Lande; es gab nun keine organisierten Räuberbanden mehr, die Furcht vor den Römern hatte sie ausgerottet und dem Land einen Frieden geschenkt, der bis in die Zeit des severischen Kaiserhauses gedauert hat.

Augustus hatte sich entschlossen, den Euphrat als Grenzstrom zwischen dem Imperium Romanum und dem Partherreich zu betrachten. Das Verhältnis zu der östlichen Großmacht hatte er auf eine neue Grundlage gestellt, vor allem auch dadurch, daß er auf weitausgreifende Eroberungspläne verzichtete. Er wollte nicht in die Fußtapfen des Crassus und Antonius treten, allerdings hat er sich bemüht, die römische Vorherrschaft über den Pufferstaat Armenien aufrechtzuerhalten. Diese Politik war im ganzen erfolgreich, doch hat sie ein schweres persönliches Opfer von ihm gefordert: Sein geliebter Enkel und Adoptivsohn Gaius Caesar wurde durch einen Attentäter schwer verwundet und starb an den Folgen der Verletzung im Jahre 4 n. Chr. Aber auch dieses für den Princeps sehr schmerzliche Ereignis hat an den Grundsätzen seiner Ostpolitik nichts geändert. Mit der Rückgabe der römischen Feldzeichen und der Gefangenen aus dem Heer des Crassus im Jahre 20 v. Chr. hatten die beiden Großmächte einen Schlußpunkt unter die kriegerischen Auseinandersetzungen gesetzt. Nach dem Willen des Augustus sollte die Provinz *Syrien* mit ihren im Osten vorgelagerten Vasallenstaaten das Bollwerk gegen die Parther bilden, und deswegen kam alles darauf an, die Provinz militärisch und politisch so zu organisieren, daß sie nicht beim ersten Einfall der parthischen Reiterheere wie ein Kartenhaus zusammenstürzte. Diesem Zweck diente der Besuch, den der Kaiser ihr im Jahre 20 v. Chr. abgestattet hat. Die Standorte der römischen Legionen in Syrien sind nicht alle bekannt, wahrscheinlich waren es Raphaneae (südwestlich von Hamath), Antiocheia am Orontes und Samosata am oberen Euphrat.[13] Allerdings stand die Qualität der Truppen in Syrien tief unter derjenigen der Legionen im Westen des Imperiums, ein Zustand, der sich in der ganzen Kaiserzeit nicht wesentlich geändert hat. Größere Belastungen zu ertragen waren sie nicht in der Lage, und wenn ein großer Krieg gegen die Parther geführt werden mußte, so hatten vor allem die aus dem Westen des Reichs herangeführten Legionen die Entscheidung herbeizuführen. Ohne sie wäre hier nichts auszurichten gewesen.

Syrien war in der Zeit der Seleukidenherrschaft ein Land mit einer vorwiegend griechischen Kultur geworden. Die Herrschaft der Seleukiden hatte sich hier segensreich ausgewirkt. Allerdings waren die Sitten und Lebensformen der Einheimischen nicht völlig verdrängt, sie lebten, insbesondere auf dem flachen Land, weiter fort. Dies gilt auch von den Sprachen, von denen das Phönikische und das Aramäische die wichtigsten waren. Charakteristisch für Syrien ist die Herausbildung einer syrisch-hellenistischen Mischkultur, vor allem in den Städten an der Mittelmeerküste. Die Einheimischen hatten, soweit sie zur Ober- und Mittelschicht gehörten, sich die Zivilisation der Hellenen angeeignet, doch sie waren dadurch keine Griechen geworden, sie fühlten sich aber als Kulturgriechen, ohne die Verbindung mit der bodenständigen Zivilisation und vor allem auch mit den einheimischen Göttern aufzugeben. Ganz besonders Antiocheia am Orontes war eine kosmopolitische Metropole, in der sich Einflüsse aus Rom, aus Griechenland und aus der syrischen Umwelt miteinander verbanden. Die Römer haben hier nach Vorarbeit durch die Seleukiden Hervorragendes geleistet, die Stadt war durch ihre glänzenden Bauten und Anlagen in der ganzen Welt bekannt, noch der spätantike Rhetor Libanius aus der Zeit des Kaisers Constantius hat sie in den höchsten Tönen gepriesen. Und aus diesem Grunde hat Mommsen in seiner ,,Römischen Geschichte" Libanius ausführlich zu Wort kommen lassen. Ganz besonders berühmt war Antiocheia durch seine vorbildlichen Wasserleitungen, die im Orient ihresgleichen nicht kannten. Mommsen[14] schreibt hierzu folgendes: ,,Womit wir vornehmlich alle schlagen, das ist die Bewässerung unserer Stadt; wenn sonst auch jemand es mit uns aufnehmen mag, so geben sie alle nach, so wie die Rede kommt auf das Wasser, seine Fülle wie seine Trefflichkeit. In den öffentlichen Bädern hat jeder Strom das Maß eines Flusses, in den privaten manche das gleiche, die übrigen nicht viel weniger. Wer die Mittel hat, ein neues Bad anzulegen, tut dies unbesorgt um hinreichenden Zufluß und braucht nicht zu fürchten, daß wenn fertig es ihm trocken liegen werde. Deshalb ist jeder Stadtbezirk (es gab deren achtzehn) auf die besondere Eleganz seiner Badeanstalt bedacht; es sind diese Bezirksbadeanstalten um so viel schöner als die allgemeinen, als sie kleiner sind als diese und die Bezirksgenossen wetteifern immer die einen die anderen zu übertreffen. Man

ermißt die Fülle der fließenden Wasser an der Menge der (guten) Wohnhäuser, denn soviel der Wohnhäuser, soviel sind auch der fließenden
Wasser, ja sogar in den einzelnen Häusern oft mehrere; und auch die
Mehrzahl der Werkstätten hat den gleichen Vorzug. Darum schlagen wir
uns auch nicht an den öffentlichen Brunnen darum, wer zuerst zum
Schöpfen kommt, an welchem Übelstand so viele ansehnliche Städte leiden, wo um die Brunnen ein heftiges Gedränge ist und Lärm um die
zerbrochenen Krüge. Bei uns fließen die öffentlichen Brunnen zur Zierde, da jeder innerhalb der Türen sein Wasser hat. Und es ist dies Wasser
so klar, daß der Eimer leer scheint, und so anmutend, daß es zum Trinken
einladet.‹‹

Dieses Zeugnis stammt zwar erst aus dem vierten Jahrhundert nach
Chr., aber man wird es mit gewissen Einschränkungen auch für die frühe
Kaiserzeit verwerten können. Syrien war in jener Zeit ein Land, in dem
Milch und Honig floß. Manche Bezirke waren große, üppige Gartenland-
schaften, in denen Palmen- und Orangenhaine zu finden waren. Alles,
was man zum Leben brauchte, bot das Land in Hülle und Fülle, so daß
eine große Stadt wie Antiocheia mit ihren 117000 Einwohnern (wozu
man noch etwa die gleiche Zahl von Sklaven rechnen muß) ohne weiteres
ernährt werden konnte. Vor allem gab es genug Getreide und Wein, auch
Öl war in großen Mengen vorhanden. Aber damit noch nicht genug:
Syrien war mit seinen großen Städten das Land der Manufakturen (von
Fabriken sollte man nicht reden). Hier wurde Leinen gewebt, Purpurfar-
be hergestellt, Glas geblasen und die aus China eingeführte Seide verarbeitet. Der Purpur aus Tyrus galt als ganz besonders kostbar, die Pro-
dukte wurden in der ganzen Welt geschätzt. Natürlich hat Syrien für den
römischen Fiskus große Gewinne abgeworfen, und jeder römische Kaiser
sah darauf, daß dieser Zustand erhalten blieb.

Der Princeps ließ sich in Syrien durch einen Legaten repräsentieren, er
führte den Titel *legatus Augusti pro praetore Syriae*. Die Neuordnung im
einzelnen geht auf Marcus Agrippa zurück, er hat sie in den Jahren seines
Vizekönigtums im Orient, von 23 bis 13 v. Chr., vorgenommen. Auch
Cilicia gehörte wahrscheinlich mit zur syrischen Provinz. Es war unter
dem Triumvirat, d. h. unter der Herrschaft des Antonius, schon einmal
mit Syrien verbunden gewesen. Residenz des Statthalters war Antiocheia
am Orontes, hier hatten bereits die Seleukidenkönige Hof gehalten. Der
Legat führte auch die Aufsicht über Iudaea, wo nach dem Tod des Herodes seine Söhne als Teilfürsten herrschten. Dies jedoch war keine glückliche Lösung, wie sich vor allem beim Ausbruch des Jüdischen Aufstands

im Jahre 66 zeigen sollte. (Erst nach der Eroberung Jerusalems im Jahre 70 durch Titus ist Iudaea eine eigene Provinz geworden.) Unter den Legaten von Syrien erscheinen so prominente Männer wie C. Sentius Saturninus (8 v. Chr.), P. Quinctilius Varus (6–4 v. Chr.) und P. Sulpicius Quirinus (3–2 v. Chr.), der durch den unter seiner Statthalterschaft abgehaltenen Zensus berühmt geworden ist. Die Römer stützten sich vor allem auf die hellenisierte Bevölkerung der Städte, die allein schon wegen des Gegensatzes zu den syrischen Einheimischen die Herrschaft der Römer begrüßte. Im übrigen gestatteten die Römer ein gewisses Maß an kommunaler Selbstverwaltung, wie sich dies in der Münzprägung der Städte widerspiegelt.

Ägypten, dessen Übergang in die Herrschaft der Römer bereits erwähnt wurde (o. S. 52), war keine Provinz im eigentlichen Sinne, es war Hausbesitz des römischen Princeps. Augustus hatte darauf verzichtet, das Land in die allgemeine Provinzialverwaltung einzugliedern. Die Sonderstellung ist dem Nilland bis in die spätrömische Zeit erhalten geblieben. Vor allem war der Senat von jeglicher Einflußnahme auf Ägypten ausgeschlossen. Den Senatoren (und den *equites illustres*) war es geradezu verboten, das Land ohne ausdrückliche Erlaubnis des Kaisers zu betreten, und als Germanicus sich unter der Regierung des Tiberius über dieses Verbot hinwegsetzte, da zog er sich die offene Mißbilligung des Kaisers zu. Dem Augustus schien Ägypten so wichtig, daß er es auf keinen Fall aus der Hand geben wollte, die Gründe hat er niemals offen ausgesprochen, Tacitus (hist. I 11) rechnet sie zu den „Geheimnissen der Herrschaft" *(arcana imperii).*

Mit der Einnahme Alexandriens am 1. August 30 v. Chr. endet die Regierung der Ptolemäerdynastie, ihre Zeit war nach knapp 300 Jahren abgelaufen (323–30 v. Chr.). Mit der Römerherrschaft beginnt in Ägypten ein neues Zeitalter, an die Stelle der ptolemäischen Bürokratie tritt die römische Administration, mit dem „Präfekten von Alexandrien und Ägypten" an der Spitze. Diese Anordnung hatte sich Augustus wohl überlegt; er wollte nicht, daß das Land in die Hand eines Mannes geriet, der sich, gestützt auf die reichen Hilfsquellen, zur Herrschaft aufschwingen konnte. Neben dem Präfekten gab es den Iuridicus und den Idiologos, der erste war ein hoher Richter, der zweite ein Finanzbeamter, dessen Dienstanweisung aus der Zeit des Kaisers Mark Aurel (161–180) sich auf einem Papyrus wiedergefunden hat.

In Ägypten standen drei Legionen, sie sind noch unter Augustus auf zwei vermindert worden. Das Nilland war längst völlig befriedet, irgendwelchen nennenswerten Widerstand gegen die Römer hat es hier nicht gegeben. Mit der Person des ersten Präfekten hatte Augustus kein Glück. Es war dies C. Cornelius Gallus. Dieser hat sich in einer rühmenden Inschrift von Philae verewigt, sie dürfte aber kaum den Beifall des Princeps gefunden haben. Gallus wurde aus seinem Amt entfernt, er endete im Jahre 26 durch Selbstmord, nachdem er zum Verlust seiner Güter verurteilt worden war. Es ist immerhin möglich, daß Augustus in ihm einen ernstzunehmenden Rivalen gesehen hat, der Senat hat sich hiervon überzeugen lassen und sprach Gallus schuldig. Wir kommen auf ihn noch einmal zurück (s. u. S. 208).

Die römische Administration war einseitig auf die Ausbeutung der reichen Hilfsquellen des Landes ausgerichtet, die Interessen des römischen Fiskus standen obenan, und von dem patriarchalischen Regiment der Ptolemäer findet sich keine Spur mehr. Dies hat die Römer jedoch nicht gehindert, die äußeren Formen der ptolemäischen Landesverwaltung, insbesondere die Einteilung Ägyptens in eine Anzahl von Gauen, zu übernehmen. Unter den Ptolemäern hatte es einen Epistrategen gegeben, der in Alexandrien residierte und die militärische Aufsicht über das gesamte Land führte. Die Römer richteten dagegen drei Epistrategien ein, je eine für Oberägypten, Mittelägypten und für das Delta. Epistratege konnte nur ein Römer werden, während die Leiter der einzelnen Gaue *(nomoi)* in der Regel aus der Zahl der Makedonen und Hellenen genommen wurden. Sie haben sich unter den Römern vorzüglich bewährt. Ägypten war ein volkreiches Land. Nach Josephus (Bell.Iud.II 385) soll es 7,5 Millionen Einwohner gehabt haben, zum größten Teil natürlich einheimische Ägypter, aber auch zahlreiche Griechen und insgesamt etwa eine Million Juden, die sich vor allem in der Hauptstadt Alexandrien niedergelassen hatten, ohne im übrigen hier das Bürgerrecht zu besitzen. Dies war in der früheren Forschung umstritten, bis ein Papyrus des Britischen Museums im Jahre 1924 hierüber volle Klarheit gebracht hat. Man hätte dies aber auch schon früher wissen können. Es gibt nämlich eine Petition eines alexandrinischen Juden an den Präfekten C. Turranius aus der Zeit zwischen 7 und 4 v. Chr. In dem Schriftstück bezeichnet sich der Bittsteller zuerst als Alexandreus (Bürger von Alexandrien), hat dies dann aber in „Jude, wohnhaft in Alexandrien" korrigiert.[15]

In den letzten Jahrzehnten der Ptolemäerherrschaft war das Land durch Mißernten heruntergekommen, die Römer hatten alle Hände voll zu tun, durch den Einsatz von riesigen Kolonnen von Arbeitern die Landwirtschaft neu zu organisieren. Ein Zuschußland ist Ägypten jedoch unter den Römern nicht gewesen; ebenso wie ihre Vorgänger, die Ptolemäer, haben auch die Römer alles getan, um eine aktive Handelsbilanz zu erzielen. Die Erträge kamen natürlich in erster Linie dem Fiskus zugute. Auch der Fernhandel wurde von den Römern wieder in Schwung gebracht. In der letzten Ptolemäerzeit, wahrscheinlich im Jahre 117 v. Chr., hatte man die Regelmäßigkeit des Wehens der Monsunwinde entdeckt und sie zu Fahrten über das hohe Meer nach Vorderindien ausgenützt. Der rapide Niedergang des Ptolemäerreiches hat eine Ausnutzung der Entdeckung verhindert; es sind die Römer gewesen, die ein neues Zeitalter der Indienfahrt eröffnet haben. Die Schiffe fuhren von den Häfen an der Küste des Roten Meeres, von Leukos Limen oder Berenike im Troglodytenland, nach Indien. Früher hatte man sich der Insel Sokotra als Zwischenstation bedient, sie war nun nicht mehr notwendig. Der Handel mit Indien, aus dem vor allem Aromata, Spezereien und Edelsteine eingeführt wurden, hat den Wohlstand des Landes beträchtlich gehoben, wenn auch das Handelsmonopol in einseitiger Weise dem römischen Fiskus zugute kam.

Die Hellenen wohnten vor allem in Alexandrien, aber auch in den Gaumetropolen, die fast alle über ein Gymnasium verfügten. Diese Gymnasien waren die Mittelpunkte der hellenischen Bildung, denn nur wer durch diese Schule hindurchgegangen war, konnte sich zur sozialen Oberschicht rechnen. Auf dem flachen Land, in der Chora, herrschte dagegen das Ägyptertum ganz unumstritten, die Lage der Fellachen hatte sich seit Jahrhunderten nicht geändert, sie waren immer noch die Lastenträger, ihre Arbeitskraft wurde rücksichtslos ausgebeutet. Wo auch immer Arbeiten auf dem Land oder am Kanalnetz auszuführen waren, da setzte man die Bauern in großen Scharen ein. Sie mußten hier Zwangsarbeit verrichten, deren Ertrag letzten Endes den Römern zugute gekommen ist. Die Fellachen hatten allen Grund, sich darüber zu beschweren, doch ist es zu Aufständen nur selten gekommen, da sich die Bauern mit ihrem Zustand längst abgefunden hatten.

Der 1. Ptolemäer hatte in Alexandrien das Museion gegründet, eine Stätte der wissenschaftlichen Forschung, die ihresgleichen in der ganzen Oikumene nicht kannte. Das Museion war eine Gelehrtenakademie, verbunden mit einer großen Bibliothek. Die Annahme, die Bibliothek sei im Alexandrinischen Krieg unter Caesar zugrunde gegangen, trifft nicht zu; es mag sich aber um einen Teilverlust gehandelt haben. Von dem Museion ist viel Segen ausgegangen, auch noch unter der römischen Herrschaft erfreute sich die Institution eines hohen Ansehens. Unter Augustus verfügte das Museion in Didymos über einen hervorragenden Gelehrten. Er kannte sich vor allem in der griechischen Rhetorik und Dichtung aus, wovon seine Kommentare zu zahlreichen Dichtern und zu dem großen Redner Demosthenes zeugen, die heute noch wertvoll sind.

Die Römer waren zwar die unumschränkten Herren im Land, aber zu einer wirklichen Umwandlung der sozialen Struktur ist es in Ägypten nicht gekommen. Man muß dazu wissen, daß die fremden Herren nicht den geringsten Grund hatten, die Verhältnisse zu ändern. Im übrigen lebten Römer, Hellenen und Ägypter ganz für sich, und es ist höchst selten vorgekommen, daß ein eingeborener Ägypter in den Besitz des römischen Bürgerrechts gelangte, es sei denn, daß ihm zuvor das Bürgerrecht der Stadt Alexandrien verliehen worden war. Die Kommandosprache des römischen Heeres war das Lateinische. Das römische Recht blieb zunächst auf die Verwaltung beschränkt, für alle anderen galt das gräkoägyptische Recht, das aus einer großen Zahl von Papyrusurkunden bekannt geworden ist.

Sieht man von den Rechtsurkunden ab, so sind Zeugnisse vom Wirken des Augustus im Nilland äußerst selten. Eine Ausnahme ist eine Inschrift in lateinischer und griechischer Sprache aus Alexandrien.[16] Sie stammt aus dem Jahr 10/11 n. Chr. und betrifft eine Veränderung eines Flußlaufs, der damals von Schedia her durch die ganze Stadt Alexandrien geführt worden ist, und zwar auf eine Länge von 200 Stadien (etwa 40 km). Die Regulierung kam offensichtlich dem Schiffsverkehr zugute, so daß man nun die Hauptstadt von dem am weitesten westlich fließenden Nilarm unmittelbar erreichen konnte, denn dort muß Schedia gelegen haben. Wahrscheinlich ist der Kanalbau auf die Verlandung des Nilarms zurückzuführen. Das wichtigste historische Zeugnis der Herrschaft des Augustus in Ägypten ist die bereits erwähnte Inschrift des C. Cornelius Gallus aus Philae.[17] Sie ist dreisprachig, in Hieroglyphen, in Lateinisch und Griechisch. Nach dieser Inschrift hat Gallus einen Aufstand in der Thebaïs niedergeworfen, und zwar innerhalb von fünfzehn Tagen, wobei er mit den Rebellen in zwei Gefechten die Waffen gekreuzt und fünf Orte, teils durch Überraschung, teils durch Belagerung, eingenommen hat. Unter diesen befinden sich so bekannte Metropolen wie Koptos und Diospolis Magna, d. i. das alte Theben. Mit seinem Heer ist er in das Land südlich des Katarakts von Philae vorgestoßen. In Philae hat er Gesandte der Äthiopen in Audienz empfangen, in der Triakontaschoinos, dem ‚Dreißigmeilenland‘, das vorher zu Äthiopien gehörte, einen Vasallenherrscher (Gallus bezeichnet ihn als einen ‚Tyrannen‘) eingesetzt. Das

Ganze war eine bedeutende Leistung des römischen Statthalters, die er nicht unter den Scheffel stellen wollte. Augustus hat ihn jedoch bald nach Rom zurückgerufen, er hat ihm verboten, Ägypten wieder zu betreten. Das Ende war der Freitod des Cornelius Gallus im Jahre 26 v. Chr. Das Verhalten des Präfekten ist schwerlich entschuldbar, und mit Recht hat ihn schon der Historiker Cassius Dio (aus der Severerzeit) getadelt (LIII 53,5). Aber der Inschriftenstein von Philae bleibt trotz seiner Beschädigung auf Grund der *damnatio memoriae* des Gallus eine wichtige Quelle für die Anfänge der römischen Herrschaft in Ägypten. Gallus war übrigens ein hochgebildeter Mann, er hat selbst Gedichte hinterlassen, mit dem Geschichtsschreiber Asinius Pollio und mit dem Dichter Vergil war er befreundet. Hatte sich Augustus in der Wahl des ersten Statthalters von Ägypten vielleicht geirrt? War Gallus nicht der rechte Mann gewesen? Aber niemand hätte voraussehen können, daß Gallus seine Stellung dazu benutzen würde, um sich eine Hausmacht aufzubauen, die von Augustus nicht geduldet werden konnte. Dies ist der Grund seines Sturzes gewesen, und dazu kam, daß Augustus, was Ägypten betrifft, sehr empfindlich war. Er konnte von seinem Standpunkt aus kaum anders handeln, als er es getan hat, und es besteht kein Grund, zu glauben, daß das Einschreiten gegen Gallus einer vorübergehenden Zornesaufwallung des Princeps entsprungen ist.

Augustus hat Ägypten seit dem Jahre 30 v. Chr. nicht mehr betreten. Es ist aber sicher, daß er sich durch Berichte seiner Vertrauensleute über alle wichtigen Angelegenheiten des Nillandes unterrichtet hat. Er ließ keinen Zweifel darüber aufkommen, daß nur er allein das Recht der Verfügung über Ägypten besaß, der Senat war hier von der Mitregierung ausgeschlossen.

Einen bedeutenden Einfluß im Leben der Ägypter hatten die Religion und die Priesterschaft. Mit den Priestern lebte Augustus in Frieden, aber er sorgte dafür, daß sie nicht zu mächtig wurden, denn dies hätte die Effektivität der römischen Verwaltung in Frage gestellt. Die Wirtschaft stand für den Kaiser obenan, das ägyptische Getreide war ein wichtiger Aktivposten der Handelspolitik. Es gab eine eigene Flotte, die auf ihren Lastschiffen das Getreide nach Italien verschiffte, wo es vor allem in der Ernährung der hauptstädtischen Bevölkerung eine Rolle spielte. Das Korn wurde zunächst in den großen Speicheranlagen in Alexandrien eingelagert, und wenn im April die Schiffahrt wieder eröffnet wurde, dann stachen die Getreideschiffe in See, sie wurden in Rom mit Ungeduld erwartet, ihr Eintreffen bedeutete zugleich, daß die Kornpreise beträchtlich heruntergingen, denn nicht alle Einwohner hatten sich im Herbst ausreichend mit Korn eindecken können.

Gegenüber der Ptolemäerzeit hatte sich in Ägypten nicht allzu viel geändert, nur daß der Frondienst der Bauern (Fellachen) jetzt den Römern zugute kam. Allerdings hat die straffere Verwaltung und Beaufsichtigung der Wirtschaft einen gewissen Aufstieg der Produktion und des Handels zur Folge gehabt, insbesondere auch des Fernhandels. Sein Radius erstreckte sich bis an den Rand der Oikumene, bis nach Spanien, Britannien, Germanien einerseits, bis nach Vorderindien und Arabien andererseits. Wenn man etwas in Ägypten vermißt, so ist es die private Initiative. Was auch immer in dem Land geerntet oder produziert wurde, fiel in den Bereich der Staatsmonopole, und die Gewinne strich der römische Fiskus ein. Die Einnahmen Ägyptens flossen in eine besondere Kasse in Rom, den *fiscus Alexandrinus*, der jedoch erst unter den Flaviern nachzuweisen ist. Es ist aber gut möglich, daß diese Kasse schon unter Augustus bestanden hat. Der riesige Landbesitz der Ptolemäer war in das Eigentum des Princeps überführt worden. Die einzelnen Domänen standen unter der Aufsicht von Spezialbeamten. Die Domänen waren die Haupteinnahmequelle des Kaisers, dazu kamen dann noch die allgemeinen Steuern, vor allem die Kopfsteuer, und die Erträge aus den Monopolen, die riesige Summen abwarfen. Denn nahezu alle ertragreichen Gewerbe waren in Ägypten monopolisiert, von der Papyrusproduktion bis zur Salzgewinnung. Im ganzen war Ägypten ein echter Edelstein im Besitz des römischen Kaisers, seines Wertes ist sich dieser immer bewußt gewesen.

Die Bevölkerung des alten Nillandes hat den Frieden des Augustus mit hoher Freude begrüßt. Das Ptolemäerreich hatte immer wieder Kriege geführt, auch die Auseinandersetzungen zwischen Caesar und den Alexandrinern sowie der Krieg des Antonius und des Octavian hatten das Land schwer mitgenommen – aber die Kriegszeiten waren nun vorüber, es herrschte Ruhe und Ordnung im Lande, sie wurde durch die Anwesenheit der römischen Besatzung garantiert.

An Ägyptens Westgrenze lag die *Cyrenaica* mit den Griechenstädten der Pentapolis. Auf dem flachen Land dominierte dagegen die einheimische Bevölkerung libyschen Stammes. Die Cyrenaica war im Jahre 74 als römische Provinz konstituiert worden, nachdem sie bereits im Jahre 96 Ptolemaios Apion den Römern testamentarisch vermacht hatte. Seit dem Jahre 27 v. Chr. wurde die Provinz zusammen mit Creta verwaltet. Die Lösung ist nicht gerade als glücklich zu bezeichnen, denn sie zwang den

Statthalter dazu, während seiner Amtsführung Seereisen zu unternehmen, vor allem dann, wenn er Gerichtstage abhalten mußte. Creta und Cyrene waren eine senatorische Provinz, aber dies bedeutet nicht, daß sich der Princeps nicht in die Administration eingemischt hätte. Es war eine Überraschung für die Forschung, als die italienischen Ausgrabungen auf dem Marktplatz von Kyrene Inschriften zu Tage brachten, aus denen zweifelsfrei hervorging, daß der Kaiser in gewissen Dingen sich ein Machtwort vorbehalten hat, wie dies die Edikte aus den Jahren 7/6 v. Chr. bezeugen. Es handelt sich um die Zusammensetzung der Provinzialgerichte; nach dem Wunsch des Augustus sollte das griechische Element in ihnen gestärkt werden. Die Griechen bildeten zahlenmäßig wohl die bei weitem stärkste völkische Gruppe in der Cyrenaica. Mag sein, daß zu den Griechen auch alle die gerechnet wurden, die durch die Institution der Ephebie hindurchgegangen waren, darunter vielleicht auch so manche Libyer, die sich die griechische Bildung angeeignet hatten. Bemerkenswert ist es immerhin, daß Rom hier wie auch sonst an der Fiktion eines Bündnisses mit Kyrene festgehalten hat, obwohl dieses *foedus* längst keine praktische Bedeutung mehr hatte.

Eine Senatsprovinz war auch *Africa,* das sich von den Altären der Philaenen bis an die Ostgrenze Mauretaniens erstreckte. Dies bedeutet, daß dem Statthalter auch die Landschaft Numidien unterstellt war. Das Proconsulat von Africa galt in der ganzen Kaiserzeit als eine besonders ehrenvolle Stellung. Africa war die einzige Senatsprovinz, in der sich eine Legion befand, die *legio III Augusta.* Es hätte zu Schwierigkeiten geführt, wenn man diese Truppe aus der Provinz abgezogen hätte, denn ihre Aufgabe bestand darin, die unendlich lange Grenze im Süden gegen die Einfälle nordafrikanischer Volksstämme zu sichern. Das System hat im allgemeinen funktioniert, erst unter Hadrian hat man durch die Errichtung des *fossatum Africae* an der Südgrenze ein Befestigungssystem geschaffen, das sich im allgemeinen gut bewährt hat. In der Zeit des Augustus war die Landschaft noch weithin durch die Zivilisation der einheimischen Bevölkerung geprägt, vor allem punische Elemente leben hier in der Religion weiter, erst unter den Flaviern hat das Land allmählich ein römisches Gesicht bekommen. Die Residenz des Proconsuls war Utica, neben ihm gab es an wichtigen Orten noch Clupea und Carthago, in dem sich römische Kolonisten niedergelassen hatten, und dies, obwohl die Stelle nach der Eroberung und Zerstörung der großen punischen Handelsmetropole offiziell verflucht worden war. Ein Problem bildete die weite Ausdehnung der Provinz von Osten nach Westen, aber die

Römer sind auch damit fertig geworden, man benutzte vielfach den See-weg, um von einem Ende der Provinz zum andern zu gelangen.

Das im Westen angrenzende *Mauretanien* war ein römischer Vasallen-staat, er stand unter der Herrschaft des Juba II., der aus der numidischen Königsfamilie stammte. Er war ein Nachkomme Jubas I., der in den Punischen Kriegen ein wertvoller Bundesgenosse der Römer gewesen war. Juba II. hatte Kleopatra Selene, eine Tochter des Antonius und der Kleopatra VII., heimgeführt. Er gründete die Hauptstadt Caesarea (heute Cherchel). Ihm war eine ganz besonders lange Regierung in Mauretanien beschieden, er herrschte an die fünfzig Jahre lang, überlebte sogar noch Augustus und verstarb erst im Jahre 22 oder 23 n. Chr. Geb. Sein Name lebt in seinen Büchern fort, und zwar auf nahezu allen Wissensgebieten, auf denen es etwas zu schreiben und zu forschen gab. So hat Juba II. unter anderem historische, volkskundliche, kunsthistorische und botani-sche Schriften verfaßt, natürlich in Griechisch, das auch in Mauretanien die Sprache der Gebildeten war. Um das notwendige Material zur Hand zu haben, hat er in seiner Hauptstadt sogar eine Bibliothek gegründet, natürlich nach dem Vorbild der großen Bibliothek von Alexandrien. Mauretanien war übrigens von 33 bis 25 v. Chr. römische Provinz gewe-sen, dann übertrug Augustus die Herrschaft dem Juba II., den er für völlig zuverlässig hielt. Der Kaiser Gaius (Caligula) hat den letzten König des Landes mit Namen Ptolemaios[18] abgesetzt, er hat ihn sogar – nach einem Schauprozeß – im Jahre 40 n. Chr. umbringen lassen, eine Tat, die man zu den zahlreichen Willkürakten des Caligula rechnen muß.

Das Imperium Romanum in der Zeit des Augustus war neben dem Partherreich an seiner Ostgrenze das einzige Weltreich, das diesen Na-men wirklich verdient. Es war zwar weder sprachlich noch völkisch eine Einheit, es beherbergte in seinen Grenzen viele Völker und Nationen: neben den Römern und Italikern vor allem die Kelten, Iberer, dazu noch zahlreiche Griechen in Hellas und den Ländern des Vorderen Orients. Die Römer und Griechen waren unzweifelhaft die dominierende Ober-schicht, aber ihre Herrschaft wäre nicht möglich gewesen, wenn sich die einheimischen Völker in Ost und West nicht mit der Existenz des römi-schen Weltreichs abgefunden hätten. Wenn das Römertum sowohl im Westen wie auch im Osten Fortschritte gemacht hat, so ist dies auf die Administration und auf das Heer zurückzuführen. Beide waren die tra-genden Säulen der römischen Herrschaft, die sich in der Tat als solide und langdauernd erwiesen haben – im Westen bis zum Auftreten der Germanen in der Völkerwanderung, im Osten bis in die byzantinische

Zeit. Und in der Person des Kaisers Augustus, der in der Regel zusammen mit Roma göttliche Verehrung genoß, besaß das Reich einen Mittelpunkt, von dem alle entscheidenden Anregungen ausgegangen sind. Dazu gehören vor allem die Neuordnung der Provinzen und ihre Verteilung zwischen dem Princeps und dem Senat, die Reorganisation des Heerwesens, die Versorgung der Veteranen und die Verwaltung der Hauptstadt, die mit ihrer riesigen Konsumentenmasse große Anforderungen auf dem Gebiet der Ernährung stellte. Was Augustus hier geleistet hat, in den *Res gestae* kann man es im einzelnen nachlesen. Über allem aber schwebte die Idee des Friedens, und mit dem einzigen bedeutenden Feind, den Parthern, war Augustus im Jahre 20 v. Chr. zu einem Übereinkommen gelangt, das sich als höchst segensreich und nützlich für die Entwicklung der kommenden Jahrzehnte erweisen sollte. Für die Bürger und Nichtbürger im Imperium Romanum aber war die Friedenszeit ein Goldenes Zeitalter, mit Recht haben die Dichter der augusteischen Zeit immer wieder die Segnungen des Friedens gepriesen. Die Folgen der Bürgerkriege waren überwunden, die Wirtschaft und der Handel blühten empor, überall im römischen Reich fand der Bürger seinen Verdienst, und der Radius des römischen Fernhandels erfaßte weit entfernte Länder und Gegenden, die früher nur dem Namen nach bekannt gewesen waren. Hier fand die private Initiative ein weites Feld, denn der römische Staat hat in die Wirtschaft nur eingegriffen, wenn die Interessen des Reiches auf dem Spiel standen. Insofern ist die Politik des Augustus, sieht man von einigen Grenzkriegen in Spanien, im Alpengebiet und in Germanien ab, eine Politik des Friedens gewesen. Sie diente der Abrundung und Sicherung der inneren Reichsgebiete. Nicht wenige Weihungen für den Kaiser Augustus bringen die Dankbarkeit der Reichsbevölkerung zum Ausdruck. Und man wird dieses überwältigende Gefühl des Dankes verstehen, wenn man an die furchtbare Zeit der Bürgerkriege zurückdenkt. Natürlich hatte der Augustusfrieden auch seine Schattenseiten, es sei hier noch einmal an das Wort des alten Moltke erinnert (s. o. S. 111); denn es gilt auch für die Menschen der augusteischen Zeit. Geld und Besitz wurden groß geschrieben, Sicherheit *(securitas)* galt als das höchste Gut, und was das Schlimmste war, der Bürger gewöhnte sich daran, daß der Staat für seine Versorgung aufkam, nur in den Städten gab es noch ein Betätigungsfeld für die Bürger, die sich hier um Angelegenheiten der Gemeinschaft bemühten. Überhaupt wird man feststellen können, daß in den kleineren Städten – im Gegensatz zur Hauptstadt Rom – der Geist der Verantwortung und der Selbsthilfe keineswegs erstorben war, man fühlte sich selbstbewußt als Römer und war stolz darauf, einem Weltreich anzugehören, dessen Grenzen mit der Oikumene mehr oder weniger zusammenfielen. Gegenüber den Skandalen der Hauptstadt existierte in den Munizipien und Kolonien noch etwas vom Geist des alten Römertums, das sich einst die Welt zu Füßen gelegt hatte. Man wird dem Römertum schwerlich gerecht, wenn man es nur nach dem beurteilt, was die Historiker und Dichter über die Zustände in der Hauptstadt Rom zu berichten wissen. Hier sah es allerdings schlimm aus, in den kleinen Städten Italiens herrschten dagegen noch normale Verhältnisse im Familienleben. Ehescheidungen waren hier nicht die Regel, sondern die Ausnahme. Und wenn das römische Heerwesen einigermaßen intakt geblieben ist, so ist dies auf die Wehrpflichtigen aus den italischen Landstädten zurückzuführen. Die römische Plebs hat sich nicht für den beschwerlichen, langdauernden Militärdienst interessiert, der in der Tat von jedem einzelnen große Opfer verlangte. Wenn Horaz in seiner Ode III 2,13 vom Heldentod für das Vaterland spricht, so meinte er damit all' jene, die in treuer Pflichterfüllung bereit waren, auch, wenn es sein mußte, ihr Leben für die Idee des Vaterlandes hinzugeben. Den Soldaten wurde unter Augustus nichts geschenkt, der Kaiser hatte die Disziplin auf eine neue Grundlage gestellt, und was die Vorgesetzten dem Legionär befahlen, das mußte ohne Zögern ausgeführt werden. Wer sich weigerte, dem drohten unehrenhafte Strafen, ja sogar der Tod durch das Schwert. Ohne die Qualität der römischen Verwaltung und ohne die Qualität des römischen Heeres, das sich immer noch allen Gegnern an den Reichsgrenzen überlegen zeigte, wäre der Bestand des Imperium Romanum auf längere Dauer nicht möglich gewesen. Nichts hat dem Römertum so sehr geschadet, wie die Kluft zwischen Arm und Reich, und auch dem Kaiser Augustus ist es nicht gelungen, die soziale Frage zu lösen. Er behalf sich mit altbewährten Mitteln, die sich mit den Worten „*Panem et circenses*" umschreiben lassen.

Von einer echten Volksgemeinschaft kann im Imperium Romanum nicht die Rede sein, aber auch nicht, wenn man auf das Ganze sieht, von einem ausgesprochenen Klassenstaat. Gewiß gab es große materielle und soziale Unterschiede zwischen den Angehörigen der Oberen Zehntausend, die sich alles leisten konnten einerseits, den Bürgern, den Freigelassenen und den Sklaven anderseits, aber dies war ein Zustand, an den sich alle Welt längst gewöhnt hatte; niemandem ist es eingefallen, diesem System die Axt an die Wurzeln zu legen. Dazu kam noch, daß sich die Standesunterschiede allmählich verwischten, selbst für die Sklaven gab es

Möglichkeiten, ein eigenes Vermögen zu erwerben und sich damit freizukaufen. Und die Trennungslinie zwischen den Freigelassenen und den übrigen Bürgern war längst fließend geworden, ohne den Einsatz der Freigelassenen in der Manufaktur und in den unteren Stellen der Staatsverwaltung wäre es nicht möglich gewesen, die vielen Aufgaben in Wirtschaft und Administration zu bewältigen.

Was hat den Menschen in der augusteischen Zeit den inneren Halt gegeben? War es die Religion? Gewiß, auf dem Lande herrschten immer noch die alten Götter der capitolinischen Trias, Juppiter, Juno und Minerva, dazu kamen Gottheiten wie Faunus, Silvanus, Hercules und andere. Und in Rom hat sich Augustus bemüht, durch seine Tempelbauten und Tempelrestaurierungen das religiöse Leben wieder wachzurufen, und mancher wird wieder zu den alten Göttern seine Zuflucht genommen haben, wenn er in Not und Bedrängnis war. Ganz anders die Flut der Götter aus dem Orient! Sie überschwemmte vor allem die Hauptstadt und die Hafenstädte Italiens, überall finden sich Heiligtümer der Isis, des Sarapis, der Kybele, des Attis und wie sie alle heißen mögen. Sie boten den Menschen etwas, worüber die römische Religion nicht verfügte: ein persönliches Verhältnis zur Gottheit, auf das ein wirklich religiöser Mensch nicht verzichten kann. Es ist daher kein Wunder, wenn sich das Christentum, das unter Claudius (41–54) und Nero (54–68) auch in Rom Fuß zu fassen begann, bald eine sehr bedeutende Anhängerschaft erwerben konnte. Es füllte eine Lücke aus, die sich für viele schmerzlich bemerkbar gemacht hatte.

Ebenso wie sein Adoptivvater Caesar war auch Augustus davon überzeugt, daß er die Menschen durch Gesetze und Verordnungen bessern könne. Dies aber hat sich als ein manifester Irrtum erwiesen, aber dieser Irrtum wurde von allen maßgebenden Persönlichkeiten geteilt, so daß man die Schuld nicht allein dem Kaiser zumessen darf. War der Staat des Augustus ein Rechtsstaat? Man wird diese Frage mit gewissen Einschränkungen bejahen können. Augustus hat sich an den Satz gehalten: *Iustitia fundamentum regnorum.* Allerdings lebte der Kaiser in einer Zeit, welche den Grundsatz der Gleichheit der Menschen vor dem Gesetz nicht kannte, sie kannte auch nicht die Trennung von Verwaltung und Rechtsprechung, und die Aufstiegsmöglichkeiten für die Bürger der unteren Vermögensklassen waren äußerst beschränkt. Das Reich wurde immer noch von einer Aristokratie regiert, die zum Teil aus der republikanischen Zeit stammte, zum Teil neu geschaffen worden war. Mit diesen Männern fühlte sich der Kaiser eng verbunden, er sorgte für ihre Ergänzung durch die

Einreihung fähiger Menschen in den Ritter- und Senatorenstand. Wer einen Prätorier oder sogar einen Consular unter seinen Verwandten hatte, für den war es nicht schwer, auf den Stufen der Ämter nach oben zu steigen, eine Empfehlung beim Kaiser oder bei einem seiner einflußreichen Freunde pflegte hier Wunder zu wirken – aber eben nicht für alle, sondern nur für wenige, denn die wichtigen Stellen in Verwaltung und Heerwesen waren dem Hochadel vorbehalten, einer exklusiven Schicht, die sich durch Heiraten und Adoptionen ergänzte. Die Herrschaft des Kaisers war auch *ihre* Herrschaft, und das Schlimmste, was ihnen passieren konnte, war die Tatsache, daß sie, aus welchen Gründen auch immer, beim Kaiser in Ungnade fielen. Auf das Ganze gesehen, hat das Zeitalter des Augustus eine große Zahl bedeutender Männer auf allen Gebieten hervorgebracht, Augustus konnte, alles in allem, noch aus dem Vollen schöpfen, aber je älter er wurde, um so mehr verengte sich der Kreis seiner Altersgenossen, er mußte nun auch auf jüngere Männer zurückgreifen, die ihm nicht mehr persönlich bekannt waren. Die Führungsschicht hat große Aufgaben bewältigt, die Männer standen treu zu Augustus und haben seine Befehle pünktlich ausgeführt. Was besagt dagegen die Opposition? Es waren zum Teil überzeugte Republikaner, zum Teil persönliche Feinde des Princeps. Augustus ist mit leichter Mühe mit ihnen fertig geworden. Und dies war ein großes Glück für das ganze Reich. In ihm herrschte Ruhe und Ordnung, Wohlstand und in weiten Teilen der Bevölkerung Zufriedenheit, ja sogar ein gewisser Stolz auf das, was man in harten Kämpfen erworben hatte. Die Beispiele des alten Römertums hat Augustus seinen Zeitgenossen immer wieder vor Augen geführt, die Ideale der Einfachheit, Schlichtheit, Sparsamkeit und Genügsamkeit standen hoch im Kurs, und es ist ein hoher Ruhm des Augustus, daß er hier mit gutem Beispiel vorangegangen ist.

Zehntes Kapitel

Heer und Flotte

Das Prinzipat war eine Militärmonarchie, wenn dies auch nach dem Willen des Augustus nach außen hin möglichst wenig in Erscheinung getreten ist, da der Kaiser vorgab, die alte *res publica* erneuert zu haben. Aber die Entscheidung im Kampf um die Nachfolge des Diktators Caesar hatte das Heer herbeigeführt, und dieser Tatsache sind sich Augustus und seine Nachfolger immer bewußt gewesen. Sie haben alles getan, um das Militär zufrieden zu stellen. Dies aber war nicht immer ganz leicht, denn die Soldaten hatten bestimmte Forderungen, die sie in langjährigem Ringen durchzusetzen versuchten. Dazu gehörte vor allem die Reduzierung der Dienstzeit von zwanzig auf sechzehn Jahre, sowie eine ausreichende Abfindung, die es den im Militärdienst ergrauten Männern ermöglichte, sich noch einmal einem bürgerlichen Beruf zuzuwenden. Die Kosten hierfür waren nicht gering, und es ist kein Zufall, wenn Augustus eine Spezialkasse, das *aerarium militare*, gegründet hat (im Jahre 6 n. Chr.). In diese Kasse wurden die verschiedensten Einkünfte geleitet, die letzten Endes zur Versorgung der Veteranen dienten. Nicht weniger als 170 Millionen Sesterzen soll der Kaiser selbst in die Kasse eingezahlt haben, außerdem bestimmte er die Erträge der Erbschaftssteuer von 5% und der Auktionssteuer von 1% für die neue Kasse, die nunmehr die Versorgung der Soldaten übernahm, während vorher das *aerarium populi Romani* auch hierfür zuständig gewesen war. Niemand kann dem Augustus den Vorwurf machen, er habe die finanziellen mit dem Heer zusammenhängenden Probleme nicht gesehen oder ignoriert.

Das Heer des Augustus ist aus dem Heer der Bürgerkriege hervorgegangen. Den Kern hatten die Veteranen Caesars gebildet, die Octavian durch seine illegalen Werbungen in den Monaten unmittelbar nach Caesars Tod (15. 3. 44 v. Chr.) auf seine Seite gebracht hatte. Sein bedeutendster Rivale war Marcus Antonius. Dieser sah voll hochmütiger Verachtung auf Octavian, den erst Achtzehnjährigen, herab.

An dieser Stelle braucht die Entwicklung des octavianischen Heeres nicht im einzelnen dargestellt zu werden, es mag genügen festzustellen, daß Octavian am Ende des ereignisreichen Jahres 43 v. Chr. bereits über die stattliche Zahl von siebzehn Legionen verfügte, von denen sechs aus ehemaligen Caesarianern gebildet worden waren. Mit dieser Armee ist Octavian auf den Feldern von Philippi im Oktober 42 den Republikanern entgegengetreten. Nur der Zahl nach fallen die elf Rekrutenlegionen ins Gewicht, da sie über keinen hohen Gefechtswert verfügten.

Nach der Schlacht bei Actium (2. Sept. 31 v. Chr.) beginnt ein neuer Abschnitt der römischen Militärgeschichte. Die Soldaten des Antonius wurden in das Heer des Octavian eingestellt, die Ausgedienten beider Heere in die Heimat entlassen.[1] Wir wüßten gern mehr über diese Heeresreorganisation, aber die Quellen schweigen sich, wie so oft, darüber aus, so daß man die weitere Entwicklung nur an Hand von zufällig erhaltenen Dokumenten (Inschriften und Papyri) verfolgen kann. Dabei ergibt sich das folgende: Augustus hat das Heer zum Teil neu formiert, er hat die Zahl der Soldaten beträchtlich reduziert und ihnen vor allem die Funktion der Grenzüberwachung zugewiesen. Dieses System hat im großen und ganzen seine Probe bestanden, aber dies ist nicht das Verdienst des Augustus und seines Heeres, es ist vielmehr darauf zurückzuführen, daß die Grenzvölker im allgemeinen Ruhe hielten. Nur durch die Kämpfe mit den freiheitsliebenden Germanen haben die Römer größere Verluste erlitten. In der Schlacht im Teutoburger Wald gingen drei Legionen (mit den Nummern XVII, XVIII und XIX) zugrunde, ebenso die mit ihnen zusammen operierenden Hilfstruppen (s. o. S. 91).

Die Legionen lagen in Provinzen, die sich Augustus im Jahre 27 v. Chr. hatte zuweisen lassen. Wir pflegen sie die kaiserlichen Provinzen – im Gegensatz zu den Senatsprovinzen – zu nennen. Den Kern bildeten Spanien (mit Ausnahme der südlichen Provinz, der Baetica), Gallien und Syrien. Später kam noch Illyricum hinzu, und vorübergehend, von 27 bis 23, gehörte auch das südliche Gallien, die Narbonensis, zu den Provinzen des Kaisers. Die Verteilung (Dislokation) der Legionen zeigt folgendes Bild: Im Militärbezirk Germania Inferior (am Niederrhein) standen die *legio I Germanica, V Alaudae, XX Valeria* und *XXI Rapax*, in Germania Superior (am Oberrhein) die *legio II Augusta, XIII Gemina, XIV Gemina* und die *XVI Gallica*. Diesen acht Legionen an der Rheingrenze standen fünf an der Donau gegenüber, und zwar die *legio VIII Augusta, IX Hispana* und *XV Apollinaris* in Pannonien, die *legio IV Scythica* und *V Macedonica* an der unteren Donau in Mösien. Zum Donauheer im weiteren Sinn wird man auch die beiden Legionen in Illyricum, die *VII Claudia* und die *XI Claudia*, rechnen dürfen. Sie bildeten gewissermaßen eine

Reserve an der Donaufront. Im Vorderen Orient war Syrien die wichtigste Provinz. Hier lagen vier Legionen, und zwar die *III Gallica*, *VI Ferrata*, *X Fretensis* und *XII Fulminata*. Ägypten hatte zunächst drei, später nur zwei Legionen in Garnison, die *legio III Cyrenaica* und die *XXII Deiotariana*, die letztere zum Teil aus kleinasiatischen Galatern gebildet. Als einzige senatorische Provinz hatte Africa Proconsularis eine Legion als Besatzung, die *legio III Augusta*. Dazu schließlich noch die spanischen Provinzen. Hier standen drei Legionen, die *IV Macedonica*, die *VI Victrix* und die *X Gemina*, alles in allem fünfundzwanzig Legionen, das heißt etwa die Hälfte des Heeres, das Caesar unter seinen Fahnen gehabt hatte. Die Beinamen der Legionen sind historisch zu erklären. Das Gleiche gilt auch für ihre Nummern. Die Beinamen sind den Truppenkörpern zumeist auf Grund besonderer Leistungen und Verdienste verliehen worden. Der Beiname *Gemina* bedeutet „Zwilling", er zeigt an, daß die Einheit aus zwei Legionen zusammengestellt worden war. Die Namen hatten ein langes Leben. Noch unter dem Kaiser Severus Alexander (222–235) gab es nicht weniger als neunzehn Legionen, die schon in der Zeit des Augustus bestanden hatten.

Grundsätzlich dienten in den Legionen nur römische Bürger. Stellte man Fremde (*peregrini*) ein, so verlieh man ihnen zuvor das römische Bürgerrecht. Natürlich wurde von ihnen erwartet, daß sie die römische Kommandosprache verstanden, so wie in der Neuzeit die Völker Österreich-Ungarns, wenn sie im Heere dienten, die deutsche Sprache einigermaßen beherrschen mußten.

Als taktischer Heeresverband hatte die Legion unter Augustus eine bemerkenswerte Veränderung erfahren. Ursprünglich war sie ein reiner Infanteriekörper gewesen. Der Sollbestand betrug sechstausend Mann, doch war die Legion im allgemeinen bedeutend schwächer, im Durchschnitt knapp viertausend Mann. Augustus hat den einzelnen Legionen Reiterabteilungen, vor allem für die Aufklärung, zugeteilt, dazu von Fall zu Fall noch Kontingente von Hilfstruppen (*auxilia*), und zwar entweder Alen oder Kohorten, wie sie für die Aufgaben der Legion erforderlich waren. Die Hilfstruppen rekrutierten sich aus dem gesamten Imperium Romanum. Ursprünglich waren sie völkisch einheitliche Abteilungen, im Lauf der Zeit vermischten sie sich jedoch mit anderen völkischen Elementen; die Veränderungen entziehen sich jedoch vielfach der Nachprüfung. Auch das Problem ihrer Rekrutierung ist noch weithin ungeklärt, da die Quellen hierfür immer noch ganz ungenügend sind. Schließlich mag noch bemerkt werden, daß die Reiterabteilungen weniger in der

Schlacht als vielmehr zur Verfolgung eingesetzt wurden; der Steigbügel, der einen festen Sitz der Reiter bewirkt, war in jener Zeit noch nicht erfunden.

An der Spitze der Legion stand ein *legatus pro praetore*. Er hatte die Stellung eines kommandierenden Generals inne, manche dieser Legaten haben unter Caesar, aber auch noch unter Augustus das Recht auf einen Triumph erhalten, einige sind auch zum Imperator akklamiert worden. Mit fortschreitender Kaiserzeit wurden diese hohen Auszeichnungen jedoch immer seltener, da der Princeps auch dann den Triumph für sich in Anspruch nahm, wenn der Erfolg auf einen Unterfeldherrn zurückzuführen war. Zu den Stabsoffizieren der Legion zählen auch die Präfekten, sie sind dem Legionskommandeur unterstellt. Eine Sonderstellung haben die *praefecti equitum* inne, sie sind die Befehlshaber selbständiger Reiterabteilungen, und der *praefectus fabrum*, der vom Führer der technischen Truppen zum Stabschef des Legionslegaten emporgestiegen ist. Auch die Tribunen gehören zu den Stabsoffizieren. Es sind dies junge Männer, zumeist aus dem Ritterstand, die gelegentlich als Führer besonderer Abteilungen der Legion in Erscheinung treten. Ihre eigentliche Aufgabe bestand jedoch darin, im Stabe des Legaten den Kriegsdienst kennenzulernen und Erfahrungen zu sammeln, die ihnen später in höheren Kommandostellen von Nutzen sein konnten.

Die Qualität einer Legion beruhte vor allem auf der Tüchtigkeit ihrer Führer, insbesondere der Centurionen, von denen jede Legion insgesamt sechzig besaß. Man wird sie mit unseren Kompanieführern vergleichen dürfen, jedoch mit dem Unterschied, daß sie nicht zu den Offizieren, sondern zu den Unteroffizieren gerechnet wurden. Die römische Legion zählte zehn Kohorten, jede Kohorte hatte 6 Centurionen, und zwar je einen *prior* und *posterior* der *principes, hastati* und *triarii*.[2] Als der vornehmste und ranghöchste galt der *Centurio prior* der *triarii*. Er besaß nicht nur eine allgemein angesehene Stellung in der ganzen Legion, man pflegte ihm auch ihre taktische Führung anzuvertrauen. Das Problem des Avancements der Centurionen ist noch nicht befriedigend geklärt, doch kann es als gesichert gelten, daß kein *prior* jemals wieder als *posterior* verwandt worden ist. Schließlich sei noch bemerkt, daß der *centurio prior* der *triarii* als *primipilus* bezeichnet wurde.

Unter Caesar hatte das römische Heerwesen bedeutende Veränderungen erfahren. Vor allem hatte er eine ganz neue Epoche der Strategie eingeleitet. Caesar hatte die Methode des Angriffs ebenso meisterhaft beherrscht wie die Verteidigung, und selbst aus seinen Niederlagen hatte er in den meisten Fällen noch Nutzen zu ziehen verstanden. Seine Siege, zumal die über seinen großen Gegenspieler Pompeius, beruhten übrigens keineswegs auf der Überlegenheit der Zahl, ganz im Gegenteil. So ist ihm Pompeius in der Schlacht bei Pharsalus (August 48) beträchtlich überlegen gewesen. Es war ein neuer kriegerischer Geist, der unter maßgebender Mitwirkung Caesars geboren wurde. Er beruhte auf der engen Verbindung des Feldherrn mit den Soldaten. Das Vorbild in der Vergangenheit war hier C. Marius, wenn dieser auch an seiner unzulänglichen Politik gescheitert war.

Die Kriege der Triumvirn Antonius, Octavian und Lepidus stehen unter dem Zeichen der überlegenen Strategie des Antonius, denn ohne seine Führung hätten die Caesarianer schwerlich die Entscheidungsschlacht bei Philippi gewonnen. Octavian verdankte seine Erfolge, vor allem zur See, seinem treuen Freund Marcus Agrippa; dieser ist der Sieger über Antonius in der Seeschlacht bei Actium. Für die Epoche des zweiten Triumvirats ist die Existenz großer Heeresmassen charakteristisch. Diese mußten nicht nur taktisch geführt, sondern auch verpflegt und untergebracht werden. Hierfür war ein riesiger Aufwand notwendig, und man braucht sich nicht zu wundern, wenn sich die Triumvirn in ständigen Geldverlegenheiten befunden haben. Allein schon die Bewegungen großer Heereskörper brachten zahlreiche schwierige Probleme technischer Art mit sich, doch sind sie im allgemeinen brillant gelöst worden, wenn auch zum Teil auf Kosten der zivilen Bevölkerung, die immer wieder große Opfer bringen mußte. Wenn Antonius vor der Schlacht bei Actium über insgesamt neunzehn Legionen mit den entsprechenden Hilfstruppen verfügte, und wenn Octavian nicht viel weniger unter seinen Feldzeichen vereinigt hatte, so sind dies im Vergleich zu der methodischen Kriegsführung in der römischen Republik riesige Heeresverbände, von denen sich frühere Generationen nichts hätten träumen lassen.

Octavian ist als Heerführer mit den Ereignissen gewachsen. Ein überragender Stratege wie sein Adoptivvater Caesar ist er niemals gewesen, wenn er auch die Schmähungen des Antonius nicht verdient. Aber er war ein hervorragender Organisator, und wenn er eine Sache in die Hand nahm, so konnte man sicher sein, daß er sie auch zu einem guten Ende führte. Dazu verfügte er in Marcus Agrippa über einen strategisch hochbefähigten Freund. Mit seinem Namen sind die Erfolge im Krieg gegen Sex. Pompeius und Marcus Antonius für immer verbunden. Octavian war sich bewußt, wieviel darauf ankam, einen wehrhaften Geist im römischen Volk wachzuhalten. Er hat sich die größte Mühe gegeben, diesen

Geist zu pflegen, die Soldaten zu belohnen und ihre Wünsche, soweit sie
berechtigt waren, zu erfüllen. Dies war die *eine* Seite seiner Aufgabe. Die
andere bestand darin, im Heer einen Korpsgeist zu wecken, ohne den
auch ein modernes Heer nicht existieren kann. Die Soldaten fühlten sich
ihrem Führer durch den Fahneneid verpflichtet, sie betrachteten sich aber
auch als die Vorkämpfer der römischen Zivilisation, mag ihr Verhalten
sich hiermit auch des öfteren nicht in Übereinstimmung befunden haben.
Dieses Sendungsbewußtsein hat sowohl die Legionäre wie auch die Soldaten der Hilfstruppen in ihrem Schwung beflügelt. In dem Heer entstand, nicht zuletzt dank den Beförderungen und Belohnungen durch
den Kaiser, ein unerschütterliches Überlegenheitsgefühl, das sich immer
von neuem auf den Schlachtfeldern bewährt hat. Es wurde sogar noch
stärker, als für die römischen Legionen kein ebenbürtiger Gegner mehr
vorhanden war.

Es war ein außerordentlich kluger Schachzug Octavians, daß er die
Soldaten des Antonius nach der Schlacht bei Actium in seine eigenen
Reihen aufgenommen oder ihnen die gleiche Versorgung wie seinen eigenen Truppen versprochen hat. Da das Heer in der Masse immer noch aus
Bürgern Italiens bestand, war es der wichtigste Faktor der Romanisierung, und zwar gerade auch in Ländern, die weit entfernt von Italien
gelegen waren. Zwangsläufig mußten sich natürliche Kontakte mit der
Zivilbevölkerung ergeben. Zahlreiche Soldaten, unter ihnen viele Legionäre, lebten in eheähnlichen Verhältnissen mit einheimischen Frauen,
und viele waren bestrebt, diese Verbindungen zu legalisieren, wovon die
Militärdiplome – sie erscheinen allerdings erst seit der Zeit des Kaisers
Claudius (41–54 n. Chr.) – Zeugnis ablegen. Natürlich war das Heer auch
ein bedeutender Faktor der Wirtschaft; die Legionen betrieben beispielsweise eigene Ziegeleien, deren Stempel sich vor allem im Westen des
Reiches in großer Zahl gefunden haben. Dazu kam noch die Verpflegung
und Unterbringung, für die die Bewohner der Provinzen aufzukommen
hatten. Das Zusammenwachsen des Heeres zu einem geschlossenen Kör-
per wurde gefördert durch die lange Dienstzeit, bei den Prätorianern
betrug sie (bis zum Jahre 5 n. Chr.) 12 Jahre, bei den übrigen 16 Jahre,
dazu kamen aber in der Regel noch weitere vier Jahre Dienst in den
Kompanien (*vexilla*) der Veteranen, d. h. praktisch in der Reserve. Dies
war der Stand im Jahre 13 v. Chr., als man von einer Schlacht im Teutoburger Wald noch nichts ahnte. Der Untergang von drei Legionen im
Jahre 9 n. Chr. stellte die römische Heeresführung vor schwierige Probleme, die drei Legionen XVII, XVIII und XIX wurden aus den Heeresli-

sten gestrichen, Augustus wollte nicht mehr an ihr Unglück erinnert werden. Er handelte nicht anders, als der Kaiser Franz Josef I., der das traditionsreiche 24. k. u. k. Infanterieregiment aus Prag aus den Heereslisten strich, als große Teile von ihm bei der Brussilowoffensive im Sommer 1916 zu den Russen übergelaufen waren.

Überhaupt war die Niederlage der Römer im Teutoburger Wald ein einschneidendes Ereignis in der Heeresgeschichte. Der Verlust von drei vollständigen Legionen einschließlich der Hilfstruppen bedeutete eine Verminderung des römischen Heeres um ein gutes Zehntel, und dieser Verlust wog um so schwerer, als der Ausfall durch Rekrutierungen nur mit Mühe ersetzt werden konnte. Was blieb Augustus zu tun übrig? Wenige Jahre zuvor, 5 n. Chr., hatte er die Dienstzeit bei den Prätorianern auf 16 Jahre, bei den Legionären auf 20 Jahre erhöht, im nächsten Jahr, 6 n. Chr., war die Spezialkasse des *aerarium militare* gegründet worden (s. o. S. 217). Man war allmählich davon abgekommen, die Soldaten nach ihrer Entlassung mit Land abzufinden; denn dieses war längst nicht mehr in ausreichendem Umfang vorhanden, und noch einmal Zuflucht zur Vertreibung von Landbesitzern zu nehmen, wie dies in den turbulenten Jahren des Triumvirats geschehen war, schien in keiner Weise zweckmäßig. Eine derartige Lösung hätten den Rechtsstaat um jeden Kredit gebracht, und ob den Veteranen damit geholfen gewesen wäre, steht auf einem anderen Blatt. Man fand die Prätorianer mit 5000 Denaren (= 20000 Sesterzen), die Legionäre mit 3000 Denaren (= 12000 Sesterzen) ab,[3] diese Summen mußten für die Veteranen genügen. Sie hatten nun Gelegenheit, sich auf dem Lande oder als kleine Geschäftsleute in den Munizipien und Kolonien Italiens zu betätigen, sofern sie hierzu Lust und Neigung mitbrachten.

Der Historiker Cassius Dio aus der Zeit der severischen Kaiser (er war Consul zum zweiten Mal im Jahre 229, zusammen mit dem Kaiser Severus Alexander) hat eine Rede überliefert, die angeblich Maecenas, der Freund und Berater des Augustus, in Gegenwart auch des Agrippa im Jahre 29 gehalten haben soll (Röm. Gesch. LII 27–28). Über diese Rede ist viel gestritten worden, es kann aber gar kein Zweifel darüber bestehen, daß es sich hier um eine Erfindung des Cassius Dio handelt. Der Historiker der Severerzeit steht hier in einer Tradition, die von Thukydides bis in die Spätantike hinüberreicht. Und was ist die Rede wert? Cassius Dio stand dem augusteischen Zeitalter sehr fern, er hatte von der Idee des Prinzipats wenig begriffen, er vertrat vielmehr den Standpunkt des autokraten Kaisertums. Von den Ideen des Augustus trennten ihn Welten, was dazu geführt hat, daß er dem Prinzipat im ganzen nicht gerecht geworden ist. Die Rede des Maecenas bei Cassius Dio ist ein Gegenstück zu der ebenso fiktiven Rede des Agrippa (Cass. Dio LII 2–13), beide entstammen der Feder des Historikers. Was hier interessiert, ist die Stellung des Cassius Dio zum Heer des Augustus (LII 27). Nachdem er einige Bemerkungen über die Senatoren und Ritter gemacht hat, wendet er sich den Soldaten zu. Die entscheidenden Sätze lauten: „Es ist notwendig, ein stehendes Heer (wörtlich: Soldaten für die Ewigkeit) aufzustellen, und zwar von den Bürgern, den unterworfenen Völkern und den Bundesgenossen; die Zahl der Soldaten muß in den einzelnen Provinzen verschieden sein, so wie es die Umstände erfordern. Und diese Truppe muß immer unter Waffen sein und laufend in Übung gehalten werden. Für sie müssen Winterquartiere angelegt werden an den günstigsten Punkten. Dienen müssen die Soldaten für eine festgesetzte Zeit, und zwar solange, daß ihnen zwischen der Entlassung und dem Greisenalter noch eine Anzahl von Jahren übrigbleibt. Für den Unterhalt eines stehendes Heeres gibt es folgende Gründe: Wir sind von den Grenzen des Reiches weit entfernt, und die Feinde wohnen ringsum an unseren Grenzen. Wir sind daher in schwierigen Zeiten nicht imstande, auf die Hilfe unserer Soldaten zurückzugreifen. Wenn wir aber dazu übergehen, alle zu bewaffnen, die im geeigneten Alter stehen, und sie im Kriegsdienst üben, dann, so fürchte ich, wird dies immer wieder der Grund zu Aufständen und Bürgerkrieg sein. Wenn wir aber dies nicht zulassen, und wenn wir später ihre Hilfe im Krieg benötigen, so ergibt sich der gefährliche Zustand, daß wir nur über unerfahrene und ungeübte Soldaten verfügen. Dies sind die Gründe, warum ich zu folgendem Vorschlag komme: Wir sollten einen Teil ohne Waffen und ohne Befestigungen wohnen lassen, während wir die anderen, die Stärksten und diejenigen, die es am meisten verdienen, unterhalten zu werden – diese sollten wir ausheben und in militärischer Übung halten. Sie werden bessere Soldaten sein, wenn sie sich nur dem Kriegsdienst widmen können, während die übrigen um so leichter ihren Berufen als Bauern, Seeleute und den übrigen friedlichen Beschäftigungen nachzugehen imstande sein werden, wenn man sie nicht zwingt, Kriegsdienste zu leisten, sondern wenn sie durch andere beschützt werden. Auf diese Weise werden gerade die tüchtigsten und die kräftigsten Elemente, die sich bisher gezwungen sahen, ihren Unterhalt durch Räubereien zu verdienen, sich diesen selbst erwerben, ohne die anderen zu belästigen, während wir ein Leben ohne Gefahren führen werden." Auf diese Erörterungen folgt noch ein bemerkenswerter

Satz (LII 28,1): „Wir können nicht leben ohne die Soldaten, noch wird es Männer geben, die ohne Sold Militärdienst leisten."

Wer sich auch nur einigermaßen in der Geschichte des römischen Kaisertums auskennt, kann in den Ausführungen des Maecenas bei Cassius Dio schwerlich etwas anderes sehen, als eine Widerspiegelung der Verhältnisse in der Zeit der severischen Soldatenkaiser, denn erst in jenen Tagen war das Militär zu einer Macht herangewachsen, die von niemandem mehr ignoriert werden konnte. Aber unter Augustus bzw. unter Octavian (Maecenas soll die Rede im Jahre 29 gehalten haben) lagen die Dinge doch ganz anders. Und wenn Maecenas davon spricht, daß sich ein Teil der Bevölkerung von Raub und Plünderung ernährt, so paßt dies nicht in die augusteische, wohl aber in die severische Zeit. Unter dem ersten Princeps konnte von einer Vorherrschaft des Militärs, wie sie für das autokrate Kaisertum bezeugt ist, noch keinesfalls die Rede sein. Dennoch enthält die Rede einige Gedanken, die auch für die Zeit des Augustus zutreffen: Ohne ein stehendes Heer waren die Aufgaben der Reichsverteidigung nicht zu bewältigen, und Augustus war durch die Umstände gezwungen, sich die Idee des stehenden Heeres zu eigen zu machen. Man wird ihm zubilligen müssen, daß er eine Lösung gefunden hat, die für die Finanzen tragbar war und die für den Schutz des Reiches genügte. Doch konnten die Legionen nicht allgegenwärtig sein, und die Niederlagen des Lollius und des Varus haben die Grenzen dieses Systems nur zu deutlich aufgezeigt. Im übrigen besteht kein Zweifel, daß der eigentliche Berater des Princeps in militärischen Angelegenheiten nicht Maecenas, sondern Agrippa gewesen ist. Wenn irgendeiner, so verstand Agrippa etwas vom Heerwesen und von der Kriegführung, und wenn das Heer des Augustus den Anforderungen im großen und ganzen auch gerecht geworden ist, so ist dies ohne Zweifel das Verdienst Agrippas gewesen. Er wurde im Jahre 12 v. Chr. durch den Tod abberufen, und man kann es als sicher bezeichnen, daß er die offensive Politik gegenüber den Germanen nicht gebilligt hätte, da sie die Kräfte des Reiches überforderte.

Was die Zahl der Legionen betrifft, so haben unter Augustus einige Veränderungen stattgefunden. Nach der Schlacht bei Actium mögen es im ganzen 27 oder 28 gewesen sein. (Wenn Mommsen nur 18 Legionen angenommen hat, so ist diese Zahl sicherlich zu gering, zumal eine Legio XXII, wahrscheinlich die *legio Deiotariana*, durch einen Papyrus aus Ägypten bezeugt ist.) Man wird sich damit abfinden müssen, daß unter der Regierung des Augustus eine Anzahl von Veränderungen, auch Neuaufstellungen von Legionen stattgefunden hat. Und aus diesem Grund wird man es verzeihlich finden, wenn Cassius Dio (LV 23) von 23 oder 25 Legionen spricht, er wußte es nicht anders. Zählt man nun die Legionen zusammen, die Tacitus (Ann. IV 5) für das Jahr 23 n. Chr., also neun Jahre nach dem Tod des Augustus, aufführt, so ergibt sich die Zahl von 25 Legionen. Und dies mag der Stand beim Tode des Augustus gewesen sein. Man könnte daraus schließen, daß die drei in der Varusschlacht untergegangenen Legionen keine Nachfolge gefunden haben, und zwar wohl wegen der begrenzten Möglichkeiten der Rekrutierung, über die bei den Historikern wiederholt Klage geführt wird.

Es war im ganzen eine durchaus respektable Streitmacht, sie genügte, um mit lokalen Unruhen und Aufständen fertig zu werden, größeren Aufgaben war sie nicht gewachsen, wobei hier noch einmal an die Katastrophe des Varus erinnert sei. Es war ein Glück für Augustus und für die Römer, daß noch größere Belastungen nicht eingetreten sind, denn sie hätten ganz zweifellos die Brüchigkeit der Heeresorganisation erwiesen. Aber da waren noch die *Hilfstruppen (auxilia)*. Tacitus, der es ja wissen muß, behauptet, sie seien immer auf der Wanderschaft gewesen, ihre Zahl habe sich geändert, im ganzen sei sie rückläufig gewesen. Es mag wohl sein, daß dieses Urteil zu negativ ausgefallen ist, denn die Hilfstruppen haben immer wieder eine bedeutende Rolle gespielt, auch auf den Feldzügen des Augustus in Pannonien, Illyrien und Germanien. Ohne sie wären diese militärischen Operationen gar nicht möglich gewesen. Die Auxilien waren entweder Kohorten oder Alen (*alae*). Die selbständigen Kohorten zählten in der Regel 500 Mann, es gab aber auch solche mit 1000 Mann. Sie waren entweder Infanterieeinheiten (*cohortes peditatae*) oder aus Infanterie und Kavallerie gemischte Verbände (*cohortes equitatae*). Die Bezeichnung dieser Kohorten und Alen ist von großer Vielfalt, viele von ihnen trugen Namen von Völkern und Volksstämmen, die den ursprünglichen Ort der Rekrutierung anzeigen. Durch die Verlegung in weit entfernte Gebiete des Reiches waren die Namen aber in der Regel zu Truppenbezeichnungen ohne völkische Bedeutung geworden. Die Kohorten wurden von römischen Offizieren geführt, an der Spitze stand ein *praefectus cohortis,* man wird ihn von fern mit dem Kommandeur eines selbständigen Bataillons vergleichen können. Auch die Unterführer waren Römer, Ausbildung und Bewaffnung entsprachen der römischen Norm, doch gab es auch Einheiten, die ihre nationalen Waffen führten wie die Bogenschützen und die Schleuderer. Conrad Cichorius, ein vorzüglicher Kenner des römischen Heerwesens, hat die Zahl der Kohorten in der römischen Kaiserzeit auf nicht weniger als 600 bis 700 geschätzt,

doch wissen wir nicht, wieviele davon schon unter Augustus existiert
haben. Die Reiterei der Hilfstruppen war in Alen gegliedert, entweder zu
500 oder zu 1000 Mann. Sie stellten die eigentlichen Kavallerieverbände
des römischen Heeres dar, ihre Kommandeure waren römische Ritter,
jede Ala stand unter einem Präfekten. Ebenso wie die selbständigen Kohorten haben sich die Alen in den Kriegen der Römer hervorragend bewährt. In der Regel pflegte man sie aus ihrer Heimat in weit entfernte
Reichsgebiete zu verlegen, so daß jede Verbindung mit den zu Hause
zurückgebliebenen Verwandten unterbrochen wurde. Dies war ein
Grundsatz, an dem die römische Heeresleitung zu allen Zeiten festgehalten hat. Die Kampfkraft der Kavallerieverbände darf man sich im übrigen
nicht zu groß vorstellen, der Steigbügel war noch nicht erfunden, und
wer dies weiß, der wird sich wundern, daß die römische Reiterei viel
mehr geleistet hat, als von vornherein von ihr zu erwarten gewesen wäre.

Eine Sonderstellung nahmen die *Prätorianer* ein, die als Begleitkom-
mando des Princeps dienten. Ähnliche Truppen hatte es schon in der Zeit
der römischen Republik gegeben. So hatte sich beispielsweise der Jüngere
Scipio eine Leibwache aus seinen Freunden zusammengestellt. Auch
Marcus Antonius hatte über mehrere prätorische Kohorten (*cohortes
praetoriae*) verfügt, die sogar auf den Münzen erscheinen. Sie haben sich
in den Schlachten ganz vorzüglich bewährt. Unter Augustus gab es neun
prätorische Kohorten, sie standen unter einem Präfekten, zwei von ihnen
hatten in der Hauptstadt, aber außerhalb des Pomeriums, ihr Quartier,
die übrigen lagen in den kleinen Latinerstädten der Umgebung Roms.
Wurden sie in die Hauptstadt zu Dienstleistungen abkommandiert, so
trugen sie bürgerliche Tracht, die Toga, und keine Uniform. Die Prätorianer waren eine Elitetruppe, sie rekrutierten sich aus den Gemeinden in
unmittelbarer Nähe der Reichshauptstadt. Die Dienstzeit betrug 12 Jahre, sie erhielten einen höheren Sold als die Legionäre, und ihre Centurionen standen im Rang höher als die Centurionen in den Legionen. Zwischen dem Princeps und den Prätorianern bestand ein ganz persönliches
Vertrauensverhältnis, und die Stellung des Präfekten war eine der höchsten, die ein römischer Ritter überhaupt erreichen konnte. Unter Tiberius, dem Nachfolger des Augustus, hatte sich der Prätorianerpräfekt
Sejan zum ersten Mann im Reich nach dem Kaiser aufgeschwungen, bis
er unter Umständen, die bis heute noch nicht ganz geklärt sind, gestürzt
und hingerichtet wurde.

Als Sicherheitspolizei in Rom dienten die Stadtkohorten (*cohortes urbanae*), drei an der Zahl, mit je 1000 Mann, von denen aber in der Regel

nur eine einzige Kohorte in Rom anwesend war. Dazu kamen schließlich noch die *cohortes vigiles*, sie wurden zur Überwachung der Stadt in der Nacht und zur Feuerbekämpfung eingesetzt. In Rom gab es immer wieder Brände, die sich bei der engen Bauweise rapide ausbreiteten und beträchtliche Schäden verursachten. Daß hier etwas geschehen mußte, wußte jedermann, und die Aufstellung der *cohortes vigiles* durch den Ädilen Egnatius Rufus im Jahre 26 v. Chr. war längst überfällig gewesen. Der Auftrag hierzu stammte übrigens vom Kaiser Augustus. Es waren insgesamt sieben Kohorten; da Rom über 14 Stadtbezirke verfügte, hatte sich jede Kohorte um zwei Bezirke zu kümmern. Geführt wurden die *cohortes vigiles* von einem Präfekten (*praefectus vigilum*). Die ständige Anwesenheit dieser Truppe in Rom war notwendig, denn drei Prätorianerkohorten und eine Stadtkohorte (*cohors urbana*) genügten nicht, um die Ordnung aufrechtzuerhalten. Jeder Auflauf des Pöbels hätte sich zu einer ernsten Bedrohung der Herrschaft auswachsen können, wenn es nicht gelang, ihn alsbald mit militärischen Mitteln zu unterdrücken. Man muß es dem Augustus zubilligen, daß er für die Sicherung der Hauptstadt alles getan hatte, was möglich war. Seine Maßnahmen haben sich auch unter seinen Nachfolgern vortrefflich bewährt. Eine Militarisierung Roms hat Augustus mit Bedacht vermieden. Wenn in ihr Militär auftauchte, so geschah es in sehr unauffälliger Weise, es unterschied sich äußerlich nicht von der Zivilbevölkerung. Zweifellos war das Militär die stärkste Stütze der Herrschaft des ersten Princeps, aber Augustus hat es verstanden, diesen Zustand möglichst wenig in Erscheinung treten zu lassen.

Im Vergleich zum Heer spielte die *Flotte* in der Zeit des Augustus keine bedeutende Rolle. Sie hatte zwar dank der überragenden Strategie des Marcus Agrippa den welthistorischen Sieg bei Actium errungen, aber als der Krieg mit der Eroberung Alexandriens zu Ende gegangen war, da mußte sich Augustus überlegen, was mit der Flotte geschehen solle. Hatte es überhaupt noch einen Sinn, ein so großes, kostspieliges Kriegsinstrument zu erhalten? Und wo gab es für die römische Kriegsflotte noch Feinde, gegen die man sie einsetzen sollte? Sicherlich, an den Rändern des Reiches, etwa an den Küsten des Schwarzen Meeres, waren Kriegsschiffe notwendig, welche die Aufgabe hatten, die römischen Bundesgenossen in Südrußland und auf der Krim zu schützen und die Einfälle barbarischer Völker aus dem Raum nördlich der unteren Donau abzuwehren. War es bei den Kämpfen gegen Sex. Pompeius und besonders gegen Marcus Antonius letzten Endes um Sein oder Nichtsein gegangen, so hatte sich die Situation zur See seit dem Jahr 30 v. Chr. radikal geändert. Niemand bedrohte mehr Italien, und niemand hinderte die Getreideflotte aus Alexandrien, ihre Fahrt nach Ostia anzutreten. Die Annalen des 2. Triumvirats und des frühen Prinzipats verzeichnen die Anlage von zwei neuen Kriegshäfen, dem Portus Iulius durch Agrippa im Jahre 37 (s. o. S. 42) und dem Hafen von Forum Iulii (Fréjus) in Gallia Narbonensis. Beiden Gründungen war übrigens kein langes Leben beschieden. Während der Portus Iulius bald verlandete, wurde die Flotte von Forum Iulii nach Misenum bei Neapel verlegt. Dazu kam als neuer Flottenstützpunkt die Station Classis, etwa 5 Kilometer südlich von Ravenna gelegen, ein Hafen, der heute mehrere Kilometer vom Meer entfernt ist. Die Flotten von Misenum und Ravenna mußten für die Reichsverteidigung genügen. An ihrer Spitze stand je ein Präfekt aus dem Ritterstand. Zur Überwachung der küstennahen Gewässer waren die Schiffe sicherlich ausreichend, von Seeräubern wie zur Zeit des Pompeius Magnus hört man nichts mehr, der Friede des Augustus hatte sich auch auf den Meeren segensreich ausgewirkt.

Neben diesen Hochseeflotten gab es auch in einigen Provinzen kleinere Flottenverbände, es existierte z. B. eine Donauflottille, die in späterer Zeit, bei den Kämpfen des Kaisers Traian gegen die Daker, zum Einsatz gekommen ist. In der Zeit des Augustus wird von einer Seeschlacht auf dem Bodensee berichtet. Sie fand im Jahre 15 v. Chr. statt, der Sieger war Tiberius, der hier einen Sieg über die Schiffe der Vindeliker errungen hat. Bei den Operationen im nordwestlichen Germanien wirkten ebenfalls Flotteneinheiten mit. Es ist bekannt, daß Drusus einen Kanal vom Rhein durch das Ijsselmeer bis zur Nordsee anlegen ließ, der bei der Heranschaffung des Nachschubs in dem Angriffskrieg gegen Nordwestdeutschland gute Dienste geleistet hat. An verschiedenen Orten am Rhein wie in Speyer, Mainz, Andernach, Bonn, Köln, außerdem in Nimwegen waren römische Flotteneinheiten stationiert, und wenn Augustus in seinem Leistungsbericht (*Res gestae* c. 26) davon spricht, seine Flotte sei von der Mündung der Elbe bis zu den Kimbern gefahren, d. h. bis an die Spitze Jütlands, so mag dies ein vereinzeltes Ereignis gewesen sein (ob die römische Flotte Kap Skagen erreicht hat, ist eine andere Frage), aber dies zeigt doch wohl, daß man die Leistungsfähigkeit der Flotte nicht unterschätzen darf. Die Besatzungen waren imstande, es auch mit den Wellen der Nordsee aufzunehmen, wenn man auch wohl annehmen muß, daß sie sich einheimischer Führer bedienten und im wesentlichen nicht allzu weit von der Küste entfernt operiert haben. Im übrigen aber bestand die

Haupttätigkeit der Flotte darin, die Operationen des Landheeres zu unterstützen, eine selbständige Funktion hat man ihr nur in Ausnahmefällen zugebilligt. Die Römer hatten auch in der Zeit der Republik nur in Notfällen mit dem offenen Meer Bekanntschaft gemacht, und wenn es darum gegangen war, sich mit dem Gegner in einer Seeschlacht zu messen, dann hatte man versucht, durch den Einsatz von Enterbrücken die Verhältnisse eines Kampfes zu Land herzustellen. Auch in der Kaiserzeit haben die Römer kein enges Verhältnis zum Meer gewonnen, dieses erschien ihnen immer als ein höchst feindseliges Element, und während der schlechten Jahreszeit, von Oktober bis in den April hinein, wagte sich nur derjenige aufs Meer, der nichts zu verlieren hatte. Man mußte es dem Schicksal anheimstellen, ob man den rettenden Hafen erreichte oder in Wind und Wellen Schiffbruch erlitt.

Dennoch hat die Flotte des Augustus das geleistet, was man billigerweise von ihr erwarten konnte. Sie hatte sich überall, wo man sie eingesetzt hat, aufs beste bewährt, und der Seesieg bei Actium war ein unvergängliches Ruhmesblatt, das in der römischen Geschichte kaum ein Gegenstück findet. Große Seeschlachten hat es in der römischen Kaiserzeit nicht mehr gegeben, erst die Zeit Constantins I. hat ein neues Blatt der Seekriegsgeschichte aufgeschlagen.

Augustus hatte durch die Heeresreform und die Reduzierung der Flotte eine neue Zeit eingeleitet. Er hatte eine bewaffnete Macht zur Verfügung, die das Reich ohne Schwierigkeiten zu unterhalten in der Lage war, sofern keine größeren Belastungen auftraten. Und man hatte Glück, denn die Parther haben Ruhe gehalten, und die Germanen haben sich damit begnügt, die Römer aus ihrem Land zu vertreiben, einen darüber hinausgehenden Ehrgeiz besaßen sie nicht. Bedenklich war das Fehlen ausreichender Reserven, ein Zustand, der übrigens die ganze römische Kaiserzeit angedauert hat, erst Diokletian hat hier Wandel geschaffen, und zwar durch die Aufstellung eines mobilen Feldheeres, das je nach Bedarf zur Unterstützung der Legionen eingesetzt werden konnte. Noch bedenklicher ist das Schwinden des Wehrgedankens. Die Sicherheit (*securitas*) war zur Devise der Römer geworden, die Lasten des Kriegs- und Militärdienstes hätte man am liebsten den fremden Völkern an den Reichsgrenzen aufgebürdet. Dies ist in der Tat in einem gewissen Umfang geschehen, wenn auch Augustus im Prinzip an der Wehrpflicht der römischen Bürger festgehalten hat. Aber nur ein Bruchteil von ihnen wurde durch die Aushebung erfaßt, die meisten durften zu Hause bleiben, da man ihrer Dienste nicht bedurfte. Dennoch ist die Bedeutung des Heeres noch groß genug. Es trat vor allem als ein bedeutender Faktor der Romanisierung in Erscheinung, sogar im Orient, denn die Garnisonen wurden zu Zentren des Römertums, und durch die Verbindung der römischen Legionäre mit einheimischen Frauen im Konkubinat wurden zahlreiche Fäden zwischen Römern und Nichtrömern gesponnen, zumal wenn die Frauen und Kinder bei der Versetzung der Legionen mit Menschen und Gegenden in Berührung kamen, die sie nie zuvor gesehen hatten. Von einer Vermischung der Bevölkerung zu sprechen, wäre gewiß übertrieben, aber es ergaben sich doch so manche Beziehungen zwischen den römischen Legionären und den Einheimischen, vor allem auf dem Gebiet der Religion und des Glaubens. Denn gerade die Römer sind nicht unberührt von den Religionen des Orients geblieben.

Auch die Niederlage der Römer im Teutoburger Wald hat Augustus nicht veranlaßt, sich über eine Reorganisation des Heerwesens Gedanken zu machen. Man bedenke, daß der Kaiser die Siebzig überschritten hatte und daß er sich nicht mehr des Rates seines Freundes Marcus Agrippa bedienen konnte, der zwanzig Jahre vorher abberufen worden war. Am Lebensende hat Augustus auf dem Gebiet der Militärpolitik deutlich resigniert. Zu Neuerungen grundsätzlicher Art konnte sich der alte Kaiser ebensowenig entschließen wie in neuerer Zeit Kaiser Franz Josef I. Er ist in einem Alter von 84 Jahren in den Ersten Weltkrieg eingetreten, der das Ende der Donaumonarchie heraufbeschworen hat. In Rom ebenso wie in Wien ein Kaiser, der den Aufgaben nicht mehr gewachsen gewesen ist. Dazu kam bei Augustus schließlich noch ein schwerwiegender Fehler, den er sich gegenüber den Soldaten zuschulden kommen ließ. Denn was hatte er sich eigentlich dabei gedacht, als er eine Geldspende, ein Donativum, an die Soldaten verteilen ließ, und zwar zum Gedächtnis des Tages, an dem sein über alles geliebter Enkel und Adoptivsohn Gaius Caesar die ersten Waffenübungen leistete?[4] Dies geschah im Jahre 8 v. Chr. Das Beispiel des Kaisers hat unter seinen Nachfolgern Schule gemacht, mit welchen negativen Konsequenzen, ist allgemein bekannt. Die Soldaten begannen sich als unentbehrlich zu betrachten, sie sahen in dem Kaiser ihren obersten Feldherrn, der verpflichtet war, sie zu versorgen, ohne Rücksicht auf die Finanzen des Reiches und auf die Geldmittel des Princeps.

Elftes Kapitel

Augustus und der Senat

Das Prinzipat des Augustus ist nicht zu verstehen ohne den Senat, allerdings wird man das Verhältnis anders beurteilen als Mommsen, der hier von einer Dyarchie (die richtige Form wäre Diarchie), einer ‚Zweiherrschaft‘, gesprochen hat. Davon kann keine Rede sein, und man wundert sich, wie ein Gelehrter vom Schlage Mommsens zu einer derartigen Fehleinschätzung kommen konnte. Bei allem Respekt vor der hohen Versammlung hat Augustus niemals einen Zweifel daran gelassen, daß die Führung des Imperiums in seinen Händen lag, die Senatoren waren seine Helfer und Genossen in der Herrschaft. Das Aussehen der hohen Körperschaft hatte sich seit den Zeiten Caesars beträchtlich verändert, Caesar hatte den Senat durch Männer seines Vertrauens aufgefüllt, die Verluste der Senatoren durch die Proskriptionen waren außerordentlich schwer, auch in den Kämpfen zwischen den Republikanern und den Triumvirn sind zahlreiche Senatoren umgekommen, und nicht alle, die im Endkampf zwischen Antonius und Octavian auf der Seite des ersteren gestanden hatten, sind von Octavian in Gnaden aufgenommen worden. Die Dezimierung hatte das Gesicht des Senats neu geprägt, manche der altpatrizischen Familien war ausgestorben oder ausgerottet, und nicht weniger schmerzlich waren die Verluste, welcher der plebejische Adel zu beklagen hatte. Schon Caesar hatte es für richtig gehalten, zahlreiche Angehörige des Ritterstandes in den Senat aufzunehmen, dazu kamen noch so manche Offiziere, die ihren Aufstieg dem Diktator und sonst niemandem zu verdanken hatten.

Als der Kampf um die Alleinherrschaft entschieden war, mußte sich Octavian überlegen, wie er es mit dem Senat halten wollte. Ihn einfach abzuschaffen, wäre unzweckmäßig gewesen, denn es gab keine andere Körperschaft, die an seine Stelle hätte treten können. Die Folge wäre ein Vakuum gewesen, und der Princeps hätte sich eines vorzüglichen Helfers beraubt gesehen, denn es bestand nach der Schlacht bei Actium kein Zweifel darüber, daß die meisten Senatoren bereit waren, mit Augustus zusammenzuarbeiten. Allerdings galt es, für diese Kooperation eine andere Form zu finden als die bisherige. Die Schwächen des Senats hatten sich in der republikanischen Zeit nur zu deutlich offenbart.

Der Senat hatte sich im Jahre 32 in zwei Teile gespalten, die Anhänger des Antonius – nicht weniger als 300 – hatten sich damals zu Antonius nach Ephesus begeben, der größere Teil war in Rom zurückgeblieben, man wird die Zahl auf etwa 700 beziffern dürfen. Unter ihnen hatten sich natürlich auch zahlreiche Männer befunden, die in dem Kampf der beiden Triumvirn keine Partei gewählt hatten, sie wollten neutral bleiben und abwarten, zu wessen Gunsten sich die Schicksalswaage senken würde.

Octavian hielt es für seine vornehmste Pflicht, die Caesarmörder zu verfolgen. Grundlage war die *Lex Pedia*, die schon im Jahre 43 erlassen worden war. In diesem Punkt kannte Octavian kein Erbarmen. Wer die Hand an Caesar gelegt hatte, mußte sterben, dazu aber auch noch so manche andere Männer, die sich als Feinde der Triumvirn gezeigt hatten. Noch in seinem Leistungsbericht *(Res gestae)* rühmt sich Augustus, daß er die Caesarmörder getötet habe. Es ist schwerlich anzunehmen, daß auch nur ein einziger von ihnen mit dem Leben davongekommen ist.

Die Vita des Augustus aus der Feder Suetons (c. 35) bringt ein paar Sätze über das Verhältnis des Kaisers zum Senat. Die Bemerkungen sind, wie nicht anders zu erwarten, nicht gerade tiefschürfend, aber im ganzen werden sie doch wohl dem Problem gerecht. Nach Sueton habe Augustus den Senat zahlenmäßig reduziert, vor allem weil die Anzahl der Senatoren zu groß geworden sei (angeblich über 1000), insbesondere hätten sich unter den Senatsmitgliedern manche befunden, die durch Antonius zur Senatorenwürde gelangt seien. Dies aber waren die „Leute aus der Unterwelt" *(orcivi)*. Sie standen in keinem guten Ruf, wenn auch Antonius behauptete, ihre Ernennung gehe auf hinterlassene Papiere Caesars zurück. Augustus aber begnügte sich wieder mit der Zahl von 600 Senatoren. Es sind drei *lectiones senatus* überliefert, sie haben im Jahre 28, 18 und 4 n. Chr. stattgefunden.[1] Der Eintritt in die hohe Körperschaft erfolgte nach der Bekleidung der Quästur. Außerdem pflegte der Princeps von sich aus Männer zu Senatoren zu ernennen, und zwar auf dem Wege der *adlectio*, der „Zuwahl", einer Sitte, die in der späteren Kaiserzeit allgemein üblich geworden ist. Die neuernannten Senatsmitglieder wurden hierbei unter die gewesenen Quästoren, Ädilen, Prätoren und, was sehr selten vorgekommen ist, unter die Zahl der gewesenen Consuln *(viri consulares)* eingereiht. Im übrigen scheint sich Augustus inmitten des Senats nicht sicher gefühlt zu haben, denn in den ersten Jahren des

Prinzipats sei er immer nur mit einem Panzer unter dem Gewand im Senat erschienen, außerdem dienten ihm zehn Freunde aus dem Senatorenstand als Leibwächter. Und wenn der Historiker Cremutius Cordus (aus der frühen Kaiserzeit) die Wahrheit sagt, so habe der Princeps keinen Senator empfangen, es sei denn, daß er ihn auf Waffen hätte untersuchen lassen, ein Verhalten, das erkennen läßt, wie sehr Augustus sich vor einem Attentat fürchtete. Nicht alle Männer werden über eine Berufung in die illustre Versammlung erfreut gewesen sein, denn mit dem Senatssitz waren nicht nur Rechte, sondern auch Pflichten verbunden, die recht lästig werden konnten. Aber Augustus zeigte sich hier von seiner großzügigen Seite, denn er hat einer Anzahl von Männern, die sich weigerten diese Pflichten zu übernehmen, die Senatorenabzeichen belassen. Sie durften auch den Schauspielen an hervorragendem Platz, in der Orchestra, beiwohnen, außerdem hatten sie das Recht, an den öffentlichen Mahlzeiten teilzunehmen. Großen Wert legte der Kaiser auf die Beachtung der äußeren Formen, vor allem in der Religion. So machte er es jedem Senator zur Pflicht, vor der Sitzung an dem Altar jenes Gottes ein Opfer aus Wein und Weihrauch darzubringen, in dessen Tempel sich der Senat versammelte. Viel wichtiger war jedoch die Tatsache, daß der Kaiser die Tätigkeit des Senats eingeschränkt hat: Der Senat sollte von nun an nicht mehr als zweimal im Monat, an den Kalenden (am Monatsanfang) und an den Iden (am 13. bzw. 15.) zusammentreten. September und Oktober waren Ferienmonate. In diesen führte ein aus der Zahl der Senatoren ausgeloster Ausschuß die notwendigen Geschäfte, während die übrigen Senatoren auf ihren Villen und Landhäusern außerhalb von Rom weilten. Zu seiner eigenen Beratung hatte der Kaiser ein Consilium gebildet, das jeweils sechs Monate fungierte. In diesem Kreis erörterte man die Vorlagen, die im Senatsplenum vorgetragen werden sollten. (Das Consilium hatte demnach eine ähnliche Aufgabe wie die attische Bulé, in der alles zur Sprache kam, was in der Volksversammlung behandelt werden sollte). Dazu noch eine weitere Neuerung: Augustus pflegte im Senat die Mitglieder nicht in der üblichen Reihenfolge (zuerst die designierten Consuln) zu befragen, sondern er hielt sich nicht an die Rangordnung. Er befragte die Senatoren, wie es ihm gerade richtig zu sein schien. Dies hatte zur Folge, daß die Aufmerksamkeit der Senatsmitglieder erhöht wurde und die Fiktion gewahrt blieb, daß es sich hier nicht um eine rein formale Angelegenheit, sondern um das Zustandekommen eines wirklichen Senatsbeschlusses handele. Zusätzlich berichtet Sueton noch (Leb. d. Aug. 36,1), der Kaiser habe die Veröffentlichung der Senatsakten verboten. Ob dies eine heilsame und vernünftige Anordnung gewesen ist, läßt sich nur schwer beurteilen. Wurden die Senatsprotokolle nicht der Öffentlichkeit zugänglich gemacht, so bestand die Gefahr, daß der Senat seine Geschäfte im Verborgenen betrieb und daß gelegentlich auch wichtige Dinge der Öffentlichkeit vorenthalten wurden. In diesem Punkt aber hat sich der Princeps um die öffentliche Meinung nicht gekümmert, er wollte das Ansehen des Hohen Hauses auf jeden Fall gewahrt sehen, denn leicht konnten sich in den Senatsakten Dinge finden, die besser geheim geblieben wären.

Eine Geschichte des römischen Senats zu schreiben ist seit dem 19. Jahrhundert mehrfach versucht worden. Die Arbeiten, darunter auch die letzte von Peter Sattler[2], haben eine Fülle von Material gebracht, vor allem auf dem Gebiet der Personengeschichte, der Prosopographie. Insbesondere hat man versucht, die Geschichte des Senats, auch in der Prinzipatszeit, von der Familiengeschichte her zu betrachten. Es ergaben sich bemerkenswerte Aufschlüsse über die Querverbindungen zwischen den verschiedenen großen Familien. Aber jede neue Untersuchung hat den Eindruck verstärkt, daß die Zusammensetzung des Senats von dem Lenker und Princeps Augustus abhängig gewesen ist. Eine Körperschaft von 600 Mitgliedern ist nicht leicht zu überschauen, und es ist selbstverständlich, daß der Kaiser in seiner Umgebung über zuverlässige Vertrauensleute verfügte, die ihn über das Verhalten der einzelnen Senatoren auf dem Laufenden hielten, ganz besonders auch über diejenigen, die zur geheimen oder sogar zur offenen Opposition gezählt werden mußten. So ist es des öfteren vorgekommen, daß mißliebige Senatoren aus der Senatsliste gestrichen worden sind. Da für den Senat ein Zensus von 1 Million Sesterzen festgesetzt war, ist es immer wieder vorgekommen, daß einzelne Mitglieder die Körperschaft verlassen mußten, weil sie verarmt waren und die finanziellen Voraussetzungen nicht mehr besaßen. Aber auch in diesen Fällen hat der Kaiser gelegentlich geholfen und das Vermögen des Verarmten wiederhergestellt. Die Senatsmitglieder entstammten im allgemeinen römischen, einige auch italischen Familien, der Adel der Hauptstadt war am stärksten vertreten, daneben finden sich einige wenige Senatoren aus römischen Adelsfamilien der Gallia Narbonensis und der spanischen Provinzen, aber diese waren eindeutig in der Minderheit, und an Ansehen und Einfluß standen sie weit hinter den stadtrömischen Senatoren zurück, die auch jetzt noch eindeutig dominierten. Die Angehörigen des Patriziats genossen gewisse Vorrechte, vor allem in der senatorischen Laufbahn, denn sie durften die Stufen des Tribunats und der

Ädilität überspringen, sie kamen deshalb in der Ämterlaufbahn etwas
schneller voran als die anderen. Umstritten ist immer noch die Frage, ob
die republikanische Nobilität auch in der ersten Kaiserzeit noch weiter
existiert hat. Sie hatte eine bevorzugte gesellschaftliche Stellung besessen,
doch sind irgendwelche Privilegien für sie nicht überliefert, auch war
vom Glanz der alten großen republikanischen Familien, die sich rühm-
ten, von einem Consular abzustammen, in der frühen Kaiserzeit nur noch
wenig übriggeblieben, und als Vespasian im Jahre 69 zur Herrschaft
gelangte, war es mit der Übernahme hoher militärischer Kommandos in
den Provinzen durch die Nobiles definitiv zu Ende, die Institution der
Nobilität hatte sich überlebt, da für sie kein geeigneter Nährboden mehr
vorhanden war. Die Veränderung darf man getrost mit dem Aufstieg des
Prinzipats in Verbindung bringen, der Princeps allein suchte sich seine
Freunde und Helfer, die Verdienste der Vorfahren in der Zeit der Republik spielten keine Rolle mehr, alles kam auf die Stellung des einzelnen
zum Princeps an.

In den Quellen steht wiederholt zu lesen, daß es nicht immer einfach
war, eine genügend große Zahl von Senatoren für die einzelnen Sitzungen
zusammenzubringen. Schon in der Zeit der Republik hatten die Se-
natsbänke immer wieder Lücken aufgewiesen, weil manche Senatoren,
zumeist aus politischen Gründen, es vorzogen, durch Abwesenheit zu
glänzen. Caesar hatte davon ein Lied zu singen gewußt. Dies versuchte
Augustus dadurch zu unterbinden, daß er über die Senatsmitglieder, die
ohne einen triftigen Grund ferngeblieben war, eine angemessene Straf-
summe verhängte[3]. Ob es geholfen hat? Unbequem war es ferner für die
Senatoren, daß sie Italien ohne Erlaubnis nicht verlassen durften. Die
Erlaubnis erteilte zunächst der Senat selbst, später, seit Kaiser Claudius,
der Princeps. Caesar hatte ein Quorum von 400 Anwesenden für gültige
Beschlüsse festgesetzt, unter Augustus ließ sich dies nicht aufrechterhalten, so daß er in einem Edikt anordnete, die Senatsbeschlüsse seien auch
dann gültig, wenn weniger als 400 Mitglieder anwesend seien[4]. Bevorzug-
ter Versammlungsort war die Curia Iulia auf dem Comitium, doch tagte
der Senat auch in verschiedenen Tempeln, ferner wird die Bibliothek des
Porticus Octaviae als Versammlungsort genannt.

Die Tagesordnung wurde von dem präsidierenden Magistrat (in der
Regel ein Consul) festgesetzt, eine Sitzordnung gab es nicht. Die Senatoren bewegten sich frei im Versammlungsraum, sie hielten auch des
öfteren Privatgespräche. Die Verhandlungen vollzogen sich in der Form
von Berichten (*relationes*) und Befragungen (*interrogationes*). Als *relatio-*

nes ließ der Kaiser Schriftstücke verlesen, deren Veröffentlichung er wünschte. Es gab jedoch auch die Möglichkeit für jeden Senator, außerhalb der festgesetzten Tagesordnung zu sprechen, sofern der vorsitzende Magistrat damit einverstanden war. In dieser Form ist in der Kaiserzeit noch ein Schatten der alten Macht des Senats erhalten geblieben. Der Kaiser selbst nahm auf dem curulischen Sessel zwischen den beiden Consuln Platz, gelegentlich setzte er sich auch auf die Tribunenbank, wenn er mit seiner Tribunengewalt agieren wollte. Im ganzen handelte der Senat so, wie es der Kaiser wollte, dieser verfügte in der hohen Versammlung über genügend Freunde und Anhänger, die ihm persönlich verpflichtet waren. Sie pflegten ihm seine Wünsche von den Augen abzulesen.

Die Sonderstellung des Kaisers fand darin ihren Ausdruck, daß er im Senat sowohl als Magistrat wie auch als Senator handeln konnte. Dies aber war etwas Ungewöhnliches. Denn als Magistrat (Consul oder als Inhaber der Tribunengewalt) konnte der Kaiser ohne weiteres Anträge stellen, die er im allgemeinen dem präsidierenden Magistrat zugehen ließ. Anderseits konnte er jederzeit seine Meinung *(sententia)* äußern, vor allem am Anfang oder am Ende jeder Debatte, und es war selbstverständlich, daß die Meinung des Kaisers nicht nur beachtet, sondern in der Regel auch befolgt wurde. In einzelnen Fällen erwies es sich als zweckmäßig, mit einer kleineren Anzahl von Senatoren zu agieren. Seit dem Jahre 27 v. Chr. existierte ein Ausschuß, dem die beiden Consuln, dazu je einer der übrigen im Senat vertretenen Magistrate und 15 Senatoren angehörten. Wie es heißt, waren sie durchs Los bestimmt worden. Dieses Gremium ist auch inschriftlich bezeugt, und zwar durch das *senatus consultum Calvisianum,* das zusammen mit den Edikten des Augustus auf einer Stele vom Marktplatz von Kyrene aufgezeichnet worden ist. Die Einsetzung eines geschäftsführenden, im übrigen auf sechs Monate beschränkten Ausschusses hatte sicherlich ihre Vorteile für die Abwicklung dringender Angelegenheiten, die Institution führte aber auch zu einer gewissen Abwertung des Senats als ganzen, der sich übergangen fühlen mußte.

Man hat die Koexistenz von Princeps und Senat als einen Kompromiß zwischen der wirklichen Macht und einer noch mächtigen Aristokratie bezeichnet[5]. Aber man darf demgegenüber nicht vergessen, daß die Aristokratie nicht in der Lage war, den Lauf der Politik zu bestimmen, sie war gegenüber dem Kaiser der in jeder Beziehung schwächere Teil, da diesem alle Machtmittel uneingeschränkt zur Verfügung standen, während der Senat nur soweit mitregieren konnte, wie es dem Princeps genehm war. Doch wäre es irrig, sich den Senat ganz ohne Befugnisse vorzustellen. Besonders wichtig war seine Tätigkeit auf dem Gebiet der Gesetzgebung. Formal lag diese zwar bei der Volksversammlung, aber im Senat wurden die einzelnen Gesetze vorberaten, und die Senatsbeschlüsse *(senatus consulta)* spielten unter der Herrschaft der ersten Kaiser aus dem iulisch-claudischen Haus eine bedeutende Rolle. Allerdings veränderte sich das Bild unter Augustus insofern, als nun der Princeps durch seine eigenen Entscheidungen mit den Senatsbeschlüssen konkurrierte. Insbesondere im Consilium des Kaisers wurden zahlreiche Rechtsfälle behandelt, so daß neben dem ordentlichen Recht der Magistrate, des Senats und der Volksversammlung *(ius ordinarium)* das außerordentliche Recht *(ius extraordinarium)* des Kaisers trat, und es war klar, daß sich das letztere im Falle eines Konflikts immer durchgesetzt hat. Außerdem ist der Senat auch als Gerichtshof in Kriminalsachen hervorgetreten, dazu hat er eine Art von Standesgerichtsbarkeit entwickelt, die unter Tiberius, dem Nachfolger des Augustus, eine unheilvolle Rolle gespielt hat.

Besonders wichtig war die Tätigkeit der Senatoren in der Administration des Reiches. Im Jahre 27 v. Chr. waren die Provinzen des Reiches zwischen dem Princeps und dem Senat geteilt worden, wenn der Kaiser auch die Oberaufsicht über die Senatsprovinzen nicht aus der Hand gegeben hatte. Die Statthalter der kaiserlichen Provinzen, offiziell als *legati Augusti pro praetore* bezeichnet, rekrutierten sich ohne Ausnahme aus dem Senat, sie waren besondere Vertraute des Kaisers und regierten in seinem Auftrag die kaiserlichen Provinzen mehrere Jahre lang. Anders die Provinzen des Senats. An ihrer Spitze standen ehemalige Consuln und Prätoren, die Provinzen Asia und Africa Proconsularis waren die vornehmsten, sie waren einem Proconsul anvertraut. Im Jahre 27 v. Chr. gab es folgende Senatsprovinzen: Achaia, Africa Proconsularis, Asia, Baetica, Bithynia et Pontus, Creta et Cyrene, Illyricum, Macedonia, Sardinia et Corsica sowie Sicilia. Alle übrigen Provinzen waren kaiserlich. Im Laufe des Prinzipats des Augustus traten einige Veränderungen in der Zuteilung der Provinzen ein. Am wichtigsten war der Übergang der Gallia Narbonensis im Jahre 22 zu dem Senat, während im Jahre 11 v. Chr. das wichtige Illyricum dem Kaiser übertragen wurde. Die Statthalter der senatorischen Provinzen wurden durchs Los ermittelt (ob es dabei immer mit rechten Dingen zugegangen ist, läßt sich nicht feststellen). Die in der Regel auf ein einziges Jahr limitierte Verwaltungstätigkeit der senatorischen Statthalter wurde des öfteren verlängert, wie es eben die Umstände erforderten. Wenn man es zuvor nicht gewußt hatte, so haben die Inschriften aus Kyrene den Beweis dafür erbracht, daß der Kaiser auch in die Verwaltung der senatorischen Provinzen eingegriffen hat. Im Interesse einer geordneten Reichsverwaltung war dies einfach unumgänglich, da ohne eine kaiserliche Aufsicht Mißstände, vor allem Cliquenwirtschaft, die Folge gewesen wären. Das System hat nicht nur unter Augustus, sondern auch unter seinen Nachfolgern vorzüglich funktioniert, nur in seltenen Fällen hört man von Erpressungen der Untertanen durch die Statthalter der frühen Kaiserzeit. Im wesentlichen erfreuten sich die Provinzialen der Aufsicht und Förderung durch eine wohlwollende Regierung, sie hat zum Wohlstand des Reiches nicht wenig beigetragen. Die Achillesferse waren die Finanzen der Kommunen, sie gaben, je länger desto mehr, zu Besorgnis Anlaß, so daß die Bestellung kaiserlicher Kommissare notwendig wurde. Aber diese Dinge gehören erst an das Ende des ersten Jahrhunderts n. Chr. In den Briefen des Jüngeren Plinius, der von 113–115 n. Chr. Statthalter von Bithynien und Pontus war, kann man so manche Einzelheit darüber nachlesen.

Nach ihrer Tätigkeit in den Provinzen kehrten die Statthalter, die kaiserlichen ebenso wie die senatorischen, wieder in den römischen Senat zurück. Sie bildeten dort auf Grund ihrer Erfahrung eine Art von Elite. Die Beschlüsse der hohen Versammlung wurden durch diese Männer maßgebend beeinflußt und geprägt. Manche unter ihnen fühlten sich dem Kaiser besonders eng verbunden, sie erschienen in der Schar seiner Freunde, einige von ihnen saßen im Consilium des Kaisers, in dem wichtige Angelegenheiten beraten wurden. Wegen ihrer Erfahrungen in der Administration und im Heerwesen gehörten sie zu den bedeutendsten Stützen der Herrschaft. Im ganzen kann man von einer fruchtbaren Zusammenarbeit zwischen dem Princeps und den Männern seines Vertrauens sprechen, vor allem in Italien, in dem der Kaiser wichtige Verpflichtungen und Lasten übernahm, die eigentlich dem Senat zugefallen wären, wie die *cura viarum*, die Sorge für die Staatsstraßen, für die große Mittel aufgewandt werden mußten. Das Ansehen des Senats war immer noch sehr groß. Dies erklärt unter anderem die Tatsache, daß der Senat auswärtige Gesandte empfing und in verschiedenen Angelegenheiten das letzte Wort zu sprechen hatte. Dies gilt beispielsweise für die Freistellung seiner Mitglieder von öffentlichen Spielen und ähnlichen kostspieligen Vergnügungen, für die manche Magistrate sonst einen großen Teil ihres Vermögens hätten aufwenden müssen. In der großen Schar von Senatoren befanden sich manche hochtalentierte Männer der Aristokratie, die es für eine Ehre hielten, dem Princeps und dem römischen Volk zu

11. Marcellustheater in Rom

12. Octavia

13. Ara Pacis Augustae

dienen. Auf diesem Ethos, das man nicht unterschätzen sollte, beruhte weithin die Tätigkeit vieler Senatoren, sei es in der hohen Versammlung, sei es in den Provinzen. Daß sich in der großen Zahl der Senatoren auch einige befanden, die als unwürdig bezeichnet werden müssen – wen wird dies verwundern? Die großen alten Adelsfamilien waren nicht mehr alle intakt, eine Anzahl war ausgestorben, andere zählten nur noch wenig Augen. Dies eben war ein grundlegender Unterschied zu der Zeit der römischen Republik, in der die Mitglieder der Nobilität, des Amtsadels, eindeutig dominiert hatten – seit Caesar war es damit vorbei. Natürlich gab es Mitglieder des ersten Standes, die von einer Wiederherstellung der *res publica libera* träumten, sie waren aber in der Minderzahl, und je weiter die Zeit fortschritt, um so weniger hatten sie Gelegenheit, ihre Gedanken in die Wirklichkeit umzusetzen.

Augustus selbst ließ es an Ehrenbezeugungen für den Senat nicht fehlen. Es lag ihm vollständig fern, die wahren Machtverhältnisse in der Öffentlichkeit hervortreten zu lassen. Vielmehr bediente er sich, wo er nur konnte, der Mithilfe des Senats. Auf dem Weg über die Senatsbeschlüsse *(senatus consulta)* hat er so manche wichtige Anordnung getroffen. An dem Niedergang der Nobilität, den Sir Ronald Syme mit eindrucksvollen Beispielen belegt hat[6], war der Princeps nicht schuld. Was hätte er denn mit den Verschwörern anders tun sollen als sie unschädlich zu machen? Hatte er nicht den Senatorenstand mit Ehren überhäuft? Und es war sicherlich nicht immer leicht, in einem Gremium von tausend oder später von sechshundert Mitgliedern (selbst wenn nicht alle anwesend waren) die notwendigen Beschlüsse durchzusetzen. Querulanten und Querköpfe gab es überall, auch im römischen Senat, und es bedurfte im Verhalten des Princeps eines großen Taktgefühls, um nicht Anstoß zu erregen. Natürlich befanden sich unter den vielen Senatoren auch Männer, die politisch nicht engagiert waren und denen es in erster Linie auf die Standesprivilegien ankam. Dazu kamen dann noch die Opportunisten. Diesen war es im Grunde ganz gleich, was im Senat beschlossen wurde, wenn man nur dem Princeps zu Willen sein konnte. Diese Männer zählten praktisch nicht mit, wohl aber die gewiß nicht allzu große Gruppe der politisch interessierten Senatoren, die ihrem Gewissen folgten und es sogar auf sich nahmen, bei dem Princeps in Ungnade zu fallen, wenn sie in dem einen oder anderen Fall nicht mit seiner Meinung übereinstimmten. Liest man Tacitus' Annalen (I 8 ff., 12 f.) über die Vorgänge bei der Übernahme des Prinzipats durch Tiberius, so erscheinen hier immerhin einige Nobiles, die sich nicht scheuten, sich mit ihrer Meinung

zu exponieren. Es waren dies C. Asinius Gallus (cos 8 v. Chr.), der Sohn
des berühmten Asinius Pollio, ferner L. Arruntius (cos 6 n. Chr.) und M.
Valerius Messalla Messallinus, der Freund des Dichters Ovid, Consul im
Jahre 3 v. Chr., auch als Feldherr in den Kämpfen gegen die Dalmater
und Pannonier im Jahre 6 n. Chr. bewährt[7]. Und einige andere – wie Q.
Haterius, ein bekannter Redner, und Mamercus Scaurus – schreckten
nicht davor zurück, Tiberius geradezu herauszufordern (Tac. Ann. I 13).
Tacitus wird diese Fakten wohl den Senatsakten entnommen haben, sie
zeigen immerhin so viel, daß es Senatoren gab, die das freie Wort nicht
scheuten, selbst auf die Gefahr hin, sich beim Princeps unbeliebt zu
machen.

Bemerkenswert ist es auch, daß Augustus in seinen letzten Gesprächen
(Tac. a.a.O.) drei Männer genannt haben soll, die fähig seien, das Prinzipat zu bekleiden: M'. Lepidus (als *capax imperii, sed aspernans* bezeichnet)[8], die bereits genannten Asinius Gallus und L. Arruntius. Was den
Nobiles der augusteischen Zeit jedoch fehlte, war ein klares Ziel; sie alle
fühlten sich zwar dem Princeps ebenbürtig, besaßen aber nicht die
Machtmittel, die dieser vor allem durch sein *imperium proconsulare
maius* in den Händen hatte. Während der Regierung des ersten Kaisers
hat dieses Mißverhältnis gelegentlich zu Spannungen geführt, aber Augustus hat es im allgemeinen verstanden, den Nobiles die Idee der Mitregierung zu vermitteln, indem er ihnen außerordentlich wichtige Stellungen
in der Reichsverwaltung anvertraute. Außerdem fühlten sich so manche
von ihnen dem Princeps persönlich verpflichtet. Er hatte sie vor Verfol-
gungen gerettet, er hatte ihnen das notwendige Vermögen zur Verfügung
gestellt, damit sie dem Senat angehören konnten, und er hatte sie in
seinen Freundeskreis aufgenommen. Dies alles ist von den Angehörigen
der Nobilität mit Dank und Freude zur Kenntnis genommen worden.
Nicht nur in dem Princeps allein, sondern auch in der hohen Senatsver-
sammlung und in den einzelnen Senatsmitgliedern verkörperte sich die
Idee der römischen Herrschaft. Und wenn man in fernen Provinzen der
Roma und dem Augustus Tempel errichtete, so konnte dies dem Senat
nur recht sein, denn die Romidee und der Senat gehörten zusammen. Wer
Rom sagte, meinte auch den Senat. Unter Tiberius hat der Senat noch
einmal eine Aufwertung erfahren[9], aber dies war nur eine vorübergehen-
de Erscheinung, dem Senat als Körperschaft fehlte der politische Frei-
raum, über den er in der Zeit der Republik verfügt hatte. Das Übergewicht des Princeps war so groß geworden, daß der Senat in seiner Bedeutung immer mehr reduziert worden ist. Schlimmer noch war das gerade-

zu würdelose Verhalten einzelner Senatsmitglieder, die, wie Tacitus es ausdrückt, sich beeilten, sich in die Knechtschaft zu stürzen *(ruere in servitium)*. Gewiß, es hat auch Ausnahmen gegeben, aber auf die aufrechten Männer wartete ein böses Ende, die meisten von ihnen haben die Kaiser, mit denen sie in Konflikt geraten sind, nicht überlebt. Dies gilt insbesondere für die Zeit Neros, aber auch für die letzten Jahre Domitians.

Doch hat der Senat als Körperschaft die ganze Kaiserzeit überdauert, und als Constantin in dem alten Byzanz eine neue Hauptstadt schuf, hat auch die große Feste am Bosporus einen Senat erhalten, ohne den man sich eine Reichshauptstadt nicht vorstellen konnte. Der römische Senat aber hat weiter bestanden, doch ist er zu einem Stadtrat von Rom herabgesunken, der jedoch in außergewöhnlichen Zeiten immer noch Entscheidungen von Bedeutung getroffen hat. Erst in der Langobardenzeit verlieren sich seine Spuren, d. h. am Ende des 6. Jahrhunderts n. Chr. Damit endet die ruhmreiche Geschichte einer Institution, die nahezu anderthalb Jahrtausende einen großen, oft sogar entscheidenden Einfluß auf die Entwicklung des römischen Staatswesens genommen hat. Im Abendland hat es kaum eine andere vergleichbare Körperschaft gegeben, die soviel politische Initiative bewiesen und in entscheidenden Augenblicken den Lauf der Geschichte gelenkt hat wie z. B. im Kriege Roms mit dem König Pyrrhus und in den Punischen Kriegen. Und Augustus wäre wohl nie Princeps geworden, wenn er nicht die Unterstützung eines wesentlichen Teils des römischen Senats gefunden hätte.

Zwölftes Kapitel

Augustus im Alter

Für die antiken Menschen war das 63. Lebensjahr ein kritisches Jahr. Man nannte dieses Jahr *annus climactericus*, das ‚Stufenjahr‘ oder das ‚Wechseljahr‘. Und die antiken Menschen waren froh, wenn dieses Jahr vorüber war. Hierfür existiert eine bezeichnendes Zeugnis, ein Brief, den der Kaiser Augustus an seinem 63. Geburtstag in Rom an seinen über alles geliebten Enkel und Adoptivsohn Gaius Caesar geschrieben hat. Der Brief steht bei A. Gellius in den Noctes Atticae XV 7, 3 und ist oben S. 134 in deutscher Übersetzung wiedergegeben worden. Dieser Brief (von Victor Gardthausen seltsamerweise als ein „herzlicher Geburtstagsbrief" bezeichnet) läßt erkennen, daß Augustus befreit aufatmete, als er das Stufen- oder Wechseljahr vollendet hatte. Für die Zeitgenossen aber war der Dreiundsechzigjährige längst ein Greis – auch Caesar ist als alter Mann *(senex)* bezeichnet worden, obwohl er nur 56 Jahre alt geworden ist. Augustus hatte die besten Jahre längst hinter sich. Was nun noch kam, war ein Epilog, eine Zeitspanne, die ihm die Gnade der Götter zugemessen hatte und deren Länge er nicht kannte. Wieviele Freunde und Weggenossen waren doch vor ihm ins Grab gesunken! Agrippa, dem er selbst die Leichenrede gehalten hatte (s. o. S. 144), im Jahre 12 v. Chr., Maecenas vier Jahre später, im Jahre 8 v. Chr., nur wenige Wochen danach folgte ihm Horaz ins Grab. Auch Drusus, sein Stiefsohn, war im Jahre 9 v. Chr. in Germanien an den Folgen eines Sturzes vom Pferd gestorben. Aber Tiberius, der andere Stiefsohn von Livia, lebte noch, er war schon ein Vierziger und weilte fernab von Rom auf der Insel Rhodos in selbstgewählter Verbannung. Und Iulia, die Erbtochter des Augustus, hatte die Nemesis ereilt, sie war verbannt worden, weil sie den Zorn ihres Vaters auf ihr Haupt herabbeschworen hatte. War es ein Wunder, wenn der Princeps seine Hoffnungen auf eine neue Generation setzte, auf seine beiden Enkel Gaius und Lucius? Würden sie die Hoffnungen des alten Mannes erfüllen? Ihre ganz offensichtliche Bevorzugung durch den Kaiser hatte nicht nur den ernsten und gewissenhaften Tiberius zutiefst verstimmt, die jungen Thronanwärter glaubten sich alles erlauben zu dürfen,

sie wußten nur zu gut, daß Augustus ihnen alles nachsehen und sie in
jeder erdenklichen Weise fördern würde. Dies aber war eine Entwicklung, die zu nichts Gutem führen konnte. Man stelle sich vor, das Prinzipat wäre in die Hände eines der beiden jungen Männer gekommen, die
weder über den Ernst noch über das Pflichtgefühl verfügten, das ihnen
Augustus vorlebte! Das Imperium Romanum wäre einer schweren Zeit
entgegengegangen, und es wäre immerhin möglich gewesen, daß an die
Stelle des Augustus die Herrschaft einer Frau, der Livia, der Großmutter
der beiden Prinzen, getreten wäre.

In seinem Alter war Augustus Beeinflussungen von außen zugänglich.
Dies aber war eine Entwicklung, deren Ende gar nicht absehbar war.
Seine Enkel, die er adoptiert hatte, waren die Freude und der Stolz seiner
alten Tage, und in dieser Einstellung wurde er von seiner Gattin Livia
bestärkt. Aber die Kräfte des Greises ließen spürbar nach, er zeigte sich
nur noch selten in der Öffentlichkeit. Er zog sich in seinen Palast auf dem
Palatin zurück und ließ sich nur noch in Ausnahmefällen bewegen, an
einer Gesellschaft außer Hause teilzunehmen. Auch im Senat sah man ihn
nur noch ganz selten. Lag etwas Wichtiges vor, was unbedingt entschieden werden mußte, so tat er seinen Willen durch ein Schriftstück kund,
das ein vertrauter Freund in seinem Auftrag im Senat verlesen mußte. Auf
diese Weise hatte er immer noch die Zügel in der Hand; denn natürlich
bemühte sich der Senat in jeder Weise, dem Princeps gefällig zu sein.

Aber da war noch eine andere Sache. In der Consulliste des Jahres 754
nach der Gründung der Stadt (= 1 n. Chr.) findet man folgende Namen
verzeichnet: C. [Iulius] Caesar[1] für das ganze Jahr und L. Aemilius L. f.
Paullus für die ersten sechs Monate. Dieser wurde am 1. Juli ersetzt
durch den Suffektconsul M. Herennius M. f. Picens. Die Frage ist nun
die, ob man in dem Wechsel in den Consularfasten einen Hinweis auf die
Verschwörung des L. Aemilius Paullus sehen darf. Ernst Hohl hat ge-
meint, dem Ansatz der Verschwörung des Aemilius Paullus, die in den
Quellen, leider ohne Zeitangabe, überliefert ist, in das Jahr 1 n. Chr. stehe
nichts im Wege[2]. Dies aber ist von Sir Ronald Syme bestritten worden.[3]
Der britische Historiker ist der Ansicht, es läge kein Grund vor, diese
Verschwörung von der Affäre der Jüngeren Iulia zu trennen, die in das
Jahr 8 n. Chr. fällt. Für Syme ist das Zeugnis Suetons in der Vita des
Claudius c. 26,1 entscheidend: Danach habe Claudius seine Verlobte
Aemilia Lepida verstoßen, weil ihre Eltern den Kaiser beleidigt hätten.
Die Eltern sind Aemilius Paullus und die Jüngere Iulia, und Claudius soll
damals noch ganz jung (*admodum adulescens*) gewesen sein. Hier hat es

sich offenbar um eine typische Kinderverlobung gehandelt (E. Hohl), Claudius war erst 11 Jahre alt, und der Text Suetons zwingt keineswegs dazu, mit der Verstoßung der Lepida bis zum 17. Geburtstag des Claudius zu warten, wie dies Syme angenommen hat. Ernst Hohl aber hat die Situation des Augustus im Jahre 1 n. Chr. vorzüglich getroffen, wenn er schreibt: ,,Mein Ansatz der Umtriebe des L. Aemilius Paullus in das Jahr 1 n. Chr. wirft ein grelles Blitzlicht auf die unheimliche Umwelt, in der Augustus sein gefährliches Jahr verbringen mußte. Zunächst schien sich alles gut anzulassen: die beiden ältesten Enkel, die Adoptivsöhne, waren als Erben eingesetzt und zur Thronfolge ausersehen; der ungeliebte Stiefsohn Tiberius hatte sich selbst ausgeschaltet; seine Ehe mit der Kaisertochter war geschieden, die ihm im Jahre 6 v. Chr. auf fünf Jahre verliehene *tribunicia potestas* abgelaufen; ohne Erlaubnis durfte er aus dem Exil auf Rhodos, wohin er sich gegen den Willen des Augustus begeben hatte, nicht zurückkehren. Das Konsulat des Jahres 1 n. Chr. war mit zwei Angehörigen des Kaiserhauses besetzt, von denen der eine bereits der unbedingt loyale ,Vizekaiser für den Orient' war.''

Soweit Ernst Hohl. Seine Kombination beruht auf dem Wechsel in den Consularfasten – dieser kann schwerlich auf einen Zufall zurückgeführt werden, so daß die Vermutung Hohls einen hohen Grad von Wahrscheinlichkeit besitzt.

Im Jahre 1 v. Chr. war der Kaiserenkel Gaius Caesar zu seiner Expedition in den Orient aufgebrochen. Gaius war neunzehn Jahre alt, auf ihm beruhten die Hoffnungen des greisen Augustus. In ihm sah er den künftigen Nachfolger, er sollte sein Werk bewahren und weiterführen. Wie sehr er ihn liebte, zeigt der Brief vom 23. September des Jahres 1 n. Chr. (s. o. S 134). Er hatte sich nur schweren Herzens von seinem geliebten Enkel getrennt, denn es war einsam um ihn geworden, und das Leben des Augustus neigte sich dem Ende zu. Gaius hatte schon in früher Jugend so manche Auszeichnung erfahren, schon als Zwölfjähriger hatte man ihn den Legionen in Gallien vorgestellt, in der Hauptstadt war er, ebenso wie sein Bruder Lucius, der Liebling der Bevölkerung, die ihn mit Jubel empfing, sooft er sich in der Öffentlichkeit zeigte. Man richtete an Augustus die Bitte, dem Gaius, obwohl er noch viel zu jung war, das Consulat zu übertragen – aber dies war dem Augustus denn doch zuviel gewesen, aber er hatte nichts dagegen, wenn Gaius auf Wunsch des Senats an dessen Sitzungen teilnehmen durfte, bis er endlich, zwanzigjährig, im Jahr 1 n. Chr. Consul wurde, wohl der allerjüngste, den Rom jemals gesehen hatte. Republikanisch war die Auszeichnung nicht, es war eine außergewöhnliche Ehrung des Kaiserenkels, der im übrigen schon seit dem Jahre 6 v. Chr. Führer der ritterlichen Jungmannschaft *(princeps iuventutis)* gewesen war.

Wie hätte man den jungen Mann besser mit Politik und Kriegführung vertraut machen können, als mit der Übernahme eines großen selbständigen Kommandos? Man brauchte auf die Gelegenheit nicht lange zu warten, denn das Partherproblem wurde noch einmal akut. Und das kam so: Wieder war es zu einem Streit zwischen Rom und Parthien gekommen, wieder war der Pufferstaat Armenien die Ursache. Artavasdes, der König von Armenien, hatte gezwungenermaßen das Land verlassen müssen, an seine Stelle war Tigranes IV. getreten, den die Parther protegierten. Augustus war zu der Überzeugung gekommen, daß es bei dieser Lage des Einsatzes der römischen Machtmittel im Vorderen Orient bedurfte, um den Parthern zu zeigen, daß Rom sich nicht provozieren ließ, ohne sich zur Wehr zu setzen. Der Princeps sah in Gaius Caesar den geeigneten Mann, der gegenüber den Parthern die römische Sache vertreten sollte. Und Augustus tat alles, um ihm die Aufgabe zu erleichtern. Er gab ihm mehrere bewährte Offiziere mit, unter ihnen L. Domitius (der Großvater des Kaisers Nero), und Seian, der unter Tiberius zu den höchsten Ehren aufsteigen sollte, bis er in einer Katastrophe zugrundeging. Und bevor Gaius sich auf die lange Reise begab – es sollte eine Reise ohne Wiederkehr werden – wurde noch seine Hochzeit gefeiert. Die Auserwählte war Livilla, die Tochter des verstorbenen Drusus. Aber die Zeit drängte. Gaius begab sich zu Schiff nach Athen, und von hier über Samos (oder Chios) nach Ägypten, Arabien und Syrien. Augustus hatte dem Enkel ein *imperium maius* verliehen, es war kein Wunder, daß er, wo er auch immer auftrat, mit hohen Ehren empfangen wurde. Die Völker des Orients sahen in ihm den künftigen Kaiser, sie beeilten sich, ihm gefällig zu sein. Die armenische Frage aber harrte immer noch einer praktikablen Lösung. Zwar glaubte Gaius eine Zwischenlösung gefunden zu haben, indem er dem Ariobarzanes die Krone Armeniens aufgesetzt hatte – aber dieser starb bald danach, so daß man wieder auf Artavasdes zurückgreifen mußte. Es kam zu einer Zusammenkunft des römischen Prinzen Gaius und des parthischen Großkönigs Phraates V. auf einer Insel des Euphrat. Der Großkönig scheint die Anordnungen des Gaius hingenommen zu haben, man schied jedenfalls in Frieden und Eintracht; es heißt sogar, der Parther habe dem Gaius die Augen über einige dubiose und bestechliche Persönlichkeiten in seinem Gefolge, vor allem über Lollius, geöffnet. Diesen traf der Zorn des Prinzen, er wurde aus der Zahl seiner

Freunde gestrichen und aus seiner Umgebung verbannt. Lollius scheint hiervon so schwer getroffen worden zu sein, daß er seinem Leben durch eigene Hand ein Ende machte.

Die armenische Frage aber war alles andere als erledigt, denn auch Artavasdes starb bald und an seiner Statt bestieg wieder der parthische Günstling Tigranes IV. den Thron in Armenien. Es war also genau das eingetreten, was die Römer hatten verhindern wollen!

Die Expedition des Gaius fand ein trauriges Ende. Zwar gelang es den Römern, die feste Stadt Artagira zu erobern, aber vorher war ein großes Unglück geschehen: Gaius hatte mit dem Kommandanten der belagerten Stadt eine Zusammenkunft vereinbart, der Armenier aber benutzte die Gelegenheit, auf den römischen Prinzen ein Attentat zu verüben. Dabei wurde Gaius schwer verwundet – was nützte es ihm, wenn ihn seine Soldaten zum Imperator ausriefen? Die Verwundung rief bei dem Prinzen eine psychische Störung hervor, er litt von da an unter Depressionen und sehnte sich vor allem nach Ruhe und Frieden. Wer beschreibt die Bestürzung des greisen Augustus, als ihm hierüber berichtet wurde? Es war sein ausdrücklicher Wunsch, daß Gaius unverzüglich nach Italien zurückkehren sollte. Der Prinz leistete dem Befehl Folge, aber er kam nicht mehr weit, denn er mußte krankheitshalber in Kilikien an Land gehen und starb am 24.[4] (oder 21.) Februar 4 n. Chr. in dem kleinen kilikischen Nest Limyra. Schon vorher hatte er alle Abzeichen seiner Würde abgelegt. Die Quellen berichten, die Trauerkunde sei in 37 Tagen von Lykien nach Pisa gelangt (22. April 4 n. Chr.), wo ihm die Veteranen ein Kenotaph errichteten, das auch für seinen inzwischen gleichfalls verstorbenen Bruder Lucius Caesar bestimmt war. Beigesetzt wurde Gaius in dem Mausoleum des Augustus in Rom. Die Inschrift ist erhalten.[5] Sie bezeichnet ihn als *princeps iuventutis,* von seinem Consulat und seinen Priesterwürden findet sich auf der Inschrift kein Wort.

Augustus war über den frühen Tod seines Enkels zutiefst bestürzt, und dies um so mehr, als ungefähr 1½ Jahre vorher, 2 n. Chr., auch der andere Enkel Lucius Caesar im jugendlichen Alter von 18 Jahren abberufen worden war. Der Todestag ist der 20. August. Augustus hatte den jungen Enkel nach Spanien schicken wollen, er sollte dort militärische Erfahrungen sammeln, aber der Prinz hat dieses Land nie zu Gesicht bekommen, er verstarb auf der Reise in Massilia (Marseille). Es ist üble Nachrede, wenn in einem Teil der antiken Tradition (so bei Tacitus, Annalen I, 3) zu lesen steht, die beiden Prinzen, Lucius ebenso wie Gaius, seien durch die Tücke der Großmutter, der Livia, ums Leben gekommen. Davon kann

nicht die Rede sein. Der Schmerz des Kaisers war groß. Beim Tod des
Gaius war er 65 Jahre alt, und mit den beiden jungen Prinzen, von denen
er besonders Gaius liebte, waren auch seine Hoffnungen ins Grab gesunken. Und wenn sogar Tiberius, der wenig geliebte Stiefsohn des Kaisers,
ein Klagelied auf den Tod des Lucius Caesar verfaßt hat, so ist dieses
Gedicht doch wohl nur als eine Pflichtübung aufzufassen, denn der ernste Tiberius hatte unter dem Schabernack der beiden jungen Prinzen
manches zu leiden gehabt.

Was blieb dem Augustus nun zu tun übrig? Er wird sich darüber
ausführlich mit seiner Gattin Livia, aber auch mit seinem Consilium
beraten haben, bevor er den nächsten für die Nachfolge entscheidenden
Schritt getan hat. Der jüngste Enkel, Agrippa Postumus, ebenso wie
Gaius und Lucius ein Sohn des Agrippa und der Iulia, kam als Nachfolger nicht in Betracht. Er litt an einer geistigen Krankheit, die in der
Forschung als Hebephrenie (Jugendirresein) bezeichnet wird (H. von
Hentig). Es ist dies eine Form der Schizophrenie, die den davon Betroffenen zur Führung der Regierung absolut untauglich macht. Dies hat Augustus nur zu gut gewußt. Aber da war noch Tiberius, der Stiefsohn des
Kaisers. Und nun tat Augustus endlich den Schritt, den er schon längst
hätte tun müssen: Er adoptierte den Claudier Tiberius in das iulische
Geschlecht, doch nicht ihn allein, sondern zur Überraschung aller auch
den jungen Agrippa Postumus, von dem wirklich nichts Gutes zu erwarten war. Es wird wohl auf ewig ein Rätsel bleiben, warum Augustus dies
getan hat. War es ein Versuch, die Öffentlichkeit irrezuführen? Oder
wollte er die Position des Tiberius irgendwie schwächen? Niemand weiß
auf diese Fragen eine Antwort. Genug, Tiberius wurde veranlaßt, seinen
Neffen Germanicus, den Sohn des Drusus und der Antonia Minor, zu
adoptieren. Germanicus war ein Großneffe des Augustus, der offenbar
große Hoffnungen auf den jungen Mann gesetzt hat. Germanicus war am
24. Mai 15 v. Chr. geboren, er war zum Zeitpunkt seiner Adoption noch
nicht ganz achtzehn Jahre alt. Tiberius mußte in der Adoption zweifellos
eine Zwangsmaßnahme des Augustus sehen, und dies umso mehr, als er
selbst von seiner ersten Gattin Vipsania einen Sohn namens Drusus besaß, der möglicherweise ein paar Monate jünger war als Germanicus.
Man hätte denken können, daß die Existenz des Jüngeren Drusus dem
Kaiser genügt hätte, dieser aber wollte es anders, nicht zum Segen der
Dynastie, von der man jetzt ohne weiteres sprechen kann. Dem Tiberius
wurde die *tribunicia potestas* auf zehn Jahre übertragen. Immerhin mußte
er noch neun Jahre warten, bis ihm Augustus auch das *imperium procon-*

sulare maius anvertraute, womit Tiberius an die Stelle des effektiven Mitregenten rückte. Es war hohe Zeit, denn schon im folgenden Jahr, 14 n. Chr., wurde Augustus aus dieser Welt abberufen. Doch zeigte es sich, daß er sein Haus wohl bestellt hatte. Er hatte ein Testament hinterlassen, dessen letzte Niederschrift Augustus am 3. April 13 n. Chr. vollzogen hatte, d. h., sechzehn Monate vor seinem Tode. Der Princeps hatte sein Testament zum Teil eigenhändig verfaßt, zum Teil waren ihm seine Freigelassenen Polybios und Hilarion dabei behilflich gewesen. Das Testament war in zwei Ausfertigungen vorhanden, und Ernst Hohl[6] hat die Vermutung ausgesprochen, das eine Exemplar habe Augustus selbst, das andere hätten seine Freigelassenen geschrieben. Das Testament wurde der Obhut der Vestalinnen übergeben (wir wissen nicht, um welche Ausfertigung es sich hierbei gehandelt hat, aber darauf kommt hier wenig an). Das andere Exemplar hätte nach einer plausiblen Vermutung Ernst Hohls C. Sallustius Crispus, der Großneffe des bekannten Historikers, der intime Freund des Kaisers und des Tiberius, in Verwahrung genommen. Man wird sich nicht darüber wundern, wenn Augustus auch schon vor dem 3. April 13 n. Chr. über ein Testament verfügte. Hierfür kommen die Jahre 23 v. Chr. und mit großer Wahrscheinlichkeit auch das Jahr 2 oder 1 v. Chr. in Betracht, doch kann es auch noch andere Testamentsniederschriften in den dazwischen liegenden Jahren gegeben haben, von denen wir nichts wissen. Augustus hatte außerdem noch drei Schriftstücke hinterlegt: Anordnungen über sein Begräbnis *(mandata de funere)*, den sogenannten Leistungsbericht *(res gestae)* und eine Übersicht über die Machtmittel des Reiches, ein „Handbuch" *(breviarium totius imperii)*. In dem Testament waren Tiberius zu ⁷/₁₂ Livia zu ⅓ als Erben seines Vermögens eingesetzt. Livia hatte der greise Herrscher sogar im Testament adoptiert und ihr damit als Iulia Augusta eine hervorragende Stellung neben dem Nachfolger Tiberius zugewiesen, eine Verfügung, die sich politisch nicht als glücklich erwiesen hat.

Wir haben damit dem Lauf der Ereignisse um etwa ein Jahrzehnt vorgegriffen. Wir knüpfen nun wieder an die Ereignisse des Jahres 4 n. Chr. an, das dem Kaiser einen so schmerzlichen Verlust gebracht hat. Ganz zweifellos ist dieses Jahr ein Tiefpunkt im Leben des ersten Princeps gewesen, und wenn er nicht über den Rat seiner Frau und seiner Freunde verfügt hätte, so wäre alles wohl noch viel schlimmer für ihn gewesen.

Was hat Augustus in dem letzten Jahrzehnt seines Lebens geleistet? Politisch betrachtet waren diese Jahre eine höchst unruhevolle, ja sogar

gefährliche Zeit für das römische Imperium. Von 6 bis 9 n. Chr. hatte der
Pannonische Aufstand alle verfügbaren Kräfte der Römer in Anspruch
genommen (s. o. S. 86), und wenn Tiberius nicht sein ganzes Können als
Heerführer und Stratege in die Waagschale geworfen hätte, so hätte es
leicht geschehen können, daß die Aufstandsbewegung auch den norditali-
schen Raum in Mitleidenschaft gezogen hätte. Zum Glück für die Römer
ist es hierzu nicht gekommen, wenn auch erst nach schweren, verlustreichen Kämpfen, die römischerseits zahlreiche Opfer gefordert haben.

In das Jahr 6 n. Chr. fällt die Gründung des *aerarium militare*, ein
Ereignis, über das bereits eingehend berichtet wurde (s. o. S. 217). Es sei
hier daran erinnert, daß Augustus nicht weniger als 170 Millionen Sesterzen für die neue Kasse zur Verfügung gestellt hat. In dem gleichen Jahr
wurden die sieben Kohorten der Wachmannschaft *(cohortes vigiles)* aufgestellt, insgesamt 7000 Mann. Ihre Aufgabe bestand im Wachdienst und
in der Bekämpfung der Brände in der Hauptstadt. Niemand wird bestrei-
ten, daß die Aufstellung einer derartigen Truppe längst erforderlich gewesen wäre. Sie wurde von einem Präfekten aus dem Ritterstand geführt.

Augustus aber plagten schwere Sorgen wegen der Kämpfe in Pannonien, nicht weniger als 12 Legionen mußten hier eingesetzt werden, ohne
daß sich fürs erste ein Ende des Aufstands abgezeichnet hätte. Es ist der
Ruhm des Tiberius, daß er die Soldaten seines Heeres nach Möglichkeit
geschont hat, aber die unerhörte Kampfesbegeisterung der Pannonier
hatte die Römer mehrfach in schwierige Situationen gebracht, zumal das
Problem des Nachschubs bei den Römern nur unvollkommen gelöst
werden konnte. Die Einzelheiten sind an anderer Stelle (s. o. S. 87) dargestellt worden.

Der Pannonische Aufstand war noch nicht ganz niedergeworfen, als
sich Augustus im Jahre 8 auf die Reise begab, um dem Kriegsschauplatz
näher zu sein. Er war nun schon ein Siebziger, und ein anderes Ereignis
als der Aufstand der Pannonier hätte ihn schwerlich bewogen, Rom mit
großem Gefolge vorübergehend zu verlassen. Als seinen Aufenthaltsort
wählte er Ravenna oder Ariminum, das durch seinen Adoptivvater Caesar viele Jahre zuvor zur Berühmtheit gekommen war. Hier hatte Caesar
den Rubico überschritten und damit das Signal zum Ausbruch des Bür-
gerkriegs gegeben. Augustus kannte das Gebiet der Illyrer und Pannonier
von seinen Feldzügen in den Jahren von 35 bis 33 v. Chr., jetzt aber fehlte
ihm die Neigung, sich noch einmal in das Land jenseits der Adria zu
begeben. Und er hatte dieses Mal Glück, denn der Aufstand lag bereits in
den letzten Zügen, und im folgenden Jahr, 9 n. Chr., ist er erloschen. Wer

will es dem Kaiser übelnehmen, wenn er auf seinen Stiefsohn Tiberius sehr stolz war? Als dieser in Rom einzog, wurde er mit Freudenkundgebungen und großem Gepränge empfangen. Die Wolken jenseits der Adria hatten sich verzogen, Rom und der Kaiser konnten wieder aufatmen, in dem weiten Raum zwischen der mittleren Donau und der nördlichen Adriaküste war wieder Ruhe eingekehrt.

Überschattet wurden die kriegerischen Ereignisse jenseits der italischen Nordostgrenze von einem Ereignis in der Hauptstadt, das in alter und neuer Zeit Stoff für viele Vermutungen und Hypothesen geliefert hat: Es war dies der Sturz der Jüngeren Iulia, der Tochter des Agrippa und der Älteren Iulia, die Augustus neun Jahre zuvor in die Verbannung geschickt hatte. Anstatt daß ihr das Schicksal der Mutter eine Warnung gewesen wäre, hatte sich die junge Frau einem Leben von Ausschweifungen und Vergnügungen hingegeben. Sie war die Gattin des Aemilius Paullus, der, wie es heißt, eine Verschwörung gegen das Leben des Kaisers angestiftet hatte. Aemilius Paullus wurde getötet (s. o. S. 130), seine Frau nur relegiert, aber sie durfte noch einmal nach Rom zurückkehren, wahrscheinlich, weil gute Freunde sich für sie beim Kaiser eingesetzt hatten. Doch Augustus verbannte sie im Jahre 8 n. Chr. ein zweites Mal und zwar auf Lebenszeit, wie es heißt, wegen ihres lasterhaften Lebenswandels. In demselben Jahr mußte auch der Dichter Ovid in die Verbannung gehen, aus der er nicht wieder nach Rom zurückgekehrt ist. Er verbrachte die restlichen Jahre seines Lebens in dem fernen Tomi (Constanza) am Schwarzen Meer, nicht ohne eine große Anzahl von gefühlvollen Jammerbriefen nach Rom zu senden. Ob er in den Sturz der Jüngeren Iulia verwickelt war, ist eine auch heute noch nicht geklärte Frage, doch scheint er Mitwisser oder Augenzeuge von Vorgängen gewesen zu sein, die mit dem Leben und der Person der Jüngeren Iulia in Verbindung gestanden haben. Über die Verbannung Ovids und ihre Gründe hat man viel geschrieben, etwas Genaueres ist nie bekannt geworden, und deshalb scheint es wenig sinnvoll, die Kommentare der modernen Forscher hier aufzuführen. Wer sich dafür interessiert, mag dies in den einschlägigen Literaturgeschichten, wie z. B. bei Schanz-Hosius,[7] nachlesen. Welche Verfehlungen die Jüngere Iulia auch begangen haben mag, sie hat dies schwer büßen müssen. Ihr wurde die kleine Insel Trimerus an der Adriaküste als Aufenthaltsort zugewiesen, hier lebte sie volle zwanzig Jahre lang; auch Tiberius hat, als er Princeps wurde, ihr Schicksal nicht erleichtert. Sie starb schließlich in völliger Verlassenheit im Jahre 28 n. Chr., vierzehn Jahre nach Augustus, der auch ihr gegenüber eine geradezu unmenschliche Härte bewiesen hatte. Ein Kind, das sie nach ihrer Ausweisung aus der Hauptstadt geboren hatte, war auf Anordnung des Augustus nicht aufgezogen worden, und zwar wahrscheinlich deswegen, weil über die Vaterschaft nichts Sicheres feststand. Man kann die Affäre der Jüngeren Iulia die zweite Tragödie im Hause des Kaisers Augustus nennen. Auch in diesem Fall hat der alte Herrscher in schärfster Form eingegriffen und die Existenz seiner Enkelin vernichtet, so wie er Jahre zuvor die Existenz seiner Tochter vernichtet hatte. Man wird annehmen müssen, daß sich auch in diesem Fall Augustus durch sein Consilium beraten ließ, in dem die Jüngere Iulia keinen Fürsprecher gefunden hat. Ganz zweifellos ist es nicht nur der tadelnswerte Lebenswandel der jungen Frau gewesen, vielmehr wird man an politische Umtriebe gegen ihren Großvater denken müssen. Iulia steckte, wenn man sich so ausdrücken darf, mit ihrem Liebhaber D. Iunius Silanus unter einer Decke. Und diesem hatte Augustus seine Freundschaft aufgekündigt, Silanus aber ging daraufhin freiwillig in die Verbannung. Unter Tiberius kehrte er wieder zurück. Er hat aber kein Amt mehr übertragen bekommen, obwohl er in seinem Bruder (cos 15 n. Chr.) einen potenten Fürsprecher beim Princeps besessen hat (Tacitus, Ann. III 24).

Eine noch viel härtere Prüfung hatte Augustus im Jahre 9 n. Chr. zu bestehen. Die Niederlage des P. Quinctilius Varus in der Schlacht im Teutoburger Wald und der Untergang von drei Legionen nebst Hilfstruppen war ein furchtbarer Schlag für den alten Princeps. Er geriet, wenn man der antiken Überlieferung Glauben schenken darf, völlig aus der Fassung (s. dazu o. S. 92). Auch soll der Kaiser, wenn wir dem Sueton glauben dürfen, mehrere Monate lang seinen Bart nicht dem Schermesser anvertraut haben[8] – dies ein Zeichen für die tiefe Trauer, die ihm die Unglücksnachricht bereitet hatte. Und den Tag der Niederlage – wir kennen leider das genaue Datum nicht – soll er alljährlich als einen *dies ater*, einen Unglückstag, angesehen haben. Augustus war so verstört und geängstigt, daß er den Belagerungszustand über die Hauptstadt verhängte. Auch seine germanische Leibwache, die ihm bisher treu gedient hatte, soll er entlassen haben. Doch damit nicht genug: Er gelobte dem Juppiter O. M. große Spiele, wenn die Lage des Staates sich wieder bessern würde. Sind all diese Dinge auf die offensichtlich schwachen Nerven des Augustus zurückzuführen? Er verfügte doch in Rom über genügend militärische Experten, die ihn in dieser Lage beraten konnten. War es denn überhaupt möglich oder auch nur wahrscheinlich, daß die Germanen die römische Reichsverteidigung überrennen würden, um sich in Gallien aus-

zubreiten? Aber Augustus wird nur zu gut gewußt haben, daß ihm für
einen solchen Fall keine ausreichenden Reserven zur Verfügung standen.
Wie eh und je war alles in vorderster Linie eingesetzt, so daß der Verlust
der Legionen in Germanien eine empfindliche Lücke in die Reichsverteidigung gerissen hatte. Doch den Germanen war es genug, das römische
Heer vernichtet zu haben, zu einem Vorstoß auf das linke Rheinufer ist es
nicht gekommen, da ihnen für einen Angriffskrieg großen Stils alle Voraussetzungen fehlten. Die Tat des Arminius ist wirklich eine Befreiungs-
tat gewesen, die erste der deutschen Nationalgeschichte. Daß die Germanen die römischen Gefangenen mit unvorstellbarer Grausamkeit dafür
büßen ließen, was ihre Landsleute in Germanien gesündigt hatten, ist eine
Tatsache, die leider so gut bezeugt ist, daß sie einen tiefen Schatten auf
den Sieg in der Varusschlacht wirft. Aber selbst wenn man in Betracht
zieht, daß auch die Römer in ähnlichen Fällen kaum viel anders gehandelt
haben, so entschuldigt dies nicht das Vorgehen der Germanen gegenüber
wehrlosen Gefangenen, die sich in der Mehrzahl tapfer geschlagen hatten.

Die römische Niederlage im Teutoburger Wald hatte in Rom zu uner-
freulichen Begleiterscheinungen geführt. Es gab vor allem große Schwierigkeiten bei den Aushebungen. Niemand hatte mehr Lust zum Militärdienst, vor allem auch deswegen nicht, weil die Gerüchte das Ausmaß der
Niederlage gegen die Germanen beträchtlich übertrieben. Was blieb dem
Kaiser anders übrig, als auf alle erdenkliche Weise Ersatz für die verlorengegangenen Legionen zu schaffen? Er veranstaltete Aushebungen unter den Freigelassenen; auch die Veteranen wurden wieder aufgeboten, da
man ihrer dringend bedurfte. Man erzählte von Fällen von Selbstver-
stümmelung, die in früherer Zeit zu den größten Seltenheiten gehört
hatten. Was aber sollte der Kaiser tun? Er schritt gegen die Dienstverwei-
gerer mit harten Strafen ein; doch auch dies war, im ganzen gesehen, ein
Fehlschlag; denn die römischen Bürger hatten es verlernt, sich selbst zu
verteidigen; dies überließ man lieber den Hilfstruppen fremder Völker,
deren Unzuverlässigkeit sich gerade in Germanien gezeigt hatte.

Kein Wunder, wenn die Jahre nach der Schlacht im Teutoburger Wald
unter dem Zeichen der Germanengefahr gestanden haben. Augustus hielt
es für richtig, den im Pannonischen Aufstand hoch bewährten Tiberius
an die Rheingrenze zu entsenden (zu Beginn des Jahres 10 n. Chr.). Und
in der Tat war Tiberius der rechte Mann; seine Feldherrnqualitäten standen außer jedem Zweifel. Aber abgesehen von einem Einfall in das
rechtsrheinische Gebiet, an dem auch Germanicus, der Adoptivsohn des
Tiberius, beteiligt war, wurde im freien Germanien nichts Wesentliches

erreicht. Das Schicksal des Varus stand dem Tiberius warnend vor Augen; es genügte ihm, wenn er die Rheingrenze in ihrer gesamten Ausdehnung behaupten konnte. Dies ist dem Tiberius auch gelungen, weil die Germanen nicht nach Eroberungen strebten.

In Rom hatte sich das Leben wieder normalisiert; man hatte sich allmählich beruhigt, und als wiederum unheilvolle Gerüchte und Prophezeiungen die Runde machten, da verbot Augustus kurzerhand, die Astrologen zu befragen – er wußte, wo die Unruhestifter zu suchen waren. Ob dieses Verbot auch eingehalten wurde, darüber steht nichts in den Quellen; die Astrologen (*mathematici*) standen jedenfalls weiterhin in hohem Ansehen. Auch sonst versuchte der greise Princeps, den Weg des geringsten Widerstands einzuschlagen. So soll er im Jahre 11 n. Chr. nicht weniger als sechzehn Prätoren bestellt haben, obwohl nur zwölf Stellen vorhanden waren. Aber die Furcht, daß bei den Wahlen Unruhen und Krawalle entstehen könnten, hatte Augustus diese Maßnahme eingegeben, die allem römischen Herkommen widersprach. Tiberius aber stieg immer höher in der Gunst des Kaisers. Der 16. Januar 12 n. Chr. war der Tag, an dem Tiberius den bisher aufgeschobenen Triumph über die Pannonier feierte – drei Jahre lang hatte er darauf warten müssen. Die Stellung des Tiberius wurde noch dadurch gefestigt, daß in einem Senats- und Volksbeschluß bestimmt wurde, das Imperium des Tiberius solle in allen Provinzen ebensoviel gelten wie dasjenige des Augustus. Außerdem sollte Tiberius, zusammen mit seinem Adoptivvater, den Zensus abhalten. Die Zählung erstreckte sich über viele Monate, erst im Jahre 14 n. Chr., dem Todesjahr des Augustus, lagen die endgültigen Zahlen für die römischen Bürger vor. Es waren insgesamt 4937000, wie im *Monumentum Ancyranum,* dem ‚Leistungsbericht‘ des Augustus, zu lesen steht.

In seinen letzten Jahren war der Kaiser vielfach von Stimmungen, aber auch von Einflüsterungen abhängig; er war nun auch geistig stark gealtert; die Furcht spielte jetzt eine große Rolle in seinem Denken, und als bekannt wurde, daß in der Stadt Rom zahlreiche Schmähschriften auf seine Person kursierten, da ließ er sie einziehen und auf dem Scheiterhaufen verbrennen. Auch wurden einige Verfasser ermittelt und bestraft (Cass. Dio LVI 27,1). Bemerkenswert sind auch die Verfügungen des alten Kaisers, die sich gegen die Verbannten richteten. Es muß viele Hunderte, ja sogar Tausende von Verbannten gegeben haben, die man aus Rom und aus Italien ausgewiesen hatte. Viele von ihnen hatten sich ein bequemes Leben gemacht, indem sie sich nicht an dem ihnen zugewiesenen Ort aufhielten, sondern sich auf die Reise begaben, ohne sich um die Anordnungen der Behörden viel zu kümmern. Dies aber wollte Augustus nicht länger dulden, vielleicht befürchtete er von ihnen Anschläge auf sein Leben, genug, er verbot ihnen, sich von dem Verbannungsort zu entfernen. Sie sollten auf dem Festland (gemeint ist Kleinasien) oder auf einer Insel leben, die weniger als 400 Stadien (das sind knapp 80 Kilometer) von dem Ort der Verbannung entfernt sei. Allein bei den Inseln Kos, Rhodos, Samos und Lesbos wurde eine Ausnahme gemacht. Auch Seereisen wurden den Verbannten untersagt; sie durften nur im Besitz eines einzigen Schiffes sein, das einen Inhalt von 1000 Amphoren[9] hatte; außerdem wurden ihnen noch zwei Ruderschiffe gestattet. Sie durften nicht mehr als zwanzig Sklaven oder Freigelassene in ihrem Gefolge haben, und ihr Vermögen wurde auf eine Summe von einer halben Million Sesterzen begrenzt. Diese Bestimmungen sind übrigens ein wertvoller Beitrag zur Kulturgeschichte.

Die Lebenskreise des Augustus wurden enger. Im Jahre 13 erbat er sich die Vergünstigung, zwanzig Personen als Ratgeber in seinem Hause zu versammeln, damit er nicht in den Senat zu gehen brauche; denn die Beschlüsse dieser Senatskommission sollten wie Senatsbeschlüsse sein. An den Sitzungen der Kommission sollten Tiberius sowie die amtierenden und die designierten Consuln teilnehmen, ebenso die Enkel des Kaisers, womit er wohl Germanicus und vielleicht auch noch den jungen Drusus gemeint haben mag (Agrippa Postumus lebte seit Jahren nicht mehr in Rom, sondern in der Verbannung). Auch mit den Steuern gab es noch einmal Ärger. Dies betrifft die wenig beliebte Erbschaftssteuer von 5%, die auch für Vermächtnisse gezahlt werden mußte (Cass. Dio LV 25,5). Augustus forderte den Senat auf, sich Gedanken über die Einführung einer anderen Steuer zu machen, die an die Stelle der Erbschaftssteuer treten sollte. Als Augustus schließlich die Sache selbst in die Hand nehmen mußte, schlug er vor, es solle eine entsprechende Steuer auf Äcker und Häuser erhoben werden. Da wurden die Senatoren aktiv. Sie fürchteten, daß sie noch mehr als vorher bezahlen müßten, und baten den Kaiser, die Erbschaftssteuer von 5% beizubehalten. Cassius Dio, der Historiker der Severerzeit, sieht übrigens in dem Verhalten des Augustus einen besonders klugen Schachzug; er habe den Senat zu der Einsicht gebracht, daß eine fünfprozentige Erbschaftssteuer immer noch bei weitem das kleinste Übel sei (Cass. Dio LVI 28, am Ende).

Augustus war müde geworden, und nur mit Widerstreben ließ er sich im Jahre 13 n. Chr. unter dem Consulat des L. Munatius und des C. Silius zum 5. Mal das proconsulare Imperium übertragen – noch einmal auf zehn Jahre. Es war ihm längst klar, daß er nicht mehr lange zu leben hatte. Am 3. April des gleichen Jahres machte er sein definitives Testament (s. dazu o. S. 251). Die *tribunicia potestas* des Tiberius war erneuert worden, dessen Sohn Drusus hatte die Erlaubnis erhalten, sich um das Consulat des Jahres 15 zu bewerben, und dies, obwohl er noch nicht Prätor gewesen war. Dies war ganz zweifellos ein Entgegenkommen des Kaisers gegenüber dem Tiberius, den man längst als Thronfolger bezeichnen darf. Augustus wünschte ihn in jeder Weise zufriedenzustellen, denn Tiberius hatte ja lange genug im Schatten stehen müssen. Überprüft man die Überlieferung des Jahres 14 n. Chr. – es ist dies das Todesjahr des Augustus –, so wird man in ihr die Erwähnung einer Anzahl von Vorzeichen finden, die alle auf ein baldiges Ende des Kaisers hindeuten. Niemand weiß jedoch, ob diese Vorzeichen so, wie sie in den Quellen berichtet werden, wirklich geschehen sind. Bereits am 23. September des Jahres 13 n. Chr., am letzten Geburtstag, den der Kaiser in seinem Leben feiern durfte, so berichtet Cassius Dio, hatte sich etwas Seltsames zugetragen: Ein Geisteskranker hatte sich auf dem Sessel niedergelassen, der für Iulius Caesar bestimmt war; außerdem hatte er sich dessen Krone aufgesetzt. Natürlich wurde dieses Ereignis als ein böses Vorzeichen für Augustus interpretiert. Aber dies war noch nicht alles. Im Jahre 14 berichtet die Überlieferung von verschiedenen Vorzeichen, die angeblich auf den baldigen Tod des Princeps hingewiesen haben sollen. So gab es eine totale Sonnenfinsternis (es war die vom 18. April des Jahres 14), der größte Teil des Himmels sei von Feuer gerötet gewesen, und es schien so, als ob glühende Funken vom Himmel herunterfielen; dazu zogen blutrote Kometen am Firmament ihre Bahn. Und als man im Senat anläßlich der Erkrankung des Princeps zusammentreten wollte, fand man das Gebäude verschlossen; eine Eule saß auf dem Dach und stieß ihren Klageruf aus. Und die Statue des Kaisers auf dem Capitol wurde vom Blitz getroffen; dieser zerstörte den ersten Buchstaben seines Namens, nämlich das C von Caesar. C aber bedeutet als Zahl bekanntlich einhundert, und deswegen hätten die Seher verkündet, daß Augustus am 100. Tag danach ein Gott werden würde; denn auf Etruskisch bedeutet das Wort AESAR soviel wie „Gott". All' diese Vorzeichen stehen im Geschichtswerk des Cassius Dio (LVI 29); die Erzählung von dem Blitzschlag findet sich auch bei Sueton (Leb. d. Aug. 97,2). Der moderne Historiker tut gut, sich hier des Urteils zu enthalten, denn all' diese Vorzeichen sind natürlich erst bekannt geworden, als der Kaiser nicht mehr unter den Lebenden weilte.

Augustus selbst wußte wohl, daß ihm nicht mehr lange zu leben beschieden sei. Deswegen hat er seinem ‚Leistungsbericht‘, dem sogenannten Monumentum Ancyranum, die letzte und endgültige Form gegeben, wahrscheinlich im Juli 14 n. Chr. Dieser Bericht war im übrigen längst mehr oder weniger fertig, bereits in der Zeit zwischen 5 und 2 v. Chr. war er aufgesetzt worden – es sei denn, daß er in eine noch frühere Zeit zurückreicht (s. u. S. 270).

Völlig unglaubwürdig ist dagegen der Besuch des alten Augustus bei seinem Enkel Agrippa Postumus auf der Insel Planasia. Wenn auch namhafte Forscher, unter ihnen Victor Gardthausen, die Geschichte für historisch halten, so wird sie doch durch Tatsachen widerlegt, und zwar vor allem durch die Äußerung des Tiberius, Augustus habe befohlen, unmittelbar nach seinem Ableben Agrippa Postumus zu töten. Und dies ist die Wahrheit.[10] Wenn es bei Tacitus (Ann. I 5) und in anderen Quellen sogar heißt, Livia habe ihren Gatten vergiften lassen, weil sie um die Nachfolge ihres Sohnes Tiberius gefürchtet habe, so bedarf diese bodenlose Behauptung keiner Widerlegung. Es ist nichts als boshaftes Geschwätz, wenn die Anschuldigung auch bereits unter den Zeitgenossen Gläubige gefunden hat. Aber es gab Leute, die der Livia alles zutrauten, auch einen Giftmord an ihrem Gatten.

Die letzten Tage des Augustus spiegeln sich in einer verhältnismäßig reichen Überlieferung. Sie wird hauptsächlich dargestellt von Sueton, Cassius Dio und Velleius Paterculus.[11] Die Quellen sind immer wieder analysiert worden, doch ist die Forschung auch heute noch von einer Übereinstimmung weit entfernt. Soviel scheint jedoch sicher zu sein, daß die Überlieferung des Velleius Paterculus, eines Zeitgenossen, als die offizielle Tradition des Hofes und der Livia anzusehen ist. Sie muß daher mit Kritik und Zurückhaltung aufgenommen werden, wenn sie auch seinerzeit von Leopold von Ranke in seiner ,,Weltgeschichte" als die einzig richtige angesehen worden ist.[12] Ranke schreibt nämlich: ,,Ich muß bekennen, daß ich die Nachricht des Velleius Paterculus ... doch für die richtigste halte." Und was sagt Velleius? Nach ihm hätte Tiberius seinen Adoptivvater noch lebend in Nola angetroffen und von ihm Abschied genommen. Dabei sei der alte Kaiser allein schon durch den Anblick und das Gespräch mit Tiberius zeitweilig wieder zu Kräften gekommen, dann aber habe er seinen Geist aufgegeben, nachdem er in seine anfängliche Erschöpfung zurückgesunken sei *(in sua resolutus initia)*. Dies aber ist, alles in allem, wenig glaubwürdig.

Wie aber haben sich die Ereignisse in den letzten Wochen des Augustus, etwa von Ende Juli bis zum 19. August 14 n. Chr., seinem Todestag, abgespielt? Augustus hatte sich entschlossen, Tiberius, der im Begriff stand, nach Illyricum abzureisen, zu Land bis Benevent zu begleiten, obwohl es in Rom erhebliche Verzögerungen wegen dringender Gerichtssitzungen gegeben hatte. Augustus soll sogar gesagt haben: ,,Wenn alles auf diese Weise in die Länge gezogen wird, so habe ich keine Lust mehr, mich danach in Rom wieder sehen zu lassen'' – ein Ausspruch, der natürlich als ein Omen auf seinen Tod aufgefaßt worden sei. Trotz der Hindernisse begab sich Augustus auf die Reise nach Benevent; der erste Aufenthalt war in Astura, einem kleinen Nest zwischen Antium und Circei an der Küste Latiums. Die kurze Strecke zwischen Ostia und Astura hatte er zu Schiff zurückgelegt.[13] Von dort ging es nachts bei günstigem Fahrtwind weiter in südlicher Richtung; aber der Kaiser hatte sich eine Erkältung zugezogen, die mit Durchfall verbunden war; doch Augustus setzte ungerührt seine Reise fort. Er fuhr zu Schiff an der campanischen Küste entlang, besuchte mehrere Städte und blieb vier Tage auf Capri (Capreae), das er sehr liebte, obwohl es ihm bisher an Gelegenheit gefehlt hatte, die Insel öfters zu besuchen. Er fühlte sich nicht krank, vielmehr zeigte er Heiterkeit und Freundlichkeit gegenüber allen, die ihm begegneten. Besonders erfreut war er über die Begrüßung von Seeleuten aus Alexandrien, die ihm beim Vorüberfahren in der Nähe von Puteoli (Pozzuoli) ihre Grüße und Verehrung darbrachten. Sie riefen ihm zu: ,,Durch Dich leben wir, durch Dich fahren wir zur See, durch Dich genießen wir Freiheit und Wohlstand'' (Suet. Leb. d. Aug. 98,2). Augustus war darüber hocherfreut. Er verteilte an seine Begleitung, Mann für Mann, je 400 Goldstücke *(aurei)*, wobei er sich in die Hand versprechen ließ, daß dieses Geld allein zum Kauf von alexandrinischen Waren verwendet werden sollte. Er machte sich ferner den Spaß, Kleidungsstücke zu verteilen, und zwar Togen und Pallien, wobei er befahl, daß die Römer sich griechischer Gewänder und der griechischen Sprache bedienen sollten, während die Griechen als Römer figurierten (Man kann sich leicht vorstellen, zu welch komischen Szenen dieser Befehl Anlaß gegeben hat, denn mit der Kenntnis des Griechischen war es bei den Römern, auch bei den vornehmen, nicht immer gut bestellt). Auf der Insel Capri sah er den Wettkämpfen der Epheben zu. Er gestattete ihnen, in seiner Gegenwart die Mahlzeiten einzunehmen, und ließ, wie es in seiner Zeit üblich war, Äpfel und verschiedene Arten von Zukost unter die Menge werfen, kurz, er war die Heiterkeit selbst und hatte viel Vergnügen an dem munteren Treiben der Volksmenge und besonders der

Epheben. Und er ließ es sich nicht nehmen, einer kleinen Insel in der Nähe von Capri – wir wissen leider nicht, welche Insel damit gemeint ist – den Namen Apragopolis zu geben, weil sich einige Männer seines Gefolges auf diese Insel begeben hatten, um hier dem vollendeten Nichtstun zu frönen. Als er des Grabhügels eines Mannes namens Margaba ansichtig wurde, da zitierte er einen griechischen Vers, und als er von Thrasyllus, einem seiner Begleiter, gefragt wurde, von welchem Dichter der Vers stamme, da bildete er flugs noch einen anderen. Beide Verse bezogen sich auf das Grab des Margaba, das Augustus vor Augen hatte. Margaba aber war der Name eines seiner ehemaligen Lieblinge; es dürfte sich um einen punischen oder numidischen Namen handeln.

Der Kaiser hielt es bei seinem Aufenthalt in Neapel für seine Pflicht, obwohl sein Befinden zu wünschen übrig ließ, als Ehrengast an den gymnischen Spielen teilzunehmen. Sie wurden zu seinen Ehren alle vier Jahre gefeiert, ihre Stiftung fällt in das Jahr 2 v. Chr., und es ist mehr als wahrscheinlich, daß die vierte Wiederkehr der Spiele am 1. August 14 n. Chr. stattgefunden hat – in Wirklichkeit hätten sie aber erst im Jahre 15 gefeiert werden sollen. Man wird sie wohl um ein Jahr vorverlegt haben, weil man auf die Anwesenheit des Kaisers Wert gelegt hat.

Die ersten Tage des Augusts gingen allmählich vorüber, und der Kaiser machte sich, zusammen mit Tiberius, auf den Weg nach Benevent. Als er von hier nach Rom zurückkehren wollte, verschlimmerte sich seine Krankheit, und Augustus war froh, als er Nola erreichte, wo er in seinem Vaterhaus Aufnahme fand. Angeblich soll Livia ihren Sohn Tiberius zurückgerufen haben, und mit ihm soll Augustus (wenn es wahr ist) längere Gespräche unter vier Augen geführt haben. Es mag sein, daß hier die Hofversion der Ereignisse unmittelbar vor dem Tod des Kaisers vorliegt.

Am letzten Tag seines Lebens, als er in Nola zu Bett lag, soll Augustus sich das Haar kämmen und das herabhängende Kinn wieder hinaufbinden lassen. Er hatte, wie es scheint, auch auf seinem letzten Lager den Sinn für das Anständige und Würdevolle nicht verloren. Darauf fragte er seine Freunde, die sich um sein Lager versammelt hatten, ob er das Schauspiel des Lebens, den Mimus, einigermaßen gut gespielt habe, und als diese die Frage bejahten, da zitierte er zwei Verse in griechischer Sprache: ,,Wenn ich mein Spiel gut absolviert habe, so spendet mir Beifall und gebt mir alle als Freunde das Geleit!'' (Suet. Leb. d. Aug. 99,1). Der Vergleich des Menschenlebens mit dem Mimus, einem populären Spiel auf dem Theater, wurde im Altertum von jedermann verstanden. Entscheidend aber ist wohl die Tatsache, daß hier das Leben nicht als Tragödie, sondern als Mimus erscheint, d. h. als das fröhliche Nachspiel auf dem Theater, das Augustus so oft in seinem Leben gesehen hatte.[14] Auf jeden Fall kann aber von dem „großen Mimen auf dem Thron" (Robert von Pöhlmann) nicht die Rede sein, wenn man hierunter einen Schauspieler versteht.

Historisch sind wohl auch die letzten Worte, die Augustus an seine Gattin gerichtet hat: „Livia, gedenke unserer Ehe und lebe wohl!" Mit diesen Worten soll er in ihren Armen verschieden sein. Augustus hat einen leichten Tod gefunden, wie er sich ihn gewünscht hatte. Denn immer, wenn er gehört hatte, daß ein Bekannter schnell und schmerzlos verschieden sei, so hatte er sich selbst die gleiche Euthanasie, den schnellen und schmerzlosen Tod, gewünscht. Der Kaiser konnte in dem Bewußtsein sterben, seine Pflicht gegenüber dem Staat voll erfüllt zu haben. Er hatte der Welt den Frieden gegeben, dessen sie am meisten bedurfte. Er hatte die Gewißheit, daß seine Schöpfung ihn überleben werde, vor allem auch durch die Designierung seines Nachfolgers, des Tiberius, zu dessen Anerkennung er sich durchgerungen hatte. Noch lebte Livia, die alles getan hatte, um ihrem Sohn die Nachfolge zu sichern. Wenn aber Cassius Dio schreibt (LVI 30), sie habe ihren Gatten durch eine vergiftete Feige umgebracht, so ist dies ein absurdes Gerücht, obwohl auch Aurelius Victor (ep. 1,9) im 4. Jahrhundert n. Chr. von einem durch Livia herbeigeführten gewaltsamen Tod des Augustus spricht.

Beim Tode des Kaisers ist alles mit rechten Dingen zugegangen, seine Lebenskräfte waren aufgezehrt; der Scheidende hatte sein Haus bestellt; er hatte seinen Rechenschaftsbericht, die *Res gestae*, abgefaßt und seinen letzten Willen in schriftlicher Form hinterlassen und den Vestalinnen zur Aufbewahrung übergeben.

Für die antiken Menschen sind 75 Jahre ein sehr hohes Alter, und Augustus hatte die Götter niemals angefleht, ihn noch länger auf Erden verweilen zu lassen; er war mit dem zufrieden, was diese ihm zugemessen hatten. In heiterer Stimmung hatte er seine letzte Reise von Rom nach Benevent angetreten, und es wäre ganz verfehlt, anzunehmen, Augustus habe die Reise als einen Übergang in die jenseitige Welt aufgefaßt. Ungebrochenen Geistes und mit hoher Befriedigung blickte er auf das von ihm Geleistete zurück.

Der Sarg mit der sterblichen Hülle des Kaisers wurde von den Dekurionen, den Stadträten der Munizipien und Kolonien, von Nola nach Bovillae, und zwar immer des Nachts, in feierlichem Zuge geleitet (am Tage hätte die Sommerhitze den Transport unmöglich gemacht). Von

Bovillae an übernahmen die Ritter das Ehrengeleit, sie trugen den Sarg auf ihren Schultern in die Hauptstadt und setzten ihn im Vestibül seines Hauses nieder. Die verschiedensten Ehrungen des Verstorbenen wurden in Erwägung gezogen; zwei Lobreden wurden dem toten Princeps gehalten. Vor dem Tempel des Divus Iulius sprach, wie es sich gehörte, Tiberius, an den Rostra – der Rednertribüne auf dem Forum – sprach Drusus, der Enkel des Augustus. Die Senatoren schafften den Sarg mit dem Toten auf ihren Schultern auf das Marsfeld. Hier wurde der Leichnam den Flammen übergeben. Eine nach Tausenden zählende Menschenmenge war dem Leichenzug gefolgt; viele Tausende standen an den Straßen, um von dem Princeps für immer Abschied zu nehmen. Die Überreste des auf dem Scheiterhaufen verbrannten Körpers trugen die vornehmsten unter den Rittern mit eigenen Händen zusammen und bargen sie in dem Mausoleum Augusti. Dieses hatte sich Augustus, wie Sueton schreibt, an einem Platz zwischen der Via Flaminia und dem Tiberufer in seinem 6. Consulat (28 v. Chr.) erbaut,[15] umgeben von Baumpflanzungen und schattigen Spazierwegen, die er schon damals für die Allgemeinheit freigegeben hatte. Das Grabmal des Augustus war ein italischer Tumulus – ein hoch aufgeschichteter Erdhügel, gekrönt von einer Kolossalstatue des Kaisers aus Bronze. Den Eingang zierten zwei ägyptische Obelisken aus Granit. Nach dem Willen des Princeps sollten auch seine Verwandten in diesem Grabmal ihre letzte Ruhe finden; nur seine Tochter Iulia, seine Enkelin gleichen Namens und den Enkel Agrippa Postumus hatte er davon ausgeschlossen. Das Mausoleum Augusti hat viele Jahrhunderte überdauert, im Mittelalter diente es der Adelsfamilie Colonna als Festung (im 12./13. Jahr.). Goethe berichtet in seinem Brief vom 16. Juli 1787, daß man eine Tierhetze in ihm abgehalten habe, wobei 4000 bis 5000 Menschen in ihm Platz fanden. Vor dem Eingang in das Grabmal standen zwei eherne Säulen, auf denen Tiberius, der Nachfolger des Augustus, den Leistungsbericht des Verstorbenen, eingraben ließ. Die Inschrift ist Gegenstand zahlreicher Erörterungen im Hinblick auf ihre Entstehung und auf ihre literarische Form gewesen. Darauf wird an anderer Stelle noch eingegangen werden (s. u. S. 270). Aber soviel mag schon hier gesagt sein: Das Grabmal und die Inschrift gehören untrennbar zusammen, so wollte es Augustus, und diesen seinen Willen hat Tiberius respektiert.

Als echter Römer hat Augustus sein Leben lang unter dem Schutz eines Testamentes gestanden. Es wird zum ersten Mal im Jahre 23 v. Chr. erwähnt, als Augustus ein Vierziger war, die letzte Niederschrift war am 3. April 13 n. Chr. erfolgt. Aufschlußreich ist die in ihm angeordnete

Verteilung des Vermögens. Tiberius erhielt davon mehr als die Hälfte
(angeblich 7/12), Livia den dritten Teil; beide sollten den Namen des
Verstorbenen führen, Livia wurde in seine Familie adoptiert. Der Rest
des Vermögens fiel an Drusus, den Sohn des Tiberius, an Germanicus
und an seine Söhne. Auch dieser Anteil war immer noch ein reiches Erbe.
Die Tochter Iulia und die Enkelin gleichen Namens figurierten nicht
unter den Erben, doch hatte der Verstorbene ihnen immerhin Legate
ausgesetzt; doch Tiberius verweigerte ihnen die Zahlung für ihren Unterhalt – angeblich deswegen, weil ihre Namen nicht im Testament gestanden hatten (Suet. Leb. d. Tib. 50). Man muß hier daran erinnern, wie sehr
Tiberius unter den Extravaganzen seiner Gattin gelitten hatte. Aber dies
war noch nicht alles. Unter den Erben erscheinen auch verschiedene
Privatpersonen. Selbst Claudius, der spätere Princeps, erhielt eine Summe, aber eine lächerlich geringe, die ihn wiederum zum Gespött seiner
Umgebung werden ließ. Anders verschiedene Könige und Dynasten. Sie
wurden für ihre Treue zu Kaiser und Reich durch Legate geehrt.

Augustus wäre kein echter Römer gewesen, wenn er nicht dem Volk
reiche Spenden hätte zukommen lassen. So erhielt die Plebs nicht weniger
als 40 Millionen Sesterzen; jede Tribus durfte unter ihre Angehörigen
100000 Sesterzen verteilen, insgesamt 3,5 Millionen. Den Prätorianern
spendete er, Mann für Mann, 1000 Sesterzen, den Angehörigen der *cohortes urbanae* je 500. Die Legionäre erhielten immerhin noch je 300. Das
waren gewaltige Summen, aber Augustus war ein guter Haushalter gewesen, und er war sich wohl bewußt, was man von ihm erwartete. Er konnte
sich die Legate leisten, und nach Abzug aller vorgesehenen Spenden blieben noch 150 Millionen Sesterzen für die eigentlichen Erben übrig. Dies
aber war weniger, als man allgemein erwartet hatte. Augustus soll nämlich in den letzten zwanzig Jahren seines Lebens ungeheure Summen
durch die Vermächtnisse seiner Freunde und anderer Bürger geerbt haben – angeblich nicht weniger als 1400 Millionen Sesterzen. Aber das
meiste davon war für den Staat wieder ausgegeben worden, und wenn
man an die Kosten der Kriege in Pannonien und Germanien denkt, so ist
dies nicht einmal unwahrscheinlich.

War es ein befriedigender Abschluß eines langen Lebens? Man wird die
Frage bejahen, Augustus hatte den Staat auf neue Grundlagen gestellt,
vieles hatte er neu geschaffen. Aus Rom, einer einfachen Stadt aus Ziegeln, hatte er – nach seinen eigenen Worten – eine Stadt aus Marmor
gemacht. Auch das Testament entsprach dem Geist seiner Herrschaft, mit
einer einzigen Ausnahme, und diese bestand in der besonderen Bevorzu-

gung der Livia. Augustus scheint sich dessen gar nicht bewußt gewesen zu sein, daß er mit Livias Adoption in die iulische Familie dem Tiberius eine Last auferlegte, an der dieser viele Jahre schwer zu tragen haben sollte. Aber in diesem Fall hatte die Liebe zu seiner Gattin, die ihm immer eine wertvolle, treue Ratgeberin gewesen war, über seinen Verstand gesiegt. Er wollte seine Witwe nicht nur materiell sichern, sondern ihr einen Ehrenplatz in der Dynastie einräumen. Übrigens sind ähnliche Beispiele aus der Neueren Geschichte bekannt. Es sei hier an das Testament Friedrich Wilhelms, des Großen Kurfürsten von Brandenburg, erinnert, der um der Liebe zu seiner zweiten Frau willen die nachgeborenen Erben mit eigenen Fürstentümern ausstattete, wenn er damit auch seinen eigenen Grundsätzen untreu wurde. Dieses Testament ist jedoch nicht ausgeführt worden.

Tacitus hat am Anfang seiner ‚Annalen‘, die erst viele Jahre nach dem Tode des Augustus niedergeschrieben worden sind (wahrscheinlich zwischen 110 und 115 n. Chr.), ein sehr zwiespältiges Urteil über den ersten Princeps abgegeben. Tacitus aber war der Geschichtsschreiber des Senats, wenn dieser auch zu seiner Zeit keine führende Rolle in der Reichspolitik mehr spielte. Denn die vielfältigen Aufgaben der Reichsverwaltung, des Heerwesens, der Finanzen konnten nur von einer straff geführten Regierung gemeistert werden, und in dieser Beziehung war die Kabinettsregierung des Augustus dem altväterlichen Regiment des Senats weit überlegen. Allerdings hatte sich der Umbruch, wie er unter dem ersten Princeps zutage tritt, schon früher angekündigt; bereits Pompeius hatte mit seinen großen Kommanden den Weg in die Zukunft gewiesen. Und nicht anders stand es mit Caesar, der sich um den Senat nur wenig gekümmert hat. Wer so tief in der republikanischen Tradition stand wie Tacitus, der konnte allerdings dem Prinzipat nicht gerecht werden.

Das Leben des Augustus teilt sich in zwei Abschnitte. Der erste umfaßt die Zeit bis zur Erringung der Alleinherrschaft im Jahre 30 v. Chr., der zweite den Rest des Lebens. Von seinen Genossen im Triumvirat, von Antonius und Lepidus, hatte sich der junge Octavian wenig unterschieden. Er war nicht weniger grausam und rücksichtslos, seine Politik diente allein der Zweckmäßigkeit, Menschenleben spielten für ihn ebensowenig eine Rolle wie für Marcus Antonius. Keine Spur von Gnade und Barmherzigkeit, wie dies die Vorgänge nach der Schlacht bei Philippi gezeigt haben. Das Bild des jungen Mannes ist so negativ und unerfreulich, daß namhafte Forscher wie M. P. Charlesworth zu der Ansicht gelangen konnten, daß hier eine dem Octavian feindliche Überlieferung vorliege, die den Charakter absichtlich verfälscht und verdunkelt habe. Aber dem ist nicht so; denn die ungünstige Überlieferung ist so gut bezeugt, daß sie dem Zweifel keinen Raum läßt.

Im Besitz der Alleinherrschaft erscheint Augustus geradezu als ein anderer Mensch. Zwar hat er auch dann noch in verschiedenen Konfliktsfällen Härte und Entschlossenheit gezeigt, auch gegenüber Angehörigen seiner eigenen Familie; aber das Ziel seiner Politik ist ein ganz anderes geworden: es ist die Sicherung des Friedens und des Wohlstands der Bewohner des Imperium Romanum. Ein Symbol hierfür ist die Errichtung der Ara Pacis Augustae. Das großartige Monument sollte das zum Ausdruck bringen, was Augustus im Innersten erstrebte und was er im Laufe seiner langen Regierung erreicht hat. So ist denn der erste Princeps als Friedensfürst in die Geschichte eingegangen, und Kriege hat er nur noch geführt, wenn die Herrschaft der Römer bedroht schien, wie in Pannonien und Germanien. Von einer Ausdehnung des Reiches ist nicht mehr die Rede, und seinem Nachfolger hat er den Rat gegeben, das Reich innerhalb seiner Grenzen zu halten: *coercere intra terminos imperium.* Vielleicht kann man sagen, daß diese Friedenspolitik dem Augustus aufgezwungen worden ist, weil die Kräfte des Reiches nicht ausreichten, um große militärische Unternehmungen durchzuführen. Daran ist sicher etwas Richtiges, aber der Verzicht ist dem Kaiser nicht einmal schwergefallen, und gerade die zeitgenössische Dichtung hat die Friedenspolitik des Augustus in den höchsten Tönen gepriesen. Die Politik entsprach dem Geist der Zeit, man war der Kämpfe und des Blutvergießens längst müde geworden und sehnte sich nach einer Friedenszeit, in der Handel und Wandel blühten und in der auch die Wissenschaft einen neuen Aufschwung erleben durfte. Augustus selbst ist es gewesen, der diesen Tendenzen zum Durchbruch verholfen hat, er hat den Gang der Kultur bestimmt und der Entwicklung der Zivilisation neue Wege gewiesen, indem er den Dichtern und Künstlern seinen persönlichen Schutz angedeihen ließ. Dies allein würde genügen, in Augustus einen der großen Erneuerer der menschlichen Kultur zu sehen, aber er hat noch mehr getan. Vor allem war er von der Sendung Roms fest überzeugt, und dieser Idee hat er durch sein eigenes Vorbild die Bahn gebrochen. Anderseits hat er versucht, die Sitten der Altvordern wieder zu Ehren zu bringen. Wieweit er hiermit Erfolg gehabt hat, ist allerdings eine andere Frage, und ob die Orientierung an der Vergangenheit ein sehr glücklicher Gedanke gewesen ist, bleibt zweifelhaft. Vielleicht fehlte dem Augustus der Schwung des rücksichtslosen Erneuerers vom Schlage seines Adoptivvaters Iulius Caesar; aber dennoch bleibt seine Leistung bestehen. Mit ihm beginnt ein neues Zeitalter der Menschheit, und die augusteische Kultur ist ein Begriff, der untrennbar mit seiner Persönlichkeit verbunden ist. Als das Haupt seiner Familie hat sich der Kaiser bemüht, Gerechtigkeit walten zu lassen – doch ist er vor Irrtümern und Fehlleistungen nicht bewahrt geblieben. Daß er nicht nur seine Tochter Iulia, sondern auch seine Enkelin gleichen Namens und dazu noch den Enkel Agrippa Postumus in die Verbannung geschickt hat, war für ihn ein harter Zwang, aber über allem stand für Augustus die Idee des Staates, ihr hat er das Glück seiner Familie untergeordnet. Seine Liebe zu den Enkeln Gaius und Lucius, vor allem zu dem ersteren, überstieg das Maß der Zuneigung eines zärtlichen Großvaters, aber in dieser Hinsicht war er unbelehrbar, während er die Vorzüge des Tiberius, seines Stiefsohns, erst mit den Jahren zu schätzen lernte. Im ganzen war er als Staatsmann glücklicher denn als Familienvater, eine Tatsache, die ihm in seinen alten Tagen schmerzlich zum Bewußtsein gekommen ist. Unerschüttert war er jedoch in seiner Liebe zu Livia; sie hat einen entscheidenden Einfluß auf sein Leben ausgeübt, auch in seiner letzten Stunde war sie ihm nahe. Wenn man Augustus als Menschen kurz und knapp charakterisieren will, so muß man sagen: er war ein echter Römer, zum Griechentum hatte er nur ein oberflächliches Verhältnis, obwohl er griechisch sprechen und griechische Verse zitieren konnte. In seinem Leben, das nahezu 76 Jahre umschloß, hatte er die größten Veränderungen in Politik und Gesellschaft erlebt; auf seinem Weg nach oben war er durch ein Meer von Blut und Tränen hindurchgegangen, und als Princeps hat er ein neues Buch der Geschichte aufgeschlagen. Sein Werk hat den Nachfolgern eine hohe Verpflichtung auferlegt; nur wenige sind ihr gerecht geworden – am meisten wohl noch Tiberius, der ungeliebte Stiefsohn des Augustus.

Dreizehntes Kapitel

Die Geschichtsquellen

Wer es unternimmt, das Leben und die Taten des Augustus zu beschreiben, kann an der wichtigsten Quelle, den *Res gestae Divi Augusti*, im allgemeinen *Monumentum Ancyranum* genannt, nicht vorübergehen.[1] Der erste Princeps hat die *Res gestae* selbst aufgezeichnet und redigiert, er hat sich mehrfach mit der Niederschrift beschäftigt, doch darf man annehmen, daß er die endgültige Fassung im Jahre 13 n. Chr., im Zusammenhang mit der definitiven Redaktion seines Testaments, niedergeschrieben hat. Das Urexemplar stand auf zwei ehernen Pfeilern vor seinem Grabmal, dem *Mausoleum Augusti*, in Rom, dort hatte es sein Nachfolger Tiberius anbringen lassen. Die Pfeiler mit der Inschrift sind verloren gegangen, es haben sich jedoch Abschriften erhalten, von denen sich die wichtigste an den Wänden des Tempels der Roma und des Augustus in Ancyra (heute Ankara) in Galatien gefunden hat. Sie ist zweisprachig, lateinisch und griechisch, auch die griechische Fassung ist sicherlich aus der Kanzlei des Kaisers in Rom hervorgegangen. Weitere Bruchstücke fanden sich in Antiocheia und Apollonia in Pisidien.

In ihrer äußeren Form schließen sich die *Res gestae* an ähnliche Inschriften aus dem Orient an, wie etwa an die altpersischen Königsinschriften des Darius und des Xerxes, aber auch an die Prunkinschrift des Königs Antiochos I. von Kommagene, eines Zeitgenossen des Augustus. Wenn man die Inschrift als die Grabschrift erklärt hat (Eugen Bormann), so war dies ein Irrtum. Augustus wollte mit der Inschrift der Öffentlichkeit zeigen, was er geleistet hatte. Und in dem, was er berichtet, sagt er die Wahrheit, wenn auch nicht die ganze Wahrheit. Die Geheimnisse seiner Herrschaft preiszugeben, ist ihm nicht in den Sinn gekommen. So fehlt beispielsweise die Erwähnung des *imperium proconsulare*, das doch eine der wichtigsten Säulen seiner Herrschaft gewesen ist. Auch von seinen Kriegstaten findet sich in den *Res gestae* nur wenig, und seine großen Gegner, Antonius und Lepidus, werden überhaupt nicht genannt, jedenfalls nicht mit Namen. Den Hauptteil der Inschrift bilden seine Leistungen für die Plebs von Rom, dazu die Bauten und Spiele, die

Augustus für das Volk gegeben hat. Sehr ausführlich ist auch von den
Spenden die Rede, die er für die Plebs ausgeworfen hat. Natürlich sind
auch die Ehren aufgezeichnet, die ihm Senat und Volk angetragen haben,
darunter auch jene, die er abgelehnt hat. Wer wird es dem Kaiser verdenken, wenn er über gewisse Ereignisse seiner Regierung mit Stillschweigen
hinweggegangen ist? Weder der Pannonische Aufstand noch die Niederlage des Varus werden auch nur mit einem Wort erwähnt. Weder die
großen Vollmachten, die Augustus im Jahre 27 v. Chr. von Senat und
Volk empfangen hat, noch die Übertragung der vier großen kaiserlichen
Provinzen sind in der Inschrift zu finden. Worauf Augustus den größten
Wert gelegt hat, die Erneuerung des Staates, das wird, für jeden verständlich, dargelegt. Wer die *Res gestae* auch noch so aufmerksam liest wird
schwerlich auf den Gedanken kommen, daß der Verfasser der Inschrift
der Herr des ganzen Orbis Romanus ist, der hier in lapidarem Stil ein
Bild von seiner Herrschaft entworfen hat, und zwar in der Weise, wie er
sie von den Zeitgenossen gesehen wissen wollte. Übrigens hat erst der
Fund des Monumentum Antiochenum die entscheidende Ergänzung des
Wortes *auctoritate* (Abl.) in c. 34, 3 gebracht (vorher hatte man an dieser
Stelle, Mommsen folgend, *dignitate* gelesen) und damit die tragende
ideelle Grundlage seines Prinzipats herausgestellt.

Zwei Gesandte des deutschen Königs Ferdinand I. (gest. 1564), die von
Wien zum Sultan Soleiman reisten – sie hießen Busbeq und Vrantzius –
haben die Inschrift an Ort und Stelle zum ersten Mal abgeschrieben,
jedoch noch lückenhaft und unvollständig. Erst viel später haben Geor-
ges Perrot und Edmond Guillaume auf Veranlassung Kaiser Napoleons
III. eine verläßliche Abschrift hergestellt. Auf diese Edition sowie auf die
Abschrift des deutschen Konsuls Humann in Smyrna geht die Ausgabe
Theodor Mommsens zurück (s. S. 321), sie ist durch ihren ausführlichen
Kommentar noch heute wertvoll. Und in unserer Zeit hat Jean Gagé mit
Recht betont, daß die *Res gestae* kein Alterswerk des Augustus, sondern
vielmehr geschrieben seien, als er auf der Höhe seines Lebens stand, der
Grundstock wahrscheinlich schon in den Jahren zwischen 27 und 23
v. Chr., doch hat der Kaiser bis in die letzte Zeit seines Lebens immer
wieder Ergänzungen und Verbesserungen an dem Text vorgenommen.[2]
Es ist seinerzeit vor allem Ernst Kornemann gewesen, der sich für eine
sukzessive Entstehung der Inschrift eingesetzt hat, aber seine Argumente
sind nicht immer überzeugend, sie sind von der Forschung im wesentlichen abgelehnt worden, da sie über das Wißbare hinausgehen. Doch sind
die Arbeiten Kornemanns ein vorzügliches Ferment der Forschung ge-

wesen, wenn diese auch durchweg zu anderen Ergebnissen gekommen ist.

Gegenüber der „Königin der lateinischen Inschriften", wie sie Mommsen genannt hat, verblassen alle anderen inschriftlichen Dokumente aus der augusteischen Zeit, die auf uns gekommen sind. Doch mag hier immerhin das Fragment der Akten der Säkularspiele (*ludi saeculares*) erwähnt werden, in denen sich die Angabe findet, daß Q. Horatius Flaccus das Festlied gedichtet hat[3] – ein willkommenes urkundliches Zeugnis für den Dichter Horaz. Außerdem mag hier noch eine griechische Inschrift erwähnt werden (mit einem kleineren dazugehörenden lateinischen Fragment), ein Schreiben des Proconsuls der Provinz Asia mit einem Dekret über die Einführung des iulianischen Kalenders. Sie ist ein wertvolles Beispiel ebenso für die asianische Beredsamkeit wie für die göttliche Verehrung, die man dem Kaiser im Osten entgegenbrachte.[4] Sie stammt wohl aus dem Jahr 9 v. Chr. In ihr steht zu lesen, daß das Jahr der Provinz Asia mit dem Geburtstag des Kaisers am 23. September seinen Anfang nehmen soll. Die Urkunde enthält übrigens den frühesten Beleg für das Wort *euangelion* im Sinne von „frohe Botschaft".[5] Große Aufmerksamkeit in der modernen Forschung haben auch die Inschriften vom Marktplatz von Kyrene gefunden. Sie bringen unter anderem fünf Edikte des Augustus sowie das *senatus consultum Calvisianum* aus den Jahren 7/6 und 5/4 v. Chr. Es geht hier um die Beteiligung des griechischen Bevölkerungselements an den Gerichten, wobei die Römer entsprechend zurückgedrängt worden sind. Die Cyrenaica war bekanntlich eine senatorische Provinz, aber Augustus hat dennoch in ihre Gerichtsverfassung eingegriffen, wobei er sich auf das Oberaufsichtsrecht des Princeps gestützt hat. Die Inschriften sind zu wiederholten Malen von Historikern und Juristen behandelt worden.[6]

In der kleinen Stadt Gangra in Paphlagonien wurde eine Inschrift gefunden, die den Gefolgschaftseid für Augustus bringt, den ihm die Paphlagonier im Jahre 3 v. Chr. geschworen haben.[7] Aber dies alles sind nur einige wenige, durch Zufall erhaltene Dokumente, die große Masse der Inschriften ist unwiederbringlich verloren.

Nicht erhalten sind die Briefe, die der junge Octavian an Cicero geschrieben hat. Sie finden sich nicht in der Korrespondenz Ciceros. Es schien dem Herausgeber, ob dieser nun Tiro oder ein anderer Freund Ciceros gewesen sein mag, offenbar nicht opportun, sie der Öffentlichkeit preiszugeben, jedenfalls solange Augustus am Leben war. Doch sind in den Briefen Ciceros so manche nicht immer schmeichelhafte Äußerun-

gen über Octavian erhalten. Sie müssen natürlich mit Kritik gelesen
werden.

Es ist sehr schade, daß von der Autobiographie des Augustus nur ein
paar wenig signifikante Bruchstücke erhalten geblieben sind. Die Darstellung reichte bis zum Cantabrischen Krieg, der im übrigen kein spürbarer
Einschnitt im Leben des Kaisers gewesen ist. Eine Biographie des Augustus hat der Syrer Nikolaos von Damaskos geschrieben. Sie bringt gegenüber den anderen Darstellungen wenig Neues. Ihr Kennzeichen ist der
Wortreichtum, mit dem der Inhalt nicht Schritt zu halten vermag; dazu
ist sie nicht immer vertrauenerweckend, da es der Mann aus dem Syrer-
land auch sonst mit der Wahrheit nicht genau genommen hat. Ganz
anders das Geschichtswerk des Strabon aus Amaseia in der Landschaft
Pontos in Kleinasien. Aber hiervon sind nur Fragmente auf unsere Zeit
gekommen – im Gegensatz zu seinem anderen Werk, der ‚Geographie‘ in
17 sehr wertvollen Büchern, die eine Beschreibung der Landschaften des
Imperium Romanum geben: besonders ertragreich für die Länder, die
Strabon selbst gesehen hat, für Kleinasien, Ägypten und bemerkenswer-
terweise auch für die iberische Halbinsel, obwohl Strabon diese wahrscheinlich niemals selbst besucht hat. Strabon ist ein Zeitgenosse des
Augustus, er starb im Jahre 19 n. Chr. unter der Regierung des Tiberius.

Unter den Zeitgenossen des Kaisers waren mehrere Männer, die Erinnerungen oder zeitgeschichtliche Darstellungen geschrieben haben wie
Asinius Pollio und Messalla Corvinus. Aber auch von ihnen sind nur
wenige Fragmente erhalten geblieben. Ein Zeitgenosse war auch der Geschichtsschreiber Titus Livius. Er hat sein großes Geschichtswerk *Ab
Urbe condita* von den Anfängen Roms bis zum Jahre 9 v. Chr. herabgeführt. Unglücklicherweise existieren aber von den zwanzig Büchern von
Caesars Tod an nur wenige Fragmente. Bemerkenswert ist die Schilderung von Ciceros Tod, die durch Zufall bei Seneca Rhetor erhalten geblieben ist.[8] Zeitgenosse war auch der Historiker Velleius Paterculus, ein
kritikloser Verehrer des Tiberius. Er hat eine kurzgefaßte Römische Geschichte (*Historia Romana*) in zwei Büchern hinterlassen. Im zweiten
Buch, das mit dem Numantinischen Krieg einsetzt, finden sich auch
einige Abschnitte über die Kriege des Augustus in Pannonien und Germanien, auch die Varusschlacht ist behandelt (II 118–119). Eine gerechte
Würdigung des Augustus wird man allerdings bei Velleius vergebens
suchen, weil er das Negative unterdrückt und das Positive einseitig hervorgehoben hat. Man mag hierzu das aufschlußreiche Kapitel über die
Proskriptionen der Triumvirn (II 66) nachlesen.

Im ganzen eine wenig befriedigende Ausbeute – doch darf man nicht übersehen, daß es mehrere zeitgenössische Darstellungen gegeben hat, wenn diese auch nicht auf unsere Zeit gekommen sind. Zu diesen gehörten die Werke des Cremutius Cordus (gest. 25 n. Chr.), des Annaeus Seneca Rhetor, des Vaters des Philosophen, des Aufidius Bassus, des Servilius Nonianus (gest. 25 n. Chr.). Auch der Kaiser Claudius hat ein Geschichtswerk über die Bürgerkriege und die Zeit nach der Schlacht bei Actium verfaßt. Im ganzen eine große und reichhaltige Literatur, die leider verloren gegangen ist, wenn sie auch dem Tacitus und dem Sueton noch zugänglich gewesen ist. Zur Bildung des Urteils über den ersten Princeps mögen diese Werke wesentliches beigetragen haben, doch läßt sich dies heute nicht mehr nachprüfen. Eins ist allerdings gewiß: Augustus, von seinen Zeitgenossen verehrt und bewundert, hat in der antiken Geschichtsschreibung nicht immer eine gerechte Würdigung gefunden. Dies hängt damit zusammen, daß die antiken Historiker in der Regel den Standpunkt des Senats, nicht den des Kaisers vertreten, mit der einzigen Ausnahme des Velleius Paterculus.

Den Abschluß soll hier Cassius Dio Cocceianus bilden, der Verfasser einer voluminösen Römischen Geschichte von der Gründung Roms an in griechischer Sprache. Er schrieb sie in der Zeit der Severer, im Jahre 229 erreichte er mit dem 2. Consulat den Höhepunkt seiner Laufbahn. Die Frage, inwieweit die Darstellung des Griechen aus Nikaia in Bithynien ein wahrheitsgetreues Bild des Augustus und seiner Zeit bietet, ist nicht leicht zu beantworten. Cassius Dio verfügte zwar über hervorragende Kenntnisse auf dem Gebiet der Verwaltung und Heerführung, aber er sah die Zeit des Augustus unter dem Gesichtswinkel des autokraten Kaisertums der Severer, von Bürgerstolz und Bürgerfreiheit wußte Cassius Dio nichts mehr, und das Wort des Princeps war für ihn Gesetz. Doch was wüßten wir beispielsweise von dem ereignisreichen Jahr 27 v. Chr., mit dem für Cassius Dio die Monarchie beginnt, und auch vom Jahr 23, wenn wir seine Darstellung nicht besäßen? Es mag sein, daß er manches verzeichnet hat, weil seine Perspektive eine andere war und für die augusteische Zeit nicht paßte. Aber es ist ebenso gewiß, daß ohne Cassius Dio eine Geschichte des entstehenden Prinzipats nicht geschrieben werden könnte.

Wir stünden heute anders da, wenn die zeitgenössischen Geschichtswerke, angefangen mit Asinius Pollio, erhalten geblieben wären. So aber, wie die Dinge liegen, muß jede Darstellung letzten Endes von Sueton ausgehen, mit dem vor allem die urkundlichen Quellen, insbesondere die

Res gestae Divi Augusti, zu kombinieren sind. Dazu kommt – mit den
angegebenen Einschränkungen – das Werk des Cassius Dio. Man hat ihn
den ‚Livius von Byzanz‘ genannt, und in der Tat hat sein Werk in der
byzantinischen Zeit die gleiche Geltung gehabt wie seinerzeit in Rom das
Werk des Titus Livius. Aber beide, weder Livius noch Cassius Dio,
waren keine kritischen Geschichtsschreiber oder gar Geschichtsforscher,
und Cassius Dio ist sich des großen zeitlichen und geistigen Abstands
vom Kaiser Augustus keinen Augenblick bewußt gewesen. Man wird es
verstehen, wenn – in Ermangelung anderer Quellen – das Werk des Cassius Dio in der modernen Geschichtsschreibung vielfach überschätzt
worden ist, aber seine Leistung wird trotz wertvoller Einzelheiten, die
nur bei ihm zu finden sind, der Zeit und der Persönlichkeit des Augustus
nicht gerecht. In der neueren Forschung hat sich in jüngster Zeit eine
Richtung bemerkbar gemacht, die versucht, dem Griechen Gerechtigkeit
zuteil werden zu lassen (Fergus Millar und andere) – aber hier ist das
letzte Wort sicherlich noch nicht gesprochen.

Vierzehntes Kapitel

Poesie und Prosa der augusteischen Zeit

Unter den für die Taten des Augustus erwogenen Ehren findet sich die
Anregung eines Unbekannten, man möge die Zeit von seiner Geburt bis
zu seinem Tod von nun an das augusteische Zeitalter *(saeculum Augustum)* nennen (Suet. Leb. d. Aug. 100, 3). Und in der Tat bringt dieser
Vorschlag das zum Ausdruck, was damals viele gedacht und gesagt haben
mögen: daß mit Augustus ein neues Zeitalter in Rom begonnen hatte. Die
neue Zeit spiegelt sich in seinen Taten, über die Augustus eine eigenhän-
dige Aufzeichnung, die *Res gestae*, hinterlassen hatte, sie spiegelt sich
aber auch in der Literatur, der Augustus den Stempel seines Wesens
aufgedrückt hat.

Die augusteische Literatur ist unendlich oft Gegenstand der Darstellung gewesen, vor allem hat man sich darüber Gedanken gemacht, wieweit Augustus die einzelnen Dichter angeregt oder beeinflußt hat. Es gibt
Forscher, die allen Ernstes von einer „Staatsliteratur" gesprochen haben,
einem Begriff, der dem literarischen Schaffen dieser Epoche jedoch in
keiner Weise gerecht wird. Soviel ist jedoch sicher: Augustus hatte, je
älter er wurde, die große Bedeutung der Literatur für sein Erneuerungs-
werk erkannt, er hat nicht wenige Dichter persönlich gefördert und ausgezeichnet. Denn das, was sie schufen, war ihm nicht gleichgültig, und es
bedarf keines Beweises, daß er einen Dichter wie Ovid wegen seiner
„lasziven Kunst" in die Verbannung geschickt hat. Die eigenen literarischen Leistungen des Augustus nehmen sich bescheiden aus, er war kein
Dichter und auch kein Schriftsteller. Wenn er Gedichte oder Prosaschrif-
ten verfaßt hat, so folgte er damit vielen anderen vornehmen Römern, die
das Gleiche vor ihm getan haben, zumeist ohne in der Literaturgeschichte
nachhaltige Spuren zu hinterlassen.

Der einzigartige Wert der augusteischen Literatur besteht darin, daß
eine große Zahl von Dichtern ersten Ranges als Zeitgenossen des Kaisers
in der Stadt Rom gelebt und gearbeitet haben. Und mit Recht hat ein
Kenner wie Richard Heinze[1] gesagt, daß die Welt selten eine solche Fülle
poetischer Talente, räumlich und zeitlich so eng zusammengedrängt, ge-

sehen hat. Man denke nur an Vergil, Horaz, Tibull, Properz und Ovid, um von den anderen zu schweigen, deren Werke verloren gegangen sind. Und all diese ungewöhnlich begabten Dichter standen in Beziehungen zu Augustus, er hat sie zu ihren Werken angeregt, er hat sie gelobt und, wenn es sein mußte, auch getadelt. Es ist nicht nur der inhaltliche Reichtum, der sich in den Dichtungen der Augusteer entfaltet; es ist auch die formale Meisterschaft, für jeden Kenner ganz unüberhörbar. Ovid hat von sich bekannt, daß alles, was er schrieb, gewissermaßen von selbst zu Versen geworden sei: *Quidquid temptabam scribere versus erat.* Andere mußten zwar in harter Arbeit mit ihren Dichtungen ringen, aber die Ergebnisse waren das Heldenepos Vergils und die Oden des Horaz, dem niemand an seiner Wiege gesungen hatte, daß er schon zu seinen Lebzeiten ein Stern erster Ordnung am Himmel der römischen Dichtkunst werden würde. Horaz hat an den vier Büchern seiner Oden nicht weniger als fünfzehn Jahre gearbeitet, das Ergebnis besteht in wenig mehr als einhundert Gedichten (in unseren Tagen würde ein moderner Dichter dazu wohl nur wenige Monate brauchen). In seinem Umfang noch bescheidener stellt sich das Werk Tibulls dar, er hat es nur auf etwa vierzig Druckseiten gebracht. Und Vergil soll zehn Jahre an seiner Aeneis gearbeitet haben, und als er durch den Tod abberufen wurde, war das Epos immer noch nicht fertig, wie die unvollständigen Verse zeigen. Wenn es nach Vergil gegangen wäre, so hätte das unfertig hinterlassene Manuskript vernichtet werden sollen, doch hat Augustus dies verhindert und damit der Welt ein Werk gerettet, dessen Wirkung vor allem in den romanischen Literaturen ganz unvergänglich ist.

An der Spitze der augusteischen Dichter steht ebendieser Mann, *P. Vergilius Maro* aus Andes bei Mantua (70–19 v. Chr.). Sein Schicksal wurde durch die Ackerverteilungen der Triumvirn in Mitleidenschaft gezogen, denn er verlor zweimal sein väterliches Landgut, und zweimal hat er es durch die Gnade Octavians wiedererlangt; seine Fürsprecher waren Asinius Pollio und Maecenas. Vergil begann mit den *Bucolica*, Hirtengedichten im Stil Theokrits von Syrakus. In ihnen spiegelt sich die Zeitgeschichte; insbesondere die Erlebnisse des Dichters während der Ackerverteilung sind in ihnen verarbeitet. Das erste Gedicht der *Bucolica* enthält den Dank an Octavian, dem sich Vergil verpflichtet fühlte.

In den vier Büchern der *Georgica* werden neue Töne angeschlagen: Vergil hat hier ein Lehrgedicht geschaffen, sein Vorbild ist der Grieche Hesiod von Askra mit seinen ,,Werken und Tagen". In Rom hatte es vor Vergil noch niemand versucht, sich in Form eines großen Gedichtes über den Ackerbau, die Baumpflege, die Vieh- und Bienenzucht zu verbreiten. Wenn es richtig ist, daß Maecenas ihm die Anregung dazu gegeben hat, so reihen sich die Gedichte der *Georgica* ein in die Bestrebungen des Augustus, die Landwirtschaft zu heben und die Arbeit des Bauern wieder zu Ehren zu bringen. Mit der Aeneis schließlich hat Vergil ein Werk geschaffen, das ihm die Unsterblichkeit verliehen hat. Die Schilderung der Wanderungen und Kämpfe des Trojaners Aeneas ist ein echt nationales Thema, und Vergil hat keine Gelegenheit vorübergehen lassen, in der Aeneis seinem Gönner, dem Augustus, und den großen Heldengestalten der Römer zu huldigen. Die Aeneis ist der unbestrittene Höhepunkt des römischen Epos, sie führt in der Komposition und der Schilderung der Einzelvorgänge weit über Livius Andronicus (um 240 v. Chr.), Cn. Naevius (um 230) und Quintus Ennius (gest. 169) hinaus. Ganz besonders eindrucksvoll ist die Heldenschau im 6. Buch, die dem Aeneas von seinem Vater Anchises im Elysium gezeigt wird. Vergil verstarb auf der Rückreise von Hellas, er wurde in Neapel, das er sehr geliebt hat, begraben. Die Grabinschrift, möglicherweise von dem Dichter selbst stammend, lautet: *Mantua me genuit, Calabri rapuere, tenet nunc Parthenope; cecini pascua, rura, duces:* ,,Mantua hat mich geboren, die Calabrer haben mich hinweggerafft, es besitzt mich jetzt Neapel. Ich habe besungen die Weidegründe, die Felder, die Helden."

Einen Teil seines Weltruhms verdankt Vergil einem Mißverständnis, und zwar wegen seiner 4. Ekloge. In ihr feiert der Dichter den Consul des Jahres 40 v. Chr., Asinius Pollio. In einer großartigen Vision beschreibt Vergil das kommende Goldene Zeitalter, in ihm wird der Friede auf Erden einkehren, die Menschheit wird neu geboren werden. Die Christen haben in dem Gedicht Reminiszenzen an messianische Weissagungen gefunden und die Prophezeiungen Vergils auf die Geburt Jesu Christi bezogen, eine Deutung, die übrigens schon der Kaiser Constantin I. vorgetragen hat. Sie durchzieht das ganze Mittelalter, und daß Vergil als erster in Rom die Geburt des Heilandes vorausgesagt hat, daran hat niemand ernstlich zu zweifeln gewagt.

Es war gewiß ein glücklicher Gedanke des Dichters, die Heldentaten des Aeneas, des Stammvaters der Römer, in einem großangelegten Epos zu beschreiben. Dieser Held, eine Verkörperung der Kardinaltugend der Frömmigkeit *(pietas)*, ist dank Vergil zu einer Symbolfigur für die Tugenden der Römer geworden. Das Epos endet mit dem Tod des großen Gegners des Aeneas; dies ist Turnus, der König der Rutuler von Ardea. Einer Vereinigung der Trojaner und Latiner, welche die Göttin Juno

solange zu verhindern wußte, steht nun nichts mehr im Wege. Ganz ohne
Zweifel hat das Heldengedicht das römische Nationalbewußtsein in besonders glücklicher Weise an einem historischen Thema zur Darstellung
gebracht. (Für die antiken Menschen, auch für die Römer, war die Sage
ein untrennbarer Teil der Geschichte). Die Aeneis kam zur rechten Zeit,
sie ist von den Römern mit Begeisterung aufgenommen worden, und
vieles, was Augustus geschaffen hat, fand sich in dem Heldengedicht
vorgezeichnet: Hatte nicht der Senat bei der Überreichung des goldenen
Ehrenschildes an Augustus gerade die Kardinaltugenden des Aeneas –
neben der *pietas* die *clementia* und *iustitia* – gerühmt? Hatte nicht Augustus wiederholt an die Beispiele der Vorfahren erinnert? Und wenn Vergil
die römischen Helden im 6. Buch den Lesern vor Augen stellte, so tat er
das Gleiche wie Augustus, der auf dem Forum Romanum eine Heldenga-
lerie errichten ließ. Und der Grundsatz, daß man die Unterworfenen
schonen, die trutzigen Rebellen aber niederwerfen müsse (Aen. VI 853),
war dem Augustus und vielen seiner Zeitgenossen aus dem Herzen gesprochen. Ob Vergil Anregungen des Princeps aufgenommen und sie in
seinem Epos zur Darstellung gebracht hat? Wer dies annimmt, der ver-
kennt etwas sehr Wesentliches: Vergil war überzeugt von der Größe
Roms, und diesem Gefühl hat er in seinen Versen einen unübertrefflichen
Ausdruck verliehen. Zur Entstehung eines römischen Nationalgefühls
hat sein Werk unendlich viel beigetragen, denn die Römer wurden sich
dessen bewußt, daß ihre Herrschaft ihnen hohe Pflichten auferlegte, die
den Einsatz des ganzen Römertums verlangten. Vergangenheit, Gegenwart und Zukunft, diese in großartigen Visionen, verbinden sich in der
Aeneis zu einer einzigen Einheit, und über allem steht die Idee der *Roma
aeterna*, des ewigen Roms. Mag sein, daß Vergil bei der Schilderung der
Taten und Mühen des Stammvaters Aeneas an Augustus gedacht hat –
aber darauf kommt es nicht an. Entscheidend ist seine durchaus optimi-
stische Einstellung zur Größe und Unüberwindlichkeit Roms, hier hat
sie einen unvergänglichen Ausdruck gefunden. Nicht zu übersehen ist
endlich die ganz persönliche Beziehung des Princeps zur Aeneassage: Die
Iulier leiteten ihre Herkunft von Ascanius, dem Sohn des Aeneas, ab,
dadurch wurde die Göttin Venus zur Stammutter des iulischen Geschlechts, dem Augustus durch Adoption angehörte. Mit Recht hat man
hier von einer Legitimierung der Herrschaft des Augustus gesprochen,
denn die Römer waren die Nachfolger der Trojaner, die trojanischen
Helden die Stammväter der großen römischen Familien. Augustus wußte, was er tat, wenn er die noch nicht ganz fertige Aeneis der Nachwelt

erhalten hat. Wäre das Epos, wie es der Dichter gewollt hatte, vernichtet worden, so wäre Rom nicht nur um ein bewundernswertes Werk, sondern auch um ein unschätzbares Zeugnis des Nationalgefühls ärmer geworden.

Vergil hat ein Alter von fünfzig Jahren erreicht, sein Zeitgenosse Q. *Horatius Flaccus* ist auch nur sechsundfünzig Jahre alt geworden (geb. am 8. Dezember 65 in Venusia, gest. am 27. November 8 v. Chr.). Er stammte aus einfachen Verhältnissen, sein Vater war ein Freigelassener, und Horaz selbst hat keineswegs aus dem Vollen leben können, doch hat der Vater für eine hervorragende Erziehung des hochbegabten Sohnes gesorgt, die Nachwelt dankt es ihm noch heute. Horaz konnte es sich immerhin leisten, eine Bildungsreise nach Athen zu unternehmen, wo er sich in der Neuen Akademie philosophischen Studien widmete, um, wie er selbst sagt, die Wahrheit zu suchen. Athen war der rechte Ort, die großen griechischen Dichter, Archilochos, Alkaios, Sappho und die anderen, zu studieren, doch in seiner jugendlichen Begeisterung schloß sich Horaz der Sache des Brutus an, und im Oktober des Jahres 42 – er war noch nicht ganz 23 Jahre alt – geriet er in die Niederlage der Republikaner bei Philippi, nur einem glücklichen Zufall verdankte er seine Rettung. Nach Italien zurückgekehrt, kam er in den Genuß der Amnestie der Triumvirn, aber seine wirtschaftliche Lage war deprimierend, seiner gedrückten Stimmung verleihen seine ersten Gedichte, die Sermonen oder Satiren und die noch aggressiveren Epoden, einen beredten Ausdruck. Aber es riß ihn wieder nach oben, denn durch den Dichter Varius und durch Vergil wurde er mit Maecenas bekannt, dieser aber empfahl ihn dem Augustus. Längst hatte sich Horaz davon überzeugt, daß das Heil des Staates und des Römertums nur von Augustus kommen könne. Der Wandel seiner Gesinnung ist ganz offensichtlich, aber er hatte ihn in voller Freiheit und in geistiger Unabhängigkeit vollzogen. Augustus und seine Freunde hätten es begrüßt, wenn Horaz die Taten des Princeps in einem großen Epos dargestellt hätte. Zum Glück hat Horaz dies nicht getan, aber seine Gedichte zeigen, daß er in Augustus die Erfüllung der Hoffnungen der Patrioten gesehen hat. Als Augustus ihn noch enger an seine Person binden wollte, indem er ihm die Stelle eines Privatsekretärs anbieten ließ, da hat Horaz dieses glänzende Anerbieten nach reiflicher Überlegung abgelehnt. Es ehrt den Kaiser, daß er dies dem Horaz nicht nachgetragen hat; er wußte, daß die Dichter schwierig sind, er hat dem Horaz auch weiterhin seine Gunst geschenkt, denn er war überzeugt, daß er sich auf die Gesinnung seines Freundes verlassen konnte. Als Maecenas den Weg in die Ewigkeit angetreten hatte, folgte ihm, wenige Wochen später, Horaz nach. Sein Grab erhielt er an der Seite seines Gönners und Freundes auf dem Hügel des Esquilin in Rom.

In seinem Leben sind dem Horaz bittere Erfahrungen nicht erspart geblieben, aber er besaß eine glückliche Natur, und wer seine Oden und Episteln liest, dem wird es nicht verborgen bleiben, daß der Dichter vor allem die Genügsamkeit zu schätzen wußte. Jede Übertreibung hat er von vornherein abgelehnt, am glücklichsten war er auf dem Lande, auf seinem kleinen Landgut im Sabinerland, das er der Großmut des Maecenas verdankte. Er war alles andere als ein Anbeter des Mammons, die Freuden der Liebe sind ihm nicht fremd geblieben. Horaz war fest davon überzeugt, daß seine Werke die Zeiten überdauern würden (*carmen* III 30), und er war im besonderen stolz darauf, daß er als erster das äolische Lied der Hellenen zu den Römern verpflanzt hatte. Im übrigen spiegelt sich in seinen Werken seine Seele deutlich wider. Die frühesten Dichtungen sind die Sermonen, satirische Gedichte, von denen das erste Buch in der Zeit zwischen 41 und 35, das zweite von 35 bis 30 v. Chr. entstanden ist. Und dies alles noch zu einer Zeit, in der Horaz nicht wußte, wohin ihn der Weg führen würde. Als Vorbild dienten ihm die Satiren des Lucilius (180–103 v. Chr.), aber die horazischen Sermonen unterschieden sich in einem wesentlichen Punkt von den Gedichten des Lucilius. Dieser hatte mit seinem Spott prominente Persönlichkeiten aufs Korn genommen, Horaz dagegen begnügte sich damit, Leute aus dem Mittelstand wegen ihrer Schwächen vor der Öffentlichkeit an den Pranger zu stellen. Im übrigen sind die Sermonen von philosophischem Geist durchdrungen, insbesondere die Lehre des Griechen Epikur (etwa 340–270) hatte es dem Dichter angetan. Auch die mit den späteren Sermonen ungefähr gleichzeitig entstandenen Epoden sind Spottverse. Mit ihnen wendet sich Horaz gegen seine Gegner nach dem Vorbild, das vor vielen hundert Jahren der Grieche Archilochos von Paros gegeben hatte.

Doch wurden diese Gedichte in ihrer Wirkung von den Oden weit übertroffen; die ersten drei Bücher sind in den Jahren von 30 bis 23, das vierte Buch ist in der Zeit von 17 bis 13 v. Chr. entstanden. Sie zeigen Horaz auf der Höhe der Zeit, er ist ein begeisterter Anhänger und Lobredner des Augustus geworden. Der Inhalt der Oden ist von einer geradezu unglaublichen Vielfalt, die Gedichte spiegeln das Gewoge des wirklichen Lebens seiner Zeit wider: Feldherren, Triumphatoren, Männer der Politik und des gesellschaftlichen Lebens, Frauen und Mädchen – unter ihnen nicht wenige der Demimonde –, der Glanz der Olympischen Spie-

le, der römische Götterhimmel mit dem blitzeschleudernden Juppiter O.
M. an der Spitze, die Freunde des Poeten, unter ihnen der berühmte
Q. Dellius, der den Partherkrieg des Antonius beschrieben hat. Dies alles
wechselt in bunter Folge, und über allem schwebt eine frohe, wenn auch
gelegentlich etwas resignierte Stimmung, die dem Horaz eigen war, wenn
er sich über die Welt, das Leben und die Bestimmung des Menschen seine
Gedanken machte. Die Welt ist schön, aber sie ist vergänglich, der
Mensch muß sich ins Unvermeidliche fügen: *omnes eodem cogimur:* Wir
alle streben nach dem gleichen Ort und eines Tages wird uns die gleiche
Nacht umfangen, und darum ist es nötig, das Leben zu genießen und die
finsteren Gedanken zu verscheuchen, die doch zu nichts nütze sind.
Schon zu Lebzeiten des Dichters sind die Oden ein Schulbuch geworden,
sie sind es auch in der neueren Zeit, nicht immer zum Vorteil der Sache,
geblieben, denn manche Gedichte stellen an den Leser hohe Anforderungen, und nicht jeder wird die Mythologie, die Anspielungen und die
Gedanken der Lebensweisheit ohne weiteres verstehen und recht zu würdigen wissen.

Über eine lange Zeit erstreckte sich die Arbeit des Horaz an den Episteln. Sie sind an Personen aus dem Bekannten- und Freundeskreis des
Dichters gerichtet, unter ihnen erscheinen Maecenas und der spätere Kaiser Tiberius. In den Episteln hat Horaz die Gelegenheit benutzt, eigene
Betrachtungen anzustellen und individuelle Ratschläge zu erteilen, sie
sind ein Bild seines eigenen Seelenzustands. Philosophisch steht er jetzt
auf dem Standpunkt des Eklektikers, allerdings mit einer unverkennbar
stoischen Prägung. Es geht ihm um Fragen der Lebensführung, und hier
erweist er sich als ein zuverlässiger Führer, der gleich weit entfernt ist von
überschäumendem Lebensgenuß wie von pessimistischer Weltverach-
tung. Soviel über das erste Buch.

Die Episteln des zweiten Buchs, das auf Anregung des Augustus entstanden ist, gelten literarischen Fragen. Hier konnte Horaz aus dem Vollen schöpfen, denn er hatte sich längst eine hervorragende Stellung in der
römischen Dichtkunst erworben. So werden in dem Buch „Über die
Dichtkunst" (*De arte poetica*), das den Schluß unserer Ausgaben bildet,
theoretische Probleme der Dichtung besprochen, vor allem im Anschluß
an Aristoteles. Wie hoch der Kaiser den Dichter zu schätzen gelernt
hatte, zeigt die Tatsache, daß er ihn aufgefordert hat, für die Säkularspiele
das *carmen saeculare* zu verfassen. Horaz hat sich dieser Aufgabe gewachsen gezeigt. Das Säkularlied bildete einen wirkungsvollen Abschluß
der Spiele, die in Rom drei Tage und drei Nächte hindurch gefeiert

worden sind. Die dominierenden Götter Apollo und Diana werden am
Anfang und am Schluß angerufen, und Horaz vergißt nicht, des Augustus
an hervorragender Stelle zu gedenken, im Zusammenhang mit seinen
Bemühungen um eine Vermehrung des römischen Volkes. Auch an den
anderen großen Leistungen des Augustus, die in diesem Jahr (17 v. Chr.)
bereits für jedermann klar ersichtlich waren, ist Horaz nicht vorüberge-
gangen.

Es ist der unvergängliche Ruhm des Horaz, an der Erneuerung des
Römertums durch Augustus mit seinen Dichtungen tätigen Anteil genommen zu haben. Man wundert sich nicht, wenn ihm die Nachwelt
einen hervorragenden Platz unter den Dichtern zugewiesen hat. Berühmt
ist der Ausspruch Quintilians aus flavischer Zeit, daß von allen Lyrikern
nahezu allein Horaz es verdiene, gelesen zu werden. Später allerdings
wurde sein Ruhm durch Vergil im Mittelalter über Gebühr verdunkelt,
aber noch heute hat Horaz von seiner Frische und Lebensweisheit nichts
verloren, sein dichterisches Werk ist wirklich ein Monument, dauernder
als Erz, wie er es selbst einmal ausgesprochen hat (*carmen* III 30, 1). Er
hat sich die Unsterblichkeit gewünscht, sie ist ihm zuteil geworden.

Über die beiden Elegiker der augusteischen Zeit, Properz (von etwa 50
bis 19 v. Chr.) und Tibull (gest. 19 v. Chr.), soll hier nur das Wichtigste
angeführt werden. Ebenso wie Vergil gehörte auch Properz zu jenen
Bürgern, die durch die Landverteilungen der Triumvirn betroffen worden sind. Beide Dichter sind nicht alt geworden. Tibull hat im Gefolge
des Messalla Corvinus dessen Feldzüge im Orient und im Westen mitge-
macht, Tibull war ein wohlhabender Mann aus dem Ritterstand, vielleicht ein Stadtrömer. Mit Horaz war er befreundet. Properz, gebürtig
aus Assisi in Umbrien, hat nur wenig Kontakte mit anderen Dichtern
gepflegt, er war ein durchaus subjektiver Dichter, und im Mittelpunkt
seines Schaffens stehen die Elegien für seine geliebte Cynthia. Aber Maecenas, sein Freund, hat ihn zu patriotischen Gedichten angeregt, Properz
hat sie im letzten Buch seiner Elegien in die Welt hinausgehen lassen.
Überwiegend sind es Themen einer fernen Vergangenheit, doch findet
sich auch ein Gedicht über die Schlacht bei Actium, ein Ereignis, das
damals erst wenige Jahre zurücklag. Und die allerletzte Elegie des Properz ist ein Trauerlied auf Cornelia, die Tochter der Scribonia und Stieftochter des Augustus. Cornelia spricht aus ihrem frühen Grab und versucht, die Trauernden zu trösten. Von den beiden Dichtern war Properz
der Begabtere, doch ist die Sprache Tibulls einfacher, während Properz
große Gelehrsamkeit entfaltet; man hat ihn nicht mit Unrecht als den

‚römischen Kallimachos' bezeichnet. Obwohl Spätere das Leben der beiden Dichter beschrieben haben, ist ihnen eine Fernwirkung nicht beschieden gewesen, sie waren, nicht nur für ihre Zeitgenossen, zu subjektiv, und der sehr persönliche Charakter der Liebeselegien war nicht gefragt. Im übrigen findet sich unter den Gedichten Tibulls auch Unechtes wie der ‚Panegyricus auf Messalla' am Ende des 3. Buches. Dieses Elaborat ist das Produkt eines Bettelpoeten, der tief unter Tibull und Properz steht, doch ist die Schrift historisch nicht ganz ohne Wert (s. o. S. 155).

Auch Cornelius Gallus, der Präfekt von Ägypten (69 bis 26 v. Chr.), hat Elegien gedichtet, die aber nicht erhalten geblieben sind.

Zu den bedeutendsten Dichtern seiner Zeit gehörte *P. Ovidius Naso* (43 v. – 18 n. Chr.). Er stammte aus dem kleinen Ort Sulmo in Mittelitalien, erhielt aber, wie so viele andere, seine Erziehung in der Hauptstadt Rom. Und ebenso wie Tibull gehörte auch er dem Ritterstand an. Als Dichter der Liebe ist er weit über die Grenzen Italiens bekannt geworden. Zur Liebespoesie gehören die drei Bücher der *Amores*, die *Ars amandi*, ebenfalls in 3 Büchern, und die *Remedia amoris*. Sie alle haben den ganz ungeteilten Beifall eines großen Lesepublikums gefunden, aber dem Augustus gefielen sie nicht, er wird in ihnen laszive Dichtungen gesehen haben, die sich mit seinen staatserhaltenden Prinzipien nicht vereinbaren ließen. Aber Ovid war ein Dichter ersten Ranges, und ganz besonders die ‚Metamorphosen', insgesamt nicht weniger als 15 Bücher, die er in sechs Jahren gedichtet hat, zeigen ihn als einen hervorragenden Kenner der antiken Mythologie, und die Gedichte von Philemon und Baucis, von Iason und Medea, von Orpheus und Eurydice sind großartige Perlen seiner Poesie. Den Abschluß der ‚Metamorphosen' bildet ein Preislied auf Augustus, dem er sich gefällig erweisen wollte, nachdem er mit seinen Liebesgedichten nicht seinen Beifall gefunden hatte. Eine schwere Arbeit waren auch die *Fasti*; es ist dies der römische Festkalender, den Ovid jedoch nur bis zur Hälfte vollendet hat. Für seine Dichtungen hatte er die Werke der römischen Antiquare, vor allem die des M. Terentius Varro, eingehend studiert; er war nun imstande, sich über die Etymologie der römischen Monatsnamen, über die Sternbilder und die Sagen der Vorzeit in gelehrter Weise zu verbreiten.

Im Jahre 8 n. Chr. traf Ovid das Los der Verbannung, er mußte fortan in Tomi (Constantza) am Schwarzen Meer leben und hat Rom niemals wiedergesehen (s. o. S. 253). Seine ‚Tristien' (5 Bücher) und seine Briefe *Ex Ponto* (4 Bücher) verhallten ungehört. Für den Historiker interessant sind die Streiflichter, die Ovid auf die Zustände in dieser Stadt am Rande der

damaligen Welt mit ihren Bewohnern aus Griechen und Geten geworfen
hat. Als Kostprobe mögen hier ein paar Sätze folgen, die einst Richard
Heinze[2] niedergeschrieben hat: „Tomis war eine noch fast rein getische
Stadt, auch die wenigen Griechen dort halb barbarisiert, kaum einer, der
Latein verstand; die Bewohner in Felle gehüllt, mit struppigem Haupt-
und Barthaar, rauh und räuberisch wie die Wölfe, in ewiger Fehde mit
den gänzlich barbarischen Nachbarn jenseits der Donau, vor deren Über-
fällen man sich keinen Augenblick sicher fühlte; vollends, wenn die Donau gefroren war und keinen Schutz mehr gewährte, überschwemmten
ihre Reiterschwärme das Land; dann gibt der Wächter von der Warte das
Warnungssignal mit der Trompete, die Tore werden geschlossen, und
alles eilt auf die Wälle: auch Ovid, den Günstling der Venus, ruft Mars,
und auch er muß zu Schild und Schwert greifen, sich den Helm aufs
Haupt stülpen; oft kann man in den Straßen der Stadt die vergifteten
Pfeile auflesen, die über die Mauern geflogen sind. Und unter welchem
Himmel liegt diese Stadt! In ihrem Klima gedeiht kein Weinstock, kein
Obstbaum; im Winter liegt an vielen Stellen noch der vorjährige Schnee,
wenn schon der neue fällt; der Sturm heult Tag und Nacht durch die
Gassen und deckt die leichtgebauten Häuser ab; die Schiffe frieren im
Hafen ein, und mit der Axt muß man den im Fasse gefrorenen Wein
zerhauen, um ihn dann aufzutauen. So sah Ovid die Dobrudscha."

Während die Poesie unter Augustus einen vielbewunderten Höhepunkt erreichte, steht es mit der Prosa ganz anders. Mit Sicherheit ist
jedoch so manches verloren gegangen, darunter wertvolle Werke wie die
des M. Terentius Varro und anderer. Wir müssen an dieser Stelle etwas
ausführlicher des *T. Livius* gedenken, der bereits o. S. 69 f. kurz erwähnt
worden ist. Von den 142 Büchern seiner Römischen Geschichte *Ab Urbe
condita* sind nur 35 auf unsere Zeit gekommen. Livius, ein Zeitgenosse
des Augustus, lebte von 59 v. bis 17 n. Chr., er stammte aus Patavium, hat
aber längere Zeit in Rom gelebt und gearbeitet. Er war offenbar wirt-
schaftlich unabhängig und ist in der Hauptstadt mit so manchen Männern
des Geistes in Kontakt gekommen, auch mit Augustus und mit dem
späteren Kaiser Claudius. Beide wußten ihn zu schätzen, und dieses Bewußtsein hat ihn angespornt, sein Bestes zu geben. Nahezu vierzig Jahre
seines Lebens hat er für sein Geschichtswerk aufgewandt, und was er
geschaffen hat, ist immerhin eine respektable Leistung, die im Altertum
so bald nicht wiederholt worden ist. Das Werk beginnt mit der Gründung Roms und reicht bis zum Tod des Drusus im Jahre 9 v. Chr. Der
Endpunkt scheint zufällig zu sein, wahrscheinlich hat ihm der Tod die

Feder aus der Hand genommen. Ein kritischer Historiker war Livius nicht, von Forschung ist in seinem Werk nicht die Rede; bezeichnend ist, daß er als Vorlage die Werke der sehr unkritischen Annalisten der sullanischen Zeit genommen hat. Er hat es verstanden, die Darstellungen der Annalisten in seinen Stil umzuschmelzen und zu einem Heldenlied des römischen Volkes zu gestalten, das die Bewunderung seiner Zeitgenossen ebenso hervorgerufen hat wie die der Nachwelt. Erst die moderne kritische Geschichtsforschung, beginnend mit Barthold Georg Niebuhr (1776–1831), hat an die Stelle der livianischen Geschichtserzählung ein neues Bild der römischen Geschichte gesetzt. Die entscheidenden Fortschritte haben jedoch erst die quellenkritischen Untersuchungen Heinrich Nissens[3] erbracht, der für die 4. und 5. Dekade das Material aus den Annalisten und Polybios sauber geschieden hat. In seinem Vorwort hat sich Livius, für jedermann verständlich, über die Eigenart und Tendenz seines Werkes ausgesprochen: Er wollte den Römern seiner Zeit einen Spiegel vorhalten, und er wagte es auszusprechen, was damals viele Menschen gedacht haben mögen: daß Rom durch den Niedergang der Sitten einen tiefen Fall getan hatte und daß es an der Zeit sei, wieder zu den alten Tugenden zurückzukehren, die Rom aus kleinsten Anfängen auf die Höhe seiner Macht geführt haben.

Fragt man sich, ob Livius seiner Aufgabe, die er sich gesetzt hatte, gerecht geworden ist, so kann die Antwort nicht eindeutig „Ja" oder „Nein" lauten. Wer nämlich wie Livius den Aufstieg und den Niedergang des römischen Staates an der Moral der führenden Männer und an der Gottesfurcht des römischen Volks mißt, der konnte sicherlich des Beifalls des Augustus gewiß sein. Dieser wird in dem Werk so manche Beispiele für seine eigenen Bestrebungen gefunden haben, die sich auf die Wiedergeburt des Römertums richteten. In diesem Sinne war Livius ein Zeuge der augusteischen Zeit. Doch wird der kritische Historiker nicht übersehen, daß Livius weithin von seinen Quellen abhängig war, unter denen sich auch manche minderwertige Elaborate befunden haben, die es mit dem Griechen Polybios nicht im entferntesten aufnehmen konnten.

Zu seiner Zeit hat Livius in Rom und in Italien keinen Konkurrenten gefunden. Die ‚Römische Geschichte' des Griechen *Dionysios von Halikarnaß* steht tief unter Livius, sie wird heute kaum noch einen Leser wirklich fesseln, wie dies zu allen Zeiten Livius getan hat. Das Werk war in griechischer Sprache geschrieben, es ist im Jahre 7 v. Chr. erschienen. Es ist nach dem Urteil eines kompetenten Historikers (Arthur Rosenberg) ein „entsetzliches Zerrbild geschichtlicher Darstellung". Dionysios ist, um es kurz zu sagen, das Opfer seiner ganz unzuverlässigen Quellen geworden, die kritisch zu beurteilen er nicht imstande war.

Erwähnung verdienen in einem Überblick über die römische Prosa die Werke des *M. Terentius Varro* (117–27 v. Chr.) und die des *M. Verrius Flaccus*, der hochbetagt unter dem Kaiser Tiberius gestorben ist. Der erstere, ein bekannter Politiker, stand zuerst auf der Seite des Pompeius, ging dann aber zu Caesar über. Das wichtigste Werk ist seine Schrift ‚*De lingua Latina*‘, sie ist nur in Fragmenten erhalten, bietet aber dennoch manche wertvollen Angaben über die römischen Antiquitäten. Ähnlich steht es mit dem Werk des Verrius Flaccus mit dem Titel *De verborum significatu*. Flaccus war der Erzieher der beiden Enkel des Augustus. In dieser Zeit wohnte er im Palast des Augustus, der ihm ein sehr hohes Honorar auszahlen ließ, angeblich 100000 Sesterzen im Jahr. Die Schrift des Verrius Flaccus ist eine wahre Fundgrube für Historiker und Antiquare. Was wir von den ältesten Zuständen Roms wissen, steht zumeist bei Verrius Flaccus. Das Werk ist aber nur in einem Auszug des Festus (aus dem 2. Jahrh. n. Chr.?) überliefert. Und aus Festus hat wiederum Paulus Diaconus, der Geschichtsschreiber der Langobarden, Auszüge gemacht. Das eigentliche Problem besteht darin, daß sowohl Varro wie auch Verrius Flaccus ihre Feststellungen weithin auf etymologischen Deutungen aufgebaut haben, die zum großen Teil wertlos sind, weil sie der wissenschaftlichen Kritik nicht standhalten. Mag sein, daß sich gelegentlich ein Goldkorn findet – das meiste ist abstrus und wissenschaftlich unbrauchbar.

Von den Fachschriftstellern verdient an erster Stelle *Vitruvius Pollio* eine ehrenvolle Erwähnung. Er hat sein Werk *De architectura* dem Augustus gewidmet, wahrscheinlich in den Jahren zwischen 25 und 23 v. Chr., als dem Vitruv längst die Beschwerden des Alters zu schaffen machten. Es war ein umfangreiches Werk, zehn Bücher im ganzen. In ihm war natürlich von Hoch- und Tiefbau, aber auch von der Wasserbeschaffung, von der Konstruktion der Uhren und – im letzten Buch – auch noch vom Maschinenwesen die Rede. Über alle Fragen der Baukunst wird der Leser in diesem Werk reiche Belehrung finden. Nur schade, daß die dem Werk beigegebenen Zeichnungen verloren gegangen sind! Die Hoffnung, die Vitruv ausgesprochen hat, sein Buch möge auch in Zukunft zahlreiche Leser finden, ist buchstäblich in Erfüllung gegangen. Man kann sich gut vorstellen, daß die Baumeister und Architekten der augusteischen Zeit dem Werk reiche Anregungen entnommen haben. Auch in der Zeit Karls des Großen und noch mehr im Zeitalter des Humanismus und der Renaissance ist Vitruv viel gelesen worden, und Leon Battista degli Alberti hat das Werk Vitruvs in seinen zehn Büchern über die Baukunst ganz ausgiebig benutzt (*De re aedificatoria*, 1485), und es existieren mehrere Vitruvausgaben der Humanistenzeit, denen sogar Zeichnungen beigegeben sind.

Zur Fachliteratur der augusteischen Zeit wird man auch die Weltkarte des Agrippa und seine *Commentarii* rechnen, über die o. S. 145 f. kurz gehandelt worden ist. Beide Werke sind verloren, so daß man die wirkliche Leistung Agrippas auf diesem Gebiet nicht beurteilen kann.

Eine Übersicht über die Literatur der augusteischen Zeit in der hier gebotenen Kürze vermag nur einige Grundlinien zu ziehen, manches, was wichtig wäre, wie z. B. die juristische Literatur, muß außer Betracht bleiben. Aber auch so dürfte es deutlich geworden sein, daß im Mittelpunkt Augustus steht, der durch seine Freunde, vor allem durch Maecenas, so manche Anregungen gegeben und so manche Dichter gefördert hat. Dies unterschied den ersten Princeps von vielen Römern früherer Zeiten, die sich, von einigen Ausnahmen abgesehen, recht wenig um die Dichter und Historiker gekümmert hatten. Augustus aber wußte, was er den Dichtern und Geschichtsschreibern zu verdanken hatte, denn sie sprachen in ihren Werken Gedanken aus, die sich eng mit den Erneuerungsbestrebungen des Kaisers berührten. Dies gilt beispielsweise ebenso für Vergil wie für Livius. Eine neue Zeit, wie sie Augustus inaugurierte, bedarf einer neuen Literatur. Diesem Gedanken hat der Kaiser seine wärmste Förderung auf materiellem und ideellem Gebiet zuteil werden lassen. Er ist niemals müde geworden, mit den Dichtern zu diskutieren, sie an seinen Tisch zu laden und ihnen, wenn sie es verdienten, Geschenke von bedeutendem Wert zu spenden. Die Zeiten der Dynastie der Ptolemäer lagen weit zurück, doch Augustus hat sich die Munifizenz dieser Könige zum Vorbild genommen, und wenn wir heute vom Zeitalter des Augustus sprechen, so meinen wir damit vor allem auch die hohe Blüte der Literatur und die geistigen Leistungen überhaupt, die sich unter seinem Patronat entfaltet haben.

Fünfzehntes Kapitel

Die Werte des Lebens

Nahezu 76 Jahre hat Augustus in seinem Leben durchmessen, er wurde geboren am 23. September 63 v. Chr. und starb am 19. August 14 n. Chr. Wer diese lange Zeit in seinem Innern an sich vorüberziehen läßt, dem wird sich die Frage aufdrängen, worin denn der Wert seines Lebens bestanden hat. Hatte Augustus Ideale, die er in den Jahrzehnten seiner Staatsführung verwirklicht hat? Hat er in seiner Familie und in seiner Umgebung Menschen gefunden, die sein Streben erleichtert und gefördert haben? Oder war er ein Einzelgänger, den nur der Zufall der Ereignisse an die Spitze des römischen Staates gestellt hatte, wobei sein Tun und Lassen vorwiegend von seinen eigenen Wünschen bestimmt worden wäre?

Wer aber sein Leben vom Anfang bis zum Ende überblickt, der wird in Augustus mehr sehen als nur einen kalten Egoisten. Es läßt sich allerdings nicht leugnen, daß er sich den Weg zur Spitze mit Gewalt und, wenn es sein mußte, auch mit Terror gebahnt hat, die Proskriptionen beweisen es. Und in seiner Auseinandersetzung mit seinem Rivalen Marcus Antonius ist ihm jedes Mittel recht gewesen, so daß sich die Nachwelt fragt, wie sich dies mit seiner früheren Freundschaft zu Antonius vereinbaren läßt. Und in der Behandlung der unglücklichen Gefangenen nach der Schlacht bei Philippi (42 v. Chr.) hat er seinen Rachegefühlen freien Lauf gelassen. Was die Caesarmörder betrifft, so hat sie Octavian verfolgt und ausgerottet, dieser Tat hat er sich sogar noch in seinen *Res gestae* gerühmt. Aber damit glaubte er eine Pflicht gegenüber seinem Adoptivvater erfüllt zu haben, von Verzeihung konnte hier nicht die Rede sein. Man könnte die Beispiele seines unerbittlichen Zorns noch vermehren, aber in diesem Punkt dachte und handelte Augustus nicht anders als seine Gegner, die ihn mit dem Tod bedrohten, indem sie mehrere Verschwörungen gegen ihn anzettelten. Es liegt kein Grund vor, den jungen Octavian wegen seiner Humanität zu preisen, mit fortschreitendem Lebensalter haben aber allmählich Milde und Verzeihung in seinem Charakter die Oberhand gewonnen. In Rom und Italien gab es zahlreiche Familien, die durch Octavian dezimiert worden waren, und die Nachkommen der in den gegen ihn geführten Kriegen Gefallenen und der auf seinen Befehl Hingerichteten hatten dies nicht vergessen, sie hielten ihn für einen erbarmungslosen Machtmenschen, der über Leichen geschritten war, um seine politischen Ziele zu erreichen. Der Vergleich mit Napoleon Bonaparte ist gar nicht so abwegig. Aber eins steht fest: Den Aufstieg hatte sich Augustus mit nackter Gewalt erkämpft; erst als er fest im Sattel saß, nach der Schlacht bei Actium (31 v. Chr.), hat er in manchen Fällen Gnade vor Recht ergehen lassen, sofern ihn dies nichts kostete.

Wie stimmt nun zu diesen Tatsachen das Idealbild des Augustus, wie es in der zeitgenössischen Propaganda erscheint und wie es sich in der Überreichung des Ehrenschildes, wahrscheinlich im Jahr 27, manifestiert, auf dem die Tugenden des Augustus, die *virtus, clementia, iustitia* und *pietas* aufgezeichnet waren (*Res gestae* c. 34,2)? Für jeden Betrachter läge es nahe zu fragen, wieweit Augustus diesen Idealen gerecht geworden ist. Was nun die *virtus*, die Mannhaftigkeit oder Tapferkeit, betrifft, so hat die augusteische Propaganda wiederholt versucht, ihn als einen großen Kriegshelden herauszustellen. Man erinnere sich beispielsweise des Berichts über die Tapferkeit des jungen Octavian in den Kämpfen bei Mutina! Aber diese Angaben sind nicht über jeden Zweifel erhaben, sie sind teilweise Erfindungen, um seine Person auf die gleiche Ebene mit seinem damaligen Gegner Marcus Antonius zu stellen. Ein großer Mann mußte nach dem Glauben der Zeitgenossen auch ein großer Feldherr und Kriegsheld sein, und gerade dies ist Augustus sicherlich nicht gewesen. Er brauchte es auch nicht zu sein, da er in seinem Freund Marcus Agrippa einen Mann besaß, der über kriegerische Begabung in reichem Maß verfügte. Seinen Zeitgenossen erschien Augustus als der Feldherr *par excellence*, man sieht dies an der Statue von Primaporta. Verlorene Kriege kommen in der Lebensgeschichte des Augustus nicht vor; wo er auch auftrat, heftete sich das Kriegsglück an seine Fersen, die Erfolge seiner Feldherrn wurden selbstverständlich als seine eigenen gezählt. Dies entspricht der antiken Mentalität, und unter diesem Gesichtspunkt betrachtet, wird man die *virtus* auf dem Ehrenschild immerhin nicht für unberechtigt halten.

Zur *clementia*, der Milde oder Verzeihung, hat sich der Princeps erst durchgerungen, als es für ihn keine ernstzunehmenden Feinde mehr gab. Vorher wurde sein Handeln durch die Symbolfigur des Gottes Mars Ultor, des ‚Rächers‘, bestimmt, vor allem gegenüber den Caesarmördern. Auch in seiner Familie hat er, alles in allem, ein strenges Regiment geführt; man erinnere sich an die Verbannung seiner Tochter Iulia und seiner gleichnamigen Enkelin. Und man denke daran, daß ein hinterlassener Befehl des Kaisers dem Enkel Agrippa Postumus das Leben kostete. Doch hat er immer wieder betont, daß er um des Staates willen Strenge üben müsse. Dies war sicher nicht gelogen, aber man ist doch erstaunt darüber, wie rücksichtslos er sich gegenüber seinen eigenen Verwandten gezeigt hat. In seinen späteren Jahren hat er wiederholt Gegner begnadigt, wenn er von ihrer relativen Harmlosigkeit überzeugt war. Natürlich hat sich die Propaganda diese Fälle nicht entgehen lassen. Im ganzen hat er das Niveau seines Adoptivvaters Caesar nicht erreicht; dieser hat seine *clementia* immer wieder gezeigt, auch dann, wenn es besser gewesen wäre, sie nicht anzuwenden.

Eine grundlegende Tugend der Herrschenden ist die *iustitia*, die Gerechtigkeit. Sie ist das Fundament jeder geordneten Regierung, ohne sie gibt es keinen Staat. Sieht man von der Zeit der Bürgerkriege ab, so hat sich Augustus die *iustitia* zur Richtschnur genommen. Er fand dabei die Unterstützung seines Consiliums, das ihn in allen Rechtsfragen beraten hat. Aber vieles, was der Princeps getan oder auch unterlassen hat, entsprach seinem eigenen Ermessen. Wie er sich auch immer entschieden hat, er war der Herr seiner Entschlüsse, und niemand hatte es gewagt, sich ihm in den Weg zu stellen. Die Entscheidungen des Princeps waren eine neue Quelle des Rechts, des öffentlichen und des privaten (*fons iuris publici et privati*). Jedermann hat dies gewußt, man hat sich damit abgefunden, weil die Entscheidungen des Kaisers der Allgemeinheit zugute gekommen sind. Das Übel der Kabinettsjustiz, das unter seinem Nachfolger Tiberius weite Kreise gezogen hat, trat unter Augustus selbst nur in verschwindend wenigen Einzelfällen an die Öffentlichkeit.

Und schließlich die *pietas*, die Frömmigkeit! Der Kaiser hat sie hundertfach bewiesen durch Wiedererweckung der Sitte der Vorfahren (*mos maiorum*), er hat sie aber auch in die Praxis umgesetzt durch seine Tempelbauten, mit denen er ein neues Zeitalter der römischen Frömmigkeit inauguriert hat. Aus diesem Grund war der Vergleich des Augustus mit dem Stammvater des iulischen Geschlechts, mit dem *pius Aeneas*, durchaus berechtigt. Es mag sein, daß die *pietas* der Römer auf so manchen Äußerlichkeiten beruhte, und das berühmte Prinzip des *Do ut des* („Ich gebe, damit Du gibst") hat die römische Religion niemals verleugnet. Aber die *pietas* kam dennoch aus dem Herzen, sie entsprang der Überzeugung, daß ohne die tätige Hilfe der Götter nichts Wesentliches geschehen konnte. So hat das Zeitalter des Augustus einer neuen Welle römischer Frömmigkeit zum Durchbruch verholfen. Und Augustus ist hier mit seinem Beispiel vorangegangen.

Der Charakter des Menschen wird geprägt durch seine Erziehung, aber nicht jedem Lehrer ist es vergönnt, dem Schüler den Stempel seines Wesens aufzudrücken. Augustus war ein Schüler des Stoikers Areios Didymos von Alexandrien. Er hat seinen Lehrer so hoch geschätzt, daß man erzählte, Octavian habe die Stadt Alexandrien nach ihrer Einnahme im August des Jahres 30 v. Chr. vor allem wegen seines Lehrers verschont.

Was aber lehrte die Philosophie der Stoa? Sie glaubte an einen die ganze Welt durchdringenden göttlichen Willen, der das Schicksal des einzelnen und des Weltganzen bestimmte. Dem göttlichen Willen habe sich der einzelne zu unterwerfen, er müsse versuchen, in Übereinstimmung mit dem Willen der Gottheit seinen Weg im Leben zu finden. In der Vielzahl der Götter sahen die Stoiker mehr oder weniger nur die Erscheinungsformen der einen, die ganze Welt durchwaltenden Gottheit. Ihr Glaube, der turmhoch über dem Volksglauben stand, hat ungezählten Menschen einen inneren Halt gegeben. Wenn Augustus dieser Lehre zuneigte, so ist sie ihm von Areios vermittelt worden. So war der Princeps überzeugt davon, daß ihm seine Feinde nichts anhaben konnten, er hat dies sogar gelegentlich in aller Öffentlichkeit ausgesprochen. Er wußte, daß er in seinem Leben unter dem persönlichen Schutz der Götter stand, insbesondere dem Apollo und dem Merkur fühlte er sich verpflichtet. Mit der stoischen Grundeinstellung war dies ohne weiteres vereinbar, und es ist nur schade, daß sich Augustus über diese Dinge nicht geäußert hat.

Die Werke Ciceros kannte der Princeps genau, und wenn der große Redner in seiner Schrift *De officiis* („Über die Pflichten") dargelegt hatte, daß die Idee der Pflicht die einzige Richtschnur des Staatsmannes sein müsse, so wird diese Auffassung der Einstellung des Augustus, zum mindesten in seinen vorgerückten Jahren, durchaus entsprochen haben. Bei wesentlichen Entscheidungen in seinem Leben hat der Princeps betont, er handle so um des Staates willen. Das aber war keine Phrase, es war seine innerste Überzeugung. Er war auch bereit, für diese Idee Opfer zu bringen. Es sei hier an die Adoption des ungeliebten Tiberius erinnert, den er, wie er sagte, um des Staates willen, zu seinem Nachfolger bestimmte. Die Auffassung ehrt den Kaiser, und sein Wunsch, den Staat auf feste Grundlagen gestellt zu haben, so daß er die Zeiten überdauern könne, ist buchstäblich in Erfüllung gegangen (Suet. Leb. d. Aug. 28,2). Der Wert eines Menschenlebens bestimmt sich nicht allein durch die

Leistung und durch das, was er hinterläßt, es kommen Dinge hinzu, die mit dem persönlichen Leben untrennbar verbunden sind: die Familie, die Kinder und die Freunde. Und wie steht es mit dem Familienleben des Augustus? Er hatte im Jahre 38 Livia geheiratet, nachdem er seiner Frau Scribonia den Scheidebrief übersandt hatte. Und gegenüber dem Gatten der Livia, dem hochadligen Ti. Claudius Nero, hatte sich Octavian ganz besonders rücksichtslos gezeigt, indem er ihm die Frau fortnahm, obwohl diese ein Kind von ihrem Gatten erwartete. Aber dieses Verhalten Octavians war in jener Zeit sicher kein Einzelfall, die Unruhe der Bürgerkriege hat wesentlich dazu beigetragen, daß die Stabilität der Ehen großen Erschütterungen unterworfen wurde. Und viele Ehen sind aus politischen Gründen geschlossen worden, die Ehe Octavians und der Livia allerdings nicht, denn hier handelt es sich um eine eindeutige Liebesheirat. In einer mehr als fünfzigjährigen Ehe hat Augustus das Glück erfahren, das nur aus einer wirklichen inneren Gemeinschaft hervorgehen kann. Livia ist nicht nur seine beste Ratgeberin gewesen, sie hat ihm auch so manches verziehen, indem sie die Extravaganzen des Gatten ignoriert hat. Sie hat seine Fehler ebenso getragen wie seine Tugenden, die er als ein guter Hausvater bewiesen hat, und niemals hat Livia ihre natürliche Würde preisgegeben. Als Gattin des Princeps ist sie zu einer beherrschenden Figur ihres Zeitalters geworden. Augustus hat die Ratschläge seiner Frau immer sorgfältig geprüft; wo er ihr nicht folgen konnte, hat er dies ausführlich, in einigen Fällen sogar schriftlich, begründet. Im ganzen war die Ehe des Augustus ein großer Glücksfall, und wenn das Leben und die Politik des Kaisers mit fortschreitenden Jahren an Stabilität gewonnen haben, so ist dies wenigstens zu einem Teil auf Livia zurückzuführen. In der Ehe hat Augustus immer wieder die Kraft gefunden, sein Tagewerk zu tun und für den Staat zu sorgen, dem er zu neuem Glanz verholfen hatte. In der geistigen Gemeinschaft mit Livia liegt ein hoher Wert des Lebens, und dieser Tatsache ist sich Augustus immer bewußt gewesen.

Nachkommenschaft aus der Ehe mit Livia ist dem Kaiser versagt geblieben. Und die Erbtochter Iulia, die ihm Scribonia geschenkt hatte, ist dreimal aus dynastischen Gründen verheiratet worden. Der Historiker wird geneigt sein, bei der Katastrophe der Iulia die Schuld bei Augustus zu suchen – es läßt sich nicht leugnen, daß Augustus den menschlichen Dingen zu wenig Aufmerksamkeit geschenkt hat, aber darin war er nicht anders als seine Zeitgenossen. Um die Herrschaft seiner Familie zu sichern, war ihm jedes Mittel recht. Augustus hat die menschlichen Dinge ignoriert, eine Auffassung, die über Iulia und auch über ihn selber viel

Unglück gebracht hat. Doch hat Augustus das Unglück in Gemeinschaft
mit seiner Gattin Livia getragen, auch in diesem Fall wird Livia ihm eine
große Hilfe gewesen sein. Wer wird sich darüber wundern, wenn der
greise Herrscher nun seine uneingeschränkte Liebe seinen Enkeln und
Adoptivsöhnen Gaius Caesar und Lucius Caesar zugewandt hat? Er versuchte den beiden heranwachsenden Enkeln Vater und Großvater zugleich zu sein. Aber wieder hatte es das Schicksal anders gewollt, beide
Prinzen verstarben früh, und es blieb dem Kaiser nichts anderes übrig, als
sich über das grausame Schicksal zu beklagen, das ihn seiner Stützen des
Alters beraubt hatte. Für den alten Kaiser brach eine Welt zusammen, er
hatte die Enkel längst als seine Nachfolger im Prinzipat gesehen, und
Tiberius, der Stiefsohn, war nur der Platzhalter für die beiden gewesen.
Auch die andern Enkel und Enkelinnen standen im Mittelpunkt seiner
Sorge und Zuneigung. Es wird berichtet, Augustus habe sich auf seinem
letzten Lager in Nola nach dem Befinden der Iulia Livilla in Rom erkun-
digt. Er fühlte sich als das Haupt einer großen Familie, die im Lauf seines
Lebens den Charakter einer Dynastie angenommen hatte. Auch Germanicus, der Sohn des Drusus, stand hoch in seiner Gunst, er sorgte für
seine Adoption durch Tiberius, und selbst um den unglücklichen Claudius hat er sich gekümmert, wie ein zufällig erhaltener Brief an Livia zeigt
(s. o. S. 132). In seinem Verhalten gegenüber den Mitgliedern seiner Familie
hat Augustus zwar nicht immer das Richtige getroffen, aber auch seine
Fehler entsprangen dem Wunsch, seinen Angehörigen Gutes zu tun. In
seiner Fürsorge für die Familie hat sich Augustus von niemandem übertreffen lassen; umso schwerer hat ihn die Katastrophe der Tochter Iulia
getroffen; ob er sich dessen bewußt gewesen ist, daß er selbst an ihrem
Schicksal nicht unschuldig war – wer vermag dies zu sagen?

Für Augustus hatte die Freundschaft einen hohen Wert. Die bedeutendsten seiner Freunde waren Marcus Agrippa, Maecenas und Messalla
Corvinus. Dazu kamen aber noch zahlreiche andere wie Munatius Plancus, Statilius Taurus, von den Dichtern Vergil und Horaz. Aber Agrippa
und Maecenas mußten vor ihm ins Grab steigen, auch Vergil und Horaz
sind vor ihm abberufen worden. Augustus hat den Heimgang seiner
Freunde tief beklagt, er fühlte sich auf seine alten Tage einsam und vermißte die Begegnung und Aussprache mit den Männern, die ihm in seinem Leben viel gegeben hatten. Augustus hatte gewußt, daß er sich auf
seine Freunde fest verlassen konnte, und er selbst hat ihnen immer die
Treue gehalten. Die Dichter unter den Freunden haben es dem Augustus
auf ihre Weise gedankt, in Vergils Heldenschau erscheint der erste Prin-

ceps Augustus, und Horaz hat mit seinen Römeroden die Tugenden der
Römer gepriesen, die der Kaiser zu neuem Leben erweckt hatte: die
Tapferkeit, die Frömmigkeit und den Patriotismus. Und es besteht kein
Zweifel, daß Augustus hierin ein wesentliches Ziel seines Lebens gesehen
hat.

In seinem Leistungsbericht (*Res gestae c. 19–20*) rühmt sich der Kaiser,
zahlreiche neue Tempel in Rom errichtet und nicht weniger als 82 restauriert zu haben. Unter ihnen befinden sich die berühmtesten Gotteshäuser, über die Rom zu seiner Zeit verfügte. Es folgt ein weiteres Kapitel, in
dem von den Tempelbauten auf eigenem Grund und Boden des Princeps
die Rede ist, darunter an erster Stelle der Tempel des Mars Ultor, dazu
werden nicht wenige Spenden an prominente Gotteshäuser auf dem Capitol, an den Tempel des Divus Iulius, an den Apollotempel und an den
Tempel der Vesta erwähnt. Wer dies bedenkt, der wird den Eindruck
gewinnen, daß dem Augustus die religiöse Erneuerung und die Wiederbelebung der altrömischen Religiosität eine besondere Sorge gewesen ist.
Und wie stand es mit der persönlichen Frömmigkeit des ersten Mannes in
Rom? In seinem Verhältnis zu den Göttern und zur römischen Religion
unterschied er sich nicht von seinen Zeitgenossen; die Götter und ihre
Hilfe waren ihm wichtig, wenn er sich in schwierigen Lagen befand; ob
er jedoch an das persönliche Eingreifen der Überirdischen geglaubt hat,
wissen wir nicht. Antonius hat behauptet, er habe sich über die Götter
lustig gemacht – aber selbst wenn dies der Wahrheit entspricht, so hat
sich Augustus im Laufe seines Lebens geändert, und allein die zahlreichen Tempelbauten zeigen, daß ihm die Religiosität seiner Mitbürger ein
Anliegen war, das er mit Eifer zu verwirklichen suchte. Von einem persönlichen Glauben, beruhend auf einem echten Vertrauen zu bestimmten
Göttern, wird man schwerlich sprechen können. Aber er hat seine Funktionen als Pontifex Maximus gewissenhaft erfüllt, nicht anders als dies
einst sein Adoptivvater Caesar getan hatte. Für die Mitbürger war dies
wichtiger als ein persönlicher Glaube des Princeps; denn die römische
Religion war legalistisch erstarrt, Zeugnissen persönlichen Glaubens wird
man in der Zeit des Augustus nur selten begegnen. Und der Herrscher-
kult, den man aus der Welt des hellenistischen Ostens übernommen hatte, war gleichfalls nicht dazu angetan, persönliche Frömmigkeit zu wek-
ken. Caesar war nach seinem Tod in die Schar der Götter aufgenommen
worden, und daß auch ihm die Apotheose zuteil werden würde, hat
Augustus natürlich gewußt. Aber die Konsekration durch den Senat war
ein Staatsakt, auf den Glauben des apotheosierten Herrschers kam es

nicht an. Hier zählten allein seine Leistungen, die er im Dienst für das Volk und das Vaterland vollbracht hatte. Es wäre nicht richtig, die Ethik des Christentums hier ins Spiel zu bringen. Der Glaube der Römer war meilenweit von ihr entfernt, und im Grund ist auch Augustus über das Prinzip des *do, ut des* der altrömischen Religiosität nicht hinausgekommen. Der Wert des Lebens bestand auf diesem Gebiet in der Pflichterfüllung, und niemand wird leugnen, daß Augustus hierin ein Vorbild für seine Zeitgenossen und für seine Nachfolger gewesen ist.

Hatte Augustus ein Verhältnis zum Volk, zu den Armen, Unterdrückten und Unterprivilegierten? In seinen *Res gestae c. 15* steht so manches zu lesen über die Spenden in Bargeld und Korn, die er der Plebs von Rom hat zuteil werden lassen: 300 Sesterzen für jeden einzelnen auf Grund des Testaments von Iulius Caesar, im Jahre 29 v. Chr. 400 Sesterzen aus der Kriegsbeute, im Jahre 24 die gleiche Summe aus dem Privatvermögen, und im darauf folgenden Jahr gab es nicht weniger als zwölfmal Kornverteilungen, und im Jahre 12, dem Jahr, in welchem Augustus die Würde des Pontifex Maximus übernahm, erhielt wiederum jeder eine beachtliche Summe, nämlich 400 bis 600 Sesterzen. Augustus fügt der Deutlichkeit halber noch hinzu: ,,Bei jeder dieser Gelegenheiten empfingen nicht weniger als 250000 Menschen die Geldgeschenke von mir.'' Sicher, auch sein Vorgänger Iulius Caesar hatte der Plebs von Rom reiche Gaben zukommen lassen, aber die Grundeinstellung war bei Augustus eine andere: er fühlte sich verantwortlich für das Wohl der Plebs, die Zuwendungen überstiegen alles bisher Übliche, und mit Recht konnte sich der Princeps seines Großmuts in seinem Leistungsbericht rühmen. Und dies ist noch nicht alles. Augustus hat sich bemüht, das Los der von Naturkatastrophen betroffenen Menschen in Rom zu lindern, immer wieder gab es Brände, Überschwemmungen, Sturmschäden und sogar Erdbeben,[1] welche die Betroffenen schwer belasteten und manche unter ihnen über Nacht zu armen Menschen machten. Der Kaiser hat immer wieder eine offene Hand bewiesen, er hat den Zinsfuß von 12% auf 4% herabgesetzt, er hat große Summen für erschwingliche Darlehen zur Verfügung gestellt. Dies bedeutete zugleich die Schaffung von Arbeit und Brot für eine ungezählte Menge, die sich sonst nur hätte kümmerlich durchschlagen können. Mit Recht hat er dies in seinem Leistungsbericht hervorgehoben. Viel zugute getan hat er sich auch auf die Abhaltung der Spiele, denen er gleichfalls einen Abschnitt in seinen *Res gestae* gewidmet hat: Nicht weniger als achtmal habe er Gladiatorenspiele gegeben, davon drei in seinem eigenen Namen, die anderen fünf im Namen seiner Söhne und

Enkel. Und nicht weniger als 10000 Menschen seien in diesen Spielen aufgetreten. Dazu kommen dann noch die agonistischen Veranstaltungen der Athleten, insgesamt drei an der Zahl, sowie die Spiele im eigentlichen Sinn, szenische und circensische, und zwar insgesamt nicht weniger als 27. Etwas Besonderes hatte Augustus dem Volk mit der Darstellung einer Seeschlacht zu bieten; sie hat im Jahre 2 v. Chr. zur Feier der Einweihung des Marstempels stattgefunden. Hierfür mußte ein eigener See angelegt werden, und zwar jenseits des Tiber, wo sich jetzt, wie Augustus schreibt, der heilige Hain der Caesaren befindet, d. h. die Gedächtnisstätte für die Enkel Gaius und Lucius Caesar. Wer sich darüber im klaren ist, welche Bedeutung die Spiele im Leben der einfachen Menschen jener Tage gehabt haben, wird es verstehen, wenn der Princeps seine Fürsorge für diese ganz besonders ausführlich beschrieben hat. Aus der Sicht der antiken Menschen waren die Spiele ein wichtiges Element des allgemeinen Volkslebens; auf sie zu verzichten, ist keinem Kaiser in den Sinn gekommen. Sie gehörten in den Kreis der Pflichten, denen sich die Regierenden nicht entziehen konnten. Man wird dies in unseren Tagen besser verstehen als noch vor einem Jahrhundert, als es noch keine entsprechenden Volksbelustigungen gegeben hat.

Augustus hat es als einen großen Erfolg gewertet, daß die Parther im Jahre 20 v. Chr. die römischen Feldzeichen zurückgegeben haben. Das war viel mehr, als man den Umständen nach hätte erwarten können. Die Dichter der augusteischen Zeit haben mit Recht dieses Ereignis in überschwenglichen Worten verherrlicht. Die Regulierung des römisch-parthischen Verhältnisses ist eine der großen Taten des Princeps, der hier eine alte Schuld der Vergangenheit beglichen hat. Wie hoch das Ansehen des Kaisers bei den fremden Völkern war, zeigt das Erscheinen von Gesandtschaften weit entfernter Völker, auch eine indische Gesandtschaft war unter ihnen (*Res gest.* c. 31); und nicht wenige auswärtige Könige und Königssöhne aus dem Osten haben an dem Hof des Kaisers in Rom längere Zeit gelebt, nominell als Geiseln, in Wirklichkeit als Freunde und Hausgenossen des Augustus. Sie kamen aus Parthien, Medien, Adiabene, aus Britannien und Germanien. Unter ihnen befand sich auch der Sugambrerkönig Maelo, und der König der Markomannen, dessen Name in der Inschrift leider nicht mit Sicherheit wiederherzustellen ist (erhalten sind nur die Schlußbuchstaben seines Namens . .*rus*).

Wer sich wie Augustus eines so hohen Ansehens in der ganzen Oikumene erfreute, der konnte mit Recht auf seine Leistungen stolz sein. Der Ruhmesgedanke war ein wesentlicher Bestandteil der antiken Herrscherideologie. Augustus' Ruhm ist zu seinen Lebzeiten von keinem anderen überschattet worden. Seiner Person brachte alle Welt eine tiefe Verehrung entgegen, dem Kaiser war dies eine hohe Genugtuung. Er konnte in seinen alten Tagen von sich behaupten, er habe nicht umsonst gelebt.

Wer den Leistungsbericht des Augustus liest, wird nicht verkennen, daß der Kaiser hier als ein Mann spricht, dem in seinem Leben alles zum Besten ausgeschlagen ist. Nirgends auch nur die Andeutung von Schwierigkeiten, Mißerfolgen oder gar Niederlagen, an denen es auch dem Augustus nicht gefehlt hat. Aber Stil und Zweck der großen Inschrift haben negative Dinge von vornherein nicht zugelassen, auch in den altpersischen Königsinschriften des Darius und Xerxes finden sie sich nicht. Es hätte kaum einen Sinn gehabt, die römischen Niederlagen des Lollius oder des Quinctilius Varus auch nur zu erwähnen – wer anders als vielleicht ein moderner Historiker würde diese oder ähnliche Kalamitäten in den *Res gestae* überhaupt suchen?

Mit Augustus hatte ein neues Zeitalter begonnen, nicht nur die Zeitgenossen haben dies empfunden, auch der Kaiser selbst war davon überzeugt, er habe den römischen Staat neu gegründet, und diesen Ruhm vermag ihm die Nachwelt nicht zu rauben. Ein Menschenleben von nahezu 76 Jahren ist keine Kleinigkeit, zumal wenn es erfüllt war von rastloser Sorge und Mühe um den Staat und seine Bewohner, Bürger und Nichtbürger. Augustus hatte sich für alle verantwortlich gefühlt, er hatte sich bemüht, ihr Los zu erleichtern, ihren Sinn auf hohe Ideale zu richten und sie für die Idee des Vaterlandes zu begeistern. Ihnen allen stand das Beispiel des ersten Princeps vor Augen, der nicht müde wurde, über das Wohl des Staates zu wachen und die Feinde von ihm abzuwehren. Dies und nichts anderes ist der höchste Wert seines Lebens gewesen, und dieses Leben war ein Vorbild für viele Menschen seiner Zeit.

Sechzehntes Kapitel

Das Urteil der Nachwelt

Eine Geschichte des Nachlebens des Kaisers Augustus ist bisher nicht geschrieben. Es gibt jedoch einen nun schon älteren Vortrag von Karl Hönn mit dem Titel ,,Augustus im Wandel zweier Jahrtausende" (Leipzig 1938). Er ist mit reichen Anmerkungen im Anhang versehen und vermittelt einen lesbaren und vielseitigen Überblick. Wenn man in ihm etwas vermißt, so ist dies die Herausarbeitung leitender Gesichtspunkte, die doch mehr wert sind als alle noch so interessanten Einzelheiten. Eine moderne Geschichte des Nachlebens wäre gleichbedeutend mit einer Geschichte der Monarchie im Abendland, wozu Augustus einen wichtigen Beitrag geleistet hat. Denn daß dieser Mann das Zeitalter der Monarchie eingeleitet hat, wenn er auch die äußeren Formen der römischen Republik übernommen hat, darüber kann überhaupt kein Zweifel möglich sein. Es war ein großer Fortschritt der kritischen Altertumswissenschaft, als das material- und gedankenreiche Buch mit dem Titel ,,Vom Werden und Wesen des Prinzipats" aus dem Nachlaß des Marburger Historikers Anton von Premerstein durch seinen Schüler Hans Volkmann herausgegeben wurde (1937). In diesem Buch sind zum ersten Mal die gesellschaftlichen Grundlagen des augusteischen Prinzipats aufgezeigt worden, der Verfasser hat auf die grundlegende Bedeutung des Begriffs der *auctoritas* hingewiesen, kraft deren der Princeps allen anderen Magistraten überlegen gewesen ist. Und jedermann weiß heute, zum mindesten seit dem Erscheinen der Studie v. Premersteins, daß mit der Übernahme des *imperium proconsulare* am 13. Januar 27 v. Chr. ein neues Zeitalter begonnen hat. Es war eine Militärmonarchie, die hier errichtet worden ist, wenngleich Augustus diesen Zustand nach außen hin möglichst zu verschleiern versucht hat. Und in seinen *Res gestae* steht hiervon bezeichnenderweise kein einziges Wort. Diese Ergebnisse wird heute niemand mehr in Zweifel zu ziehen wagen, denn sie beruhen auf zuverlässiger Quellengrundlage. Theodor Mommsen hatte freilich in seinem ,,Römischen Staatsrecht" die Herrschaft des Augustus als eine Dyarchie (richtig wäre vielmehr: Diarchie) bezeichnet, als eine Herrschaft, in die sich Prin-

ceps und Senat geteilt hätten. Davon kann jedoch keine Rede sein, denn
der Princeps war der eindeutig Überlegene, selbst in die Verwaltung der
senatorischen Provinzen hat er, wenn nötig, eingegriffen.

Mit Recht hat man gesagt, daß das Bild des Augustus als eines arglisti-
gen Tyrannen, ein Bild, das Montesquieu geprägt[1] und Edward Gibbon
in seiner „History of the Decline and Fall of the Roman Empire" I
(1776), Kapitel 3, übernommen hat, bis gegen Ende des vorigen Jahrhunderts vorherrschend geblieben ist.[2] Dies wird damit zusammenhängen,
daß noch niemand die Konstruktion des Prinzipats durchschaute, dessen
Wesen in der Tat erst durch neuere Untersuchungen aufgehellt worden
ist. In seiner Festrede vom 24. Januar 1889 über die Römeroden des
Horaz hat Mommsen allerdings den Versuch unternommen, dem Augustus Gerechtigkeit widerfahren zu lassen, aber von einer förmlichen Re-
habilitierung des Augustus kann man auch hier nicht sprechen, wenn die
Rede für die Kenntnis der geistigen Umwelt des ersten Princeps auch
heute noch von großer Bedeutung ist.

Mit dem Werk Victor Gardthausens „Augustus und seine Zeit", das im
Jahre 1891 in Leipzig zu erscheinen begann (insgesamt 3 Bände, dazu 3
Bände mit Anmerkungen, und ein Literaturnachtrag von 1916) stehen
wir in einer neuen Epoche der Forschung. Gardthausen hat zum ersten
Mal das gesamte Quellenmaterial, die Historiker ebenso wie die Inschriften und Papyri, berücksichtigt. Es ist in dieser Hinsicht ohne Vorgänger,
denn das Werk des französischen Gelehrten Beulé[3] wird man kaum als
einen Fortschritt bezeichnen können, es ist „höchstens eine tendenziöse
wenn auch geschickt redigierte Popularisierung der landläufigen Noti-
zen",[4] es ist, „um es kurz zu sagen, eine Darstellung ohne Forschung".
Man wird daher Beulé hier beiseite lassen können.

Ganz anders der ‚Augustus' Gardthausens! Das Werk besticht durch
die Reichhaltigkeit seiner Quellennachweise, es ist lesbar geschrieben und
gibt nicht nur einen Überblick über die römische Geschichte vom Tode
Caesars bis zum Ableben des Augustus, auch ein sehr nützlicher Überblick über die Administration des Imperium Romanum und über die
Familie des ersten Princeps ist in ihm zu finden. Als Abschluß des großen
Werks hat Gardthausen einen Aufsatz abgedruckt, den er in einer Zeit-
schrift im Jahre 1904 hat erscheinen lassen.[5] So erwünscht diese Zusammenfassung auch sein mag, sie erscheint in manchen nicht unwichtigen
Einzelheiten als wenig glücklich. Auch die Wiederaufnahme der Mommsen'schen ‚Zweiherrschaft' hätte sich der Verfasser ersparen können, sie
wird durch Tatsachen widerlegt. Der heutige Leser wird den Kopf schüt-

teln, wenn er liest, daß Gardthausen eine Parallele zwischen Augustus und dem Kaiser Napoleon III. gezogen hat,[6] was sich natürlich nicht ohne Gewaltsamkeit durchführen läßt. Sie mag sich dem gelehrten Verfasser durch das Erlebnis des Deutsch-Französischen Krieges von 1870/71 nahegelegt haben. Heute würde wohl niemand mehr behaupten, daß die Herrschaft des Augustus ebenso wie die Napoleons III. eine Tyrannis im guten Sinne des Worts gewesen sei und daß weder dem einen noch dem anderen der Tropfen demokratischen Öls gefehlt habe, mit dem der Herrscher gesalbt wurde.

Abgesehen von der Gesamtbeurteilung wird jeder vor der Leistung Gardthausens Respekt haben, er hat eine bewundernswerte Arbeit vollbracht, und sein immenser Fleiß ist Generationen von Forschern und Darstellern zugute gekommen.

Ähnlich umfassende, auf selbständiger Durcharbeitung der Quellen beruhende Darstellungen sind seit Gardthausens Werk nicht mehr erschienen, obwohl die Forschung seitdem nicht auf der Stelle getreten ist. Einen eminenten Fortschritt in der Erkenntnis des Wesens des Prinzipats hat die posthum erschienene Untersuchung Anton von Premersteins gebracht, dessen Werk bereits erwähnt wurde. Es bedeutet, alles in allem, eine Wende der Augustus-Forschung, denn hier sind zum ersten Mal die gesellschaftlichen Grundlagen des Prinzipats offengelegt worden. Bei Premerstein erscheint Augustus als der große Gefolgschaftsführer, der es verstanden hat, die unzähligen Klientelen in seiner Hand zusammenzufassen. Wenn man will, könnte man hier von einer Volksmonarchie sprechen, da die Herrschaft des Augustus auf der Zustimmung von Senat und Volk beruhte. Dies mag ein formaler Akt gewesen sein, aber Augustus hat sich auf diesen Consensus gestützt, auf den er immer allergrößten Wert gelegt hat.

Bemerkenswert war auch das nahezu gleichzeitig erschienene Werk von Wilhelm Weber, Princeps. Studien zur Geschichte des Augustus (1936). Es beruhte auf einer minuziösen Durchforschung der antiken Quellen, vor allem der *Res gestae*. Allerdings hat Weber gerade die *Res gestae* bei weitem überschätzt, wenn er davon spricht, diese seien der *hieros logos*, der Mythos des neuen Gottes, der den Menschen erschienen, nun vor den Augen der Welt zu den Göttern entrückt war (S. 102). Von dem Werk ist nur der 1. Band erschienen, den zweiten hatte Weber zwar versprochen, aber nicht mehr vollendet. Weber war in gewissem Sinne ein Einzelgänger, seine hohe Begeisterungsfähigkeit, die sich auch in dem kleinen Buch „Der Prophet und sein Gott" (1925) für jeden deutlich

vernehmbar macht – es geht hier um die 4. Ekloge Vergils – ist der Sache
nicht immer dienlich gewesen. Man lese hierzu die Besprechung von
Ludwig Deubner im 1. Band des ‚Gnomon' (1925) S. 160ff.

Auch Ernst Kornemann hat sich in seinem langen Leben immer wieder
mit der Gestalt des Augustus beschäftigt, er ist zu einem sehr günstigen
Urteil über Augustus gelangt; man mag dies in seiner „Römischen Geschichte", Bd. II⁷ (1977) S. 165 ff., und in seiner „Weltgeschichte des Mit-
telmeerraumes", Bd. II S. 52ff., nachlesen. Kornemann nennt den ersten
Princeps einen Mann von hoher Menschlichkeit, nachdem er die grausamen Anwandlungen der Jugend überwunden hatte. Aber in diesem
Punkt macht es sich Kornemann doch wohl etwas zu leicht, er hätte sich
doch fragen müssen, wie der Umbruch im Charakter des Augustus zustande gekommen ist.

Sehr zurückhaltend ist das Urteil von Sir Ronald Syme. Man lese das
interessante 33. Kapitel in seinem Buch „The Roman Revolution" mit der
Überschrift *Pax et Princeps!* Wenn der britische Historiker auch die Leistungen der Freunde, mit Ausnahme des Marcus Agrippa, nicht hoch
veranschlägt, so hat er doch das Werk des Augustus hervorgehoben. Er
meint, seine Herrschaft sei durch sein Verdienst gerechtfertigt, sie sei
gegründet auf Zustimmung und durch die Pflicht gemäßigt, und in dem
Bild von der ‚Wache' des Princeps (*statio principis*) offenbare sich das
militärische Pflichtgefühl des Augustus; er habe seinen Posten nicht verlassen, bis ihn ein höherer Befehl abberufen habe (Syme a. a. O. S. 520).
Mit vollem Recht hat Syme darauf hingewiesen, daß die *Res gestae* zeigen, in welchem Licht Augustus gesehen werden wollte. Infolgedessen
seien die *Res gestae* ebenso interessant im Hinblick auf das, was sie sagen,
wie auf das, was sie verschweigen (ebd. S. 523). Erst die Schlußsätze des
Kapitels zeigen, was Syme wirklich von Augustus gedacht hat: „Für die
Macht hatte er alles geopfert, er hatte den Gipfel alles menschlichen
Ehrgeizes erreicht und in seinem Ehrgeiz hatte er das römische Volk
gerettet und zu neuem Leben erweckt" (a. a. O. S. 524).

Die Forschungen der neueren und neuesten Zeit gelten vorwiegend
verfassungsrechtlichen Fragen. Wer den Sammelband „Augustus", herausgegeben von W. Schmitthenner, zur Hand nimmt, der wird in ihm
mehrere Studien über die Entwicklung der Verfassung finden, dazu Aufsätze wie den von Wolfgang Kunkel über das Wesen des Prinzipats (S.
311 ff.) und anderen; aber diese juristisch-staatsrechtlichen Aufsätze, so
wertvoll sie im einzelnen auch sein mögen, vermögen den Menschen
Augustus nicht in adäquater Weise zu erfassen, und dies umso weniger,

als Augustus selbst sich um juristische Probleme wenig gekümmert hat. Augustus war weder ein Jurist, noch ein Ideologe, er war ein Mann der Praxis, und der Staatsneubau ist in allen wesentlichen Zügen sein persönliches Werk gewesen. Allerdings war Augustus offen für Anregungen, von welcher Seite sie auch kommen mochten, und es besteht kein Zweifel, daß die Anschauungen Ciceros vom Prinzipat ihn beeinflußt haben,[7] aber dies alles ändert nichts daran, daß in der Begründung der neuen Staatsform eine Leistung des Augustus vorliegt, die seinem eigenen Denken entsprungen ist.

Ein im ganzen ausgewogenes Urteil findet man in dem kleinen Buch von A. H. M. Jones, ,,Augustus", erschienen London 1970 (in der Serie ,,Ancient culture and society"). Der Verfasser, durch seine bemerkenswerte Kenntnis der Quellen ebenso bekannt wie durch seine souveräne Mißachtung der Forschung, hat den ersten Princeps im großen und ganzen positiv beurteilt: sein Siegel zeige eine Sphinx, und er selbst sei in der Tat ein rätselhafter Mensch gewesen, doch ließen sich einige Grundzüge feststellen: vor allem sei er ein konservativer Mensch gewesen; wo es sich aber um Angelegenheiten des Staates und des Heeres gehandelt habe, da sei Augustus vor Änderungen nicht zurückgeschreckt. Diese aber hätten sich bewährt, dies gelte für die Reform der Verwaltung, aber auch für die Umwandlung des Berufsheeres in ein stehendes Heer. Ganz besonders hat Jones den politischen Takt des Kaisers gerühmt (S. 167): Wenn er etwas geändert habe, so war ihm sehr darum zu tun, keinen öffentlichen Anstoß zu erregen; er habe es vorgezogen, soweit dies möglich war, in den vorgegebenen Formen zu verbleiben, wenn sich auch die Sache änderte. Auf diese Weise habe er eine Regierungsform gegründet, die sich für zwei Jahrhunderte als dauerhaft erwiesen habe.

Symbolik und Propaganda

In diesem Abschnitt sollen einige Bemerkungen über die Symbolik und die Propaganda in der Zeit des Augustus ihren Ort finden. Doch erwarte man hier keine ausführliche Darstellung, denn diese wäre nur unter Berücksichtigung eines weitschichtigen, verstreuten Materials zu schreiben, wozu hier nicht die Gelegenheit ist. Die Skizze soll vielmehr zeigen, welcher Mittel man sich in augusteischer Zeit bedient hat, um gewisse Grundgedanken der Tagespolitik zum Ausdruck zu bringen. Das Material besteht vor allem aus Münzen, ihre Deutung ist jedoch nicht immer gesichert. Außerdem ist die Frage, inwieweit man überhaupt aus den Münzbildern und Münzlegenden Schlüsse über Symbolik und Propaganda ziehen darf, immer noch offen. Im allgemeinen herrscht in der Forschung ein ganz uneingeschränkter Optimismus, der jedoch nicht immer berechtigt ist. Die Münzen waren eben in erster Linie Geld, und unter diesem Gesichtspunkt verflüchtigen sich manche vorschnellen Deutungen und Konstruktionen. Aber die Skepsis darf anderseits auch nicht zu weit getrieben werden, denn es ist ganz unbestritten, daß die Münzen gewisse Ideen der Herrschenden wiedergeben, die, zusammen mit den Aussagen der Geschichtsschreiber und Dichter, von Wert für die Erkenntnis der Symbolik und Propaganda sind. Es wäre aber ein Fehler, wollte man die Münzen zu stark isolieren; sie können und dürfen nur im Zusammenhang mit den übrigen Geschichtsquellen gesehen werden.

Beginnen wir hier mit dem Symbol des Capricornus! Bei Sueton (Leb. d. Aug. 94,12) steht zu lesen, Augustus habe ein so großes Vertrauen zum Schicksal (*fatum*) gehabt, daß er als ein Zeichen für die Stellung des Gestirns in seiner Geburtsstunde eine silberne Münze habe prägen lassen, sie habe das Zeichen des Capricornus (Steinbock mit Fischschwanz) getragen, unter dem Augustus geboren war. Der Capricornus ist das Nativitätszeichen des Augustus, aber nicht das Sternzeichen seines Geburtsmonats, des Septembers. Der Capricornus gehört vielmehr als Sternzeichen in den Dezember-Januar, und deswegen wird man das Zeichen entweder mit der Konzeption oder mit der Geburtsstunde des Augustus in Verbindung bringen.[1] Es sind mehrere Münzen mit diesem Sternzeichen auf unsere Zeit gekommen, am bekanntesten ist wohl die Münze des Jahres 27 v. Chr., sie zeigt auf der Vorderseite den Kopf des Augustus mit der Legende *Caesar divi filius cos. VII* mit dem (kleinen) *Capricornus,* auf der Rückseite ein Krokodil mit der Überschrift *Aegypto capta.*[2] Auch die berühmte Gemma Augustea in Wien zeigt den Capricornus, dazu kommen noch ein paar Inschriften aus dem Westen und Osten des Reiches.[3] Mit dem Symbol des Capricornus sollte wohl zum Ausdruck gebracht werden, daß Augustus zum Heil des Staates geboren sei (K. Kraft), im Gegensatz zu Antonius, dem Unheilsbringer, dessen Geburtstag aus den Fasten gestrichen wurde. Im übrigen hatte Augustus mit dem Symbol des Capricornus einen berühmten Vorgänger: Hieron II. von Syrakus (275–216 v. Chr.), der ein wertvoller Verbündeter Roms in den Punischen Kriegen gewesen war. Ebenso wie der goldene Ehrenschild und die Bürgerkrone wird man auch den Capricornus zu den Symbolen der Herrschaft des Augustus rechnen. Augustus war der Verteidiger der Freiheit *(vindex libertatis),* womit hier die Bürgerfreiheit gemeint ist; er war der Retter der Bürger vor fremder Gewaltherrschaft. Ist es ein Zufall, daß dieses Symbol zu einer Zeit erscheint, in der Augustus das Prinzipat übernommen hat, im Jahre 27 v. Chr.?

Die Münzen mit dem Capricornus sind zweifellos auf die Initiative des Augustus zurückzuführen. Nicht anders steht es mit der Ausgestaltung des *Siegelbildes.* Das Siegel trug zunächst das Bild der Sphinx, dann das Bild Alexanders d. Gr., und schließlich des Porträt des Augustus. Sueton sagt dazu folgendes (Leb. d. Aug. 50): ,,Bei der Siegelung der Urkunden, Erlasse und Briefe bediente sich Augustus am Anfang der Sphinx, dann des Bildes Alexanders, schließlich seines eigenen. Die Siegel waren von der Hand des Dioskurides gefertigt. Dieses Siegels haben sich dann auch die folgenden Kaiser bedient.'' Über die Siegelbilder des Augustus hat H. U. Instinsky ausführlich gehandelt,[4] für die Wahl der Sphinx hat auch er keinen einsichtigen Grund finden können. Was das Alexanderporträt betrifft, so steht hier die Alexanderideologie im Hintergrund, es ist der Gedanke der Weltherrschaft, eine Idee, die gelegentlich auf den Münzen durch die Abbildung eines Globus symbolisiert wird. Leider weiß man nicht, *wann* Augustus den Alexanderkopf durch sein eigenes Bildnis ersetzt hat. Die Nachfolger auf dem Kaiserthron haben weiter mit dem Porträt des Augustus gesiegelt, und zwar bis hin zu Nero, während Galba eine Ausnahme macht. Dessen Nachfolger haben die Augustus-Tradition noch einmal wieder aufgenommen. Wir brauchen diese Dinge hier nicht weiter zu verfolgen, doch ist es so gut wie sicher, daß Augustus mit der Veränderung des Siegelbildes gewisse Ideen zum Ausdruck bringen wollte. Es mag sein, daß die Menschen seiner Zeit dies auch verstanden haben.

Und nun zu den *Lorbeerbäumen* an der Tür des Palastes des Augustus auf dem Palatin! In einer wie immer ertragreichen Studie hat Andreas Alföldi über die Lorbeerbäume gehandelt.[5] Er hat zeigen können, daß die beiden Lorbeerbäume eine weit in die Vergangenheit zurückreichende Tradition besitzen, schon in der römischen Königszeit finden sie sich vor Sakralbauten wie vor der Regia und dem Tempel der Vesta, die sich auf dem Palatin erhoben. Der Lorbeerzweig ist auf vielen Emblemen der augusteischen Zeit als Siegeszeichen verwandt worden. Alföldi hält die Lorbeerbäume für ein abstraktes Symbol der kaiserlichen Majestät, ihnen käme nach seiner Ansicht die gleiche Bedeutung zu wie dem Ehrenschild und dem Eichenkranz, den man Augustus wegen der Rettung der Bürger *(ob cives servatos)* verliehen hatte. Auch auf den Münzen des Augustus sind die Lorbeerbäume zu finden, gelegentlich ist auf der Rückseite die Bürgerkrone *(corona civica)* abgebildet.[6] Bis in die Zeit der Flavier finden sich die Lorbeerbäume immer wieder, danach kommen sie jedoch in der römischen Herrschersymbolik nicht mehr vor. Von der Bedeutung der Lorbeerbäume im stadtrömischen Kompitalkult braucht hier nicht gehandelt zu werden, auch dies ist von Alföldi mit vielen Beispielen belegt worden.

Und nun einiges Grundsätzliche über die *augusteischen Münzen!* Sie liegen in großer Fülle vor, darunter befinden sich nicht wenige Münzen von hohem ikonographischen Wert. Eine Übersicht haben H. Mattingly und E. A. Sydenham in der Publikation ,,The Roman Imperial Coinage, Vol. I: Augustus to Vitellius", London 1923 (Neudruck 1968), gegeben. Sehr wertvoll ist auch C. H. V. Sutherland, Roman Coins, London und Fribourg 1974, S. 127ff. Hier finden sich eine Reihe von vorzüglichen Abbildungen. Die Numismatiker betonen mit Recht, daß zwischen den Münzen der Triumviralzeit und den seit dem Jahre 27 v. Chr. geprägten Stücken eine klare Trennungslinie nicht gezogen werden kann. Als Triumvir hat Octavian mit der Emblematik seiner Münzen schwerlich andere Ziele verfolgt als seine Genossen im Triumvirat, Antonius und Lepidus. Ein großer Teil des Geldes war für die Zahlungen an die Soldaten bestimmt. Neben dem Porträt des Octavian finden sich auf den Rückseiten Abbildungen der Göttinnen PAX und VENUS. Auch gibt es Münzen, auf deren Rückseite Octavian in Feldherrntracht, eine Anspra-

che haltend, dargestellt ist.[7] Auch die Siegesgöttin mit Kranz und Palm-
zweig fehlt nicht.[8] Es mag sich hier um Hinweise auf die Siege Octavians
handeln, doch ist anderseits nicht auszuschließen, daß sich in den Emblemen ein Wunschdenken manifestiert. Wären die Münzen genauer zu
datieren, so ließe sich leichter eine Entscheidung in dem einen oder anderen Sinn fällen. Von historischen Ereignissen, worauf die Münzen anspie-
len, ist vor allem die Eroberung Ägyptens zu nennen. *Aegypto capta*
findet sich auf mehreren Münzen, gelegentlich mit einer Abbildung eines
Krokodils. Hier wie auch bei der Legende SIGNIS RECEPTIS, die seit
dem Jahre 19 v. Chr. nachweisbar ist, kann man geradezu von Ge-
schichtsmünzen sprechen, sie sind ohne Zweifel auf Anregung des Augustus geprägt worden. Nicht ganz so sicher ist dies bei den Reminiszenzen
an die *Ludi saeculares* des Jahres 17 v. Chr. Wenn der Münzmeister
L. Mescinius Rufus es für zweckmäßig gehalten hat, die *Ludi saeculares*
auf den Münzen zu erwähnen, so handelte er gewiß in Übereinstimmung
mit dem Princeps Augustus. Und nicht anders steht es mit jenen Münzen
der Prägestätte Lugdunum (Lyon), welche die Adoption der beiden jungen Prinzen Gaius und Lucius erwähnen.

Es wäre natürlich verfehlt, in der Abfolge der Münzen ein bewußtes
System des Kaisers Augustus zu sehen. Sicherlich ist von ihm manche
Anregung ausgegangen, und er wird es nicht ungern gesehen haben,
wenn seine großen Leistungen in der Münzprägung zur Geltung gebracht
wurden, sie dienten teilweise dem gleichen Zweck wie der Leistungsbericht des Augustus, die *Res gestae*. Wer will es dem Augustus verdenken,
daß er die Münzen dazu benutzte, seine Person und seine Taten dem
Volk vor Augen zu führen? In diesem Sinne sind auch die Münzbilder
und die Beischriften verstanden worden, sie sind ein Teil der Selbstdar-
stellung des ersten römischen Princeps. Und wie Augustus so haben auch
seine Nachfolger gehandelt, sie haben in mancher Beziehung wieder an
ihn angeknüpft. Tiberius hat das Andenken des Augustus durch die Kon-
sekrationsmünzen in der Erinnerung der Menschen wachgehalten, und
wie Tiberius, so haben es auch die späteren Kaiser mit ihren Vorgängern
gehalten, es sei denn, daß diese der *damnatio memoriae* (richtig: *memoria
damnata*) anheimgefallen waren wie Nero und andere.

Zeittafel

63 (23. September)	Octavius, der spätere Augustus, geboren
59	Caesar Consul
59	Tod des C. Octavius, des Vaters
44 (15. März)	Caesar ermordet
43	Mutinensischer Krieg
43 (19. August)	Octavian Consul I
43 (November)	Triumvirat des Antonius, Lepidus und Octavian
42 (Oktober)	Schlachten bei Philippi
41–40	Perusinischer Krieg
40	Vertrag von Brundisium zwischen Octavian und Antonius. Vergils 4. Ekloge. Antonius heiratet Octavia Minor, die Schwester Octavians
39	Vertrag von Misenum zwischen Octavian, Antonius und Sex. Pompeius. Octavian heiratet Scribonia
38	Ehescheidung. Octavian heiratet Livia.
37	Vertrag von Tarent zwischen Octavian und Antonius
36	Sieg über Sex. Pompeius bei Naulochos. Lepidus als Triumvir abgesetzt. Partherfeldzug des Antonius
35–33	Octavians illyrische Feldzüge
33	Octavian Consul II
32	Treueid der Bevölkerung des Westens für Octavian
31	Octavian Consul III. 2. Sept. Schlacht bei Actium. Im Herbst Rückkehr nach Rom
30	Octavian Consul IV; über Syrien nach Ägypten, Eroberung Alexandriens (1. August), Tod des Antonius und der Kleopatra
29 (August)	Octavian Consul V; dreifacher Triumph des Octavian
28	Octavian Consul VI
27	Octavian Consul VII. Er erhält das *imperium pro-*

	consulare (13. Januar), Verleihung des Augustus-namens (16. Januar). Abreise nach Gallien (Ende des Jahres)
26–25	Augustus Consul VIII, IX. In Spanien
25	Expedition des Aelius Gallus in Arabien
24	Augustus Consul X (auf der Reise nach Rom)
23	Augustus legt das Consulat (XI) nieder, er erhält die *tribunicia potestas* und das *imperium proconsulare maius*. Agrippa erhält das *imperium proconsulare*. Tod des Marcellus (Herbst)
22–19	Augustus im Orient
21	Agrippa heiratet Iulia, die Tochter des Augustus
20	Rückgabe der römischen Feldzeichen durch die Parther
19	Augustus erhält das *imperium consulare*
18	Agrippa erhält das *imperium proconsulare* und die *tribunicia potestas* auf 5 Jahre (im Jahre 13 erneuert)
17	*Ludi saeculares.* Adoption der Enkel Gaius und Lucius
16–13	Augustus in Gallien und Spanien
15	Eroberung Raetiens
12	6. März: Augustus *pontifex maximus*. Tod Agrippas
12–9	Feldzüge des Drusus und Tiberius in Germanien, Tod des Drusus (9 v. Chr.)
11	Tiberius heiratet Iulia
8	Tod des Maecenas und des Horaz
6 v.–2 n.	Tiberius auf Rhodos
5	Augustus Consul XII
4	Jesus Christus in Bethlehem geboren
2	Augustus Consul XIII. *Pater patriae.* Verbannung der Iulia
1 v.–4 n.	Gaius im Orient, er stirbt 4 n. Chr.
2 n.	Lucius Caesar stirbt in Massilia
4	Adoption des Tiberius (und des Agrippa Postumus), Tiberius erhält die *tribunicia potestas* auf 10 Jahre
4–5	Tiberius in Germanien

6	Gründung des *aerarium militare*
6–9	Pannonischer Aufstand
9	Schlacht im Teutoburger Wald. *Lex Papia Poppaea*
13	Erneuerung des *tribunicia potestas* des Tiberius; er erhält das *imperium proconsulare maius*
14 (19. August)	Augustus stirbt in Nola

Stammtafel: Das julisch-claudische Haus

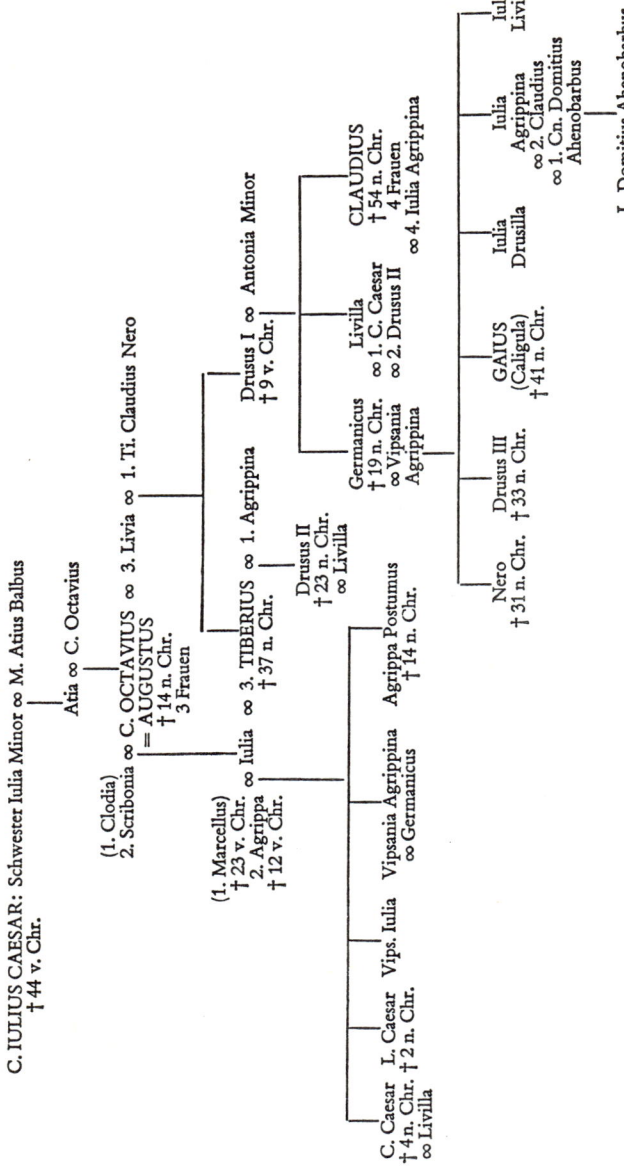

C. IULIUS CAESAR: Schwester Iulia Minor ∞ M. Atius Balbus
† 44 v. Chr.

Atia ∞ C. Octavius

(1. Clodia)
2. Scribonia ∞ C. OCTAVIUS ∞ 3. Livia ∞ 1. Ti. Claudius Nero
= AUGUSTUS
† 14 n. Chr.
3 Frauen

(1. Marcellus)
† 23 v. Chr.
2. Agrippa ∞ Iulia ∞ 3. TIBERIUS ∞ 1. Agrippina
† 12 v. Chr.   † 37 n. Chr.

Drusus II   Drusus I ∞ Antonia Minor
† 23 n. Chr.   † 9 v. Chr.
∞ Livilla

C. Caesar   L. Caesar   Vips. Iulia   Vipsania Agrippina   Agrippa Postumus
† 4 n. Chr.   † 2 n. Chr.   ∞ Germanicus   † 14 n. Chr.
∞ Livilla

Germanicus
† 19 n. Chr.
∞ Vipsania
Agrippina

Livilla
∞ 1. C. Caesar
∞ 2. Drusus II

CLAUDIUS
† 54 n. Chr.
4 Frauen
∞ 4. Iulia Agrippina

Nero   Drusus III   GAIUS   Iulia   Iulia   Iulia   Iulia
† 31 n. Chr.   † 33 n. Chr.   (Caligula)   Drusilla   Agrippina   Livilla
                  † 41 n. Chr.   ∞ 2. Claudius
                                 ∞ 1. Cn. Domitius
                                 Ahenobarbus

L. Domitius Ahenobarbus
NERO
† 68 n. Chr.

Neuere Literatur

Quellen

V. Ehrenberg u. A. H. M. Jones, Documents illustrating the reigns of Augustus and Tiberius, Oxford 1949; 2. Aufl. 1955
Meyer Reinhold, The Golden Age of Augustus, Toronto u. Sarasota 1978 (Quellen in englischer Übersetzung)

Darstellungen und Untersuchungen

V. Gardthausen, Augustus und seine Zeit, 3 Bände in 6 Teilen, Leipzig 1891–1904; Literaturnachtrag 1916
K. Fitzler und O. Seeck, Artikel ‚Iulius (Augustus)‘, RE X (1917) Sp. 275–381 (in chronologischer Folge)
T. Rice Holmes, The architect of the Roman empire, 2 Bände, Oxford 1928 u. 1931
Meyer Reinhold, Marcus Agrippa. A biography, Geneva, N. J. 1933
The Cambridge Ancient History, Band X (1934, Neudr. 1966)
W. Weber, Princeps, I (Stuttgart 1936)
A. von Premerstein, Vom Werden und Wesen des Prinzipats. Abh. Bayer. Akad. d. Wiss., Phil.-hist. Abt., N. F. Heft 15, 1937 (Aus dem Nachlaß herausg. von H. Volkmann)
Ronald Syme, The Roman revolution, Oxford 1939; Neudr. 1967
G. Rodenwaldt, Kunst um Augustus, Berlin 1942
K. Hönn, Augustus und seine Zeit, 3. Aufl., Wien 1943
J. Béranger, Recherches sur l’aspect idéologique du principat, Basel 1953
L. Wickert, Artikel ‚Princeps‘, RE XXII (1954) Sp. 1998 ff.
F. Vittinghoff, Kaiser Augustus, Göttingen 1959
A. H. M. Jones, Studies in Roman government and law, Oxford 1960; Neudr. 1968
R. Heinze, Die augusteische Kultur, 3. Aufl., Darmstadt 1960
H. D. Meyer, Die Außenpolitik des Augustus und die augusteische Dichtung, Köln 1961
G. W. Bowersock, Augustus and the Greek world, Oxford 1965

W. Schmitthenner [Herausgeber], Augustus, Darmstadt 1969 (Wege der Forschung, Bd. 128) [Aufsätze verschiedener Forscher]

A. H. M. Jones, Augustus, London 1970

C. M. Wells, The German policy of Augustus. An examination of the archaeological evidence, Oxford 1972

H. Bengtson, Marcus Antonius. Triumvir und Herrscher des Orients, München 1977

B. Schor, Beiträge zur Geschichte des Sextus Pompeius, Diss. München 1977, ersch. Stuttgart 1978.

Anmerkungen

1. Die Jugend

1. Cicero, Ad Quintum fratrem I 1,21; 2,7.
2. Siehe das Elogium, Dessau, Inscr. Lat. sel. I 47.
3. A. Alföldi, Octavians Aufstieg zur Macht (Bonn 1976) S. 20, versagt der Nachricht mit Recht den Glauben.
4. F. Münzer, RE XIV (1930) Sp. 1815 ff. s. v. Marius Nr. 16.
5. Die Quellen bei V. Gardthausen, Augustus u. seine Zeit II S. 24 A. 26.
6. Neuere Behandlung der Quellen durch Ursula Ehrenwirth, Kritisch-chronologische Untersuchungen für die Zeit vom 1. Juni bis zum 9. Oktober 44 v. Chr., Diss. München 1971, S. 93–94.
7. Ursula Ehrenwirth a. a. O. S. 96.
8. Cicero, Ad Atticum IV 12, 2.
9. Siehe neuerdings A. Alföldi, Octavians Aufstieg zur Macht (1976) S. 55 ff., 68 ff.

2. Vom Mutinensischen Krieg bis zur Schlacht bei Philippi (44 bis 42 v. Chr.)

1. Siehe meine Ausführungen, Kleine Schriften zur Alten Geschichte (1974) S. 507.
2. Siehe ebd. S. 510.
3. F. Münzer, RE XIX (1937) Sp. 39.
4. H. Bengtson, Zu den Proskriptionen der Triumvirn, SB. Bayer. Akad., phil.-hist. Kl. 1972, Heft 3, S. 23–24.
5. Ausführlich dargestellt in meinem Buch ,,Marcus Antonius, Triumvir und Herrscher des Orients", München 1975, S. 135 ff.
6. V. Gardthausen, Augustus und seine Zeit I, 1 S. 176.

3. Von Perusia bis Actium (41–31 v. Chr.)

1. V. Gardthausen, Augustus und seine Zeit I, 1 S. 190.
2. V. Gardthausen, a. a. O. I, 1 S. 209.
3. Appian B. C. V 48; Cass. Dio XLVIII 14; Suet. Aug. 15; Vell. Pat. II 74; Seneca, De clementia I 11. Dazu V. Gardthausen, a. a. O. II, 1 S. 98 A. 23.
4. Zu diesem Problem siehe etwa Schanz-Hosius, Gesch. d. röm. Lit. II⁴ (1935) S. 43–44.

5. Bruno Schor, Beiträge zur Geschichte des Sextus Pompeius, Diss. München 1977, S. 180 ff., ist der Meinung, Antonius habe den Hinrichtungsbefehl von Munatius Plancus unterschreiben lassen.
6. M. Fluß, RE XV (1932) Sp. 1505–1506 s. v. Metulum, mit Angabe der verschiedenen Hypothesen.
7. Nach Tomaschek: Bilek oder Stolae.
8. Fitzler-Seeck, RE X (1917) Sp. 326,28.

4. Der Princeps

1. E. Kornemann, Röm. Gesch. II⁷ S. 125.
2. Dittenberger, Or. Gr. Inscr. II 458, 9.
3. Sueton, Leb. d. Aug. 98,2.
4. Abgedr. bei Th. Mommsen, Reden und Aufsätze (Berlin 1905) S. 168 ff.
5. Richard Heinze, Vom Geist des Römertums, 3. Aufl. (Darmstadt 1960) S. 190 ff. (zuerst 1929 erschienen).
6. W. Theiler, Schriften der Königsberger Gelehrten Gesellschaft 12,4 (1935).
7. Eine umfassende Übersicht über die modernen Deutungen bringt Günther Wille in der Festschrift für K. J. Merentitis (Athen 1972) S. 439 ff.
8. Papyrus Tebtunis III 703, dazu H. Bengtson, Kleine Schriften zur Alten Gesch. (1974) S. 321 (zuerst 1953 erschienen), und W. Huß, Archiv für Papyrusforsch. 27 (1980) S. 67 ff.
9. Vergil, Aeneis VII 606, vgl. XII 857 f.
10. Hans D. Meyer, Die Außenpolitik des Augustus und die augusteische Dichtung (Köln – Graz 1961).
11. So Erich Burck, Altrömische Werte in der augusteischen Literatur, in: Probleme der augusteischen Erneuerung (Frankfurt a. M. 1938) S. 53.
12. Hans D. Meyer a. a. O. S. 89.

5. Die Kriege des Augustus

1. Vgl. dazu O. Hirschfeld, Kleine Schriften (1913) S. 112 ff., 186 ff.
2. Lokalisierung nicht gesichert, vielleicht ist es der Berg S. Julian am Miño bei Tuy (A. Schulten).
3. Dazu H. Bengtson, Die Flavier (München 1979) S. 100 f., 129 f.
4. Augusta Vindelicum ist die korrekte Namensform (nicht Vindelicorum).
5. K. Kraft, Gesammelte Aufsätze zur antiken Geschichte und Militärgeschichte (Darmstadt 1973) S. 216 ff., 233.
6. E. Kornemann, Röm. Gesch. II⁷ S. 151.
7. Zum Zeitpunkt siehe die Cambridge Ancient History, Bd. X S. 360 A. 1.
8. Sueton, Leb. d. Tib. 20.
9. Siehe Balduin Saria, Klio 23 (1930) S. 92 ff. Wichtig ist ferner E. Köstermann, Hermes 81 (1953) S. 345 ff., besonders 366 A. o.
10. Zur Lokalisierung der Orte siehe E. Köstermann a. a. O. S. 371, der sich überhaupt um die Klärung der taktischen Vorgänge große Verdienste erworben hat.

11. V. Gardthausen, Augustus u. s. Zeit I,3 S. 1195.
12. Vell. Paterc., Hist. Rom. II 117,3.
13. Dazu Sibourg, Bonner Jahrbücher 1930 S. 184 ff.
14. Tacitus, Ann. II 88: Liberator haud dubie Germaniae, et qui non primordia populi Romani sicut alii reges ducesque, sed florentissimum imperium lacessierit, proeliis ambiguus, bello non victus.

6. Die Werke des Friedens

1. A. Steinwenter, RE X (1919) Sp. 1281 ff.
2. Dazu E. Kornemann, RE IV (1900) Sp. 408 s. v. collegium.
3. V. Gardthausen, Augustus u. s. Zeit I,2 S. 592.
4. Gaius, Inst. I 42–47, dazu V. Gardthausen a. a. O. II,2 S. 528 A. 40; R. Leonhard, RE XII (1925) Sp. 2355 f.
5. V. Gardthausen a. a. O. I,2 S. 933.
6. Joachim Wieder, in: Karl IV. und sein Kreis (München – Wien 1978) S. 142.
7. Wiedergegeben z. B. bei K. Hönn, Augustus, 3. Aufl. (1943), Tafel 49.
8. G. Moretti, Ara Pacis Augustae, Rom, übers. von E. Hohenemser, S. 13. Zu teilweise anderen Ergebnissen gelangte K. Hanell, Das Opfer des Augustus an der Ara Pacis (Skrifter Svenska Institutet i Rom, 4°, XX, Opuscula Romana II), S. 33 ff.
9. E. Buchner, Röm. Mitt. 83 (1976) S. 319–365; 87 (1980) S. 355–373.
10. Dazu F. W. Shipley, Agrippa's building activities in Rome, St. Louis 1933 (Washington University Studies, New Series, Nr. 4).
11. Dazu Isidor von Sevilla, Orig. 6,3. Weiteres bei O. Richter, Topographie von Rom (1901) S. 108, unten.

7. Familie und Freunde

1. Zum Kreis der Dichter und Gelehrten um Octavia siehe C. Cichorius, Römische Studien (1922) S. 278.
2. E. Kornemann, Große Frauen des Altertums (1942) S. 178.
3. V. Gardthausen, Augustus u. s. Zeit I,2 S. 1018–1032.
4. Lotte Ollendorff, RE XIII (1926) Sp. 900–924.
5. E. Kornemann, Große Frauen S. 172–221.
6. Vell. Paterc., Hist. Rom. II 71,2.
7. E. Kornemann, Große Frauen S. 185.
8. *Epicedion* = Trauergedicht.
9. Schanz-Hosius, Gesch. d. röm. Lit. II⁴ (1935) S. 255.
10. So bei E. Kornemann, Große Frauen des Altertums (1942) S. 204.
11. Mommsen, Röm. Staatsrecht II,2 S. 795, vgl. 764.
12. Lotte Ollendorff, RE XIII (1926) Sp. 916.
13. So mit Recht Fitzler-Seeck, RE X (1917) Sp. 905.
14. Bei dieser Scheidung hat Livia, die Mutter des Tiberius, eine führende Rolle gespielt; vgl. Suet., Leb. d. Tib. 7.

15. Hugo Willrich, Livia (1911) S. 18 ff.
16. Seneca, De brevitate vitae IV 6; Plin. Nat. hist. VII 149; Cass. Dio LV 10.
17. E. Groag, Studien zur Kaisergeschichte (Linz 1918) S. 39–70.
18. Schanz-Hosius, Gesch. d. röm. Lit. II⁴ (1935) S. 209; neuerdings Sir Ronald Syme, History in Ovid (Oxford 1978) S. 216 ff.
19. V. Gardthausen, Augustus u. s. Zeit, I,3, S. 1256.
20. Siehe den RE-Artikel, Bd. X (1917) Sp. 183 ff. s. v. Iulius Caesar (von V. Gardthausen), dazu jetzt Sir Ronald Syme, History in Ovid (1978) S. 149 ff.
21. So steht es bei Gellius. Augustus wird nach klimakterischen Jahren gerechnet haben. Am 23. September 1 n. Chr. waren 9 mal 7 Jahre vorüber, an diesem Tag begann das 64. Jahr.
22. Siehe die Inschrift vom Tempel zu Nîmes, CIL XII 3156.
23. Suet., Leb. d. Aug. 51.
24. H. Volkmann, Zur Rechtsprechung im Prinzipat des Augustus (1935) S. 51 ff.
25. Suet., Leb. d. Tib. 8.
26. Siehe dazu E. Meise, Untersuchungen zur Gesch. der iul.-claud. Dynastie (1969) S. 18.
27. Seneca, De beneficiis VI 32,2.
28. Seneca, Controv. 2,4,12, und dazu Meyer Reinhold, Marcus Agrippa (1933) S. 5–6.
29. Vell. Paterc. II 85,2; Cass. Dio L 14,1.
30. Schanz-Hosius, Gesch. d. röm. Lit. II⁴ (1935) S. 336.
31. Erwähnt von Frontin, De aquis 98.
32. Plin. Nat. hist. XXXIV 62.
33. Horaz, Sermones II 3, 185; Epp. I 6,26; 12,26.
34. Übersetzt von F. Marx, Rhein. Museum 74 (1925) S. 186.
35. Scriberis Vario fortis et hostium victor: ,,Mag ein Varius als Helden und Sieger dich feiern'' (nach der Übersetzung von H. Färber).
36. Die Belege bei V. Gardthausen, Augustus u. s. Zeit II,2 S. 439. A. 41.
37. Servius ad Verg. Aen. VIII 310.
38. Georg Goetz, C. Maecenas. Rede, gehalten am 21. Juni 1902 (gedr. Jena 1902), S. 12.
39. Seneca, Controv. II 4, 12–13, dazu die Übersetzung bei Meyer Reinhold, Marcus Agrippa (1933) S. 5–6.
40. Cass. Dio LIV 6,5.
41. Meyer Reinhold a. a. O. S. 68.
42. Tacitus, Ann. I 54.
43. Schanz-Hosius, Gesch. d. röm. Lit. II⁴ (1935) S. 19.
44. Schanz-Hosius a. a. O. S. 188.
45. Hieronymus ad Abr. 1991 = 26 v. Chr.: incivilem potestatem esse contestans.
46. O. Richter, Topographie der Stadt Rom (1901) S. 243.
47. So E. Groag, RE II A (1923) Sp. 1512.
48. Eine sehr positive Charakteristik findet sich bei Velleius Paterculus, Hist. Rom. II 105,2.
49. Seneca, De clementia I 10.

8. Augustus, seine Lebensweise, seine Persönlichkeit und seine Schriften

1 V. Gardthausen, Augustus u. s. Zeit I,2 S. 486.
2. Die Bildnisse des Augustus. Sonderausstellung Glyptothek München (1979) S. 53 Nr. 3.
3. ebd. S. 30 Abb. 3.
4. H. Kähler, Rom und seine Welt I (1958), Tafel 116.
5. E. Malcovati, Oratorum Romanorum fragmenta S. 107.
6. Von S. Döpp, Hermes 106 (1978) S. 631, auf bald nach 402 datiert.
7. Peter, Historicorum Romanorum reliquiae II S. 57 Nr. 9 (= Suet., Leb. d. Aug. 27). Siehe auch F. Blumenthal, Die Autobiographie des Augustus, Wiener Studien 35 (1913) S. 113 ff.; 36 (1914) S. 2 ff., der jedoch nicht in allem glücklich urteilt.
8. Peter, Hist. Rom. rel. II S. 59 Nr. 11 (App. B. C. V 42).
9. A. Neumann, Klio 26 (1933) S. 360 ff.

9. Das Imperium Romanum unter Augustus

1. Walter Otto, Herodes (1913) S. 166.
2. Siehe vor allem J. Stroux und Leopold Wenger, Die Augustusinschrift auf dem Marktplatz von Kyrene, Abh. Bayer. Akad., phil.-hist. Kl. 34,2 (1928). Weitere Literatur bei H. Bengtson, Griech. Gesch., 5. Aufl. (1977) S. 529 A.1.
3. Dittenberger, Sylloge³ II 780.
4. H. Volkmann, Zur Rechtsprechung im Prinzipat des Augustus (1935) S. 161 ff.
5. Bezeugt erst für das frühe 3. Jahrh. n. Chr., aber wahrscheinlich auf Augustus zurückzuführen (so auch A. H. M. Jones, Augustus, London 1970, S. 95).
6. O. Hirschfeld, Die kaiserlichen Verwaltungsbeamten bis auf Diocletian (1905) S. 145 A.1.
7. Anderer Ansicht ist K. Kraft, S(enatus) c(onsulto), Jahrb. für Numismatik u. Geldgesch. 12. Jahrg. (1962) S. 7 ff., der das Prägerecht des Senats überhaupt bestreitet. Ähnlich auch C. H. V. Sutherland.
8. Strabon, Geogr. III 169 C.
9. Strabon ebd. III 148 C.
10. CIL XII 3151 aus Nemausus (Nîmes).
11. F. Stähelin, Gesch. d. kleinasiat. Galater, 2. Aufl., 1907, S. 104.
12. M. Rostovtzeff, Studien zur Gesch. des römischen Kolonates (1910) S. 287 ff.
13. Mommsen, Röm. Gesch. V S. 448 A.1.
14. Mommsen a. a. O. V S. 458 A.1.
15. U. Wilcken, Chrestomathie der Papyruskunde (1912) Nr. 58.
16. Dessau, Inscr. Lat. sel. III, 2 Nr. 9370.
17. Dittenberger, Or. Graec. Inscr. II Nr. 654. Sie ist am 15. April 29 v. Chr. datiert.
18. Siehe zu ihm H. Volkmann, RE XXIII (1959) Sp. 1768 ff. s. v. Ptolemaios Nr. 62.

10. Heer und Flotte

1. Cass. Dio LI 3.
2. Die Namen stammen wohl von ihrer Stellung in den drei Treffen der altrepublikanischen Legion, die *principes* im ersten, die *hastati* im zweiten und die *triarii* im dritten Treffen (so Vegetius, Epitoma rei militaris I 20). Über die Bedeutung der Namen wußte man schon in Caesars Zeit nichts Genaues mehr, siehe etwa Varro, De ling. Lat. V 89.
3. Cass. Dio LV 23, für das Jahr 5 n. Chr.
4. Cass. Dio LV 6,4.

11. Augustus und der Senat

1. Nach Sueton, Leb. d. Aug. 35,1, wären es nur zwei gewesen, eine, die Augustus selbst vorgenommen, und eine zweite, die er gemeinsam mit Agrippa durchgeführt hat. Es sind dies die Musterungen von 28 und 18 v. Chr.
2. P. Sattler, Augustus und der Senat. Untersuchungen zur römischen Innenpolitik zwischen 30 und 17 v. Chr., Göttingen 1960.
3. Cass. Dio LIV 18,2, am Ende.
4. Cass. Dio LIV 35,1.
5. O'Brien Moore, RE Suppl. VI (1935) Sp. 776, 58ff.
6. R. Syme, The Roman revolution, 2. Aufl. (Oxford 1951) S. 490ff.
7. Er ist nicht mit Valerius Messala Corvinus zu verwechseln, zu diesem s. o. S. 155.
8. Zu ihm siehe Nipperdey, zu Tacitus' Annalen III 32, aber auch R. Syme, JRS 45 (1955) S. 22ff.
9. E. Kornemann, Das Prinzipat des Tiberius und der „Genius senatus", SB. Bayer. Akad., phil.-hist. Kl., Jahrg. 1947, Heft 1.

12. Augustus im Alter

1. Der Enkel und Adoptivsohn des Augustus, sonst Gaius Caesar genannt.
2. E. Hohl, Klio 30 (1937) S. 340.
3. R. Syme, The crisis of 2 B. C., in: SB. Bayer. Akad., phil.-hist. Kl., 1974, Heft 7, S. 33, mit A. 99.
4. M. Gelzer, RE X Sp. 487, 68.
5. CIL VI 884.
6. E. Hohl, Klio 30 (1937) S. 330.
7. Schanz-Hosius, Gesch. d. röm. Lit. II⁴ (1935) S. 207; 209.
8. Suet., Leb. d. Aug. 23,2.
9. Eine Amphora war eine Last von 26 kg.
10. E. Hohl, Hermes 70 (1935) S. 350–355.
11. Suet., Leb. d. Aug. 97,3–100,1; Cass. Dio LVI 31; Vell. Paterc. II 123.

12. Leopold von Ranke, Weltgeschichte III, 2³ S. 330.
13. So V. Gardthausen, Augustus u. s. Zeit I,3 S. 1266.
14. V. Gardthausen a. a. O. II,3 S. 855, mit weiteren Literaturangaben.
15. Anders K. Kraft, Historia 16 (1967) S. 189 ff. Danach gehöre der Baubeginn in die Zeit der Auseinandersetzung mit Antonius, das Jahr 28 bezeichne allenfalls die Fertigstellung.

13. Die Geschichtsquellen

1. Beste Ausgabe von J. Gagé, Res gestae Divi Augusti, 2. Aufl., Paris 1950. Aus der Zahl der früheren Editionen ragt hoch hervor die Ausgabe von Th. Mommsen, Res gestae Divi Augusti, 2. Aufl., Berlin 1883.
2. J. Gagé, Res gestae Divi Augusti, 2. Aufl. (1950) S. 21 ff.
3. Dessau, Inscr. Lat. sel. II,1 Nr. 5050, 149, auch bei Ehrenberg-Jones, Documents² S. 60 Nr. 32.
4. Dittenberger, Or. Graec. Inscr. II Nr. 458, nebst einem weiteren Fragment, SEG IV 490.
5. A. Deißmann, Licht vom Osten⁴ (1923) S. 313, übersetzt die Stelle so: „Es war aber der [Geburtstag] des Gottes für die Welt der Anfang der Dinge, die um seinetwillen Freudenbotschaften sind."
6. Siehe H. Bengtson, Griech. Gesch., 5. Aufl. (1977) S. 528–529.
7. Dittenberger, Or. Graec. Inscr. II Nr. 532, und dazu P. Herrmann, Der röm. Kaisereid (1968) S. 96 ff.
8. Abgedruckt in der Livius-Ausgabe von Weißenborn-Müller, Bd. X S. 182.

14. Poesie und Prosa der augusteischen Zeit

1. R. Heinze, Die augusteische Kultur³ (1960) S. 108.
2. R. Heinze a.a.O. S. 123–124.
3. H. Nissen, Kritische Untersuchungen über die Quellen der 4. und 5. Dekade des Livius (Berlin 1863).

15. Die Werte des Lebens

1. Z. Yavetz, Plebs and Princeps (Oxford 1969) S. 96.

16. Das Urteil der Nachwelt

1. Montesquieu, Considérations sur les causes de la grandeur des Romains et de leur décadence. Erklärt von W. Wendler, 2. Aufl., Leipzig 1880, S. 94, unten.
2. W. Schmitthenner, Augustus, in: Wege der Forschung, Bd. 128 (Darmstadt 1969) S. VIII–IX.

3. In deutscher Übersetzung: E. Beulé, Augustus, seine Familie und seine Freunde, Halle a. d. S. 1870.
4. V. Gardthausen, Augustus u. s. Zeit, Band I, Vorwort S. V.
5. V. Gardthausen, a. a. O. I, 3 S. 1334–1349 (Der Aufsatz: Neue Jahrbücher für das class. Altertum 1, 1904, S. 241 ff.).
6. V. Gardthausen a. a. O. I S. 510 ff.
7. Siehe hierzu J. Béranger, Recherches sur l'aspect idéologique du principat (Basel 1953).

Anhang: Symbolik und Propaganda

1. K. Kraft, Antike Geldgeschichte und Numismatik (1978) S. 262 ff.
2. Mattingly-Sydenham, Roman Imperial Coinage I, Tafel III 54.
3. Zusammengestellt bei V. Gardthausen, Augustus u. s. Zeit II, 1 S. 19.
4. H. U. Instinsky, Die Siegel des Kaisers Augustus, Baden-Baden 1962 (Deutsche Beiträge zur Altertumswiss., Bd. 16).
5. A. Alföldi, Die zwei Lorbeerbäume des Augustus (Bonn 1973).
6. A. Alföldi a. a. O., Tafel II Nr. 5–7, vgl. S. 16.
7. C. H. V. Sutherland, Roman Coins (1974), Abb. 211.
8. Ebd., Abb. 213.

Abschließend sei hier auf den Aufsatz von W. Suerbaum, Merkwürdige Geburtstage, Chiron 10 (1980) S. 327–355, hingewiesen. In ihm werden verschiedene chronologische Probleme der augusteischen Zeit behandelt, u. a. auch die Hochzeit des Octavian mit Livia (am 17. 1. 38 v. Chr.), sowie der Geburtstag des Drusus (nach Suerbaum der 14. 1. 38).

Abbildungsverzeichnis

Register

In der Reihe Beck'sche Sonderausgaben
liegen von Hermann Bengtson bereits vor:

Marcus Antonius
Triumvir und Herrscher des Orients
1977. 327 Seiten mit 11 Abbildungen auf Tafeln und 3 Kartenskizzen im Text
Leinen

Die Flavier
Vespasian – Titus – Domitian
Geschichte eines römischen Kaiserhauses
1979. 316 Seiten mit 10 Abbildungen auf Tafeln und 2 Karten im Text
Leinen

Herrschergestalten des Hellenismus
1975. 343 Seiten mit 12 Abbildungen im Text. Leinen

Griechische Geschichte
Von den Anfängen bis in die Römische Kaiserzeit
Vollständiger Text ohne Anmerkungen und Literaturverzeichnis
5. Auflage. 1979. IX, 588 Seiten mit 4 Karten im Text und 8 Karten
auf Tafeln. Leinen

Römische Geschichte
Republik und Kaiserzeit bis 284 n. Chr.
3. Auflage. 1979. XI, 389 Seiten. Leinen

*In der Reihe Beck'sche Elementarbücher erschien
von Hermann Bengtson:*

Einführung in die Alte Geschichte
8., durchgesehene und ergänzte Auflage. 1979. VIII, 217 Seiten
Paperback

Verlag C. H. Beck München